Le 100 cose più stupide
che la gente dice sui cani

Alexandra Semyonova

Traduzione di Delfina Vitale

L'autore afferma il diritto morale di essere identificato come l'autore del presente lavoro. Tutti i diritti sono riservati. Nessuna parte della pubblicazione può essere riprodotta, memorizzata in un sistema di recupero dati o diffusa in qualsiasi forma o con qualsiasi mezzo, elettronico, meccanico, fotocopiatura, registrazione o altro, senza la previa autorizzazione dell'autore.

Eccezioni sull'uso gratuito: gli addestratori cinofili e i terapisti del comportamento del cane che lo ritengono utile, possono usare singoli capitoli di questo libro come opuscoli nelle classi di lavoro o con i clienti, a condizione che l'opuscolo contenga *in ogni pagina* il nome dell'autore, la notifica dei diritti d'autore e l'indicazione del sito web www.nonlineardogs.com

La vendita di questo libro è soggetta alla condizione che non venga, a fini o scopi commerciali o di altra natura, prestato, rivenduto, dato a noleggio o altrimenti distribuito senza il previo consenso dell'autore con altra rilegatura o copertina che non sia quella di pubblicazione e senza che una condizione simile, inclusa la presente condizione, venga imposta al successivo acquirente. © Alexandra Semyonova 2009, 2014

www.nonlineardogs.com info@nonlineardogs.com

ISBN 978-1-904-109-280
Pubblicato da Hastings Press, Inghilterra

Copertina di Helena Wojtczak
Foto di copertina: La vita in un sorriso di Federico Stevanin

A Uk

RINGRAZIAMENTI

I miei ringraziamenti vanno a Jason e a sua figlia Caroline, e a Leonie van der Lans, e Kristen Pelleboer-Knouse, senza i quali non avrei potuto mantenere vivo a lungo il progetto di scrivere un libro. A Sylvia Jans, che comprende cosa vuol dire amare i cani, e mi ha sostenuto nel bene e nel male. A Iaira Boissevain per le sue valide e attente critiche, per avermi offerto il suo tempo quando non ne aveva, per la sua pazienza e la sua indulgenza per le mie manie, e ancor più per la sua energia e per il suo senso dell'umorismo. Per AnteCarey Maaskant-De Groot, dottoressa in medicina veterinaria, per i suoi consigli e per il suo aiuto, e per il suo modo delizioso di dire le cose come stanno. A varie persone che hanno offerto aiuto e critiche, ma che non vogliono essere menzionate perché alle aziende per cui lavorano non piaceranno alcune cose che esprimo qui. E, infine, per Helena Wojtczak per il suo aiuto in dirittura d'arrivo, ma soprattutto per la sua amicizia.

SOMMARIO

Istruzioni per l'uso di questo libro	6
Prefazione	7
Parte 1: Miti sull'origine e la natura dei cani	11
Parte 2: Cuccioli	81
Parte 3: Aggressività	105
Parte 4: Miti su pensieri e sentimenti dei cani	147
Parte 5: Il significato del comportamento dei cani	169
Parte 6: Miti su come i cani imparano	227
Parte 7: Cose che vanno e cose che vengono: Mangiare, bere, pipì e popò	263
Parte 8: Un po' di miti su chi sa cosa	277
Epilogo	306
Indice analitico	309

ISTRUZIONI PER L'USO DI QUESTO LIBRO

Questo libro è inteso come una nuova guida sui cani. Poiché molte credenze ancora diffuse sono non soltanto superate, ma anche dannose per i cani, desidero che questo libro sia utile per il più ampio pubblico possibile.

L'ho scritto in modo tale che possa essere letto in due modi. Può essere letto nel suo insieme, dal capitolo uno al capitolo cento. Chi lo leggerà in questo modo alla fine avrà una solida padronanza di gran parte delle nuove conoscenze che abbiamo sui cani. Ma può anche essere utilizzato per verificare ogni mito separatamente. Potete saltare qua e là, andando a cercare ciò che colpisce il vostro interesse o per verificare quello che vi dicono il vostro vicino di casa, l'istruttore cinofilo o lo studioso locale. Ogni capitolo può stare da solo e vi insegnerà qualcosa di importante. Indipendentemente dal modo in cui lo leggerete, questo libro migliorerà la vostra comprensione del perché delle azioni dei cani, e vi farà apprezzare ancora di più questa specie meravigliosa con cui molti condividono la vita. Questo libro può aiutare anche a capire meglio le persone.

Si prega di notare che quando in questo libro uso l'espressione "cani normali", intendo due cose. La prima è che non si tratta di cani di quelle razze che abbiamo selezionato per l'aggressività e per le grandi dimensioni di taglia e massa. Quando parlo di cani normali, escludo esplicitamente queste razze. La seconda è che per cani normali intendo cani che hanno avuto la possibilità di imparare ad essere cani da altri cani.

PREFAZIONE

Le 100 cose più stupide che la gente dice sui cani derivano tutte da idee di vecchio stampo che riguardano la Natura in generale, e nello specifico i cani. In questo libro sfato numerosi miti e leggende in cui la maggior parte delle persone crede ancora, e li sostituisco con l'osservazione reale di cani reali. Man mano che leggerete, vedrete il vostro cane fare le cose che sono qui descritte. Scoprirete in lui qualcosa di nuovo ogni giorno, cose che non avevate mai notato prima perché non sapevate cosa significassero o addirittura non sapevate che avessero un significato. Vi renderete conto che la relazione con il vostro cane migliorerà, dal momento che interagirete con lui sulla base di una reale comprensione, piuttosto che dei vecchi dogmi. Spero che proverete lo stesso entusiasmo che ho provato io nel fare le mie scoperte.

Anche se avete sempre creduto in tutti i miti che questo libro smonta, non dovete sentirvi in colpa per gli errori fatti. Probabilmente, esattamente come me, in qualche modo un giorno vi siete ritrovati con un cane. E, proprio come me, probabilmente avete pensato: 'Sarà meglio chiedere consiglio a qualche esperto per essere sicuri di far bene'. E quando gli esperti vi hanno comunicato le loro ridicole idee, probabilmente vi sono sembrati così sicuri di sé che non vi è neanche passato per la testa di dubitare che sapessero di cosa stavano parlando.

La stessa cosa è successa a me. Alcuni anni dopo avere conseguito la laurea in Scienze sociali e comportamentali mi sono ritrovata con un cane adulto. Tutto ciò che mi occorreva fare era ricorrere alle stesse tecniche che avevo appreso: premiare il comportamento desiderato e accertarmi di non premiare un comportamento che non mi piacesse. Un gioco da ragazzi: e voilà, ecco a voi il cane perfetto!

Non dovetti sorbirmi tutte quelle storie che gli esperti di cani raccontano finché non ebbi il mio primo cucciolo. Mi resi conto che allevare un animale giovane, con tutte le sue specifiche necessità di sviluppo, era una cosa completamente diversa dalla semplice applicazione delle leggi del comportamento su un individuo adulto . Era giunto il tempo di fare ricerche sui cani. Lessi tutti i libri su cui mi fu possibile mettere le mani e parlai con molti addestratori. Tutte le fonti concordavano sul fatto che i cani vivono in una gerarchia e che passano tutto il loro tempo dominando o sottomettendosi gli uni agli altri. Mi dissero che anche il gioco serve a determinare il relativo rango di ciascun soggetto all'interno del gruppo; che ogni richiesta che il mio cane mi faceva (soddisfare una delle sue necessità o giocare con lui) era un tentativo segreto di scalata gerarchica, nella speranza, un giorno o l'altro, di potere sottomettermi. Mi fu detto che era necessario che mi assicurassi di essere l'individuo Alfa, e che il modo giusto per ottenere ciò avrebbe previsto una quantità di cose che, mi fu detto, si configuravano come una sorta di guerra psicologica. Mi fu detto di ignorare tutte le richieste del mio cane. Avrei dovuto sempre attraversare una porta prima di lui per mostrargli che ero io il leader coraggioso. Avrei dovuto mangiare prima di lui poiché il lupo Alfa mangia sempre per primo e solo dopo stabilisce chi sarà il prossimo. Non avrei dovuto permettere al cane di salire sul divano, poiché il capo si sdraia sempre nel punto più alto quando il branco riposa. Non avrei mai dovuto essere io ad avvicinarmi al cane poiché è il lupo sottomesso che si avvicina sempre per primo al dominante, ma d'altra parte avrei dovuto assicurarmi che il cane si facesse da parte mentre io passavo, poiché il lupo dominante non si sposta mai per lasciare passare i membri inferiori del branco (mi domandavo però come avrei potuto farlo senza avvicinarmi al cane...). Se si fosse sdraiato da qualche parte non avrei dovuto aggirarlo ma scavalcarlo, perché altrimenti gli avrei permesso di controllare le vie d'accesso al territorio. Questo e ancora altro per dimostrarmi quanto fosse assolutamente cruciale mantenere il rango di Capo branco.

Tutto ciò mi sembrava un po' esagerato, mi domandavo perché tutti cominciassero a parlare di lupi ogni volta che chiedessi qualcosa sui cani, e come mai mi fosse sempre andata così bene con i miei cani precedenti, ai quali era sempre stato permesso salire sui divani. Ma chi ero io per polemizzare con persone che dichiaravano di saperne tanto, o con scienziati che sostenevano di aver studiato i cani? Molti degli addestratori, inoltre, insistevano affinché educassi il cucciolo facendo ricorso alle punizioni. Avrei dovuto senza dubbio procurarmi un collare a strozzo, arrabbiarmi per un comportamento che non mi piaceva e strattonarlo per il collo se era al guinzaglio, o lanciargli lattine piene di monete o di biglie di vetro oppure ancora spruzzargli acqua sul muso.

Nonostante ciò, non ho mai usato nessun tipo di punizione. Avevo troppa esperienza in laboratorio e sapevo che genere di orribili effetti collaterali possano avere le punizioni sugli animali, a parte il fatto che si può insegnare loro perfettamente bene anche senza l'uso della coercizione. Per un po' di tempo, però, ho creduto a tutto il resto, e quando vedevo dei cani giocare insieme in un parco, mi sembrava di riconoscere tutti i tipi di comportamenti atti a stabilire i ranghi. Ma quelle erano brevi osservazioni. I primi dubbi sorsero quando cominciai ad avere molti cani diversi in casa e ad osservare il loro comportamento di gruppo per lunghi periodi di tempo. La composizione dei gruppi variava continuamente. Potevo a stento credere ai miei occhi. Nessuno dei cani era sdraiato sempre nel punto più alto. Era sempre un cane diverso quello che passava per primo attraverso la porta. Tutti loro, e in qualunque modo possibile, evitavano le collisioni; di solito entrambi i cani si spostavano un po' di lato. Neanche il modo in cui si comportavano con il cibo o i giocattoli seguiva le regole. Sembravano soprattutto interessati ad essere rispettosi l'uno dell'altro, evitando liti dove possibile, e non erano interessati a vincere una prova di forza. Nella realtà dei fatti non c'è stata una sola delle mie osservazioni che abbia confermato una sola delle affermazioni degli esperti.

Decisi quindi di scavare più a fondo nella letteratura di settore, e diedi anche il via al mio personale progetto di ricerca. Dopo quattordici anni, è emerso un quadro totalmente nuovo della realtà canina, che mostra che dobbiamo correggere non solo le convinzioni dei profani riguardo ai cani, ma anche quello che la scienza afferma al riguardo. Si scopre che molti scienziati hanno scritto sui cani senza averli osservarli personalmente. Quando l'hanno fatto è stato in circostanze altamente artificiali (in laboratorio). Solo pochi hanno tentato di osservare i cani nel loro habitat naturale, definendoli 'cani non esposti all'influenza umana', senza rendersi conto che i cani domestici sono *sempre* sotto l'influenza umana. Molti hanno osservato per periodi relativamente brevi o per brevi intervalli nel corso di un periodo più lungo, nel complesso pochi mesi.

In realtà se si vuole comprendere una specie sociale bisogna osservare un gruppo di animali nel suo ambiente naturale, e farlo per almeno un intero ciclo di vita di un membro medio della specie. Presumo che nessuno abbia pensato di doversi regolare in tal modo per il fatto che i cani ci sono molto familiari. Abbiamo dato per scontato di conoscerli già e che avevamo bisogno solo di estrapolare qualche dettaglio. Sbagliato.

Questo libro si basa su osservazioni della vita reale di cani reali nel loro ambiente naturale per ventiquattro ore al giorno sette giorni alla settimana per quattordici anni. L'intensità del mio studio mi ha dato la possibilità di scoprire quali informazioni fossero irrilevanti e quali invece importanti. E' stato anche uno studio antropologico: oltre ad osservarli, ho partecipato al sistema sociale dei cani cercando di scoprire e utilizzare le loro regole di interazione invece di imporre loro le mie regole umane. Permettendo ai cani di insegnarmi, ho dato loro la possibilità di contraddire i miti che gli abbiamo costruito intorno, di fatto una possibilità di far sentire la loro voce. E' emerso che ai fini della struttura sociale non ha nessuna importanza chi passi per primo attraverso una porta o chi prenda possesso del cibo o di un giocattolo. Questi dettagli erano ogni volta diversi e non è su queste basi che poggia la loro struttura sociale, né sulla minaccia, l'aggressione o il potere (mito, questo, forse il più dannoso di tutti). Il sistema sociale del cane si fonda su poche semplici regole di cortesia che mirano innanzitutto a non disturbare la pace.

Quindi non sentitevi stupidi mentre leggete questo libro. Nonostante la mia laurea in Scienze comportamentali mi ci sono voluti quattordici anni per trovare la verità in mezzo a tante assurdità. C'è però qualcuno che dovrebbe decisamente sentirsi stupido: gli addestratori e gli altri 'esperti' che hanno riempito il mondo di così tanta aria fritta, senza prendersi il disturbo di accertarsi di sapere di cosa stessero parlando. Dopo tutto, le conoscenze sul metodo di apprendimento degli animali sono disponibili fin dal 1938. Ma è la scienza che in questo caso dovrebbe davvero vergognarsi di se stessa. Almeno due intere generazioni di scienziati hanno mancato di esaminare le loro proprie motivazioni e ipotesi e di guardare criticamente alla propria metodologia e, così facendo, hanno perso l'occasione di essere onesti nei confronti di questa meravigliosa specie che chiamiamo cane.

PARTE 1

Miti sull'origine e la natura dei cani

Mito 1: Il cane è un discendente del lupo, e per questo dovremmo considerarlo come una sorta di lupo addomesticato nel nostro soggiorno.

L'idea del cane come un lupo addomesticato ha un enorme fascino romantico per noi. Immaginiamo il grande lupo grigio delle regioni nordiche della Terra, un potente animale selvaggio del peso di 70-100 Kg, che trascorre le sue giornate cacciando cervi o alci. Sogniamo i nostri antenati che trovano o rubano un cucciolo di lupo e lo allevano con grande amore e cura. Immaginiamo questo cucciolo che cresce fino a diventare amico e compagno dell'uomo e dare alla luce per noi tanti cuccioli addomesticati. Dopo migliaia di generazioni di questa storia si suppone che sia stato prodotto il cane così come lo conosciamo adesso. Vediamo una linea diretta di discendenza che va dritta dal nostro cane fino al potente lupo grigio dei documentari di Discovery Channel. Wow! Un lupo nel nostro salotto, che sensazione di potenza!

Adesso sappiamo che non è andata così. I nostri antenati non hanno per niente addomesticato il cane, molto probabilmente è il cane che ha addomesticato se stesso. Inoltre l'antenato del cane non è il mitico lupo grigio di Discovery Channel. Quel lupo non esisteva neanche quando il cane ha cominciato a dividersi in una nuova specie: il lupo grigio odierno doveva ancora evolversi proprio come il cane domestico. Quel che dobbiamo immaginare è un animale molto più piccolo che si era già separato dalla linea familiare dei lupi, tra i 200.000 e i 500.000 anni fa. Questo antenato non era un cacciatore specializzato com'è il lupo, ma piuttosto quello che i biologi chiamano un 'generalista', un animale che non si limita ad una particolare fonte di cibo o a un particolare ambiente, ma che può adattarsi a diverse situazioni. Questo antenato più piccolo aveva probabilmente l'aspetto del dingo e di altri cani primitivi che ancora oggi vivono allo stato selvatico. Potrebbe non essere stato un animale da branco. Infatti vivere in branco è raro fra i canidi. Così come molti dei canidi generalisti che vediamo oggi, l'antenato del cane viveva probabilmente in coppie e gruppi familiari temporanei ed era capace di adattarsi sia a stare in compagnia che a vivere da solo.

Così adesso state immaginando un animale più piccolo e più simile al cane. Ma cosa ha fatto questo pre-cane per arrivare ai cani dei giorni nostri? Noi abbiamo qualcosa a che fare con tutto ciò? La risposta a entrambe le domande risiede nel nostro stesso sviluppo come specie. Come molte specie, abbiamo lottato per milioni di anni e il nostro numero era limitato dalla disponibilità di cibo. Poi, circa 130.000 anni fa, abbiamo inventato l'arco e la freccia. Si è trattato di un grande salto ma, contrariamente a quanto dice il mito, ciò non vuol dire che l'antenato del cane si sia immediatamente unito a noi per aiutarci a cacciare. Il cane era ancora semplicemente un animale selvatico e, come tutti i canidi selvatici (fino ai giorni nostri, e anche se vengono allevati in un contesto umano) il cane per noi è rimasto totalmente inutile durante la caccia.

Quindi il nostro arco e la nostra freccia non hanno fatto sì che all'improvviso un qualche lupo sia diventato abile al lavoro come un cane da traccia o da caccia, come il mito ci dice. Ciò significa invece che i nostri antenati ebbero improvvisamente maggiore facilità nel procurarsi il cibo. Cominciarono a lasciare dietro di sé negli accampamenti piccoli mucchi di rifiuti commestibili che altri potevano trovare. Si aprì così una nuova sorgente di cibo per altre specie che esistevano in quell'area, e quando una nuova fonte di cibo si apre in un particolare ambiente, alcuni animali ci si trasferiscono per approfittarne. In questo caso alcuni dei piccoli antenati del cane attuale, a volte cacciatori e a volte spazzini, furono quelli che vi si trasferirono. E si trattava di individui attratti da un modo molto più semplice (e sicuro) di procurarsi da vivere. Tutto quel che dovevano fare era mettersi al seguito dei gruppi di umani e mangiare nei mucchi di rifiuti che questi si lasciavano alle spalle. Forse, quando i loro sentieri si incrociavano, gli capitava ancora occasionalmente di imbattersi in loro simili che vagabondavano e temevano l'uomo e forse ancora qualche volta si accoppiavano con questi animali, ma la maggior parte dei cuccioli nascevano dagli accoppiamenti che avevano luogo presso i mucchi di rifiuti, tra animali solitari che adesso si procuravano da vivere frugando nella nostra spazzatura. Era l'embrione della separazione riproduttiva, e quindi la formazione di una specie separata.

Così, probabilmente circa 130.000 anni fa, ritroviamo una quantità di questi antenati simili al cane che si sono divisi e sono entrati in una nuova nicchia ecologica. Parzialmente isolati dal punto di vista riproduttivo in questa nuova nicchia, cominciarono a sviluppare caratteristiche specificamente canine. Per potersi incontrare presso i mucchi di rifiuti, e di conseguenza potersi accoppiare, questi animali dovevano possedere particolari qualità. Dovevano essere preparati a mangiare cibo già pronto invece di cacciare (il cibo che attualmente diamo ai nostri cani è ancora fatto dei nostri scarti, anche quelli delle marche più alla moda e costose). Se vivevano in gruppi dovevano essere disposti a separarsi, preferendo vagare da soli o in coppia (anche presso gli accampamenti non ci sarebbe stato abbastanza cibo per un gruppo numeroso). Dovevano essere capaci di condividere lo spazio (la discarica) con degli sconosciuti della propria specie che avevano già scoperto questa nuova fonte di cibo. E, soprattutto, dovevano avere una paura degli umani inferiore alla media. Questi animali stavano elaborando una scelta; erano più che mai lontani dal loro cugino lupo, ma non erano neanche ancora cani domestici. La scelta che alcuni di loro fecero li condusse fino al punto di diventare una sorta di cane pre-domestico. L'anatomia di questo animale era ancora adattata a una vita da viaggiatori, dal momento che si spostavano al seguito di gruppi di umani nomadi. Probabilmente questo è il motivo per cui gli archeologi non trovano resti tipicamente canini provenienti da questo periodo. Il corpo del cane non era ancora cambiato, anche se il suo comportamento e il suo cervello erano già in fase di modifica. Ma prima che questo animale potesse divenire un vero cane domestico la nostra stessa specie doveva fare il suo prossimo passo.

Questo passo successivo avvenne circa 12.000 anni fa quando cominciammo a sviluppare l'agricoltura. Gli umani smisero di vagabondare come cacciatori e raccoglitori e cominciarono a vivere in insediamenti permanenti. Adesso anche il pre-cane poteva stabilirsi e vivere permanentemente presso le discariche. Adesso non si sarebbe imbattuto più nei suoi consanguinei che erano ancora cacciatori e ancora timorosi degli umani, nemmeno per caso. Non ci sarebbero stati più accoppiamenti con i cacciatori, neanche occasionalmente. Il suo corpo poteva ora adattarsi ad una vita stanziale, a parte tutti i cambiamenti che erano già avvenuti nel suo cervello e nel suo comportamento. Nel volgere di un breve periodo di tempo il cane, così come lo conosciamo oggi, diventò un fatto compiuto. Questo è il periodo in cui cominciamo a trovare dei resti di scheletri realmente canini. Gli altri rami della famiglia proseguirono sulla loro strada di cacciatori e divennero i cani selvatici che oggi vediamo su Discovery Channel. Il lupo grigio dei giorni nostri non ha nulla a che vedere con tutto ciò.

Fatto: Il cane e il lupo sono imparentati fra di loro nello stesso modo in cui noi siamo imparentati con il nostro cugino di sesto grado, e nello stesso modo siamo tutti imparentati a un qualche altro tipo di primati (scimmie superiori o inferiori): abbiamo un antenato in comune. Questo è tutto. Ma il cane decisamente non discende dal lupo grigio non più di quanto noi non discendiamo da nostro cugino.

Note

Belyaev, DK, Trut, LN, Some genetic and endocrine effects of selections for domestication in silver foxes, in *The Wild Canids*, Fox, MW, ed., Van Nostrand Reinhold, New York, 1975.

Belyaev, DK, Plyusnina, IZ, and Trut, LN, Domestication in the silver fox (Vulpes fulvus desm): changes in physiological boundaries of the sensitive period of primary socialization, *Applied Animal Behavior Science* 13:359–70, 1984/85.

Coppinger, R, Coppinger, L, *Dogs: a startling new understanding of canine origin, behavior, and evolution*, Scribner, New York, 2001.

Koler-Matznick, J, The origin of the dog revisited, *Anthrozoos* 15(20): 98–118, 2002.

Sibly, RM, Smith, RH, *Behavioural Ecology: Ecological Consequences of Adaptive Behaviour*, Blackwell Scientific Publications, Oxford, 1985.

Mito 2: Il cane è geneticamente simile al lupo, quindi possiamo aspettarci che si comporti come un lupo.

Che il cane sia geneticamente simile al lupo è vero. Ma è anche vero che noi umani siamo geneticamente differenti da un coniglio solo di circa il 15%. E' anche un fatto che gli scienziati (che sono solo umani) inseguono pubblicità e notizie clamorose perché tutto ciò procura una grande quantità di fondi per la ricerca. Forse è questa la ragione per la quale a volte i genetisti amano insinuare che i geni controllano completamente il comportamento, mentre nei fatti la maggior parte di loro sa come stanno le cose. Forse i genetisti sono anche parzialmente motivati da una speranza genuina. Dopo tutto, scoprire il gene di un comportamento criminale (o anche del comportamento di un lupo) renderebbe ricchi e famosi, e forse procurerebbe pure un Premio Nobel.

Questo è comunque impossibile. In una creatura normale e sana, i geni determinano certe strutture, riflessi e potenziali, e l'ambiente fa il resto. Noi camminiamo su due gambe perché i nostri geni ce ne fanno crescere due. I nostri geni stabiliscono che noi abbiamo un cervello sviluppato, che è progettato anche per renderci capaci di imparare a muoverci su due gambe. Se un essere umano non impara mai a camminare, o se sviluppa il QI che il suo cervello è in grado di sviluppare non è determinato dai geni. Queste cose sono determinate per ciascuno di noi individualmente dal particolare ambiente in cui cresciamo e dalle esperienze che viviamo. I geni del cane originano quattro zampe e un cervello più piccolo e meno complesso del nostro. Cosa farà il cane con quelle zampe, quanto intelligente e quanto sociale diventerà sono cose che detterà il suo ambiente, all'interno dei parametri stabiliti dai geni.

Come funziona? I geni specificano le strutture di base, i processi e il potenziale. Dal momento della nascita la realizzazione di questo potenziale si svolge in uno scambio con l'ambiente. Spinte dagli stimoli in arrivo e dalle esperienze che il neonato a mano a mano vive, le cellule cerebrali sviluppano (o non sviluppano) connessioni le une con le altre in una sempre più (o qualche volta meno) complessa rete di neuroni. Questa è già una forma di apprendimento: la struttura e l'organizzazione del cervello cambiano in risposta all'ambiente. Questo processo ha inizio dalla nascita, e ha un effetto reale, fisico, sul cervello che un mammifero finisce con l'avere entro i suoi limiti genetici. Sappiamo, per esempio, che un ambiente povero di stimoli durante i primi due anni di vita abbasserà per sempre il QI di un essere umano, perché il cervello sviluppa reti neurali relativamente scarse. Sappiamo che molti comportamenti solitamente ritenuti innati sono in realtà appresi. Vivere in branco non è innato nel lupo, ma è qualcosa che il lupo ha imparato. Egli ha imparato quali specie cacciare e come farlo. Non si può semplicemente inserire un lupo solitario in un gruppo o farlo passare da un gruppo di caccia al cervo a uno di caccia all'alce. Anche la capacità di allevare cuccioli è appresa. Il comportamento è sempre il risultato dell'interazione fra il nostro ambiente e il potenziale che i nostri geni ci hanno dato. A meno che non si parli di geni che causano un'anomalia fisica nei nostri corpi, una differenza fisica nelle strutture cerebrali, o uno squilibrio geneticamente determinato nella chimica cerebrale (vedi miti 38 e 39), non si può affatto prevedere come si comporterà un animale osservando i suoi geni.

Ma anche dove i geni ne determinano il potenziale comportamento, è importante non dimenticare che il cane si è evoluto sotto diverse circostanze dal lupo. Ci aspetteremmo che, essendosi adattato geneticamente a un ambiente diverso, abbia un potenziale genetico differente. Infatti le mascelle dei cani sono più piccole e più deboli di quelle del lupo, i loro crani e i loro organi dell'udito sono diversi, il loro cervelletto sembra più simile a quello del coyote e tutti i loro cervelli sono più piccoli e meno complessi di quelli dei lupi. Un cane domestico non potrebbe mai essere un cacciatore così competente, indipendentemente da come venga allevato. I cani sono molto ricettivi all'addestramento, i lupi no. Dopo la nascita, un cane cresce in un ambiente completamente diverso da quello di un lupo. Questo significa che il suo cervello, differente da quello del lupo, si sviluppa in modo diverso all'interno del suo potenziale, memorizzando informazioni ed esperienze diverse da quelle di un cucciolo di lupo selvatico, e che la differenza fra i due animali aumenta via via che i cuccioli diventano adulti. A quel punto il cervello del cane e il suo comportamento saranno radicalmente diversi dal cervello e dal comportamento del suo lontano cugino, oltre a tutte le differenze dettate dai geni. Se due lupi non si comporteranno nello stesso modo anche se i loro geni sono identici, ne consegue che un cane non si comporterà come un lupo soltanto perché i suoi geni sono simili.

Ma qui c'è qualcosa su cui riflettere. Il cane e il lupo sono più distanti geneticamente che il leopardo e il giaguaro, che sono considerati due specie distinte. Cani e lupi sono poco più lontani che umani e scimpanzé, ma sono più vicini fra loro che un essere umano di sesso maschile da un essere umano di sesso femminile (gli uomini hanno circa il due per cento di DNA in meno delle donne). Il Border Collie e il Pointer sono molto meno diversi geneticamente che il cane e il lupo, eppure esistono differenze importanti e prevedibili, geneticamente determinate nel loro comportamento. Altri aspetti del loro comportamento sono invece identici e/o modificabili con l'addestramento. Pertanto, cosa determina una differenza genetica, piccola o grande che sia? Noi non siamo altro che scimmie addomesticate? Davvero l'uomo viene da Marte? Non abbiamo ancora tutte le risposte a queste domande.

Fatto: Un cane è, dopo tutto, un cane, e i suoi geni non renderanno il suo comportamento simile a quello del lupo. Quello che dobbiamo fare, se vogliamo comprendere i cani, è guardare i cani.

Note

Beljaev, DK, Trut, LN, Some genetic and endocrine effects of selections for domestication in silver foxes, in *The Wild Canids*, Fox, M.W. ed., Van Nostrand Reinhold, New York, 1975.

Beljaev, DK, Plyusnina, IZ, and Trut, LN, Domestication in the silver fox (Vulpes fulvus desm): changes in physiological boundaries of the sensitive period of primary socialization, *Applied Animal Behavior Science* 13:359-70, 1984/85.

Coppinger, R, Coppinger, L, Biological bases of behavior of domestic dog breeds, in Voith. VL, Borchelt, PL, eds, *Readings in Companion Animal Behavior,* Veterinary Learning systems,Co., Inc., Trenton, NJ, 1996.

Coppinger, R, Coppinger, L, *Dogs: a startling new understanding of canine origin, behavior, andevolution,* Scribner, New York, 2001.

Koler-Matznick, J, The origin of the dog revisited, *Anthrozoos* 15(20): 98–118, 2002.

Scott, JP, Fuller, JL, *Genetics and the Social Behavior of the Dog,* University of Chicago Press,Chicago IL, 1974 (published in 1965 as *Dog Behavior: The Genetic Basis*).

Smits, R, 'Genen weten niks en doen ook niks'; neurofysioloog Colin Blakemore over desamenhang tussen genen en omgeving, *NRC Handelsblad,* 19 en 20 juli 2003, Wetenschap enOnderwijs, p.33.

Van Den Berg, L, *Genetics of aggressive behaviour in Golden Retriever dogs,* Utrecht University,Utrecht, 2006. <http://dspace.library.uu.nl/handle/1874/8698> accessed Dec 2013.

Mito 3: Tutto quello che sappiamo sui lupi si può applicare anche ai cani.

Abbiamo già visto che esistono varie ragioni per le quali questo non è vero. L'antenato del cane è diventato un cane perché ha abbandonato la nicchia ecologica che il suo progenitore potrebbe avere condiviso con l'antenato del lupo probabilmente circa 500.000 anni fa. Non tutti gli scienziati sono d'accordo sul momento esatto, ma questo non è poi così importante. Rimane il fatto che il cane domestico si è evoluto in un ambiente del tutto differente da quello del lupo. La loro somiglianza genetica dice tanto (o poco) quanto la nostra somiglianza con le varie scimmie.

Ma c'è di più. Anche se potessimo applicare ai cani quello che sappiamo sui lupi, il fatto è che non sappiamo davvero molto sui lupi. Questo potrebbe sorprendervi. Infatti molto è stato pubblicato — libri, articoli, documentari televisivi — e la maggior parte con tono autorevole. Di sicuro dovremmo sapere tutto su di loro? Il problema è che la maggior parte di quello che la gente pretende di conoscere sui lupi si basa o su fantasie e speculazioni, o su dati insufficienti, o su ricerche non impostate correttamente.

Per centinaia di anni l'umanità ha ingaggiato una guerra di annientamento contro il lupo, perché lo ha sempre visto come un antagonista nella caccia e un pericolo per il suo bestiame. Potrebbe esserci stato un tempo in cui il lupo non aveva paura dell'uomo, ma molto prima che avessimo sviluppato la scrittura e, di conseguenza, la scienza. Quando abbiamo deciso di studiare il lupo, questo animale era diventato così schivo da renderci quasi impossibile osservarlo nel suo habitat naturale. Ciò prima di tutto perché già a quel tempo erano rimasti pochissimi lupi da studiare. E in secondo luogo perché gli unici che erano sopravvissuti avevano imparato a rifugiarsi nella foresta nello stesso istante in cui sentivano il nostro odore. Per più di cento anni è stato quasi impossibile anche soltanto vedere un lupo allo stato brado, e tanto meno studiare il suo comportamento, escluso quello di fuga di fronte a una minaccia per la sua vita.

Dunque i lupi fanno del loro meglio per non essere osservati in natura dagli esseri umani, mentre la scienza richiede che le conclusioni siano basate sull'osservazione. Gli studiosi restarono perplessi per un po', poi escogitarono una soluzione. Una volta riusciti a colpire un lupo con una siringa di anestetico, lo dotano di un radio-collare, quindi lo liberano affinché si riunisca al branco. Fatto questo, riescono a localizzare il gruppo di lupi seguendo il segnale trasmesso dal collare. Quello che generalmente gli scienziati fanno è sorvolare la zona nella speranza di captare il segnale. Qualche volta sono fortunati: individuano i lupi e provano a seguire il gruppo, osservando il loro comportamento dall'alto. Tuttavia ciò comporta un problema. Da quando l'aeroplano è stato inventato, la gente, come al solito, ha abusato di questa tecnologia, cominciando a uccidere i lupi dal cielo. A questo punto il lupo ha avuto più di un centinaio di anni per imparare che il rumore di un aereo è un segnale di morte. I lupi che sentono avvicinarsi un aereo non si distendono in un campo aperto a mostrarci i loro comportamenti naturali, ma vanno a nascondersi nel più breve tempo possibile. Ancora una volta, il solo comportamento che gli scienziati possono vedere è quello della fuga. Discovery Channel può anche far sembrare le cose come se si camminasse nei boschi e si seguisse un gruppo di lupi da vicino, ma non è così che funziona. Le riprese che vedete in televisione spesso sono il frutto di lunghe e accurate ricerche e inseguimenti, e poi filmate con teleobiettivi delle dimensioni di un braccio umano. Questi sono colpi di fortuna e il risultato di una pazienza enorme. Molti di quelli che fanno ricerche sui lupi selvatici impiegano anni solo per trovare e analizzare escrementi di lupo senza mai poter gettare uno sguardo su un lupo in carne e ossa.

Per questo motivo la gran parte delle ricerche pubblicate sui lupi sono state fatte su lupi in cattività. Gli scienziati riuniscono insieme tutti i lupi che per varie ragioni sono disponibili, e li alloggiano in una riserva. Nel migliore dei casi il recinto può essere ampio un paio di chilometri quadrati. I lupi sono alimentati quotidianamente. Gli scienziati possono osservare ciò che fanno gli animali, dal momento che questi ultimi non possono fuggire da nessuna parte. Questa è, ovviamente, una situazione altamente artificiale. Innanzitutto i lupi esprimono i loro comportamenti mentre sono osservati dai loro guardiani. Questo significa che vengono osservati sempre in stato di stress, e nessuno sa cosa essi facciano quando non ci sono umani intorno. In secondo luogo, non ci dà nessuna idea su cosa i lupi avrebbero fatto se avessero dovuto procurarsi il cibo, invece di stare stesi tutto il giorno senza nulla da fare. Infine gli scienziati hanno creato gruppi di individui estranei selezionati arbitrariamente, e li hanno chiusi in una innaturale piccola quantità di spazio, costringendoli a vivere gli uni con gli altri in uno spazio limitato per tutta la vita, che gli piaccia o no.

Ciò è contrario a tutte le circostanze naturali. Poche sono le cose che sappiamo con sicurezza sui lupi che vivono liberi nelle foreste. In natura un gruppo di lupi viaggia in un territorio troppo grande perché un essere umano possa abbracciarlo. Viaggiare è la loro principale attività, dedicando le loro giornate alla ricerca di cibo. Un branco naturale non è una collezione di estranei. Un branco naturale è una famiglia i cui membri si conoscono dalla nascita. Questi rimangono insieme volontariamente, e ognuno di loro potrebbe lasciare il branco se volesse. Possono anche lasciare il branco per cercare un compagno e crearsi una propria famiglia. Non devono per forza rimanere insieme più di quanto voi non dobbiate vivere con i vostri genitori per sempre.

Non si imparerà molto sul comportamento naturale dei lupi chiudendo un gruppo di estranei in una piccola area, e osservando quanto siano annoiati, tranne forse il fatto che sono così tolleranti e sociali da non uccidersi a vicenda. Il Dott. L. David Mech, la massima autorità vivente in fatto di lupi, stigmatizza questa situazione con queste parole: 'Un tale approccio è analogo a quello di provare a trarre conclusioni sulle dinamiche delle famiglie umane studiando gli esseri umani in un campo profughi.'

Anche quando possiamo gettare uno sguardo sulla vita del lupo in natura, oggi osserviamo una specie il cui habitat è stato per lo più distrutto. Il cibo è per loro adesso molto più scarso di cento anni fa. Così il suo spazio vitale. In ogni caso, stiamo osservando lupi il cui comportamento è stato influenzato dalla nostra presenza, che ha causato loro un sacco di problemi.

Fatto: Il cane non è un lupo. Se si vogliono conoscere i cani, bisogna guardare i cani. Ma, a parte questo, e se sia o no possibile applicare le conoscenze sui lupi ai cani, il fatto è che, in primo luogo, non abbiamo molte conoscenze sui lupi. Le storie che si raccontano su di loro sono troppo spesso racconti di cacciatori e aneddoti sostanzialmente senza senso, basate su miti, fantasia, immaginazione, speculazioni, proiezioni, menzogne e/o ricerche mal progettate; o basate sull'osservazione del loro comportamento in un habitat che si decompone e va scomparendo proprio sotto i loro piedi. Non è più possibile studiare il comportamento dei lupi senza che alcun tipo di influenza umana interferisca con il quadro d'insieme.

Note

Mech, LD, *The Wolf: The Ecology and Behavior of an Endangered Species,* University ofMinnesota Press, Minneapolis, 1970 (8th ed 1995).

Mech, LD, Alpha status, dominance, and division of labor in wolf packs. *Canadian Journal of Zoology* 77:1196-1203. Jamestown, ND: Northern Prairie Wildlife Research Center HomePage. <www.npwrc.usgs.gov/resource/mammals/alstat/> accessed 3rd Dec 2013.

Mowat, F. *Never Cry Wolf; The Amazing True Story of Life Among Arctic Wolves*, McClelland andStewart, Toronto, 1963.

Mito 4: Il cane domestico è un cacciatore.

Abbiamo visto che l'evoluzione del cane domestico è probabilmente iniziata quando il suo antenato ha scoperto i depositi dei rifiuti umani come una nuova risorsa di cibo sicura e facile. E' possibile che questi primi animali da discarica furono capaci di scoprire la nuova fonte di cibo perché erano particolarmente intelligenti. E' anche possibile che fossero soltanto particolarmente pigri. Quale spiegazione si preferisce dipenderà dall'opinione che si ha dell'attuale cane domestico.

In ogni caso la decisione di passare dalle vecchie abitudini di vita ai rifiuti alimentari umani è stata estremamente importante. Gli animali da discarica dovevano osare di avvicinarsi abbastanza agli esseri umani, e dovevano essere in grado di mangiare in presenza del nostro odore. Questo li ha portati al relativo isolamento dai membri della loro specie che continuavano a vagare e ad evitare gli uomini. All'inizio, quando gli esseri umani andavano a caccia con i loro archi e le loro frecce, l'antenato del cane domestico potrebbe probabilmente averli seguiti da una breve distanza, aspettando fino a quando non si fossero allontanati dal mucchio di rifiuti. Questa nuova nicchia ecologica sottopose il progenitore del cane a un tipo di selezione naturale diverso rispetto all'antenato che continuava a vivere lontano dall'uomo. Il nostro animale da discarica potrebbe ancora avere completato la sua dieta con vagabondaggi sporadici, ma anche la caccia occasionale di piccole prede era diventata molto meno importante per lui. A questo punto egli avrà ancora avuto bisogno di un corpo adatto a percorrere lunghe distanze, dal momento che noi continuavamo a farlo, ma la Natura aveva già selezionato un cervello che trattasse differentemente la paura e l'aggressività.

Quando i nostri antenati scoprirono l'agricoltura e diedero inizio all'allevamento, lo sviluppo del cane subì un'accelerazione. La grande efficienza della nostra produzione alimentare, che ci ha permesso di diffonderci su tutta la Terra, ha fatto sì che gettassimo via molti più resti ancora commestibili. Il progenitore del cane potrebbe avere abbandonato del tutto il vagabondaggio e la caccia e preso stabile dimora nei pressi della discarica. Questo lo avrebbe condotto a vivere a contatto più stretto con noi. Non ci saremmo più lasciati alle spalle le discariche e non ci saremmo più mossi. Poiché probabilmente era ancora troppo pericoloso allontanarsi dai villaggi, le discariche furono stabilite vicino ad essi. Questo significa che il cane pre-domestico doveva essere in grado di mangiare mentre esseri umani erano proprio dietro l'angolo, e sarebbero potuti apparire da un momento all'altro con un nuovo carico di rifiuti. Il fatto che abbia potuto fare ciò significa che le parti del suo cervello deputate alla paura erano già cambiate. E significava anche che non avrebbe più incontrato i suoi conspecifici che evitavano ancora gli esseri umani e il loro odore.

L'isolamento riproduttivo era ormai un dato di fatto. I geni del pre-cane a questo punto divennero soggetti a un regime di selezione naturale completamente diverso da quello della vecchia nicchia di vagabondaggio e, a volte, di caccia. Questo animale adesso non ha più bisogno di essere in forma per percorrere lunghe distanze o per una vita di caccia. Lo scheletro, i muscoli e il cervello del pre-cane potrebbero ora aver iniziato ad adattarsi alla vita sedentaria. Egli non ha più bisogno di uccidere neanche occasionalmente per mangiare. La capacità di un morso schiacciante, necessario per afferrare e uccidere la preda, ha iniziato a scomparire. Le sue mascelle e i suoi denti sono diventati più piccoli, così come il suo cranio e il suo cervello.

Ma non soltanto il cambiamento nell'alimentazione ha causato la scomparsa del morso che uccide. Gli esseri umani, ancora ai giorni nostri, non tollerano nel loro ambiente animali pericolosi per sé o per il bestiame. I nostri antenati probabilmente hanno aggiunto la loro pressione selettiva a quella della Natura, uccidendo quei cani che attaccavano gli esseri umani o i loro animali. Se voleva restare vicino all'uomo e mangiare comodamente e tranquillamente alle nostre discariche, il cane primitivo doveva sbarazzarsi di ogni forma di aggressività. Non soltanto doveva astenersi dall'attaccare l'uomo, ma anche i suoi polli, le sue pecore, le sue mucche. L'aggressione mortale non era diventata soltanto superflua per il cane primitivo, ma anche controproducente, riducendo le sue possibilità di sopravvivenza.

Fatto: Il cane domestico non è un cacciatore, ma uno spazzino.

Vedi anche: Mito 5

Note

Beck, AM, The ecology of 'feral' and free-roving dogs in Baltimore, Ch 26, in Fox MW (ed),*The Wild Canids,* Van Nostrand Reinhold Co, MY, 1975.

Beck, AM, *The Ecology of Stray Dogs: A Study of Free-ranging Urban Animals,* York Press,Baltimore, 1973.

Beljaev, DK, Trut, LN, Some genetic and endocrine effects of selections for domesticationin silver foxes, in *The Wild Canids,* Fox, MW, ed., Van Nostrand Reinhold, New York, 1975.

Beljaev, DK, Plyusnina, IZ, and Trut, LN, Domestication in the silver fox (Vulpesfulvus desm): changes in physiological boundaries of the sensitive period of primary socialization, *Applied Animal Behavior Science* 13:359–70, 1984/85.

Coppinger, R, Coppinger, L, *Dogs: a startling new understanding of canine origin, behavior, andevolution,* Scribner, New York, 2001.

Sibly, RM, Smith, RH, *Behavioural Ecology: Ecological Consequences of Adaptive Behaviour,*Blackwell Scientific Publications, Oxford, 1985.

Trut, LN, Early canid domestication: the farm-fox experiment, *American Scientist*, March–April, 160–169, 1999.

Mito 5: Ma il mio cane è ovviamente un predatore, in quanto uccide gatti (o conigli, o pecore).

Quando la gente dice che il cane è un predatore, sembra voler dire che è un cacciatore. In realtà, un predatore e un cacciatore non sono la stessa cosa. Dopo tutto, tecnicamente parlando, una pecora è un predatore (vedi Mito 29), ma noi generalmente non parliamo di aggressività predatoria se una pecora ci morde. E' vero che alcuni cani a volte uccidono altri animali. Tuttavia questo non rende ancora il cane un cacciatore. Un cacciatore non è solo un animale che uccide: è un animale che uccide per mangiare. La sequenza comportamentale di un vero cacciatore che uccide gli altri animali per mangiarli si presenta così:

fiuto > traccia > individuazione a vista > inseguimento > caccia > presa > uccisione > dissezione > pasto.

Questo non è un insieme di comportamenti arbitrari, ma una catena funzionale, una serie di passi volti a raggiungere un obiettivo. L'obiettivo è mangiare. E' possibile dire che un animale è un cacciatore solo quando mostra l'intera catena, e quando lo fa al fine di ottenere un pasto. Non è possibile considerare un animale cacciatore solo perché somiglia a un antenato che viveva di caccia, o perché qualche volta mostra segni del vecchio comportamento semplicemente a causa del modo in cui è costruito il suo corpo. I cani domestici non uccidono per mangiare. Se li si abbandona in un bosco moriranno di fame, a meno che non ci sia nelle vicinanze un campeggio dove si trovino abbastanza resti di cibo per tenerli in vita.

Il cane si è evoluto nelle discariche di rifiuti. Non ha bisogno di uccidere per mangiare. L'aggressività non soltanto ha perso la sua funzione, ma è addirittura diventata una minaccia per la stessa sopravvivenza del cane in nostra presenza. Il morso che uccide è scomparso dal suo naturale schema comportamentale. Altre parti della sequenza, che per un motivo o per l'altro non ci siamo preoccupati di eliminare, furono meno soggette alla selezione umana. Altre sono ancora utili per la ricerca di cibo fra i rifiuti. Così, un po' la selezione operata dall'uomo, un po' l'indifferenza umana, e un po' le esigenze dell'attività di ricerca tra i rifiuti hanno operato per allontanare sempre più il cane da qualsiasi antenato cacciatore abbia avuto.

Questo, tuttavia, è un fenomeno molto recente. In termini di evoluzione 130.000 o 12.000 anni sono un battito di ciglia. I cani sono ancora modellati fondamentalmente nello stesso modo in cui lo erano mezzo milione di anni fa. Hanno ancora quattro zampe e la capacità di correre veloci. Non hanno ancora le mani, ma solo la bocca per afferrare le cose. Il loro olfatto è ancora molto sviluppato, eccellente per trovare cibo fra carta e plastica. Il loro udito è ancora acuto ma ora sintonizzato sui toni più bassi di quello dei veri cacciatori, sintonizzati invece su toni più alti. Alcuni originali schemi ancestrali possono essere latenti presentandosi sotto forma di istinti. Per esempio, un cane può orientare lo sguardo su qualcosa che si muove. Ma questo è un modello che risale a un antenato ancor prima che i rettili e i mammiferi si dividessero, quasi tutti gli animali lo fanno, non è una caratteristica specifica dei cacciatori. Un cane può istintivamente scattare verso qualcosa che sfreccia vicino a lui, il che potrebbe essere un riflesso da cacciatore, ma questo non è ancora cacciare, non più di una scimmia che afferri istintivamente una palla che le viene incontro, si può dire che produca utensili.

Alcuni dei vecchi schemi sembrano effettivamente essere ancora presenti perché il corpo del cane è modellato in questo modo. I cani giovani si rincorrono per gioco, ma anche i vitelli. Essi provano la gioia di usare il loro corpo, che ha quattro zampe, e di praticare le loro abilità sociali. Quando i cani domestici si mordono giocando, non stanno praticando la caccia, ma si stanno esercitando a non mordere troppo forte. Quando afferrano o raccolgono qualcosa con la bocca non lo fanno perché sono cacciatori con l'impulso di mordere, ma solo perché non hanno le mani. Quando sembra che inseguano un topo, probabilmente sono solo curiosi, perché i cani amano conoscere ciò che vive nel loro ambiente. Inseguire o fissare lo sguardo dipende solo dal modo in cui è costruito il loro corpo, anche se, per essere onesti, noi non ci comportiamo in modo molto diverso quando vogliamo piombare di nascosto su qualcosa. I nostri cani potrebbero volere rincorrere i topi, ma probabilmente non hanno intenzione di ucciderli, né la maggior parte di loro di mangiarli.

E per quanto riguarda i nostri cani assassini di gatti e pecore? Guardiamo innanzitutto come probabilmente era il cane in principio, almeno 12.000 anni fa. Per fare questo dobbiamo andare nel Terzo Mondo, dove questi incroci primitivi si possono ancora trovare circolanti nei villaggi o intorno alle discariche. Essi sono i diretti discendenti del cane originale, ma lo sono anche i nostri cani. Allora qual è la differenza? La differenza è che gli esseri umani non hanno mai pasticciato con i geni dei cani dei villaggi del Terzo Mondo per renderli cani da caccia, da combattimento o cani alla moda. Questi cani sono stati selezionati solo dalle necessità della nicchia ecologica in cui vivono. Una selezione naturale e non umana li ha creati, a parte il contributo umano piuttosto insistente nell'eliminare del tutto l'aggressività uccidendo i cani che spaventavano o aggredivano uomini o il loro bestiame, bambini o polli. Si può presumere che questi cani dei villaggi del Terzo Mondo rappresentino l'originale cane naturale. Questi cani naturali non mostrano la sequenza di caccia spiegata prima, ma solo parti separate della catena. Essi assumono questi comportamenti soprattutto durante il gioco, e non c'è reale aggressione, come fra la maggior parte dei nostri cani. Per lo più questi cani vagano per i villaggi o guardano gli esseri umani che si avvicinano alle discariche, rimanendo in secondo piano, sdraiati all'ombra, senza cacciare né mordere alcunché. La fuga è la loro prima reazione a tutto ciò che percepiscono come una minaccia (a meno che, ovviamente, non siano con le spalle al muro).

Se ora ci spostiamo a guardare le discariche vicine alle grandi città dei settori industriali dei Paesi del Sud America, abbiamo un quadro diverso (descritto dai Coppinger nel loro libro e da diversi miei amici che hanno vissuto in questi paesi). Qui, oltre ai vari cani piccoli o di media taglia che chiamiamo meticci, troviamo anche cani più grandi che possiamo identificare come appartenenti a 'razze ufficiali' (quelle che sono state create recentemente dall'uomo). Questi sono cani di città che sono scappati o sono stati abbandonati dai loro padroni. A differenza dei meticci, alcuni di questi cani esibiscono il morso che uccide. Non c'è da meravigliarsi di ciò, ed ecco perché. In questi paesi è ancora molto diffusa la cultura del machismo. Le discariche del Sud America sono piene di pit bull e di rottweiler. Si tratta di razze in cui gli umani hanno lavorato duramente per far rivivere il morso che uccide, mettendo insieme programmi di selezione concentrati e precisi per produrre cani assassini. Questi cani selezionati e allevati dall'uomo minacciano chi si avvicina alla discarica e, a differenza dei meticci che si trovano in giro, sono molto pericolosi. Questo contrasto ci dà la chiave per capire perché alcune persone hanno un problema con il loro cane che uccide altri animali, fatto erroneamente attribuito all'istinto di caccia.

Per circa un secolo, prima che fossero istituiti i registri delle razze ufficiali, abbiamo pasticciato intensamente con il cane naturale. Una volta che abbiamo capito come funziona l'ereditarietà, abbiamo iniziato a far rivivere varie parti della latente catena comportamentale del cane in base alle nostre preferenze. Abbiamo fatto questo selezionando differenze nel corpo e nel cervello dei cani che abbiamo allevato. Infatti i geni specificano soltanto il potenziale, ma scompigliando questi, abbiamo disturbato il potenziale. Spiegherò come funziona nei Miti 38 e 39. Per ora è sufficiente dire che abbiamo creato il Pointer esagerando le parti della sequenza di caccia 'individuazione a vista' e l'inizio della sezione 'inseguimento' per ottenere un cane che si blocca all'inizio dell'inseguimento. Questa è la posizione di puntamento. Il Border Collie è selezionato per la 'vista' e 'l'inseguimento'. Egli 'dà occhio' e si avvicina alla pecora nella postura di inseguimento furtivo, pronto per il balzo. Potrebbe anche pinzare la pecora alle calcagna, ma senza attaccarla. Il retrivier è selezionato per il morso da presa ed esegue questo morso delicatamente, senza passare al morso assassino. Il pit bull ha il morso che uccide e che disseziona, ma senza le precedenti parti della sequenza (né inseguimento di soppiatto, né congelamento della postura né alcun altro segnale di preavviso).

Se il vostro cane uccide gatti o conigli, appartiene probabilmente ad una razza in cui gli allevatori hanno fatto rivivere con troppo entusiasmo il morso da presa selezionando mutamenti nel suo cervello. Vediamo spesso questo in varie razze di cani da caccia, così come in quelle razze comunemente utilizzate dalle forze di polizia (per esempio il Pastore Tedesco e il Pastore Belga Malinois) e nelle razze che abbiamo appositamente creato per una effettiva aggressione mortale (per esempio alcuni terrier, e le cosiddette razze bull terrier). E' l'interferenza del moderno consumismo che ha creato cani con uno o due riflessi selezionati o fortemente esasperati. Nella sua fantasia sul lupo, la gente crede che il cane stia mostrando parti della catena di caccia dei lupi, dimenticando che molti di questi comportamenti hanno acquisito una diversa funzione dal momento in cui il cane è diventato spazzino. Fiuto e traccia sono altrettanto necessari per trovare roba commestibile nella spazzatura. La corsa è altrettanto buona per la fuga, così come per inseguire qualcosa. Tutti gli animali devono mordere e masticare per mangiare, anche quelli erbivori. Quindi anche se questi comportamenti sono retaggi di un passato da cacciatori, questi cani mostrano soltanto alcune parti della sequenza, e queste parti hanno acquisito un nuovo significato e una nuova funzione. Tuttavia, mostrare frammenti della sequenza di caccia non fa del cane un vero cacciatore. Un reale cacciatore mostrerà l'intera sequenza e soltanto quando è utile e funzionale. Il nostro intervento nell'allevamento non ha affatto ravvivato l'antica catena naturale. Piuttosto ci siamo avvantaggiati delle caratteristiche del cane naturale e, con il ricorso alla selezione artificiale, abbiamo creato cani che mostrano comportamenti distinti ed esagerati, per poi prendere in giro noi stessi credendo che ciò abbia a che fare con un selvaggio 'predatore'. Tutto quello che abbiamo fatto è creare anomalie. Spesso a questo processo si è accompagnata una distorsione del corpo del cane. Tutti questi cani sarebbero senza speranza se dovessero cacciare davvero e probabilmente morirebbero di fame se dovessero ricorrere alla caccia per nutrirsi.

A parte il nostro interesse consumistico per i suoi geni, ci sono anche altre ragioni per le quali il vostro cane potrebbe uccidere altri animali. Se non è un pit bull o uno di quei cani che sono stati selezionati per la taglia esagerata o l'aggressività, e se gli avete consentito di svilupparsi normalmente giocando con gli altri cani da quando era cucciolo, avrà imparato il controllo del suo morso con grande precisione, indipendentemente da quanto sia eccitato. Questa è una cosa che tutti i cani naturali imparano da cuccioli come una cosa normale, quando non ci sono in giro esseri umani che impediscono loro di interagire con gli altri cani. Se siete iper-protettivi con il vostro cucciolo, e non gli permettete di giocare spesso e a lungo con altri cani, gli impedite di imparare il controllo del suo morso. Può mordere troppo forte senza neanche sapere cosa stia facendo e senza volere arrecare alcun danno. Non ha nemmeno idea di cosa potrebbe fare con i suoi denti. E questo non perché sia un cacciatore, ma piuttosto per una carenza educativa.

Le punizioni possono anche essere una ragione per cui un cane uccide gatti o altri animali, anche se non appartiene alle razze che noi abbiamo reso assassine. Se un cane è punito spesso in presenza di altri animali, alla fine comincerà a diventare aggressivo nei loro confronti. I cani generalmente non associano le punizioni al loro comportamento, piuttosto tendono ad associare la punizione a qualcosa che capita che sia vicino quando avviene la punizione stessa. In altre parole il vostro cane non capirà che lo state punendo perché ringhia al gatto, o caccia il gatto lontano dal suo cibo, o perché è troppo interessato alle pecore. Ciò che il cane percepisce è che lo si punisce spesso quando c'è il gatto intorno, oppure ogni volta che si avvicina alle pecore. Ora, è un fatto provato che la punizione molto spesso suscita aggressività. Quando si uniscono questi due fatti, si ottiene una logica conseguenza. Il cane punito proverà sempre di più a cacciare via il maledetto gatto prima che ve ne accorgiate e ricominciate a dare di matto. Tutto quello che si vedrà è che il cane continuerà ad inseguire il gatto, e sempre più accanitamente, così da essere punito sempre più duramente. Il gatto diventa sempre più ostile verso il cane, e l'aggressività, che abbastanza normalmente la punizione evoca, diventa sempre più incontrollata. Se il cane adesso ha la possibilità di inseguire un gatto (o una pecora), a questo punto potrebbe benissimo ucciderlo. Questo non significa che il cane è un cacciatore, perché anche i ratti e i topi, prede che non hanno mai cacciato, in laboratorio mostrano la stessa aggressività quando sono puniti. Un cane che uccide altri animali è spesso il risultato di una educazione data inavvertitamente dal proprietario, che lo ha indotto a diventare aggressivo verso di loro.

Capita spesso che un cane scappi e torni dopo avere ucciso un gatto, o un coniglio o una pecora. Potrebbe lasciare l'animale morto dove si trova, o potrebbe tornare portando in bocca il gatto o il coniglio. Voi pensate di avere a che fare con l'istinto di caccia, ma osserviamo le cose ancor più da vicino.

Se si torna a guardare la catena di caccia, si nota che manca qualcosa nel comportamento del vostro cane, e cioè le ultime due parti della reale sequenza di caccia. Il vostro cane non lacera il gatto che ha preso, né lo mangia. I pit bull (e le altre razze aggressive) spesso invece durante un attacco eseguono lo squarciamento con movimenti volti a dissezionare. Ma spesso continuano l'attacco a lungo anche dopo che l'altro animale è morto, e poi improvvisamente si calmano e si allontanano. Non vedrete mai un cacciatore fare una cosa del genere. Il cane che ha sofferto una carenza educativa nella sua giovinezza proprio non si rende conto che sta mordendo troppo forte. Non intende provocare danni, né tanto meno cacciare. Il cane punito non è aggressivo naturalmente. La sua reazione aggressiva è indotta dalla punizione, il che non ha niente a che fare con la caccia. Il cane vuole solo sbarazzarsi del gatto, se è possibile, una volta per tutte, così finirà la punizione.

A volte accade che un cane a cui è stato permesso di giocare con altri cani da giovane e che non è mai stato punito in presenza di altri animali, scappi e vada ad attaccare un gregge di pecore. Anche in questo caso, il cane non sta cacciando, ma sta giocando. Il cane insegue la pecora, la afferra, la ferisce malamente o la uccide. Poi il cane passa alla caccia di un'altra pecora che sta provando a fuggire, eseguendo la sequenza tutta da capo. Per questo cane il gioco è interessante soltanto finché l'altro animale è in movimento. Il punto non è mangiare. Il cane che uccide le pecore spera ancora di trovare la sua cena nella ciotola quando torna a casa. Questo rende il gioco e la motivazione completamente diversi da quelli di un cacciatore. Il vero cacciatore non gioca quando insegue gli altri animali, ma è coinvolto in una attività seria, ovvero procurarsi il cibo. Il vero cacciatore deve impiegare moltissima energia solo per la mera sopravvivenza, e perciò è attento a non sprecarne. La caccia è fatta nel modo più efficiente possibile. Il lupo prende una singola preda e la mangia con il pelo e la pelle. E' questo che permette ai biologi di sapere se è stato un lupo o un cane ad attaccare un gregge nella notte.

Fatto: Il vostro cane col pedigree non è un prodotto della Natura, ma piuttosto della società dei consumi. La nostra interferenza nei suoi geni lo ha, per così dire, smontato, rimuovendo un certo numero di caratteristiche tipicamente canine e aggiungendone altre desiderate dall'uomo ed esagerate, che la Natura non avrebbe mai scelto, ed effettivamente lo ha allontanato dal vero cane naturale. Siamo stati in grado di fare questo perché il cane discende da un animale che qualche volta cacciava. Egli ha fondamentalmente lo stesso corpo del cane naturale e alcune delle vecchie strutture cerebrali, ma in forma ridotta o modificata. Ma questa non è affatto la stessa cosa che dire che l'attuale cane domestico è un cacciatore. Un attuale cane domestico che uccide ha altre ragioni per farlo. Il suo comportamento è o un'esagerazione distorta e non funzionale di comportamenti separati che hanno colpito la nostra fantasia, o è dovuto alla mancanza di educazione o a una educazione crudele . Non ha niente a che fare con l'impegno serio di procurarsi del cibo o con il naturale comportamento del cane domestico come specie.

Fatto: Il cane domestico è uno spazzino, incluso il vostro cane assassino.

Mito 6: I cani hanno un'istintiva inibizione del morso, che li rende automaticamente incapaci di mordere se l'altro si arrende durante una lotta.

Questo mito è molto affascinante. Si suppone che i cani siano cortesi come gli antichi cavalieri di un tempo. Se due cani stanno discutendo (con i denti, naturalmente, come i cani a volte sembrano fare) stanno presumibilmente provando a ferirsi duramente (maggiori informazioni su questa assurdità nei Miti 12 e 13). Durante una lite, il cane perdente può presumibilmente salvarsi la vita rovesciandosi sulla schiena. Proprio come Re Artù per pietà non avrebbe tagliato la testa del cavaliere errante in ginocchio davanti a lui, il collo esposto alla spada, si suppone che il cane vincitore sia istintivamente incapace di uccidere, una volta visto l'altro cane esporre il ventre. Secondo questo mito, tutti i segni di 'sottomissione' causano un'automatica, ereditaria e cavalleresca inibizione del morso del cane, cosicché egli non può infliggere danni all'altro nemmeno se lo volesse.

Tutto questo è molto romantico, ma non è vero. Peggio ancora, se credete a questo mito potreste finire col creare una situazione pericolosa, provocando il vostro cane. Come stanno le cose?

E' vero che il cervello di un cane normale è progettato, alla nascita, per consentirgli di diventare una creatura restia all'uso dell'aggressione. Questa capacità è situata in varie strutture neurologiche e nella chimica del cervello. Entrambe sono parzialmente determinate dalla genetica. Tuttavia senza dubbio un cane non nasce già con il controllo e l'inibizione del morso. Inoltre nasce senza alcuna conoscenza del significato dei segnali e dei gesti che i cani usano per comunicare. Queste sono cose che deve imparare. Ed è il modo in cui impara queste cose che finisce per renderlo riluttante a utilizzare qualsiasi tipo di aggressione.

Un cucciolo non è ancora completo quando nasce. I suoi muscoli e le sue mascelle sono ancora piccoli e deboli. Il suo cervello deve ancora completare il novanta per cento della sua crescita. Questa combinazione di mascelle deboli e cervello incompleto sono uno dei grandi disegni della Natura. Il cucciolo ha il tempo di imparare un sacco di cose molto tempo prima di essere in grado di infliggere un reale danno a qualcuno. Poiché il suo cervello è nelle prime fasi di formazione, tutto ciò che apprende ora diventerà realmente, fisicamente ancorato nelle reali connessioni fisiche che si vanno producendo fra i neuroni del suo cervello. Se impara adesso a controllare quanto forte mordere e cosa significano tutti i segnali canini, questa conoscenza resterà fissata per sempre nella struttura fisica del suo cervello. Egli sarà in grado di avere reazioni immediate e precise per tutto il resto della sua vita, senza doverci pensare.

'Ma' si potrebbe chiedere' perché i denti dei cuccioli sono così dannatamente affilati, se il cucciolo deve ancora imparare a inibire il suo morso? Non è così che può infliggere danni nonostante la debolezza delle sue mascelle? E perché i cuccioli mordono così tanto se non praticano l'aggressione?' Risposta: i denti affilati del cucciolo non sono destinati a infliggere danni, ma dolore. In questo modo assolvono una specifica e importante funzione nello sviluppo dell'inibizione del suo morso. I cuccioli iniziano a giocare a mordersi coi fratellini ancor prima di essere in grado di stare in piedi. I denti affilati assicurano che anche in questa fase di debolezza il morso del cucciolo sarà doloroso per il suo compagno. Un cucciolo inciampa su un fratello e gli dà un morso di gioco. Questo guaisce (per riflesso al dolore, non per comportamento appreso) e si allontana. Il cucciolo che morde è stupito e impressionato dall'esito di questo suo morso. A quanto pare i suoi denti sono molto pericolosi. Scopre anche che se morde il gioco finisce, e che l'altro cucciolo lo eviterà per un po'. La volta successiva che vorrà giocare starà più attento, e si assicurerà che il suo morso per gioco si limiti a una presa senza pressione.

Se il cucciolo fa lo stesso errore con un cane adulto succederà qualcosa di diverso. Il cane adulto si scaglierà come se volesse attaccarlo. Gli salterà sopra, facendogli perdere l'equilibrio, ringhiando come se volesse ucciderlo, pinzando *in aria* avanti e indietro su entrambi i lati della testa e del collo del cucciolo, che si trova così sommerso da un'ondata di violenza. Il cucciolo vede gli enormi denti dell'adulto guizzargli intorno, davanti e dietro la sua testa e il suo collo, mancandolo ogni volta, e comincia a guaire per la paura (un riflesso, non un comportamento appreso). Il cane adulto ferma il suo attacco simulato, forse ringhia ancora un po' al cucciolo, ma poi si allontana.

Poco dopo il cucciolo cerca di avvicinarsi di nuovo al cane adulto, che non è ancora in vena. Si blocca e fissa il cucciolo, forse arriccia il labbro per esporre i denti anteriori per mezzo secondo. Il cucciolo li vede, ma non sa ancora collegare alcun significato a questi segnali. Continua ad avvicinarsi. Il cane adulto si scaglia di nuovo, mordendo solo una volta in aria a un centimetro dal muso del cucciolo. Quindi si ferma, per guardare cosa farà. La coda del cucciolo ora è abbassata, premuta contro le natiche (un riflesso, non un comportamento appreso). Egli vede che l'adulto non gli salta addosso immediatamente, ma ricorda quello che è successo pochi minuti prima, e non osa muoversi, pertanto non ha la possibilità di fuggire. Decide allora di provare un comportamento che è sempre stato sicuro e piacevole, nei giorni in cui non riusciva a fare i bisogni, a meno che la madre non gli massaggiasse la pancia con la lingua. Il cucciolo si rovescia sulla schiena e aspetta. Ora il cane adulto vede questo gesto, e sa che significa: 'non ho cattive intenzioni'. Casualmente il cucciolo ha fatto la cosa giusta. L'adulto interrompe il contatto visivo, forse annusa un po' l'inguine del cucciolo, e poi va a sdraiarsi a un paio di metri di distanza. Il cucciolo aspetta un po', ma non succede niente. Finalmente osa provare ad allontanarsi, e scopre che può farlo tranquillamente.

Queste sono esperienze di apprendimento. Il cucciolo non sa che i suoi denti sono molto affilati, o che non può ancora procurare reali ferite, così queste esperienze gli insegnano che i suoi denti sono molto pericolosi. Se non sta attento, con quei denti, succedono cose orribili: nessuno vuole più giocare con lui, oppure si scatenano reazioni spaventose. Sta imparando a sentire una certa avversione ad usare incautamente i suoi denti, perché ha scoperto che c'è da preoccuparsi per quello che potrebbe succedere.

Il cucciolo ha anche imparato qualcosa sul guaire. L'altro cucciolo ha guaito prima di scappare, quindi un guaito predice che l'altro non vorrà giocare con lui per un po'. D'altra parte, quando lui stesso aveva guaito, il cane adulto aveva smesso di far scattare le mascelle sul suo muso. A quanto pare, guaire interrompe qualcosa che fa paura. Ha appreso che lo sguardo fisso e le labbra arricciate hanno un valore predittivo: l'altro cane ti si scaglierà contro, se continuerai ad avvicinarti. Ha scoperto che mostrare il ventre produce una risposta diversa rispetto a quando la madre gli leccava la pancia: il cane adulto irritato si calma, mostra un certo interesse al suo inguine, e poi se ne va. Il cucciolo ha ora imparato che quando l'altro si allontana, può rialzarsi lentamente. Sta iniziando ad assegnare significato ai vari segnali e gesti, sia suoi che altrui, che fino ad ora gli erano sembrati del tutto casuali. Questi gesti e questi segnali iniziano ad assumere valore predittivo su ciò che l'altro potrebbe fare, e cominciano anche a diventare uno strumento da utilizzare per influenzare le reazioni dell'ambiente.

In questa maniera il cucciolo impara a partecipare in sicurezza alle relazioni sociali, fino a quando non diventa adulto. Impara ad evitare le zuffe. Impara ad essere estremamente cauto nel mordere, limitandosi ad afferrare senza pressione. Impara a riconoscere i segnali sociali e ad usarli. E' importante che il cucciolo viva tutte queste esperienze prima di perdere i denti da latte. Quando questo succederà, le sue mascelle saranno già abbastanza forti per infliggere un danno reale, e a quel punto i cani adulti non saranno più così tolleranti con lui. Entrando nella pubertà inizierà temporaneamente ad avere problemi a controllare i suoi impulsi. Se non ha sviluppato una ferma e immediata inibizione del morso, giocare con gli altri cani diventerà pericoloso per lui. Se morderà troppo forte sarà pericoloso per gli altri cani, che non potranno insegnargli nulla senza rischiare la propria incolumità. Gli altri cani potrebbero reagire violentemente al suo morso troppo duro. C'è un'età in cui per un cane è troppo tardi per imparare, e passerà tutto il resto della sua vita con questo handicap.

Se vi assicurerete che il vostro cucciolo abbia tutte queste esperienze prima di perdere i denti da latte, farete in modo che questi importanti elementi del comportamento sociale siano veramente fissati nelle connessioni fisiche fra le cellule del suo cervello. Il vostro cane adulto avrà l'inibizione del morso anche quando sarà molto eccitato, non morderà troppo forte durante una lite con un compagno, né quando per sbaglio gli pesterete una zampa e lui si scaglierà in un riflesso di dolore. Né voi, né l'altro cane potrete avere più danno che un po' di saliva addosso. Il vostro cane adulto riconoscerà immediatamente e risponderà ai più sottili segnali dati dal cane con cui sta giocando o litigando. Sarà capace di evitare zuffe della cui imminenza voi nemmeno vi sareste accorti. Il vostro cane sarà affidabile negli scontri con altri cani, non la porterà per le lunghe, né infliggerà ferite durante la 'lotta'. Sarà maggiormente in grado di proteggere se stesso, perché può vedere quando l'altro cane si sente a disagio e sa come rassicurarlo.

Nota bene. Queste non sono cose che voi potete insegnare al vostro cucciolo: solo gli altri cani possono farlo.

Fatto: I cani non nascono con un'istintiva inibizione del morso. Non nascono conoscendo le regole della Tavola Rotonda di Re Artù, non nascono conoscendo la loro stessa lingua non più di quanto non accada a noi. Questi sono tutti comportamenti appresi. E' nostra responsabilità assicurarci che il nostro cucciolo abbia la possibilità di imparare queste cose durante la giusta fase di sviluppo, esponendolo a molti altri cuccioli e adulti socialmente competenti.

Note

Maturana, HR, Biology of language: the epistemology of reality, in Miller, GA, and Lenneberg (eds.), *Psychology and Biology of Language and Thought: Essays in Honor of EricLenneberg,* Academic Press, NY, 1978, pp 27-63. A/Maturana1.htm (2002)

Maturana, HR and Varela V, Autopoiesis and cognition: The realisation of the living, in*Boston Studies in the Philosophy of Science,* Cohen, RS and Wartofsky, MW (eds.), Vol. 42,Dordrecht: D. Reidel Publishing Co. 1980.

Mito 7: I cani vivono in branco.

Questa idea è il risultato dell'opinione diffusa secondo la quale i cani fanno tutto quello che fanno i lupi. Quel poco che sappiamo su come si comportano i lupi in natura mostra che neanche il lupo è magicamente e congenitamente un animale da branco. La maggior parte dei lupi, ma non tutti, vivono in branco. Questi branchi sono gruppi chiusi. Infatti sono famiglie costituite dai genitori e dalla prole generata negli anni. Vivere in branco non è un comportamento geneticamente ereditato, ma appreso. Se un lupo vive in branco dipende da molti fattori. Le circostanze in cui il giovane lupo è cresciuto socialmente determinano se è in grado (e se vuole) vivere in un branco. Sarà l'ambiente specifico a determinare se si formerà un branco, per esempio se è disponibile abbastanza cibo per sfamare più di un singolo lupo. L'occupazione umana potrebbe rendere impossibile la vita di un gruppo. Un lupo solitario può nascondersi più facilmente, e quindi sopravvivere, dove un branco non potrebbe; o un lupo potrebbe aver vissuto in un branco e poi essere rimasto solo perché i compagni sono stati abbattuti. Vari eventi accidentali nella sua vita giocheranno un ruolo in questo senso; un lupo potrebbe lasciare il gruppo in cui è nato, ma non formare un'altra famiglia con una femmina. Le carestie o le malattie potrebbero far scomparire le prede di grandi dimensioni, costringendo un gruppo a sciogliersi, per vivere di prede troppo piccole per essere divise con altri. Quando i lupi vivono in branco si tratta di gruppi familiari chiusi, in cui individui estranei sono raramente ammessi. Nuove famiglie si formano quando un giovane lupo raggiunge la maturità, quando (se lo fa) abbandona il gruppo per cercare un compagno proprio e crescere la propria prole. Fra i canidi, un 'branco' è *per definizione* un gruppo familiare, i cui membri cacciano insieme e difendono il territorio insieme. Fin qui tutto bene, tranne il fatto che eravamo così sicuri che il cane fosse una specie di lupo addomesticato, da aver dimenticato di osservare i cani.

Ma non tutti sono stati così negligenti. Alcuni ricercatori si sono presi la briga di studiare i cani, seguendo quelli che vivono liberi e osservando cosa facevano. Uno studio sui cani randagi urbani ha mostrato quanto segue:

- Più della metà dei cani vagavano da soli.
- Circa il 26% dei cani ha avuto un amico speciale con cui si è accompagnato per un po'.
- Circa il 16% si muoveva in gruppi di tre, i cui membri cambiavano continuamente.
- Meno del 2% si spostavano in gruppi più grandi.

Anche dove c'è un gruppo, e questo in meno della metà dei casi, gli studiosi non descrivono il gruppo come un 'branco', piuttosto si riferiscono a 'un gruppo di cani'. Il gruppo non è una famiglia, è evanescente. Neanche un gruppo di due è formato sempre dagli stessi cani. Un gruppo non è né chiuso, né permanente o stabile. Possono unirsi nuovi cani, alcuni se ne vanno o muoiono. Nei posti dove i cani si riuniscono per prendere il sole, o alla discarica, o nei vicoli dove si trovano i cassonetti dei rifiuti, possono essere presenti grandi gruppi di estranei senza alcun problema. Un gruppo di cani è una riunione temporanea di amici e conoscenti in cui animali fondamentalmente solitari godono della reciproca compagnia prima di riprendere la propria strada.

Questo non deve sorprenderci. Il lupo grigio vive parzialmente in gruppo perché la sua esistenza è molto dura. Si ciba di prede di grandi dimensioni che non può catturare e uccidere da solo. Deve vagare in lungo e in largo per trovare una preda, e sprecare moltissima energia per abbatterla. Deve poi percorrere lunghe distanze per portare il cibo ai suoi cuccioli. Crescere la prole richiede un investimento che un lupo solitario non può permettersi. Anche così non è insolito che fra l'80 e il 96% dei cuccioli muoia prima di raggiungere l'età di dieci mesi.

I cani che vivono liberi conducono una vita completamente diversa. Vivono di spazzatura, che non fugge e non deve essere uccisa con l'aiuto di un gruppo. Non devono vagare per lunghe distanze nella speranza di imbattersi in una preda (il raggio d'azione dei cani di città varia in spazi di dimensioni da due a dieci campi di calcio). In realtà è venuto fuori che i cani che vivono liberi trascorrono circa l'80% della giornata a giocare, dormire o nel dolce far niente. Nel suo habitat naturale (che è da qualche parte vicino agli esseri umani) il cane domestico non ha nemici per difendersi dai quali ha bisogno di un gruppo. Le principali cause di morte, per i cani randagi, sono le automobili, gli avvelenamenti e le uccisioni da parte di esseri umani, o un lento declino dovuto a pesanti infestazioni da parassiti. Un gruppo non offre alcun vantaggio riproduttivo, né per proteggere i cuccioli, né per procurare loro il cibo. La madre protegge i suoi cuccioli per lo più collocandoli in un luogo nascosto, dopo di che li assiste. Quando sono pronti a mangiare cibi solidi, i cuccioli iniziano da soli a cercare la discarica, occupandosi di se stessi a un'età che sarebbe assolutamente impensabile per un lupo. Nelle aree urbane circa la metà dei cuccioli raggiungono l'età di un anno senza l'aiuto di un gruppo. Nelle zone rurali il tasso di sopravvivenza è molto più basso, ma ciò è dovuto principalmente agli sforzi umani di trovare e sradicare le cucciolate. Vivere in branco non serve a nulla per il cane domestico, così, come la maggior parte dei canidi, non se ne preoccupa affatto (vedi anche: Mito 8).

Questi sono tutti fatti rivelati dai pochi studi scientifici che sono stati condotti sui cani domestici che vivono liberi nel loro ambiente naturale (città, villaggi del Terzo Mondo, aree rurali in tutto il mondo). Tuttavia non abbiamo bisogno di ricorrere alla scienza per verificarli. Tutto quello che dobbiamo fare è mettere da parte i fuorvianti dogmi che abbiamo imparato, così da poter effettivamente vedere i nostri cani con occhi nuovi. Quando ogni giorno portiamo il nostro cane a passeggiare nel parco, solitamente ci imbattiamo in qualche cane nuovo, con cui il nostro non ha alcun problema. Infatti andiamo al parco proprio per permettergli di incontrare altri cani, perché vediamo quanto questo lo renda felice. I dog sitter portano fuori grandi gruppi di cani, spesso con una differente composizione ogni giorno, vivono di questo, e apparentemente funziona bene. Quando due dog sitter si incontrano al parco i due gruppi di cani si fondono in uno più grande, in un'allegra ammucchiata, senza nessun problema. Quando si dividono, uno dei dog sitter potrebbe dover tornare indietro a recuperare un cane che è rimasto con il gruppo sbagliato perché lì ha trovato un nuovo grande amico. A volte dobbiamo richiamare il nostro cane almeno un paio di volte, prima che smetta di giocare con una nuova conoscenza e ritorni da noi. Questa è la dimostrazione, proprio sotto i nostri occhi, che i cani vivono in gruppi aperti e flessibili, non in branco. I cani dei canili sono un altro esempio. Essi sono stati espulsi per qualche ragione dal gruppo con cui vivevano precedentemente, ma questo non significa che non c'è scelta, e che devono essere uccisi. Il reinserimento in un'altra famiglia è un'alternativa possibile proprio perché i cani non sono animali da branco, e perché sono in grado e più che disposti a creare relazioni con perfetti sconosciuti. Nulla di ciò che è stato menzionato in questo paragrafo sarebbe possibile se i cani fossero animali da branco.

Fatto: Il motivo reale per cui il cane domestico vive così bene con noi è che si è autoadattato a una vita diversa da quella del branco. I cani sono creature semi-solitarie. Vagano da soli intorno alla discarica o nei vicoli in cerca di cibo. Quando si uniscono a formare un gruppo, i membri non sono imparentati fra loro, non sono cresciuti insieme, si sono incontrati da adulti e hanno fatto amicizia. I gruppi sono volatili insiemi di conoscenti. Naturalmente un cane si affeziona ad altri cani che conosce bene, ma non ha avversione per gli estranei, ed è lieto di trasformarli in amici.

Fatto: I cani sono tutt'altro che animali da branco.

Note

Beck, AM, The ecology of 'feral' and free-roving dogs in Baltimore, Ch 26, in Fox MW (ed),*The Wild Canids,* Van Nostrand Reinhold Co, MY, 1975.

Beck, AM, *The Ecology of Stray Dogs: A Study of Free-ranging Urban Animals,* York Press, Baltimore, 1973.

Mech, LD, Alpha status, dominance, and division of labor in wolf packs. *Canadian Journal of Zoology* 77:1196–1203. Jamestown, ND: Northern Prairie Wildlife Research Center Home Page. <www.npwrc.usgs.gov/resource/mammals/alstat/> accessed Dec 2013.

Mech, LD, *The Wolf: The Ecology and Behavior of an Endangered Species,* University ofMinnesota Press, Minneapolis, 1970 (8th ed 1995).

Mech, LD, Whatever happened to the term Alpha wolf? *International Wolf,* Winter 2008.<www.wolf.org/wolves/news/pdf/winter2008.pdf> accessed Dec 2013.

Semyonova, A, 'The social organisation of the domestic dog; a longitudinal study of domestic canine behavior and the ontogeny of domestic canine social systems'. Carriage House Foundation, The Hague, The Netherlands, 2003. <www.nonlineardogs.com>

Thomas, EM, *The Hidden Life of Dogs,* Orion, London, 1994.

Mito 8: I cani che vivono con me nella mia casa in un gruppo permanente possono essere considerati un branco.

Molti di noi hanno più di un cane. Ciò significa che abbiamo un gruppo fisso e permanente di cani che vivono con noi nella nostra casa. Ma questo non implica che questo gruppo permanente sia un branco. Di solito è una raccolta accidentale di cani non imparentati, proprio come i gruppi di cani liberi menzionati nel Mito 7, anche se essi possono essere cresciuti insieme, e la scelta probabilmente non è stata fatta dai cani, ma da noi. Ma anche se siete allevatori professionisti, e anche se tutti i vostri cani sono imparentati uno con l'altro, il vostro gruppo non è ancora un branco. Questo perché i cani sono animali semi-solitari, molto bravi a farsi degli amici, ma che non formano branchi come fanno i lupi.

In realtà molte persone che hanno più di un cane non incontrano problemi quando portano il loro gruppo a passeggiare nel parco. Il gruppo è perfettamente capace di interagire con gli altri cani e di farlo con grande divertimento. Questo è lo stato normale delle cose fra cani. Se i vostri cani hanno problemi con i cani ospiti a casa vostra, o se sono antagonisti degli altri cani al parco, non significa che mostrano un comportamento da branco. Potrebbe invece significare che non sono adeguatamente socializzati. I cani non nascono con le abilità sociali. Sebbene siano geneticamente predisposti ad apprenderle, dobbiamo dare loro (che in fondo sono nostri prigionieri) l'opportunità di farlo. Alcuni non sanno di doverlo fare, altri hanno troppa paura di quello che i cani adulti potrebbero fare al cucciolo, altri ancora semplicemente non hanno un luogo dove portare il loro cucciolo per permettergli di interagire con altri cani. Un cane che in gioventù non ha avuto la possibilità di imparare le abilità sociali potrebbe sentire apprensione quando incontra nuovi cani. Potrebbe essere goffo nel fare nuove amicizie, e quando i cani sentono apprensione o paura, qualche volta lo esprimono mostrando ostilità. Potrebbe anche succedere che abbiate permesso ai vostri cani di apprendere e sviluppare le loro competenze sociali, ma che uno o alcuni di essi abbiano avuto un'esperienza traumatica con un cane estraneo. Il trauma potrebbe avere insegnato a questi cani che l'attacco è la miglior difesa. Una terza possibilità è che spesso vi arrabbiate con il vostro cane in presenza di altri cani, per esempio perché si scaglia contro di loro mentre è al guinzaglio, o perché si azzuffa. Se questo è il caso, i vostri cani hanno imparato che gli altri cani sono forieri di cattive notizie, e vogliono che spariscano prima che voi ricominciate ad essere intrattabili.

Il problema del ritenere i cani animali da branco è che crea malintesi con loro, poiché ci fa comportare in modi che i cani non riescono a comprendere. Questa idea del branco può spaventare qualcuno, così da non far socializzare il proprio cucciolo nel modo in cui un cane ha bisogno per vivere felicemente in questo mondo. Può farci individuare cause sbagliate per un certo comportamento, impedendoci di trovare la soluzione giusta, o piuttosto il modo giusto per aiutare un cane che ha problemi. L'idea del branco ha anche portato alcune persone a credere che per i cani sia normale provare ad uccidere altri cani, mentre in realtà questo è un comportamento patologico.

Fatto: La formazione di gruppi chiusi e l'incapacità di interagire con cani sconosciuti sono, nel cane domestico, comportamenti anomali, risultato di circostanze anormali create dagli esseri umani con l'ostacolare processi naturali. Non si può generalizzare sulla base di anomalie o di comportamenti anormali ed affermare che i vostri cani vivono in branco. Piuttosto significa che per qualche ragione i vostri cani hanno problemi con le loro abilità sociali.

Mito 9: I cani sono territoriali.

'Territorialità'. Ecco un altro termine che è stato trasferito direttamente dai discorsi sui lupi, che sono animali selvatici, a quelli sui cani, che sono animali domestici. Il problema di una simile operazione è che ci fa illudere di avere già capito il comportamento di un cane, e che non abbiamo più bisogno di esaminarlo. Dopo tutto ha già un nome, no? Non ci rendiamo conto che in realtà l'etichetta ci impedisce di vedere quello che c'è dietro. Spesso diamo etichette a determinati modi di agire che invece sono costituiti da molti piccoli comportamenti, ognuno con la sua motivazione e la sua causa. Inoltre dimentichiamo che comprendere un lupo non è la stessa cosa che comprendere un cane, e finiamo con l'attribuire le cause del comportamento dei lupi ai comportamenti dei cani. Questa tendenza crea molti problemi ai cani che vivono con noi. Ecco perché è importante chiarire alcuni di questi termini, abbandonare molti di essi, e per lo meno guardare cosa realmente accade con i cani prima di applicare etichette sui loro comportamenti.

Quando si trasferisce l'aggettivo 'territoriale' ai cani, lo si fa spesso senza nemmeno sapere cosa i biologi intendano per territorio fra animali selvatici. Un territorio è un'area geografica che un animale difende costantemente, per lo più contro altri della stessa specie (conspecifici). La maggior parte degli animali non è territoriale, ma anche quando lo è, è importante guardare cosa c'è dietro l'etichetta. Alcuni animali difendono il proprio spazio solo in certi periodi dell'anno o in un certo momento della giornata. Alcuni lo difendono solo contro conspecifici dello stesso sesso. Inoltre un territorio non è solo l'area dove l'animale vive, ma è collegato all'acquisizione del cibo e alla riproduzione. In condizioni naturali la sua ampiezza è determinata dalla quantità di cibo necessaria all'animale che lo abita, e dalla disponibilità con cui questo cibo si trova. Gli animali selvatici non possono permettersi di sprecare molta energia, pertanto il loro territorio comprende di solito esattamente l'area sufficiente (tenendo conto dei bisogni e della densità delle risorse alimentari) per nutrire l'animale che ci vive dentro (ed eventualmente il compagno e la prole). Dove il cibo è scarso i territori sono grandi. Dove il cibo è abbondante sono proporzionalmente più piccoli. Nella stagione riproduttiva molti animali difendono solo una piccola area intorno al luogo dove hanno partorito, per proteggere la prole durante il delicato periodo neonatale. Questa zona di nidificazione è generalmente collocata dentro l'area necessaria per l'acquisizione del cibo, ma non sempre. Di solito è appena sufficiente per assicurarsi che i neonati siano al riparo da attacchi a sorpresa di un nemico. I territori sono difesi soprattutto contro i conspecifici, che sono i competitori diretti per le stesse risorse.

Secondo gli esperti, i lupi, che somigliano molto ad alcuni dei nostri cani, sono territoriali. I branchi di lupi generalmente non accolgono conspecifici estranei nei loro territori. Questo accade in parte a causa della scarsità del cibo e della necessità di difenderlo, ma anche perché i lupi sono quello che definiamo 'neofobici', cioè non amano le cose sconosciute. Non c'è da sorprendersi: la vita in natura è pericolosa, quindi per un animale selvatico è importante riscontrare nel suo ambiente la massima prevedibilità possibile. Un branco di lupi è una famiglia i cui membri si conoscono fin dalla nascita, e ciascuno sa, più o meno, cosa aspettarsi dall'altro. Essi riconoscono gli altri lupi come lupi, ma non come familiari, il cui comportamento è prevedibile. Quindi l'etichetta di 'territorialità' in realtà comprende diverse componenti più piccole, come il desiderio di proteggere la prole, la necessità di difendere le esigue risorse, e la paura degli sconosciuti e di ciò che non è prevedibile.

Ma il cane non è un lupo, e vive in circostanze completamente diverse. Uno dei motivi per cui il cane è potuto diventare una specie domestica, è che è stato in grado di frequentare i nostri cumuli di rifiuti insieme a sconosciuti di varie specie senza diventare aggressivo. Inoltre, la maggior parte dei randagi nel mondo ha vissuto in una relativa abbondanza di cibo nelle nostre discariche fino a una trentina di anni fa, quando è iniziato un incremento della povertà in tutto il mondo. Il controllo della popolazione canina avviene attraverso la mortalità infantile, le automobili, gli umani, i parassiti e le malattie, non per fame. Abile a condividere lo spazio con gli sconosciuti, e circondato dall'abbondanza di cibo, il cane attuale non si è evoluto in una creatura che reclama automaticamente un territorio. Non possiamo sapere che tipo di comportamento produrrà nel cane l'incremento della povertà, ma trent'anni non sono sufficienti a far diventare il cane territoriale. In questo momento, l'unica cosa che i cani sembrano rivendicare è una sorta di zona personale. Si tratta di un cerchio con un raggio di circa 130 cm intorno al cane. All'interno di questa zona mobile egli si muove nella discarica senza preoccuparsi degli sconosciuti. Potrebbe mantenere una distanza maggiore con un estraneo piuttosto che con un cane familiare, ma non cerca di rivendicare il possesso di tutta la discarica. I randagi di città tendono a spostarsi in un raggio relativamente piccolo, ma questa zona non è un territorio. Un cane di città difende un atrio o un cespuglio in cui dorme, ma non tutto lo spazio in cui si muove. Neanche nelle zone rurali, dove il cibo è meno abbondante, i cani che si conoscono fra di loro difendono i loro campi o le loro discariche dagli estranei. Ancora una volta è solo il luogo in cui dormono o dove partoriscono che viene difeso. La familiarità riveste un ruolo importante nel modo in cui i cani si comportano verso gli altri cani. Dopo aver incontrato diverse volte un estraneo in giro, un gruppo di cani permetterà a quest'ultimo di unirsi a loro nel luogo dove dormono. I cani non reclamano un territorio così come è definito dai biologi.

'Ma', potreste dire 'il mio cane non tollera sconosciuti (neanche umani) in casa, e il mio veterinario comportamentista dice che si tratta di aggressività territoriale.'

Nonostante quello che dicono i veterinari comportamentisti, i nostri ben pasciuti cani di città non sono territoriali come potrebbero essere gli animali selvatici. I nostri ben nutriti cani di città, e in realtà tutti i cani domestici, sono esseri capaci di apprendere e abitudinari. Se un cane è abituato a imbattersi in altri cani in un certo luogo, non se ne preoccuperà. Se incontra un altro cane dove non è solito vederne, questo gli sembrerà strano (e probabilmente anche un po' preoccupante). Se un cane tollera estranei nel suo cortile o nella sua casa, dipende anche dalle sue esperienze passate. Se è abituato a vedere sconosciuti, e se ha avuto con questi esperienze piacevoli, non si opporrà a loro. Se non è abituato a vedere estranei o ha avuto spiacevoli esperienze, potrebbe reagire con ansia o entrare in competizione. Questo non è istinto territoriale, ma piuttosto una reazione condizionata (cioè appresa), positiva o negativa, a uno stimolo specifico (un visitatore). Se si trattasse di istinto territoriale il vostro comportamentista non sarebbe in grado di curarlo. Chi possiede ibridi di lupo può dire che, indipendentemente da quanto sia socializzato e da come sia stato educato il loro cucciolo, non è mai sicuro portare estranei in casa senza prima aver chiuso l'animale dove non può raggiungerli. Ma il vostro cane è un cane, e per questo può imparare, con il vostro aiuto, ad accogliere gli ospiti in casa.

Ma fin qui abbiamo parlato degli ospiti desiderati. E i ladri? La maggior parte dei cani, anche i più affabili, reagiranno rabbiosamente contro i ladri. E' espressione di territorialità? La risposta è no. Il cane che accoglie volentieri gli ospiti, è abituato a vedere che le cose si svolgono con una certa routine. Innanzitutto, gli ospiti in genere entrano dalla porta. Voi siete presenti, e fate sempre gli stessi gesti. Li salutate in modo amichevole, prendete i loro cappotti, li fate accomodare in salotto, e andate in cucina a prendere qualcosa da bere. Se un visitatore entrasse improvvisamente dalla finestra, il cane noterebbe che non è normale, e i cani tendono a ritenere strani i cambiamenti nella routine. Voi non siete presenti a segnalargli che, a parte il punto di ingresso dell'ospite, il resto della routine procederà come al solito. Anche il cane più amichevole comincerà a sentirsi insicuro, e più incerto si sente un cane e più probabilmente reagirà in modo ostile. Questa reazione non è una difesa del territorio, ma della sua sicurezza personale in una situazione che lo spaventa.

Ci sono anche altri fattori, oltre all'abitudine, che giocano un ruolo nel comportamento di un cane verso gli estranei. Quando i cani incontrano qualcuno di nuovo, che sia un altro cane o un essere umano, che sia all'interno o all'esterno, si innesca sempre una serie di tentativi per capire chi è l'altro e come si comporterà. Alcuni cani hanno più fiducia in se stessi, altri meno, dipende dalle loro esperienze di vita. Un cane farà sottili verifiche per scoprire se l'estraneo obbedirà alle regole sociali. Noterà se i segnali che l'estraneo manda sono pacifici od ostili. Si avvicinerà, in tal modo scoprendo di quanto spazio l'estraneo ha bisogno per sentirsi a suo agio. Nello specifico sistema sociale canino, dopo un primo esame due cani possono iniziare a giocare, ed è nel gioco che imparano a conoscersi. E' giocando che scoprono se l'altro rispetta la richiesta di aumentare un po' la distanza, se sa che deve rispettare la zona personale quando viene chiesto (o se è un bifolco che cerca di rubare la palla a tutti i costi) e così via. I cani scoprono le preferenze personali l'uno dell'altro e i rispettivi confini. Se le maniere dell'estraneo non sono del tutto corrette e ne viene fuori un conflitto, anche questo fornisce informazioni cruciali. In una 'lotta' puramente rituale, i cani scoprono se l'altro ha imparato il controllo del morso, in modo tale da potere avere un altercare senza ferirsi. L'intera faccenda è un processo di orientamento e di conoscenza reciproca per costruire un rapporto di fiducia con il nuovo amico. Alla fine possono condividere uno spazio sapendo di essere al sicuro in reciproca compagnia. Quanto tempo richiede questo processo e quanta tensione coinvolge dipende interamente dalle storie, dalle preferenze personali e dalle competenze sociali di entrambi i cani.

Se l'incontro avviene in un parco, le uniche cose che si trovano intorno sono bastoncini e pietre, qualche bambino e, forse, la palla da tennis che avete appena lanciato al vostro cane. C'è un sacco di spazio per incrementare la distanza se uno dei due cani ne sente il bisogno, e una via di ritirata nel caso in cui le cose sfuggano di mano. Quando l'incontro si svolge in casa ci sono molti più oggetti di valore intorno (come i giocattoli del cane, la sua ciotola ecc), lo spazio è limitato e non c'è via di fuga. Il vostro cane potrebbe sentirsi molto meno sicuro di se stesso incontrando un estraneo in presenza di tutti i suoi oggetti, in uno spazio limitato, in cui l'altro potrebbe non essere in grado di mantenere la distanza di sicurezza nemmeno se lo volesse, e dove nessuno dei due potrebbe trarsi d'impaccio se necessario. Potrebbe reagire con ostilità, dovendo difendere i suoi oggetti di valore e la sua incolumità fisica da questo sconosciuto di cui non conosce le reazioni. Questo non significa che è territoriale come un animale selvatico. Difende la sua sicurezza e le sue fonti di piacere in una situazione in cui non ci sono vie di fuga. Le sue reazioni non sono il risultato dell'istinto, ma del semplice fatto che, quando stabiliscono relazioni, i cani hanno bisogno di spazi più ampi dei nostri salotti per sentirsi a proprio agio.

Questo, e non perché sono territoriali, è il motivo per cui è più facile fare incontrare i cani all'aperto. Per questo motivo un cane insicuro si comporta meglio se gli è permesso incontrare l'ospite fuori sul marciapiede, prima di entrare in casa tutti insieme. In entrambi i casi il cane ha la possibilità di tranquillizzarsi sulle reazioni e sul comportamento sociale dello sconosciuto, prima di dover condividere con lui uno spazio ristretto, pieno zeppo di oggetti di valore e senza via di fuga.

Anche i cani che abbaiano alla finestra a quelli che passano reagiscono a un senso di insicurezza. Esistono diverse possibili ragioni per questo. Alcuni di questi cani hanno limitate competenze sociali e si sentono insicuri ogni volta che vedono un altro cane. Alcuni sono stati gli unici cani di quella strada per molto tempo e non sono abituati a vedere passare altri cani. Altri hanno avuto un'esperienza traumatica con un altro cane. Poiché l'altro cane è solo di passaggio, il vostro cane che abbaia lo vede sempre scomparire. Questo gli fornisce la potente ricompensa della riduzione dell'ansia. Tutto ciò non ha niente a che vedere con l'acquisizione del cibo, né con la rivendicazione di un territorio fisico. Infatti ho conosciuto un sacco di cani che si comportano in questo modo anche solo per noia.

Fatto: Quando un cane non tollera visitatori in casa è sempre una conseguenza della sua storia personale. La terapia consiste nell'insegnargli che non ha bisogno di sentirsi in ansia in presenza di estranei. Assimilare a quello di un lupo il comportamento di un cane ci impedisce di vedere ciò che realmente accade e di aiutarlo a superare il suo problema. Quello che di certo non accade è, in ogni caso, la difesa di un territorio in quanto tale.

ESEMPI PRATICI

I Coppinger

Raymond e Lorna Coppinger hanno osservato cani liberi in tutto il mondo. Nel loro libro *Dogs: a startling new understanding of canine origin, behavior, and evolution* (2001) sono molto chiari sul fatto che durante le loro ricerche non hanno mai avuto nessun problema, neanche con cani domestici inselvatichiti. I cani stavano appena fuori dalla portata, mantenendo la zona personale con un raggio di 120 — 150 cm. L'unica eccezione si è verificata in una discarica in Argentina, dove c'era un gruppo di rottweilers e pit bull abbandonati. Questo è stato l'unico caso in tutti i loro viaggi in cui non si sono sentiti sicuri ad avvicinare dei cani. Ciò, tuttavia, non perché questi cani fossero territoriali ma innanzitutto, come possiamo presumere, per come erano stati socializzati dai precedenti proprietari prima di essere abbandonati. In secondo luogo, come abbiamo visto nel Mito 5, i cani di razza non rappresentano il cane come specie naturale. Non possiamo guardare i cani di razza e trarre conclusioni sul cane naturale. Lo stesso fatto che questi cani 'di alta genealogia' (Coppinger, pag.322) furono gli unici ad essere ostili, è piuttosto la prova che questo è un comportamento deviante in un cane.

Nello stesso libro i Coppinger descrivono dei cani che difendono contro altri cani un tratto di spiaggia vicino a un albergo. Questi erano cani selvatici che vivevano in una zona con limitata disponibilità di cibo. In un caso come questo, dove è difesa un'area di risorse alimentari, si può parlare di territorialità. Questa, tuttavia, non è innata nei cani, ma un prodotto delle circostanze in cui vivono.

Cani nell'Italia rurale

In uno studio sui cani nelle zone rurali d'Italia MacDonald e Carr (1995) sostengono che i cani osservati difendevano il territorio. Questo studio è emblematico di come dei preconcetti possano influenzare ciò che un ricercatore vede. I cani osservati, in realtà, non vivevano in gruppi, né vagavano solitamente insieme. Ogni cane si muoveva in una sua piccola area. Tuttavia le singole aree tendevano a sovrapporsi e ad essere occupate da più di un cane, tutti noti gli uni agli altri. Se un cane si avventurava fuori dalla sua zona, gli altri cani abbaiavano contro di lui fin quando non fosse rientrato nello spazio in cui si muoveva abitualmente. MacDonald e Carr etichettano questo abbaiare come aggressività, anche se non si è mai verificato uno scontro fisico. Essi rilevano, inoltre, che la maggior parte di queste gare di latrati avevano luogo sui confini delle zone o dove queste si sovrapponevano vicino a risorse di cibo. Da questo (spazio + cibo) hanno tratto la conclusione che i cani mostravano un comportamento territoriale. Le osservazioni sui cani che non vivevano nei villaggi ha mostrato uno schema diverso. Questi cani tendevano a spostarsi in compagnia (molto spesso in coppia) ancora una volta coprendo un'area che si sovrapponeva a quelle di altri gruppi in prossimità delle risorse di cibo (la discarica). 'L'aggressività' consisteva anche qui di gare di abbaiate, anche se a queste non seguiva l'allontanamento di nessun cane. Pare che occasionalmente questi cani avessero ucciso cani estranei che vagavano nella loro zona. Di nuovo la conclusione fu che i cani avevano mostrato comportamenti territoriali.

La cosa sorprendente è che Boitani e altri (1995) descrivono lo stesso gruppo di cani in modo molto diverso. Qui tutte le morti dei cani sono attribuite agli uomini o ai lupi. In generale si è osservato che i cani rispettavano la propria zona familiare, che incontrassero o meno sconosciuti nelle loro escursioni fuori di essa. I cani vengono descritti come estremamente tolleranti nei confronti degli altri, anche estranei, che incontravano nella discarica. Ci viene anche detto che le gare di latrati si svolgevano non nella discarica o sui confini delle rispettive zone, ma vicino al nucleo dell'area di riposo. La mortalità infantile era alta (per lo più a causa di interferenze umane) quindi il mantenimento costante della popolazione dipendeva in gran parte dal reclutamento di nuovi individui nei gruppi familiari. Più avanti gli stessi autori concludono improvvisamente e sorprendentemente che avevano luogo 'aggressioni' e che i cani erano chiaramente territoriali.

E dunque, a quali osservazioni dobbiamo credere? E come si fa a concludere che i cani sono territoriali dopo aver preso atto della loro capacità di condividere la risorsa cibo (la discarica), solo a causa di occasionali scontri verbali? Questo potrebbe essere il risultato della speranza, forse inconscia, di avere una conferma delle tradizionali etichette. Questo studio è anche corredato di molte tabelle che mostrano i dati quantificati. Ma in entrambi gli studi gli autori ammettono che è stato impossibile scoprire da dove provenissero i cani, o conoscere la loro storia. Inoltre i cani osservati erano in gran parte Pastori Abruzzesi, una razza italiana tradizionalmente usata per la guardia del gregge, o Pastori Tedeschi, di più recente introduzione (Per commenti su questa razza vedi Mito 30).

Questo retroscena ci condurrebbe a ipotizzare l'intervento umano, sia con la selezione di tratti comportamentali caratteristici (ad esempio la diffidenza verso gli estranei), sia con l'incoraggiamento a seguire questa tendenza nel modo in cui venivano cresciuti questi cani (poi diventati randagi). Si tratta di una zona in cui molti cani sono tenuti incatenati o cresciuti in isolamento, per fare la guardia al gregge o al cortile (non esattamente il modo migliore per abituare un cane agli sconosciuti). Molti cani di periferia che vivono in famiglia hanno lo stesso problema. Sono territoriali, o completamente non socializzati? Le differenze fra i cani dei villaggi e di città da un lato, e quelli di campagna e delle zone suburbane dall'altro, suggeriscono che è di importanza fondamentale la storia dell'apprendimento di un cane, e non qualche innato istinto territoriale.

Alla fine, tentare di scoprire il 'comportamento naturale' dei cani osservando i randagi supponendo che non vivano sotto l'influenza umana, non funziona. Si finisce con ignorare il fatto che molti randagi sono il risultato della manipolazione genetica dell'uomo e che la maggior parte dei cani randagi sono stati allevati dall'uomo piuttosto che da altri cani. Può darsi che alcuni cani mostrino un comportamento territoriale in determinate circostanze, ma è importante capire cosa realmente accade, prima di applicare un'etichetta a questo comportamento. Non è certamente vero che i cani domestici, come specie, sono congenitamente 'territoriali'.

Mito 10: I cani vivono in una gerarchia di dominanza, con il cane Alfa al vertice come leader assoluto.

Una delle cose che sentiamo dire più spesso sui cani è che la dominanza è estremamente importante nell'organizzazione dei loro gruppi, e che le loro interazioni sono tutte fondate sull'acquisizione e sul mantenimento di uno status. Il cane con il rango più alto domina quello di grado inferiore, che si sottomette. I cani provano sempre a salire di grado perché sanno che un rango più elevato offre maggiori vantaggi. Tutta questa storia, ancora una volta, è basata su ciò che si dice dei lupi e di come questi formino i loro branchi. Questo è un mito sui cani che sembra che tutti conoscano, non soltanto i proprietari di cani, ma anche chi un cane non l'ha mai avuto, né mai lo vorrà. E' molto raro incontrare persone che non credono in questo mito.

Pertanto probabilmente vi sorprenderà scoprire che ora sappiamo (grazie al Dott. L. David Mech) che nemmeno i lupi vivono in una gerarchia di dominanza. Per vivere in una gerarchia di dominanza e basare il proprio comportamento verso gli altri su chi ha quale rango, bisogna essere in grado di fare un bel po' di astrazioni. Si dovrebbe avere una mappa della struttura sociale nella propria testa, nella quale potere confrontare i vari ranghi l'uno con l'altro, e assegnare questi ranghi a se stessi e agli altri. Né il lupo né il cane hanno i lobi frontali del cervello abbastanza grandi da permettere loro di pensare in termini astratti. Una gerarchia di dominanza richiede anche un gruppo stabile organizzato in una struttura rigida. I cani non vivono in gruppi stabili, ma conducono una vita semi-solitaria arricchita da fugaci amicizie. Come vedremo nel Mito 11, i cani non formano affatto gruppi rigidamente organizzati. La struttura dei gruppi di cani è, invece, altamente flessibile, ed è per questo che sono così bravi ad assorbire un numero infinito di estranei. E, l'ultima stranezza riguardo a questo mito, è che nessuno è ancora riuscito a trovare una vera e propria gerarchia di dominanza all'interno di un gruppo di cani, indipendentemente da quanto abbia lavorato sodo o da che tipo di statistiche abbia applicato. L'intera idea è una sciocchezza assoluta.

Ma allora, cosa sta succedendo? Come la scienza può aver preso una simile cantonata, e come è possibile che questo mito sia tanto radicato nella nostra mente?

Se vogliamo capire questo, dobbiamo tornare un po' indietro nella nostra storia, e guardare noi stessi. Fra gli storici è noto che gli esseri umani hanno sempre proiettato la struttura delle loro società sul regno animale. Gli antichi Egizi, per esempio, vivevano in una società governata da una famiglia reale i cui membri erano considerati semidei. Le divinità e i collegamenti ad esse furono molto importanti nell'organizzazione della società Egizia. Molti degli dei Egizi erano raffigurati con sembianze di animali, e a quegli animali erano assegnate caratteristiche divine. Nel Medioevo, quando le nostre società erano fondate sul potere dei nobili contro il volgare popolo, anche gli animali furono divisi in nobili e comuni, e si credeva che gli animali nobili avessero le stesse qualità degli uomini nobili, e che quindi fossero belli, aggraziati, puliti, coraggiosi, saggi, casti, leali, cavallereschi e così via. Gli animali comuni erano come la gente comune: brutti, goffi, vili, astuti, promiscui, subdoli e così via. Gli animali di rango più basso erano governati da quelli più nobili, che rispettavano. La nobiltà umana aveva i diritti esclusivi per il possesso e la caccia degli animali nobili, mentre il cittadino comune doveva accontentarsi degli animali comuni. Questa distinzione fra animali nobili e animali comuni esiste ancora fra i cacciatori dei nostri giorni, per i quali la caccia agli animali nobili gode di uno status superiore rispetto a quella, per esempio dei ratti.

Anche se ci piace considerarci più razionali e meno superstiziosi, le nostre proiezioni sugli animali non sono scomparse con l'arrivo dell'età moderna. Al giorno d'oggi, nell'era industriale, la nostra società si basa sulla competizione piuttosto che sulla nascita. Forse troviamo ancora interessante avere un titolo di nobiltà, ma non siamo realmente nessuno se non siamo capaci di competere sulla base delle nostre abilità personali per conquistare un posto nella scala sociale. Il nostro status sociale non si basa sulla magia né su qualche accidentale parentela, ma sulla nostra capacità personale di dominare, in aperta concorrenza con gli altri esseri umani. Un fondo fiduciario aiuta, certo, ma solo perché ci dà un margine di vantaggio nelle nostre imprese competitive. Ammiriamo un tipo come Donald Trump, partito con 30 milioni, moltiplicati grazie alla competizione spietata. Ma non disprezziamo nessuno di più di un figlio di papà che dedica la sua vita a spendere i soldi di famiglia, e spera che lo adoreremo semplicemente perché li possiede. Nella nostra società qualcuno deve perdere affinché qualcun altro vinca, e noi adoriamo il vincitore. In qualche modo lo riteniamo naturalmente superiore al perdente.

Ma guarda che coincidenza, proprio mentre stavamo riorganizzando la nostra società secondo questo modello, giustappunto accadeva che qualcuno scoprisse che anche il regno animale funziona secondo il principio della concorrenza! Che coincidenza che questa intuizione sia avvenuta alla fine del XIX secolo, giusto in tempo per rassicurarci che il mondo piuttosto sgradevole che stavamo creando, è l'unico possibile secondo la legge naturale! Guarda guarda, anche gli animali sono impegnati in una concorrenza spietata, in cui solo i forti e i dominanti sopravvivono. Ora stiamo cominciando a capire che si trattava di una proiezione (vedi Mito 14), ma viviamo in una società di mercato competitiva, e questo rende difficile per la maggior parte di noi abbandonare le vecchie idee.

Ma, a parte la questione se la concorrenza in quanto tale sia una legge naturale, c'è un altro problema. Anche se la nostra società di mercato è ossessionata da vinti e vincitori, non è organizzata in una stretta e rigida gerarchia di dominanza. Infatti, più la nostra società è organizzata sulla libera concorrenza, e meno siamo costretti in una gerarchia di dominanza. Abbiamo i diritti umani, i diritti civili e la libertà di parola, e non dobbiamo fare quello che gli altri ci dicono di fare. Se Donald Trump bussasse alla nostra porta, potremmo anche mandarlo a quel paese.

Ma allora, da dove viene questa idea di rigida gerarchia di dominanza fra gli animali? In realtà questa idea è una proiezione molto più ristretta rispetto a quella generale di organizzazione competitiva. La gerarchia di dominanza è un antropomorfismo (la proiezione di qualità umane su cose o animali) che ha le sue radici in un tempo e in un luogo specifico della nostra storia. E' anche una delle cose più tragiche per gli animali che la scienza abbia mai prodotto, perché l'idea di una gerarchia dominante è comunemente usata per giustificare tutti i tipi di strane e crudeli pratiche sui cani. E' la giustificazione per vedere ribellione in tutte le azioni del cane, e per schiacciare crudelmente questa ribellione. E' lecito picchiarlo, prenderlo a calci, dargli scosse elettriche, strangolarlo, perché tutto questo gli insegnerà qual è il suo rango. Poi, una volta conosciuto il suo rango, obbedirà automaticamente, e farà tutto quello che vogliamo. La crudeltà che questa idea ha generato non vi sorprenderà più, quando avrete appreso la seguente informazione: l'idea di una rigida gerarchia di dominanza fra i cani è stata introdotta nella scienza da un nazista (sì, avete letto bene, un nazista): Konrad Lorenz.

Molte persone non sanno che tutta la scienza della psicologia animale ha avuto il suo inizio nella Germania di Hitler. Questo è accaduto a Berlino il 10 gennaio 1936 quando la Società Tedesca per la psicologia animale è stata fondata sotto gli auspici e con la sponsorizzazione del governo nazista. Konrad Lorenz è stato un cofondatore, e ha dato un importante contributo scrivendo molti articoli per la rivista della Società: *Zeitschrift für Tierpsychologie*. A differenza di altri suoi colleghi, Lorenz non ha mai avuto problemi con le autorità naziste. Al contrario, si unì al partito appena poté (1938), e ai nazisti piaceva così tanto che lo nominarono professore di psicologia presso l'Università di Königsberg nel 1940. L'ammirazione fu reciproca. Lorenz lavorò presso l'Ufficio di Politica Razziale. Nel 1942 prese parte all'esame di 877 persone di discendenza mista polacco — tedesca, decidendo chi sarebbe finito in campo di concentramento per essere assassinato e chi no. Credeva fermamente nelle razze superiori e inferiori, ed espresse sempre grande disprezzo per queste ultime. Credeva in una rigorosa società gerarchica in cui governava un'autorità assoluta, a cui tutti dovevano obbedienza. E, proprio come gli esseri umani avevano sempre fatto prima di loro, i nazisti, fra cui Lorenz, proiettarono le loro idee circa la società umana sugli animali. Questo è illustrato dal Culto nazista del Lupo.

Il Culto del Lupo gioca una parte molto importante nell'ideologia nazista. Il lupo fu preso come esempio per mostrare che i nazisti stavano semplicemente provando a riorganizzare la società secondo le nobili leggi naturali. Costruendo proiezioni e senza alcuna preoccupazione di rigore scientifico, i nazisti (e Lorenz) dipinsero il lupo come un animale nobile, selvaggio, duro e spietato, che possedeva tutte le meravigliose caratteristiche naziste. Il lupo viveva, proprio come i nazisti, in un gruppo chiuso ed elitario. Era, proprio come i nazisti, assolutamente fedele a questo gruppo, pronto a sacrificare ciecamente la vita per il suo bene, se fosse stato necessario. La struttura del gruppo era altrettanto gerarchica e rigida come quella del partito nazista. Ogni lupo aveva un rango rigorosamente rispettato: sottomesso con quelli sopra di lui, senza scrupoli con quelli sotto di lui. E, forse, la cosa più importante: i lupi erano guidati da una sorta di Führer: il Leader Alfa. Il Leader Alfa era un lupo maschio e forte che tutti gli altri lupi adoravano e a cui obbedivano in ogni momento, sempre desiderato ardentemente da tutti i lupi di sesso femminile (sì, anche i nazisti avevano fantasie sessuali). E a seguire tutte le altre cose di cui abbiamo detto parlando dei cani: il Capo riceve deferenza in ogni circostanza, è sempre il primo a mangiare e a passare attraverso una porta, è sempre davanti in qualsiasi tipo di processione e si siede o si sdraia sempre più in alto degli altri lupi. Gli altri lupi si scostano velocemente dalla sua strada quando il leader Alfa è in arrivo, emettono costantemente segnali di sottomissione in sua presenza, il lupo Alfa può mordere chiunque voglia senza essere morso a sua volta. E' talmente sicuro della sua autorità che può, se è in vena, comportarsi misericordiosamente verso i suoi sottoposti, che gli sono infinitamente grati e lo adorano ancora di più. Difficilmente può sfuggire la somiglianza con Adolf Hitler.

Generalmente è un tabù fra gli scienziati attaccare personalmente l'autore di una teoria, ma questo tabù non si può applicare quando l'autore ignora tutte le evidenze e proietta i suoi pregiudizi personali sull'oggetto del suo studio. Tale comportamento non ci lascia altra scelta che affrontare la storia personale che ha portato a tali pregiudizi.

Lorenz era specializzato nello studio degli uccelli. Le sue idee sui lupi avevano come unica fonte il Culto nazista del Lupo, non la scienza. Le sue idee sui lupi furono modellate, come poi egli stesso ammise, dai falsi dei che aveva adorato quando era giovane. Osservava privatamente i suoi cani nel suo salotto mentre prendeva parte alle attività naziste. Nel 1949 pubblicò *L'uomo incontra il cane,* basato su queste osservazioni. Non esistevano ancora studi sul cane domestico, quindi nessuno poteva contraddire le fantasticherie di Lorenz, proprio come era accaduto quattro anni prima col suo Culto nazista del Lupo. Lorenz guardava cani che erano stati allevati da lui o datigli dai suoi amici nazisti, e che lasciavano la sua proprietà esclusivamente in sua compagnia. I suoi cani erano tutti incroci di Chow e di Elkhounds norvegese. Egli infatti non aveva idea di come si sarebbero comportati con un padrone diverso, o se fossero stati correttamente socializzati. Ma non è questo l'importante. Lorenz si limitò a pubblicazioni divulgative, un campo in cui ognuno è libero di presentare le sue opinioni come fatti. Un campo che permise a Lorenz di ignorare Schenkel, che in quel momento era la più grande autorità sui lupi, il quale aveva fortemente contestato alcune idee di Lorenz su dominanza e sottomissione. Un campo in cui Lorenz è stato più volte sorpreso ad affermare sfacciate menzogne, senza subire conseguenze. Qui Lorenz ha avuto totale libertà di continuare (consciamente o inconsciamente, non ha importanza) di diffondere l'idea nazista della natura, e ha usato questa libertà fino al giorno della sua morte. L'idea secondo la quale i cani vivono in una gerarchia di dominanza, proprio come il partito nazista, e che i cani trascorrono l'intera giornata pensando al potere, per noi non è altro che l'eredità fittizia di Konrad Lorenz.

In un certo senso Lorenz lo ammette nel suo libro *L'uomo incontra il cane.* Così scrive: 'Negli esseri umani il legame con gli ideali avviene una sola volta; diffida dell'uomo che, in un periodo impressionabile della sua vita, dona il suo cuore a falsi dei'. Infatti dopo la guerra Lorenz si rifiutò categoricamente di ripudiare le sue idee naziste. Nel 1973 ricevette il Premio Nobel come co-fondatore della scienza della psicologia animale. Il premio lo rese potente nel mondo scientifico, ed egli usò questo potere finché visse per stroncare le confutazioni alle sue teorie. Di fronte a ciò, i nostri coraggiosi scienziati hanno scelto di ignorare del tutto il passato di Lorenz (vedi mito 99 per la spiegazione di questa copertura). Solo dopo la sua morte, nel 1989, la maggior parte delle teorie di Lorenz furono definitivamente abbandonate come non valide. L'unica che ancora sopravvive è quella sulla dominanza, ed è il momento di liberarsi anche di questa. Quanti vogliono veramente trattare il proprio cane come se fossero un dittatore nazista?

Fatto: L'idea che i cani vivano in una gerarchia di dominanza, con un capo assoluto al vertice, ha le sue origini nell'ideologia nazista, piuttosto che nell'osservazione del reale comportamento fra cani. Potrebbe essere alquanto scioccante e scomodo per tutti noi riconoscere ciò, ma questa finzione sui cani ha causato tanta sofferenza che è venuto il momento di chiamarla per quello che è e di disfarsene. E più velocemente lo faremo e meno dovremo vergognarci.

Note

Carson, G, *Men, Beasts and Gods: A History of Cruelty and Kindness to Animals*, Charles Scribner,NY, 1972.

Cohen, E, Law, Folklore and animal lore, *Past and Present* 110: 6–37, 1986.

Dahles, H, Game killing and killing games: An anthropologist looking at hunting in modern society, *Society & Animals*, Vol.1, No. 2, 1993.

Darnton, R, *The Great Cat Massacre and Other Episodes in French Cultural History*, Vintage, NY,1985.

Deichmann, U, *Biologists under Hitler*, Harvard University Press, Cambridge MA, 1996.

Hills, AM, The motivational bases of attitudes toward animals, *Animals & Society*, Volume 1, Number 2, 1993.

Konecki, KT, Pets of Konrad Lorenz. Theorizing in the social world of pet owners, *Qualitative Sociology Review*, Volume III, Issue 1, April 2007. <www.qualitativesociologyreview.org/ENG/Volume6/QSR_3_1_Konecki.pdf > accessed Dec 2013.

Lorenz, K, *Mens en hond (So kam der Mensch auf dem Hund)*, Uitgeverij Ploegsma, Amsterdam,[1949] 1957. In English: *Man meets Dog*, Routledge, London, New York, [1949] 2002.

Mech, LD, Alpha status, dominance, and division of labor in wolf packs. *Canadian Journal of Zoology* 77:1196–1203. Jamestown, ND: Northern Prairie Wildlife Research Center HomePage. <www.npwrc.usgs.gov/resource/mammals/alstat/> accessed Dec 2013.

Sax, B, What is a 'Jewish dog?' Konrad Lorenz and the cult of wildness, *Society & Animals*,Volume 5, Number 1,1997.

Worster, D, *Nature's Economy: A History of Ecological Ideas*, Cambridge University Press, NY, 1995.

Mito 11: Continua: I cani vivono in una gerarchia di dominanza.

Abbiamo visto che questa è una proiezione umana piuttosto deleteria. Veniamo ora alla questione di cosa facciano effettivamente i cani, se non sono tutto il tempo impegnati nella dominanza. Se i cani non vivono in gruppi stabili chiusi (cosa che non fanno) e se hanno costantemente bisogno di incontrare sconosciuti (cosa che effettivamente avviene), e se i gruppi cambiano e si riformano continuamente, in che modo possono raggiungere qualsiasi tipo di organizzazione stabile o anche semplicemente realizzabile?

La risposta, in estrema sintesi, è che i cani vivono in quello che definiamo un complesso sistema autopoietico e auto-organizzato che tenderà ad allontanarsi dal caos verso uno qualsiasi dei tanti stati stabili disponibili dentro il suo spazio. Detto così sembra complicato, difficile da cogliere, ma se sfrondiamo la terminologia tecnica diventa comprensibile a tutti.

Un sistema è un insieme di parti che però non devono essere slegate fra loro come, per esempio, in una collezione di francobolli. Per formare un sistema le parti devono essere in qualche modo connesse fra loro. Poiché sono connesse, costituiscono un insieme distinguibile dall'ambiente circostante. Ma un mucchio di barattoli non è ancora un sistema. Un sistema deve avere parti che si muovono in relazione le une alle altre al fine di svolgere alcune funzioni o raggiungere uno scopo. Una macchina del caffè è un esempio di sistema in cui le parti si muovono in modo coordinato e in relazione le une alle altre per produrre una tazza di caffè. Un'automobile è un sistema. Le parti si mettono in moto e lavorano insieme quando deve essere soddisfatta la funzione della vettura di spostare qualcosa da un punto A a un punto B. Tuttavia nessuna di queste macchine è complessa o auto-organizzata. Non sono complesse perché c'è un'unica combinazione possibile fra le parti. Se una candela non fa la scintilla, o se si mette acqua nel serbatoio del carburante al posto del radiatore, la macchina non funziona più. C'è soltanto un equilibrio fra cui scegliere: una certa miscela di benzina e ossigeno (o di caffè e acqua nel caso della caffettiera), il giusto numero di ottani, la giusta tensione elettrica, la frequenza delle scintille prodotte dalle candele, e così via. Questi sistemi non sono auto-organizzati. Sono costruiti da una mano esterna, secondo un progetto ideato da qualcun altro. Se perdono l'equilibrio, questi sistemi hanno bisogno di un intervento esterno che lo ripristini, smontandoli e rimettendoli insieme esattamente come erano usciti dalla fabbrica.

Un sistema auto-organizzato, invece, è capace di creare una sorta di ordine interno senza un aiuto esterno. Le parti si muovono da sole e possono essere disposte in vari modi. Si muovono in relazione le une alle altre, fino a quando il sistema non raggiunge un equilibrio. Quando le parti si muovono non lo fanno in modo casuale, ma seguono certe regole, che sono interne alle parti stesse, di cui limitano movimenti e comportamenti. Un esempio di sistema auto-organizzato (che da ora chiameremo SOS: Self-Organising System) è un gruppo di atomi in una provetta. Gli atomi sono collegati fra loro dal fatto che condividono uno spazio fisico in cui si urtano continuamente e scambiano energia. Il loro sistema si distingue dal resto del mondo, poiché essi non si scontrano con gli atomi che sono fuori dal sistema. L'obiettivo di questo sistema è quello di diffondere l'energia disponibile in modo uniforme. Gli atomi si muovono, obbedendo alle leggi della termodinamica, fino a quando lo scopo non è stato raggiunto. A questo punto il sistema è giunto a uno stato stabile. Ci sono varie possibili disposizioni degli atomi, non ha importanza se uno in particolare sia qui o lì. Riscaldando la provetta, gli atomi ricominceranno a muoversi fino a quando l'energia non sarà di nuovo uniformemente diffusa. Lo fanno senza aiuti esterni, muovendosi in base alle proprie regole interne; si scontrano e si riorganizzano fin quando un nuovo equilibrio (che è uno stato stabile) non viene raggiunto.

Un secondo esempio di SOS, che comincia ad essere un po' più simile a quello dei cani, è una stanza piena di persone a una festa. La collezione di parti nella stanza (cioè le persone), costituisce un piccolo sistema sociale per tutto il tempo della festa. E' delimitato dalle pareti della stanza, ed è separato dal mondo esterno, pieno di tutti quelli che non sono stati invitati. All'interno della stanza ogni persona è una parte del sistema. Queste parti viventi del sistema si muovono, seguendo alcune regole interne, finché tutti nel sistema non abbiano trovato una posizione comoda. Questo funziona un po' diversamente dalla provetta piena di atomi, che non hanno sentimenti. In un SOS costituito da esseri viventi uno dei fattori che influenzano la ricerca di equilibrio è il benessere di ciascuno. Ciò rende la nostra festa un sistema *complesso*: l'equilibrio è ricercato su più di un livello alla volta. Ogni parte del sistema (ciascun presente) tenta di trovare un equilibrio interiore di benessere, senza nello stesso tempo disturbare l'equilibrio al livello della festa nel suo complesso.

L'obiettivo di questo sistema sociale (la nostra festa) è quello di fornire il massimo godimento per il numero massimo di ospiti nello stesso tempo. Il sistema non è in equilibrio finché tutti non hanno qualcosa da bere, un buon posto per sedersi, e un partner con cui conversare amabilmente. A questo punto l'equilibrio interiore di tutti gli ospiti è stabile, così come quello dello stesso sistema sociale, per quanto riguarda l'obiettivo che deve raggiungere. Tutte le parti resteranno dove sono fin quando si mantiene questo equilibrio.

Questo dura finché qualcuno non ha il bicchiere vuoto, o finché due interlocutori non cominciano ad annoiarsi. A questo punto c'è un calo nel benessere individuale di un certo numero di parti del sistema, il che significa anche un calo nella soddisfazione del più ampio sistema, riguardo al suo obiettivo. Alcune parti del sistema potrebbero cominciare a muoversi, cercando di riparare il calo del proprio benessere (riempirsi di nuovo il bicchiere o cambiare compagno di conversazione). Ma non solamente una diminuzione del benessere può provocare un cambiamento. Può anche accadere che arrivi qualche nuovo ospite interessante. Qualcuno vedrà la possibilità di aumentare il proprio benessere interno, rispetto al livello raggiunto con la persona con cui sta parlando. Può quindi cambiare posizione per unirsi alla conversazione con il nuovo ospite. Questo cambiamento non è determinato da un calo del benessere, ma dalla possibilità di divertirsi ancora di più. E' possibile ottenere l'incremento del piacere individuale senza causare la rottura dell'intero sistema e, di fatto, questo miglioramento avvicinerà ancor di più il sistema più grande al suo obiettivo (massimo divertimento per il numero massimo degli ospiti). Alcune parti del nostro SOS inizieranno quindi a muoversi, prendendo nuove posizioni le une rispetto alle altre, fino a quando non sarà ripristinato od ottimizzato il livello di soddisfazione precedente, su cui il sistema ha fondato un nuovo equilibrio a tutti i livelli. Esistono diverse modalità di distribuzione e accoppiamenti dei partecipanti che assolveranno alla funzione di creare il massimo divertimento. C'è più di un equilibrio fra cui scegliere, sia a livello individuale che a livello generale.

Il movimento delle parti, comunque, non è arbitrario, ma governato dalle variabili interne delle singole parti (in quanto le persone godono di cose diverse), da fattori esterni (come i posti a sedere o le bevande fra cui si può scegliere), e da alcune regole. Mentre cercano nuovi equilibri, tutti i nostri partecipanti seguono alcune regole, che, nel caso della festa, sono quelle della buona educazione. La serata deve andare avanti senza scene imbarazzanti o accese discussioni. Per esempio, nessun ospite caccerà con la forza bruta qualcuno dal suo posto, certi argomenti non saranno toccati, né l'amante si unirà ostentatamente al gruppo in cui c'è l'uomo che proprio ieri ha scoperto della tresca con sua moglie. Queste sono le regole che limitano il comportamento e i movimenti delle parti del sistema, che sono alla ricerca continua dell'equilibrio, sia sul piano individuale che su quello sociale.

Le regole sono interne alle parti, e dipendono dall'educazione ricevuta. Ciascuno segue queste regole volontariamente. Se ciascuno si comportasse egoisticamente, cercando di ottimizzare soltanto il proprio benessere (per esempio, se l'amante di cui sopra cedesse alla tentazione di mostrarsi al marito, o se qualcuno rubasse la sedia a qualcun altro), l'intero sistema, cioè la festa, potrebbe degenerare. Nessuno vuole che succeda questo. Chi infrange queste regole rischia di essere estromesso affinché il sistema possa mantenere la sua stabilità, perché, dopo tutto, il suo scopo è proprio quello di far divertire tutti. Ciascuno è consapevole che l'egoismo renderà spiacevoli le cose non soltanto per gli altri, ma anche per sé. Tutti ci guadagnano a mantenere stabile (cioè civile) il sistema, e sono per questo disposti a fare dei piccoli sacrifici.

Quando ottimizziamo la nostra posizione in base ai nostri stati interiori, influenzati da variabili che solo noi possiamo conoscere (ad esempio gambe stanche, sete o noia), permettendo che le regole limitino il nostro comportamento, stiamo partecipando a un sistema che si organizza e si riorganizza senza l'intervento di nessuna autorità centrale. Infatti, quando ci muoviamo nel panorama sociale della festa vogliamo che il sistema si *auto*-organizzi, compiendo le nostre scelte e seguendo le nostre regole interne. Vogliamo che la festa si rimescoli più volte in un equilibrio confortevole per tutte le parti del sistema, con quelle parti libere di muoversi e riorganizzarsi in base agli stati interiori (sete, noia) o ai cambiamenti delle circostanze esterne (l'arrivo di un nuovo ospite). Sarebbe per noi estremamente irritante se la padrona di casa insistesse per farci parlare a lungo con il figlio o con la figlia non sposata, o se decidesse a tutti i costi dove dobbiamo sederci, cosa dobbiamo bere e quanto dobbiamo mangiare.

Ora torniamo ai cani. Ogni volta che più cani (e questo significa anche solo due) condividono uno spazio fisico, costituiscono un SOS che inizierà immediatamente ad allontanarsi dal caos per cercare un equilibrio. Il sistema auto-organizzato dei cani è molto simile alla nostra festa. Anche questo è un sistema complesso che cerca delicati equilibri su più livelli contemporaneamente, tenendo conto di molte variabili invisibili, e con molti equilibri diversi fra cui potere scegliere. Quando un cane vede un altro cane sconosciuto, il suo equilibrio interiore potrebbe sbilanciarsi (il suo livello di adrenalina potrebbe aumentare e il suo senso di sicurezza diminuire, o la sua curiosità potrebbe essere eccitata perché si aspetta un incremento del suo benessere). Si tratta di variabili interne che dipendono dalle sue precedenti esperienze con gli sconosciuti. In entrambi i casi, il cane vuole ripristinare un equilibrio interno, e nello stesso tempo accertarsi che anche l'equilibrio sociale (la pace nel gruppo) sia ancora sicuro. Il sistema SOS del cane domestico ha lo stesso obiettivo della nostra festa: massimo benessere e sicurezza per tutte le parti (in questo caso cani) che condividono lo spazio fisico in quel particolare momento. Proprio come nella nostra festa, ogni parte eseguirà una ricerca per ottimizzare il suo benessere personale e stabilizzare il proprio stato interno, e al tempo stesso ottimizzare (o almeno mantenere) la stabilità e la pace del panorama sociale più ampio che i cani occupano insieme. E, proprio come nella nostra festa, lo fa senza riferimento a nessuna autorità centrale.

Così, quando i cani si incontrano, iniziano immediatamente a cercare di recuperare gli equilibri che sono stati disturbati dalla vista gli uni degli altri. Ma, se non si conoscono fra di loro, qualche pericolo potrebbe essere in agguato. Dopo tutto, un cane porta sempre con sé le sue armi, e non sempre è possibile sapere se l'altro osserverà le regole sociali o se reagirà normalmente. Pertanto la prima cosa che i cani devono fare è controllare se l'altro cane intende usare le sue armi, e se conosce e usa il linguaggio comune (approfondimenti su questo argomento nel Mito 12). Dopo qualche scambio di segnali, diventa abbastanza chiaro che esiste un linguaggio comune e che il cane che si avvicina non sarà aggressivo. Entrambi i cani possono prevedere il comportamento dell'altro per quanto riguarda almeno linguaggio comune e aggressività. Questo è il minimo indispensabile che deve essere stabilito prima che l'interazione possa progredire in sicurezza allo stadio successivo.

Può darsi che la fase successiva sia rimandata, perché entrambi i cani si allontanano seguendo i rispettivi padroni. La volta successiva che questi cani si incroceranno, si conosceranno un po', e l'incontro sarà meno carico di tensione. Può anche darsi che i cani inizieranno a giocare insieme. In questo caso comincia una nuova fase dell'esplorazione: imparare a conoscere le preferenze e i limiti personali. Quando i cani giocano, scoprono varie cose l'uno dell'altro. Il primo cane è molto ansioso di mantenere il possesso del bastoncino che il suo padrone gli ha appena lanciato, e vuole che l'altro cane rimanga a qualche metro di distanza da esso. Il secondo cane ama i giochi di contatto, piuttosto che una palla o un bastone. I cani non possono parlarsi, così devono scoprire tutto questo tramite tentativi ed errori. Il primo cane ringhia quando il secondo si avvicina troppo al bastoncino, e in tal modo quest'ultimo può concludere: 'D'accordo, il bastoncino è importante per lui, e vuole che mi tenga a distanza'. Il primo cane vede l'altro fermarsi o allontanarsi, e così sa: ' Va bene, ha capito il mio segnale, e per lui la pace nelle nostre relazioni è importante così mi lascerà tenere il mio bastoncino'. Il secondo cane fa vari gesti che significano 'Inseguimi!', che mostrano al primo cane che questo è il tipo di gioco che lui desidera. Adesso abbastanza sicuro sul suo bastoncino, il primo cane potrebbe lasciarlo per un momento, giusto per fare un giro di inseguimento lungo i confini del campo. Se il secondo cane urta il primo durante questo gioco, quest'ultimo potrebbe ringhiare. Questo gli dice che il primo cane non si sente a suo agio in un contatto così ravvicinato, e così potrebbe abbassare la coda, piegare indietro le orecchie, allontanarsi un po', come se dicesse: 'D'accordo, ho ricevuto il tuo messaggio, non volevo farti male.' Oppure durante l'inseguimento ha urtato un terzo cane, e questi segnali significano: 'Oops, scusa, non ti avevo visto.' Questi cani non sono dominanti o sottomessi, ma stanno semplicemente scambiando informazioni sui loro rispettivi stati interiori, così da diventare o rimanere prevedibili l'uno per l'altro. La prevedibilità sulle loro reciproche simpatie o antipatie e sui loro confini, consente loro di trovare o mantenere l'equilibrio nelle relazioni. Quando tutti i cani in uno spazio fisico hanno trovato un equilibrio, allora anche il sistema sociale più grande è giunto a uno dei suoi possibili equilibri. I cani giocano allegramente, condividendo lo spazio, tenendo in considerazione le preferenze e i limiti gli uni degli altri, stando spensieratamente uno accanto all'altro esattamente alla giusta distanza di cui ciascuno ha bisogno, senza nessun problema.

Queste relazioni generalmente devono essere stabilite con un cane per volta. Poiché i cani imparano l'uno dell'altro scambiandosi segnali, per conoscersi devono guardarsi. E' la vista dell'altro che provoca quelle sensazioni, che il cane mostrerà, che cambiano il suo stato interiore. Ed è guardando quello, che l'altro cane vede i segni del suo stato interno. Quindi un cane può concentrarsi solo su una relazione alla volta. E questo è uno dei motivi per cui un cane si blocca e sta completamente fermo quando viene annusato da un gruppo di cani. In questo modo esprime un segnale di non violenza, ma niente di più. Per così dire, per il momento tiene la bocca chiusa perché può dialogare solo con un cane per volta. Se è socialmente molto sicuro, potrebbe anche capovolgersi sulla schiena, offrendosi alla folla curiosa ('So che tutti resterete affascinati dalla vista della mia pancia'). Questo è un segnale sicuro da inviare a un gruppo, perché non può offendere nessuno né condurre a possibili equivoci. Se fa questo, l'intero gruppo ottiene in un sol colpo un importante messaggio sulla prevedibilità del nuovo cane ('Conosce la nostra lingua e non ha intenzioni violente'). La salvaguardia della sicurezza generale in presenza di questo cane è immediatamente chiara a tutti.

Quello che normalmente vediamo accadere è che i cani più sicuri di sé annusano per un momento il nuovo arrivato, che sta fermo, e poi vanno via. Spesso un cane rimarrà vicino al nuovo arrivato. Questo perché non si sente ancora sicuro di condividere lo spazio con lui. Il suo stato interiore non è ancora in equilibrio (forse ha avuto brutte esperienze in passato e il suo livello di adrenalina è ancora troppo alto a causa di ciò che il nuovo cane sta mostrando). Sta ancora cercando di ristabilire il suo equilibrio interiore, e vuole più informazioni. Per avere informazioni più specifiche i cani devono guardarsi dritto in faccia, e questo non è possibile in un gruppo. Ma ora che gli altri se ne sono andati, il nostro cane insicuro è lì che ringhia. Io considero questo ringhio un gesto di minaccia perché ringhiare significa che il cane percepisce una minaccia per la sua sicurezza o il suo benessere. Con questo gesto di minaccia sta fondamentalmente dicendo all'altro cane che si sente insicuro, e chiede rassicurazioni. Se il nuovo cane dà un segnale calmante, per esempio girando le orecchie verso l'esterno e abbassando un po' la coda, sta prudentemente dicendo: 'Non c'è bisogno di preoccuparsi, io non sono un pericolo per la tua sicurezza o il tuo benessere'. Il livello di adrenalina del primo cane si abbassa leggermente, e così la sua coda, mentre smette di ringhiare ('Va bene, ora sono un po' meno preoccupato). Quando il secondo cane vede che l'altro è meno teso, e quindi ci sono meno probabilità che attacchi per difendersi, potrebbe tranquillamente esibire qualche altro segnale di non minaccia. Piega completamente le orecchie all'indietro, abbassa la coda, e inizia a muoversi un poco. Il primo cane si sente ancora più tranquillo, e lo esprime. Il secondo cane vede che la tensione diminuisce, e può rompere il contatto visivo per annusare le labbra o il posteriore dell'altro, o anche per fare qualche invito al gioco. La segnalazione della progressiva diminuzione della tensione passa da un cane all'altro, fin quando entrambi non hanno ristabilito il loro equilibrio interiore. In altre parole, i cani cominciano a fidarsi l'uno dell'altro, il che permette loro di rilassarsi e condividere uno spazio fisico. Non allarmatevi. 'Fiducia' qui non è un antropomorfismo. Anche fra gli esseri umani la fiducia non è che la sensazione che l'altro sia abbastanza prevedibile da non turbare il proprio stato interiore, per timore di qualche pericolo in sua presenza.

Dopo di ciò, giocando o passeggiando insieme, i cani esplorano i propri confini personali. Proprio come i nostri partecipanti alla festa, ogni cane ha uno stato interiore di benessere che vuole mantenere. Questo benessere può essere influenzato da molte variabili che dipendono dalla storia del cane. Il comportamento di un cane e le scelte per la ricerca del benessere non hanno niente a che vedere con certi tratti della personalità scolpiti nella roccia (per esempio, 'dominante' o 'sottomesso') ma sono il risultato delle esperienze del cane nel passato. Le scelte sono anche influenzate dallo stato interiore del momento (stanchezza, fame, eccitazione). Alcuni cani hanno imparato che una palla da tennis è la più bella occasione di gioco che avranno mai, quindi ne difendono ferocemente il possesso. Altri non attribuiscono alcun significato alla palla da tennis, e la cederanno volentieri. La zona personale di un cane è più o meno ampia, a seconda delle sue esperienze nel passato. Il cane a dieta è ossessionato dal pane che qualcuno ha sparso intorno per gli uccelli. Il cane castrato non si cura molto della femmina in calore che è appena arrivata. Pertanto esistono molte situazioni di benessere nella vita, che sono tutte molto personali e che ogni cane cercherà di preservare. Non sempre l'osservatore esterno può vedere queste variabili, ma questo non è un motivo per fingere che non esistano. Che noi non possiamo vederle non è importante, fino a quando sappiamo che i cani stanno cercando di preservare un certo equilibrio interno scambiando una cosa con un'altra, in base alla loro conoscenza personale (non la nostra!) di ciò che per loro è meglio in quel momento.

Mentre stanno cercando l'equilibrio interno, una delle cose che i cani tengono d'occhio è l'equilibrio nel più grande sistema sociale che condividono con gli altri. Se questo sistema diventa instabile, è, proprio come la nostra festa, spiacevole e forse anche pericoloso per tutti i presenti. Quando due cani hanno una discussione è sgradevole per entrambi, i livelli di adrenalina si impennano, c'è grande dispendio di energia, e sempre un po' di timore, perché non si sa mai per certo cosa farà l'altro. Così la stabilità sociale è una delle variabili che influenzano il benessere interiore dei cani, ed essi sono molto bravi a tenerla d'occhio.

Ecco perché i cani sono così sensibili agli spazi sociali. Ancora una volta, essi imparano come comportarsi. Due cani stanno correndo intorno a un campo, giocando a rincorrersi. Uno di loro passa molto vicino a un terzo cane, che è lì a masticare la sua palla da tennis. Questo terzo cane salta su e fa qualche abbaiata di protesta, mordendo l'aria, poi ritorna alla sua palla. Il cane che corre ci guarda come se non si fosse nemmeno accorto di questo, ma in realtà ha rilevato senza battere ciglio questa informazione sullo spazio sociale. Se continuiamo a guardare, vedremo che la volta successiva passerà un po' più distante dal cane che mastica. Anche nel gioco selvaggio i cani captano quello che sta succedendo nel quadro più grande, e cambiano il loro comportamento per adattarsi e mantenere stabile il sistema non turbando troppo l'altro cane.

Questo è anche il motivo per cui i cani sono disposti (in misura variabile, in base alle loro storie personali) a fare scambi fra loro o cedere qualcosa per restaurare un equilibrio sociale minacciato o perduto. Due cani che si sono appena incontrati corrono entrambi su una palla che qualcuno ha lanciato. Quando si avvicinano alla palla uno di loro comincia a ringhiare. L'altro cane non può sapere che tipo di storia c'è dietro, ma sa che il ringhio è un segno del fatto che l'altro è preoccupato per quello che accadrà, e che il rapporto potrebbe adesso diventare instabile, potrebbe sorgere un conflitto. Così rallenta e lascia prendere la palla al primo cane. Dopo tutto, a casa ha un sacco di palle da tennis, e per lui la palla è solo una scusa per giocare a rincorrersi. Il cane che ringhiava lo nota. La volta successiva che si lanceranno insieme sulla palla non ringhierà, ma otterrà la palla ugualmente. Un po' dopo, il proprietario del secondo cane gli porge un bocconcino prelibato. Questo cane è a dieta e ha sempre fame, così questa volta è lui a ringhiare quando il primo cane si avvicina. Il suo ringhio significa:'Puoi avere la palla, ma sicuramente non avrai il mio cibo'. Il primo cane si allontana un poco e guarda da una distanza maggiore. Il cane affamato lo nota. La volta successiva in cui saranno distribuiti bocconcini, potrebbe ancora tenere d'occhio l'altro cane, ma potrebbe non sentire la necessità di ringhiare. Ha visto che l'altro è disposto a mantenersi un po' distante dal suo cibo (giustappunto nella casa di questo cane scarseggiano le palle da tennis, ma non il cibo). Ciascuno dei due sta imparando cosa sia importante per il benessere dell'altro, e ne tiene conto nelle loro interazioni, in modo da mantenere stabile il sistema sociale.

Questa non è gerarchia di dominanza, ma un sistema di reciproci compromessi. Un cane è disposto a scambiare un po' di spazio in cambio della pace. Un altro darà una palla, un altro ancora cibo, tutti ricevendo in cambio la risorsa 'pace'. Questo è un complesso sistema SOS che ricerca gli equilibri su più di un livello alla volta. I cani non stanno provando a dominare uno sull'altro, ma sono alla ricerca di compromessi per portare tutti i livelli del sistema in equilibri accettabili contemporaneamente. I cani non cercano di massimizzare il proprio egoistico benessere, non più di quanto facciano gli invitati alla nostra festa (vedi anche: Miti 14, 15 e 16). E non si può dire cosa stia esattamente succedendo prendendo in considerazione solo le risorse fisiche visibili. In primo luogo perché, come abbiamo visto, la stabilità sociale è uno dei fattori che influenzano il benessere interiore dei cani. I conflitti (instabilità sociale) fanno diminuire il benessere di ciascuno, rendendo tutti meno sicuri. In secondo luogo, e questo gli scienziati sembrano averlo dimenticato, i cani godono notevolmente della reciproca compagnia. La sola presenza di un altro, aumenta il benessere personale di un cane. Così quando un cane sacrifica qualcosa (per esempio la palla da tennis) questo non è veramente un sacrificio. Il cane sta facendo una scelta, uno scambio tra due cose che per lui hanno valore. In tal caso si può solo concludere che apparentemente il cane attribuisce un valore maggiore all'evitare un conflitto o alla conservazione dei buoni rapporti con l'altro, rispetto alla cosa a cui ha rinunciato.

Quindi il comportamento che ci hanno insegnato a chiamare 'dominante' è in realtà solo uno scambio di informazioni, in base alle quali poi i cani compiono delle scelte. E' la ricerca di un equilibrio soddisfacente e reciproco fra due cani. Non spetta a noi determinare chi ha vinto e chi ha perso, del resto noi non conosciamo le loro variabili (che sono le uniche che contano!). Infatti, il cane che rinuncia a qualcosa, pensa di fare una scelta ai suoi occhi soddisfacente e vincente, data la sua personale valutazione di tutte le opzioni disponibili e presi in considerazione tutti i molteplici equilibri che vuole preservare. Assegnare più valore a una cosa che viene presa con la forza è davvero una proiezione tipicamente *umana*! Questa proiezione ha condotto gli scienziati a smarrire un altro punto di vista della realtà. Se guardiamo non accecati da etichette e proiezioni, vediamo che i cani molto più spesso entrano in possesso di un oggetto ricorrendo a seduzione, segnali calmanti e distrazioni tattiche. Non esiste cane al mondo che dia meno valore a un oggetto perché lo ha ottenuto in questo modo. Ed è anche un'altra proiezione umana chiamare queste tattiche 'sottomissione', quando in realtà sono espressione di una maggiore competenza sociale. Generalmente sono i cani privi di competenze sociali o sofferenti che ricorrono all'uso della forza per impossessarsi di qualcosa, e considerare questi cani 'superiori' o attribuire loro qualità di leadership, rivela molto più su di noi (e niente sui cani).

Completata la nostra descrizione dei cani come esseri che esplorano i confini l'uno dell'altro, e che cercano compromessi per raggiungere contemporaneamente l'equilibrio interno ed esterno, possiamo ora descrivere le regole che seguono per realizzare ciò. Durante i miei quattordici anni di studi sui cani sono stata in grado di scoprire queste regole e verificarle esaustivamente. Queste sono regole proprie dei cani e nessuna di esse è stata ideata dall'uomo, benché se le seguissero (cosa che non sempre fanno), gli esseri umani potrebbero migliorare molto le loro relazioni con i cani. In ogni caso, ogni cane socializzato porta queste regole dentro di sé, proprio come il nostro educato partecipante alla festa ha interiorizzato quello che ha imparato crescendo. Le regole dei cani, comunque, sono diverse da quelle umane, e non sono tante. Esse sono:

1) L'aggressione è vietata e le interazioni sociali devono essere regolate dalla comunicazione e dalla volontà di non danneggiare l'altro. Questa è la regola principale da cui i cani dipendono. Per un cane è estremamente traumatico quando un altro cane non onora questa regola e lo attacca sul serio. (E nessuno provi a dire che anche gli uomini seguono questa regola; chi lo afferma non ha mai guardato il telegiornale della sera).

2) Rispetto reciproco della zona personale di ciascuno, in cui non si entrerà senza permesso. Questa è importante, ma meno della Regola Numero Uno. Non è altrettanto traumatico quando un cane disobbedisce a questa regola. Quando questo accade, è possibile vedere qualche ringhio o qualche pinzata, o forse anche una breve 'lotta' rituale (che non è realmente una lotta. Vedi Miti 12, 13, 33 e 34).

Questa è una regola che condividiamo con i cani, anche se noi trasgrediamo più spesso di loro. Il cane che disobbedisce a questa regola è patologico come un uomo che compie molestie sessuali sul posto di lavoro.

3) Una volta note, le preferenze di ciascuno saranno rispettate. Fino a che punto verrà seguita questa regola dipende, come abbiamo visto, dallo stato interno del cane in un particolare momento, bilanciato dal desiderio di mantenere integre sia le relazioni che la pace sociale. (Se pensate che il vostro cane non obbedisce a questa regola, guardate i Miti 14, 15 e 16).

Con queste tre semplici ed eleganti regole, internamente presenti in tutte le parti del sistema sociale del cane domestico, il sistema cane è in grado di raggiungere uno dei tanti possibili equilibri con flessibilità e velocità sorprendenti. Ogni cane finisce con l'avere le cose che hanno più valore per lui in quel momento, mentre la pace sociale è preservata, e il cane che trasgredisce costantemente queste regole viene espulso dal sistema (la sua cacciata può essere un'azione collettiva). In questo equilibrio non è possibile determinare alcun tipo di gerarchia fra i cani (a meno che non vogliamo fare proiezioni), perché non possiamo sapere come i *cani* valutino ciò che aggiunge o sottrae benessere in quella data situazione. Tutto quello che possiamo fare è osservare che ogni cane ha raggiunto una posizione in cui è felice. Questa posizione non si raggiunge con la forza bruta, ma con la volontaria ricerca di compromessi. A un cane non interessa se possiede più o meno di un altro. Infatti i cani non hanno nemmeno le strutture cerebrali per comprendere i concetti di 'più' o 'meno', o di concepire dimensioni o quantità a confronto. Questo genere di calcoli sono per loro irraggiungibili, e tutto quello che un cane sa è che possiede il suo personale 'sufficiente' (qualcosa di più su questo nel Mito 14). Pertanto, il sistema SOS dei cani funziona perfettamente. Fino a quando tutti seguono queste tre semplici regole, un gruppo di cani può assorbire praticamente un numero illimitato di individui in modo rapido e flessibile.

All'inizio abbiamo detto che i cani vivono in un sistema complesso, autopoietico e auto-organizzato. Ora è chiaro il significato dei termini 'complesso' e 'auto-organizzato'. Ma cosa significa autopoietico? Molto semplicemente significa che il sistema è in grado di produrre e riparare le sue parti. Non sono necessari per lui meccanici o pezzi di ricambio. Il sistema si auto-perpetua e si auto-conserva. L'autopoiesi si verifica quando un sistema è composto da esseri viventi. Un cane genera cuccioli senza aiuti esterni, e i cani di tutto il mondo educano i cuccioli (se non interferiscono esseri umani) al funzionamento delle parti del sistema che conoscono e alla obbedienza volontaria alle regole. Come abbiamo visto nel Mito 6, la capacità di partecipare al sistema sociale non è ereditata ma appresa. I cani fanno tutto questo piuttosto bene da soli.

Per imparare le regole, un cane deve interagire con altri cani mentre è cucciolo, poiché diversamente potrebbe avere problemi a partecipare alle interazioni sociali. Un cane adulto che in gioventù non ha giocato abbastanza con gli altri, potrebbe avere bisogno di qualche rifinitura (come parte) per operare nel sistema sociale. Un altro cane potrebbe aver avuto un'esperienza traumatica o dannosa, e quindi ha bisogno di una ' riparazione' per essere in grado di funzionare di nuovo nel sistema sociale. Noi possiamo avere bisogno di aiuto per riparare i nostri cani, ma i cani sono perfettamente capaci di riparare una parte del sistema senza aiuto esterno. I cani stessi aiuteranno il cane traumatizzato a superare le sue paure, fornendogli esperienze sociali rassicuranti. In realtà è molto commovente vedere come cani socialmente competenti reagiscono alla paura dell'altro, e avremmo molto da imparare. Il cane socialmente goffo (o incompetente) riceve ringhiate e pinzate fin quando non modera il suo comportamento grossolano e inizia ad agire più educatamente. Gli altri cani non sono 'dominanti' con lui, ma gli offrono quelle esperienze che non ha avuto, ed egli impara come fare. Fino a quando il teppista si trattiene dall'uso dell'aggressione (per esempio non rilasciando uno o più morsi disinibiti, e quindi non danneggiando altre parti del sistema) sarà in grado di imparare dagli altri cani come prendere parte al sistema.

Così esistono due processi di produzione che assicurano che il sistema crei e ripari le sue parti. Uno di questi è il processo biologico di generazione e crescita della prole. Il secondo è l'apprendimento, che è essenziale sia per la produzione di prole socialmente educata, sia per la riparazione di quelle parti che, per qualche motivo, non funzionano in modo ottimale.

Pertanto l'apprendimento risulta essere un processo di produzione importante nel sistema SOS canino. Esso si occupa della produzione di parti funzionanti del sistema e del ripristino di parti danneggiate o incomplete. La loro capacità di apprendere consente ai cani di tenere conto dei segnali devianti che incontrano, per esempio, da un cane la cui coda è stata tagliata dagli umani, o è permanentemente arricciata sul dorso a causa della selezione operata dall'uomo. La loro capacità di apprendimento, la loro disponibilità al compromesso, e le loro tre semplici regole permettono ai cani di assorbire nel loro sistema sociale membri di altre specie. Un cane può imparare a interpretare i segnali, e quindi a prevedere il comportamento, di un pappagallo, di un gatto o di un essere umano, se solo gli è permesso di passare attraverso le giuste esperienze di apprendimento. Egli è in grado di utilizzare questi segnali interspecifici per cercare l'equilibrio e per costruire un sistema auto-organizzato con tutti i tipi di specie non canine. In realtà è miracoloso, o forse no, dato il contesto in cui il cane si è evoluto.

I cani vivono in un sistema auto-organizzato flessibile e complesso che è capace di cercare e trovare equilibri su più livelli contemporaneamente (di tutti i cani presenti e del sistema sociale). Il sistema produce e ripara le sue parti. Tre semplici regole determinano i movimenti del sistema con parti individuali che indipendentemente e volontariamente seguono queste regole, senza la guida di nessuna autorità centrale. Il sistema adempie alla funzione di trovare la massima sicurezza disponibile e il massimo benessere di tutti i partecipanti. Non esiste gerarchia. Esiste solo una serie di equilibri possibili sia per ogni singolo partecipante che per il sistema nella sua interezza. Ogni equilibrio è raggiunto con la ricerca di compromessi, con la valutazione di diverse scelte, e la ricerca di un bilanciamento fra il proprio benessere e la stabilità nel panorama sociale (che è anche un elemento del benessere dei cani). Un cane che non può fare compromessi non può partecipare. Il suo comportamento destabilizza il sistema sociale, rendendolo insicuro o sgradevole per gli altri partecipanti. I cani non si preoccupano del potere, ma piuttosto di costruire prevedibilità e fiducia reciproche, in modo che il sistema possa bilanciarsi su uno dei tanti equilibri accettabili fra cui può scegliere. Questi 'equilibri accettabili' sono situazioni in cui ogni cane presente ha una posizione di benessere di cui è soddisfatto. Cedere una palla o un osso per preservare la relazione e la pace sociale, non significa che il cane 'ha perso'. Significa che ha fatto un compromesso, passando dalla posizione di benessere che includeva la palla a una posizione che include qualcos'altro che ha deciso essere più importante.

La capacità di seguire la Regola Numero Uno (nessuna aggressione, cioè nessun morso disinibito, né alcun tentativo di infliggere danni reali ad altri) è però essenziale. L'aggressività rende un cane incapace di funzionare come parte di qualsiasi sistema sociale. Egli tenterà sempre di sabotare l'intero sistema. La sua presenza rende il sistema sociale insicuro per tutti i partecipanti. Egli non può essere riparato, perché è troppo pericoloso, e cercherà di distruggere le altre parti del sistema piuttosto che imparare da esse. Non esiste un cane disposto a rischiare il suo equilibrio interiore al punto da cessare di esistere come sistema vivente! (Eccezioni a questo nei Miti 38-40). I cani che aggrediscono o che rischiano la propria esistenza come sistema vivente per combattere, non sono prodotti della natura. Essi sono il risultato della manomissione umana sui cani. Ripararli è impossibile, e ogni proprietario di questi cani ha la responsabilità di tenerli lontani dagli altri cani.

Fatto: Il sistema sociale del cane domestico è molto più complesso, ma anche più elegante e intelligente, di una semplice 'gerarchia di dominanza'. Il modello della 'gerarchia di dominanza' è goffo e antropomorfico, e non rende giustizia ai cani.

Note

Semyonova, A, 'The social organisation of the domestic dog; a longitudinal study of domestic canine behavior and the ontogeny of domestic canine social systems'. CarriageHouse Publishing, The Hague, The Netherlands, 2003. <www.nonlineardogs.com>

Mito 12: Il linguaggio del corpo del cane esprime solo dominanza o sottomissione.

Abbiamo visto (Mito 11) che i cani vivono in un complesso e flessibile sistema auto-organizzato e che questo sistema ha molti equilibri accettabili fra cui scegliere. Anche ciascun cane presente nel sistema ha molte opzioni soddisfacenti fra cui scegliere. I cani, diversamente dalle persone, non sono interessati alla competizione (vedi Mito 14). In realtà la fame momentanea, la sete, un alto livello di adrenalina, le esperienze passate con palle da tennis e altri cani, quante palline da tennis ci sono in giro in quel particolare momento, il desiderio di mantenere il rapporto con l'altro cane, cosa l'altro cane sembra volere, una miriade di fattori e scelte giocano un ruolo su cosa il cane decide di fare istante per istante. I cani valutano e trovano compromessi fra molte variabili interne ed esterne, alla ricerca di un equilibrio soddisfacente e reciproco nelle interazioni sociali. Misurano il tutto con i propri criteri, e non coi nostri, e ogni cane ha criteri personali diversi.

Quindi il linguaggio del corpo del cane non riguarda la dominanza o la sottomissione. Piuttosto ha lo scopo di informare i cani sui loro reciproci stati interiori (chiamateli come preferite: stati d'animo, emozioni, motivazioni momentanee), in modo da poterne tenere conto nelle interazioni. Il loro linguaggio comunica informazioni, prevedibilità, conoscenza gli uni degli altri, e ricerca di compromessi che vadano bene per entrambi.

Se vogliamo comprendere quello che veramente i cani stanno dicendo, dobbiamo mettere da parte tutte le vecchie idee. Ciò che dobbiamo ricordare è che un cane è sempre armato. Dobbiamo anche ricordare che alcuni cani hanno avuto buone esperienze con altri cani (o con esseri umani), mentre altri ne hanno avute miste e altri ancora cattive. Un cane può sentirsi insicuro quando incontra uno sconosciuto. Se prendiamo in considerazione tutto ciò, vedremo che tutti i segnali che ci è stato detto di interpretare come 'dominanti' significano veramente qualcosa di diverso.

Il cane che entra in una interazione mostrando segnali di minaccia (coda alta, postura alta, sguardo fisso, labbra arricciate, ringhiare, peli irti sul dorso, andatura rigida ecc.) sta comunicando all'altro cane di essere preoccupato per le intenzioni altrui, quindi insicurezza. E' del tutto possibile che il cane che minaccia sia assolutamente sicuro della sua capacità di tenere lontano l'altro con l'uso della forza, ma questa fiducia nella sua bravura non è la causa delle minacce. Questa è invece *la mancanza di fiducia su ciò che farà l'altro cane.*

Questo potrebbe sembrare paradossale a chi è abituato a pensare in termini di 'dominanza' e 'sottomissione', ma esistono forti evidenze a dimostrarlo. I cani che minacciano frequentemente o cronicamente ricevono spesso un grande aiuto, nel corso di una terapia comportamentale, dalla somministrazione di farmaci ansiolitici (Simpson e Simpson 1996). Se si trattasse di dominanza, e se l'unica cosa che trattiene un cane dall'essere un dittatore totale fosse il timore dei denti di un altro cane, ci si aspetterebbe che a una riduzione del livello dell'ansia dovrebbe corrispondere un aumento dei comportamenti da bullo, ma ciò non accade. Una seconda serie di prove si trova in uno studio longitudinale (Semyonova, 2003) in cui si è scoperto che i cani minacciano soprattutto nel periodo successivo a un'esperienza spiacevole o spaventosa con un altro cane (o con un essere umano).

In generale i cani che hanno avuto troppo poche esperienze piacevoli nella loro storia, o troppe esperienze negative, minacciano più spesso. Nel campo della terapia comportamentale, si scopre che i cani smettono di minacciare i loro proprietari solo quando imparano a fidarsi delle loro intenzioni. Provare a dominare un cane generalmente produce un peggioramento del comportamento di minaccia, a meno che il proprietario non sia disposto a picchiarlo così duramente da paralizzarlo dal terrore (questo però non è esercitare dominanza, ma solo impaurire un animale). Se messo alle strette, il cane morderà, come qualsiasi animale, e condurrà una vita infelice. Un cane minaccioso è semplicemente preoccupato per ciò che l'altro sta per fare, così emette un segnale che significa: 'Per favore non avvicinarti'. Questa non è dominanza. L'unica soluzione è lavorare per mostrarsi al cane affidabili e non pericolosi.

Il cane che si comporta 'in modo sottomesso' non è affatto remissivo. Questo cane è ansioso di entrare in contatto perché gode moltissimo delle relazioni sociali. Sta dicendo al cane (o all'uomo) minaccioso e insicuro che non ha brutte o strane intenzioni. Sta dicendo all'altro che rispetterà le regole della buona educazione. Sta cercando di ridurre la preoccupazione dell'altro, dicendo: ' Non ho intenzione di mordere' o 'Non voglio rubare la tua palla' o 'Non entrerò nella tua zona personale finché non mi darai il permesso'. Poiché questi segnali sono destinati ad eliminare l'ansia dell'altro cane (cioè a calmarne lo stato interiore), li chiamiamo segnali calmanti. Questa definizione, piuttosto che quella di 'sottomissione', rende meglio l'idea di cosa questi segnali mirano a ottenere. Essi richiedono che un cane abbia sufficiente fiducia in se stesso da mettersi in una posizione di vulnerabilità. Distogliere lo sguardo, uggiolare come un cucciolo, provare a sembrare più piccolo, esporre il collo o il ventre: il cane che mostra questi segnali ha avuto nella vita sufficienti esperienze positive da ritenere che l'altro non attaccherà improvvisamente. E, infatti, questo cane sta assumendo il controllo della situazione. Per così dire, sta prendendo per mano il cane preoccupato e lo sta confortando, sta provando a rassicurarlo che il contatto può essere sicuro e piacevole.

Il cane che minaccia rivela che non ha avuto molte esperienze piacevoli (o ne teme una brutta adesso), che è meno sicuro socialmente, e che ha bisogno di un po' più di spazio. Sta chiedendo distanza e rassicurazione, che l'altro cane gli offre. Per dirla più precisamente, il cane che minaccia sta indicando che ha perso il suo equilibrio interiore, perché, per esempio, il suo livello di adrenalina è molto alto. Il cane fiducioso sa che certi segnali aiuteranno l'altro a restaurare l'equilibrio interiore. (Naturalmente non elabora pensieri astratti, ma per esperienza sa che se emette un segnale calmante, il cane insicuro riduce i suoi segnali di minaccia, consentendogli quindi di avvicinarsi). Infatti, quando quello riceve queste informazioni sull'assenza di cattive intenzioni dell'altro, si rilassa leggermente. Forse abbassa la coda di pochi centimetri, e gira un po' le orecchie. Il cane fiducioso si avvicina ancora un po', continuando a dare segnali calmanti. Il cane insicuro mostra di essere un po' meno diffidente. Questo scambio di segnali si protrae fino a quando il cane minaccioso non ha guadagnato abbastanza sicurezza da permettere un contatto fisico. Il cane fiducioso ha avuto successo nel restituire l'equilibrio sia al cane ansioso che al sistema sociale che occupano insieme. Naturalmente può anche accadere che il cane insicuro non riesca a vincere la sua ansia, neanche con un tale aiuto, e che l'altro cane decida allora di lasciarlo solo e dedicarsi a qualcos'altro.

Fatto: I cani usano i loro segnali per scambiarsi informazioni sui reciproci stati interiori e sulle reciproche intenzioni, in modo da prenderne atto nelle loro interazioni. L'obiettivo è sconfiggere l'ansia e stabilire fiducia. 'Dominanza' e 'sottomissione' sono proiezioni puramente umane.

STUDI LONGITUDINALI

Uno dei problemi nello studio del comportamento dei cani è che gli scienziati effettuano le loro osservazioni per un limitato periodo di tempo. Spesso creano situazioni artificiali in laboratorio, vi inseriscono dei cani, valutano qualche risposta e quindi traggono le loro conclusioni. Qualche volta osservano i cani per un periodo di tempo più lungo, sebbene ancora troppo breve, poiché le sessioni si sviluppano per settimane o mesi. Il ricercatore non vede cosa fa o che esperienze vive il cane fra una sessione e l'altra. Spesso si tratta di cani provenienti dai canili, cani con problemi di comportamento o cani adulti; sono questi i cani che i ricercatori osservano come se fossero 'in natura'. Condurre questo tipo di osservazioni è come se si arrivasse al cinema nel bel mezzo del film, ci si allontanasse per andare in bagno sei volte durante lo spettacolo e si andasse via prima che il film sia finito. Non si può realmente sapere perché i personaggi fanno quello che fanno, qual è la trama, quali parti mancano, e non si sa nulla del finale.

Uno studio longitudinale è uno studio che copre un periodo di tempo molto lungo, cosicché è possibile vedere come le cose si sviluppano nel corso degli anni. Preferibilmente bisognerebbe anche assicurarsi di condurre le osservazioni per la maggior parte del tempo, in modo da non perdere eventi importanti. Questo è l'unico modo per scoprire cosa sta realmente dietro un comportamento: guardare come si manifesta nella vita di un cane, e come cambia se il cane ha esperienze diverse.

Il ricercatore che conduce le sue osservazioni per un tempo limitato, vede un cane ringhiare dal veterinario e opporre resistenza alla manipolazione. Questo scienziato ne deduce che il cane è dominante e vuole avere il controllo dell'interazione. Ma se avesse guardato per un periodo più lungo, avrebbe saputo che il veterinario precedente aveva colpito il cane con un pugno alla testa e lo aveva preso a calci perché aveva pinzato in aria in un riflesso di dolore. Ora il cane ha paura dei veterinari.

Se si guarda abbastanza a lungo, un comportamento appare improvvisamente sotto una luce diversa. Se si osserva abbastanza a lungo, tanto da sapere che tipo di esperienze il cane ha avuto nel passato, si traggono conclusioni completamente diverse.

Note

Bolles, RC, Species-specific defence reactions and avoidance learning, *Psychological Review* 77:32–48, 1970.

Borchelt, PL, Voith, VL, Dominance aggression in dogs, in Voith, VL, Borchelt, PL, eds,*Readings in Companion Animal Behavior*, Veterinary Learning systems, Co.,Inc., Trenton, NJ,1996.

Burgoon, JK, Buller, DB, Woodall, WG, *Nonverbal communication: The unspoken dialogue*,McGraw-Hill Companies, Inc, NY, 1966.

Dunbar, I, Bohnenkamp, G, *Preventing Aggression,* Center for Applied Animal Behavior, Berkeley CA, 1985 (3rd ed June 1986).

Maturana, HR, Biology of language: the epistemology of reality, in Miller, GA, and Lenneberg, E. (eds.), *Psychology and Biology of Language and Thought: Essays in Honor of Eric Lenneberg,* Academic Press, NY, 1978, pp 27–63. A/Maturana1.htm (2002).

Mazur, J, Conditioned reinforcement and choice with delayed and uncertain primary reinforcers, *JEAB* 63: 139–50, 1995.

Miczek, KA, Weerts, E, Haney, M, Tidey, J, Neurobiological mechanisms controlling aggression: Preclinical developments for pharmacotherapeutic interventions, *Neruosci Biobehav Rev* 18: 97–100, 1994.

Overall, KL, *Clinical Behavioral Medicine for Small Animals,* Mosby, Inc., Missouri, 1997.

Powell, D, Francis, MJ, Francis, J, Schneiderman, N, Shock-induced aggression as a function of prior experience with avoidance, fighting, or unavoidable shock, *JEAB* 18: 323–332, 1972.

Rugaas, T, *Calming Signals,* Legacy By Mail, Inc., Carlsborg, WA, 1997.

Semyonova, A, 'The social organisation of the domestic dog; a longitudinal study of domestic canine behavior and the ontogeny of domestic canine social systems'. CarriageHouse Foundation, The Hague, The Netherlands, 2003. <www.nonlineardogs.com>

Simpson, SS & Simpson SM, Behavioral pharmacotherapy, in Voith, *Readings in Companion Animal Behavior,* Voith, VL & Borchelt, PL, eds., Veterinary Learning Systems, NJ, 1996.

Mito 13: Quando due cani maschi si incontrano, la prima cosa che vogliono fare è stabilire i rispettivi ranghi.

Tutti abbiamo visto cani maschi affrontarsi in quelli che a noi sembrano incontri minacciosi. La diceria popolare, e anche il dogma scientifico, è che stanno cercando di stabilire chi dei due è dominante, cioè chi ha il rango più alto. Ma abbiamo visto che i cani non vivono in gerarchie di dominanza, bensì in flessibili sistemi auto-organizzati, spesso molto fugaci. Sappiamo che il sistema SOS del cane cerca un equilibrio destreggiandosi fra una moltitudine di variabili, e che l'unico modo per trovare una gerarchia è quello di proiettare valori umani sulle scelte dei cani (vedi Mito 11). E allora, cos'è veramente questo faccia a faccia?

Quando due cani non vogliono avere niente a che fare l'uno con l'altro, hanno un modo semplicissimo per ottenerlo: mantenere le distanze e non curarsi di entrare in contatto. Quando i cani entrano in relazione, è una scelta (posto che nessuno li abbia chiusi insieme nel bagno). Questo significa che sono interessati uno all'altro, e che desiderano stabilire un qualche tipo di rapporto. Essi stanno volontariamente entrando nelle rispettive zone personali. Entrambi sanno che potrebbe essere pericoloso: i cani sono sempre armati. Non tutti seguono le regole sociali. Dunque, questi cani stanno verificando le tre seguenti regole.

1) Rispetteremo la zona personale l'uno dell'altro, e non vi entreremo senza permesso. Questa è la prima regola che entra in gioco quando i cani si incontrano. I cani socialmente competenti non entrano nella zona personale degli altri senza permesso. (Grandi eccezioni sono costituite da razze aggressive, cani non socializzati e adolescenti). Potreste non averlo notato, ma i vostri due maschi stavano già conversando da tempo, prima di trovarsi uno di fronte all'altro. In realtà, dal primo momento in cui si sono visti. Prima di trovarsi vicini, i due maschi avevano già segnalato che non avrebbero attaccato immediatamente, e ciascuno dei due aveva già mostrato di non sentirsi sicuro. Questo indicano l'approccio lento, a zampe tese e rigide, qualche ringhio e denti scoperti. Tuttavia, avvicinandosi, stanno entrambi mostrando di volere entrare in contatto. Così, molto prima di trovarsi faccia a faccia, ognuno ha assegnato all'altro il permesso di entrare nella sua zona personale, per vedere se è possibile stabilire una relazione.

Nel momento in cui indugiano a ringhiare, stanno apprendendo qualcosa dei loro rispettivi stati interiori. Il fatto che entrambi stiano lì fermi a ringhiare è la prova che si asterranno dall'attaccare. A un certo punto, *il cane socialmente più esperto* deciderà di aver avuto una prova sufficiente di essere abbastanza al sicuro in presenza dell'altro. Sarà lui ad emettere per primo un segnale calmante, forse abbassando un po' la coda, rilassando leggermente le zampe, o girando le orecchie verso l'esterno. Queste reazioni restituiscono equilibrio al proprio stato interiore (per esempio, il livello di adrenalina inizia a diminuire, man mano che si sente più sicuro). Ciò aiuta a calmare lo stato interiore dell'altro cane, quindi il pelo irto sul suo dorso potrebbe scomparire, o anche lui potrebbe abbassare la coda e girare le orecchie. Anche i muscoli delle zampe si rilassano, e l'atteggiamento di sfida fra i due scompare. A questo punto i cani iniziano ad annusare ciascuno parti del corpo dell'altro (di solito ano e genitali). Possono allontanarsi di pochi passi e spruzzare un po' di urina da qualche parte affinché ciascuno annusi l'odore dell'altro. Non sempre è possibile vedere questi segnali perché possono essere molto sottili. Qualche volta vedrete i cani cessare improvvisamente il faccia a faccia per cominciare a giocare fra loro, e penserete di essere stati fortunati. Non siete stati fortunati: i cani hanno semplicemente, ma sapientemente, utilizzato i loro segnali per stabilire un livello minimo di fiducia.

Ma non è *sempre* così semplice. A volte i cani sentono il bisogno di verificare più a fondo il rispetto delle più importanti regole canine.

2) Non useremo l'aggressione nelle interazioni sociali, ma ci limiteremo a comunicare e a evitare di danneggiarci reciprocamente. Questa è la regola principale, da cui dipendono tutti i rapporti sociali dei cani. Per capire come funziona, bisogna prima distinguere fra aggressione reale e la cosiddetta aggressione rituale. L'aggressione reale è volta ad infliggere il massimo danno, forse anche ad uccidere. E' il rilascio di uno o più morsi disinibiti, cioè quando un cane affonda i denti con tutta la potenza delle sue mascelle, o squarcia, trancia, dilania, e cerca di provocare ferite gravi. 'L'aggressione rituale' in realtà non è affatto un'aggressione. E' un attacco simbolico. Il cane tiene aperte le sue mascelle e fa ondeggiare i denti qua e là. Potrebbe afferrare una piega della pelle dell'altro cane e tirare un po', ma senza provocare ferite. Questo non è mordere, ma pizzicare. E' inesatto chiamare aggressione questo sventagliare i denti e dare pizzicotti. Queste azioni non sono altro che segnali di comunicazione fra i cani. A noi sembrano terrificanti, ma in realtà danno un messaggio molto importante: 'Anche adesso, per quanto sconvolto, sto attento ad usare i miei denti con te'. Noi restiamo pietrificati, ma quando tutto è finito, non troveremo una sola ferita.

Anche i combattimenti rituali sono molto rari fra i cani, ma dobbiamo capire cosa succede quando si arriva a questo punto tra (di solito) due maschi. Generalmente i cani riescono a costruire la fiducia con segnali più blandi. Quando hanno iniziato il faccia a faccia, i due maschi hanno comunicato uno all'altro che non avrebbero attaccato immediatamente, semplicemente non attaccando. Ma il fatto che uno dei due non sia ancora rilassato, potrebbe significare che non ha abilità sociali. Egli non mostra l'usuale prontezza nell'esprimere un segnale di non minaccia. Questo è un comportamento anomalo in un cane. La sua continua tensione indica che da un momento all'altro potrebbe perdere il suo equilibrio e scagliarsi contro. Nello stesso tempo, non sta scegliendo di lasciare lo spazio fisico condiviso. Questo potrebbe essere sconvolgente per cani dotati di abilità sociali. Il cane competente deve confrontarsi con un altro insicuro e permaloso, ma che vuole restare. Se rimane in tensione, permaloso com'è, chissà cosa potrebbe fare? Il cane socialmente competente non è disposto a lasciargli il campo. La gioia di giocare con tutti gli altri è troppo grande, così andarsene non è una delle opzioni di benessere fra cui può scegliere. Anche il cane permaloso vuole restare: a quanto pare non si sente poi così minacciato dagli altri cani presenti. Ha scelto il cane più insicuro con cui avere il faccia a faccia. Potrebbe essere il più grande o il più piccolo degli altri maschi in giro, e giusto capita che assomigli tanto al terrier che lo ha attaccato tre settimane fa.

Può anche darsi che *entrambi* i cani siano solo così insicuri socialmente che non osano provare la regola di 'Non Aggressione'. Può anche essere che entrambi abbiano avuto una brutta esperienza con un altro cane simile a quello che si trovano ad affrontare. Nello stesso tempo stanno scegliendo di non allontanarsi e riprendere la propria strada in solitudine. Entrambi i cani hanno ancora la speranza (sulla base di esperienze passate) che l'equilibrio può essere trovato e che alla fine sarà gratificante. Se non avessero avuto questa speranza, o avessero pensato che un confronto avrebbe condotto a un disastro, in primo luogo si sarebbero evitati.

In entrambi i casi si verifica una situazione in cui ciascuno sente il bisogno di mettere alla prova l'altro, di vedere se si allontana o se manda un segnale di non minaccia, che dimostri che finalmente è abbastanza rilassato da non essere pericoloso.

Un cane non può semplicemente stare ad aspettare. Il suo stato interiore è così lontano dall'equilibrio (pieno com'è di adrenalina e di ormoni dello stress) che qualche tipo di equilibrio interno deve essere ristabilito prima di poter fare qualsiasi altra cosa. Pure il sistema sociale (anche se si tratta di due soli cani) è troppo fuori dall'equilibrio. Ci sono due cani presenti il cui benessere sta precipitando. Tutta questa perdita di equilibri è molto sofferta dai cani, che semplicemente non possono condividere uno spazio fisico con un altro che li preoccupa. Dopo tutto, come si può giocare con la paura costante che l'altro, non visto, improvvisamente ti attacchi, oppure ti morda perché gli sei passato troppo vicino? Devono essere in equilibrio sia gli stati interiori che il sistema sociale, così funziona il sistema del cane. Se l'equilibrio non può essere trovato con entrambi presenti, allora dovrà essere ripristinato da uno dei due cani, che lascerà lo spazio condiviso. Qui, però, due cani si sentono insicuri uno dell'altro, ma vogliono restare entrambi. Il più insicuro, il cui stato interno ha perduto l'equilibrio, si scaglierà contro l'altro cane.

A questo punto assistiamo a quello che gli esseri umani chiamano un 'combattimento'. Ma non è un combattimento, è comunicazione. I cani fanno un sacco di rumore, fanno ondeggiare i denti intorno alle loro teste, colpendosi i musi, forse afferrano la pelle morbida intorno al collo e alle spalle, tirano un po', poi lasciano andare, fanno scattare ancora i denti qua e là e afferrano di nuovo. Tutto ciò svela importanti informazioni. Per esempio, ogni cane mostra all'altro di avere imparato l'inibizione del morso, in gioventù (vedi Mito 6). E provano effettivamente uno all'altro di sapere mantenere l'inibizione del morso anche in un momento di grande tensione come questo. Scambiandosi queste informazioni — e talvolta la prova può essere trovata solo in questo modo — i due cani possono, in ultima analisi, iniziare a sentirsi sicuri in presenza uno dell'altro. Nel 'combattimento' danno la prova definitiva che saranno attenti con i loro denti, in qualsiasi situazione. Di solito succede che uno dei due cani decide di avere verificato abbastanza, per cui dà un segnale che indica che per lui la prova è finita. Anche l'altro cane sa di non essere stato realmente morso, così risponde al segnale fermandosi, mostrando di conoscere i segnali calmanti e il loro significato. Improvvisamente 'la lotta' si ferma. I cani adesso hanno abbastanza informazioni uno dell'altro per potere condividere uno spazio di gioco senza dover temere nulla.

I cani non hanno stabilito i rispettivi ranghi. Hanno fatto qualcosa per costruire fiducia. Si spera che li abbiate lasciati fare, senza 'salvarli' uno dall'altro. Se effettuate il 'salvataggio' durante la loro discussione, la prima cosa che faranno quando si incontreranno di nuovo sarà esattamente di riprenderla, perché hanno ancora delle cose da dirsi prima di potere condividere uno spazio.

Qui, però, devo dare un avvertimento. Questo capitolo parla di cani normali e socializzati. Non tutti i cani sono normali o socializzati. Dovreste fare estrema attenzione a non esporre il vostro cane a razze che sono state specificamente allevate per il comportamento aggressivo. Questi cani non sono in grado di impegnarsi in un conflitto rituale, perché gli uomini hanno prodotto un'anomalia nel loro cervello che li rende letteralmente incapaci di controllare il loro comportamento aggressivo (vedi Miti 38-40). Potrà anche non essere colpa loro, ma potrebbero uccidere il vostro cane lo stesso. E ci sono altri cani, non specificamente appartenenti a razze aggressive, che non hanno mai imparato l'inibizione del morso o a cercare compromessi sociali. Questi cani sono altrettanto pericolosi come quelli delle razze aggressive. Quando pensate che il vostro cane sia in guai seri, per esempio se vedete che l'altro cane sta squarciando o strappando il pezzo di pelle che ha afferrato, o *se il vostro cane comincia a gridare*, allora dovreste assolutamente correre in suo aiuto. La cosa migliore da fare, in questi casi, è afferrare le zampe posteriori del cane che sta attaccando (non del vostro!) e sollevarle in aria. La maggior parte reagirà come se aveste premuto il tasto 'off'. Chiedete al proprietario di questo cane di legarlo al guinzaglio, e non lasciate le sue zampe finché non lo abbia fatto.

Detto questo, possiamo tornare ai cani normali e socializzati. C'è una terza regola che questi verificheranno, di solito nel gioco, dopo aver fatto la prima conoscenza.

3) Una volta imparate, rispetteremo le reciproche preferenze. Qualche volta i cani avranno qualche scambio di minacce per una palla o un bastoncino che hanno adocchiato nello stesso momento. Questo si verifica molto raramente fra due cani che già si conoscono, più spesso fra due cani che si vedono per la prima volta. Entrambi vogliono la palla da tennis. Per capire quello che succede, dobbiamo di nuovo evitare di ricorrere ad etichette, e analizzare quello che effettivamente accade.

Il desiderio di un cane di avere o di mantenere un oggetto è il risultato delle esperienze passate (per esempio può avere imparato che la pallina da tennis è una fonte di piacere). Ma non tutti i cani pensano questo delle palle da tennis (o bastoni o altro). Un cane è a dieta, un altro ha appena mangiato. Il proprietario di un cane gli porta sempre via le cose, un altro non lo fa e così via. Ogni cane avrà la sua particolare valutazione di tutti gli oggetti che ci sono in giro, e la sua personale suscettibilità al riguardo. Nello stesso tempo dobbiamo ricordare che il mantenimento delle relazioni e della pace sociale è una risorsa di grande valore per i cani. Quando desiderano un oggetto che anche un altro cane vuole, essi non pensano solo all'oggetto, ma devono anche prendere una decisione sul disturbare la pace o danneggiare (o perdere) il rapporto con l'altro cane, della cui compagnia godono molto. Ogni cane farà la sua personale valutazione di queste risorse sociali, proprio come se fossero oggetti fisici, e questa dipenderà dalla sua storia personale, proprio come con gli oggetti fisici.

Se si tiene presente ciò, il modo di descrivere i comportamenti cambia. Il cane che decide di allontanarsi e lasciare l'oggetto fisico non ha subito un abbassamento di rango, né è 'sottomesso'. Ha semplicemente soppesato tutti i vari fattori e le sue personali preferenze, e ha deciso che per lui ha più valore qualche altra combinazione che non include la palla da tennis. Ha ottimizzato il suo benessere interiore secondo i suoi valori, che noi non possiamo giudicare per lui. Noi non possiamo stabilire che ha 'perso', perché ai suoi occhi la perdita reale sarebbe stata perdere la fiducia e l'amicizia dell'altro. Con la ricerca di un compromesso — sia fra di loro che fra tutti i fattori che influenzano il loro benessere — i cani spostano le rispettive posizioni di benessere in modo che tutti siano soddisfatti del risultato. Quanto più spesso due nuove conoscenze hanno cercato compromessi, più conoscono le preferenze, e più le interazioni saranno facili e piacevoli.

Fatto: Il faccia a faccia e il combattimento simbolico (che sono soltanto scambi di segnali) fra due cani maschi non riguardano né ranghi né dominanza, ma hanno la funzione di generare prevedibilità e fiducia in varie aree crucial delle interazioni. In uno scambio di minacce ciascun cane esprime all'altro la sua preoccupazione. Ciascun cane mostra la sua affidabilità non mordendo sul serio, neanche in una 'escalation'. Questi scontri servono anche ad imparare le preferenze e i confini di ciascuno, ciò di cui il cane ha bisogno per sentirsi a suo agio, cosicché possa essere preso in considerazione nelle interazioni future.

Note

Semyonova, A, 'The social organisation of the domestic dog; a longitudinal study of domestic canine behavior and the ontogeny of domestic canine social systems'. Carriage HouseFoundation, The Hague, The Netherlands, 2003. <www.nonlineardogs.com>

Mito 14: La competizione è una legge naturale. I cani organizzano i loro gruppi tramite la competizione.

Questa è una proiezione umana. Viviamo nella cosiddetta società del Libero Mercato, che è basata esclusivamente su una agguerrita concorrenza. Proprio come i cavalieri dell'antichità (e i nazisti), proiettiamo la nostra organizzazione sociale sulla Natura. Ci viene detto che la competizione è l'unico modo efficace per organizzare qualsiasi cosa, che solo i più forti e i migliori sopravvivono, e che la nostra società competitiva è un fenomeno naturale. Ma se la competizione è un fenomeno così naturale, come mai abbiamo bisogno di un intero esercito di costosi psicologi del marketing, per tenere in piedi tutto questo? Se la libera concorrenza farà per noi le scelte migliori, perché le aziende si danno tanto da fare per nascondere informazioni su quello che in realtà ci offrono? E se questo è un modo così efficace e naturale di organizzare le cose, perché siamo immersi in inutili cianfrusaglie, ma c'è meno benessere generale? Perché sono tutti così stressati e infelici, e perché oggi ci sono tante più persone povere che cinquanta anni fa?

La risposta è: perché l'intera idea è una finzione, e rappresenta fondamentalmente il fallimento dell'educazione, dato che ci eravamo già passati all'inizio del ventesimo secolo. L'intera ideologia poggia pesantemente sulla teoria di Charles Darwin, secondo la quale tutte le creature sono coinvolte in una lotta per la vita, e che in questa lotta sopravvive solo il più forte. Darwin spiega diffusamente che per 'più forte' si intende la creatura che meglio si adatta all'ambiente in cui vive. Questa creatura avrà più possibilità di sopravvivere abbastanza a lungo per generare e crescere la sua prole, trasmettendo in tal modo i propri geni e l'adattamento all'ambiente. Interpretando la teoria di Darwin in modo approssimativo, la gente ha iniziato a fare proiezioni, concludendo che la competizione nella 'lotta per la vita' significa un confronto diretto fra animali (proprio come avviene fra noi), e che il 'più forte' è quell'animale che è stato in grado di vincere un confronto con l'uso della violenza (proprio come avviene fra noi). Ha applicato gli standard umani, e ha deciso che il 'vincitore' è l'animale che è stato in grado di accumulare maggiori risorse. Accidenti: tutto il regno animale è proprio come noi!

In realtà, per Darwin adattamento significa capacità di mimetizzazione, di sfruttare una nuova fonte di cibo, di usare l'energia nel modo più efficiente, di partorire cuccioli nel momento più favorevole dell'anno, e di *sfuggire* (non vincere) ai predatori. La 'lotta per la vita' di cui parla Darwin non prevede conflitti armati, né acquisizione di più risorse di quante ne servano realmente. L'ecosistema in cui vive l'animale è impostato sul ricavarsi un cantuccio sicuro, sull'economia del 'sufficiente personale' . Ciò vale anche per gli esseri umani, ed è per questo che abbiamo bisogno di un flusso senza fine di pubblicità per convincerci che ciò che abbiamo non è ancora abbastanza.

In altre parole, la competizione per l'acquisizione di sempre maggiori risorse non è una legge naturale, e non lo è mai stata.

Gli animali non sono soggetti alla propaganda come noi, pertanto obbediscono alle leggi naturali. La competizione non necessaria e i conflitti sono uno spreco di energia. Quelli che sprecano energia sono meno adatti alla sopravvivenza, per cui un animale vive nella sua piccola economia ed è soddisfatto di quello che ha. Gli animali non entrano in conflitto contro un altro, a meno che non sia minacciata la loro sicurezza. Gli animali non entrano in competizione diretta a meno che la loro piccola economia del sufficiente non sia minacciata. Queste sono le vere leggi naturali.

Fatto: I cani, come tutti gli animali non umani, non cercano di accumulare avidamente la maggior parte delle risorse. Non sono nemmeno consapevoli se qualcun altro ha di più, fino a quando la loro economia di sussistenza è intatta. La pace sociale (al contrario della concorrenza costante) è importante perché conserva l'energia e incrementa la sicurezza della vita. Normalmente i cani non sono affatto competitivi. Anzi, organizzano i loro gruppi massimizzando la sicurezza nelle interazioni sociali, cercando il compromesso e l'equilibrio sociale e mantenendo integre le loro relazioni con gli altri cani. Questo è il motivo per cui il loro sistema sociale funziona così bene, ed è in grado di assorbire un numero illimitato di altri individui.

Note

Beckerman, LP, 'The non-linear dynamics of war', Science Applications InternationalCorporation, ASSET Group, <www.calresco.org/beckermn/nonlindy.htm> accessed Dece2013.

Crist, E, 'Neo-Darwinism', < http://www.imprint-academic.demon.co.uk/SPECIAL/03_15.html> accessed March 2002.

Darwin, C, *On the Origin of Species; a Facsimile of the First Edition*, Harvard University Press,Cambridge MA, 1964 (original 1859).

Friedan, B, *The Feminine Mystique,* Penguin Books, Harmondsworth, Middlesex, 1965.

Midgley, M, 'Gene-juggling', *Philosphy* Vol 54, No. 210, Oct 1979.

Sibly, RM, Smith, RH, Behavioural Ecology: *Ecological Consequences of Adaptive Behaviour,*Blackwell Scientific Publications, Oxford, 1985.

Worster, D, *Nature's Economy: A History of Ecological Ideas,* Cambridge University Press, NY,1995.

Mito 15: Il cane che può accaparrarsi e mantenere la maggior parte delle risorse è dominante.

Questo mito raffigura gli animali come uomini a quattro zampe. Nella prima metà del ventesimo secolo la nostra società è stata dominata dalla competizione e dalla violenza, sfociate nelle due guerre mondiali. Abbiamo stabilito che così doveva funzionare anche per gli animali: gli scienziati hanno calcolato quante volte un particolare lupo in cattività aveva vinto un confronto violento con un altro lupo in cattività, e voilà, ecco scoperta la gerarchia di dominanza. Il 'lupo dominante' per definizione era quello che poteva dispensare impunemente violenza, senza doverne subire. (Naturalmente, era sempre un lupo maschio). Ma, purtroppo per i nostri intelligenti scienziati, si è visto che fra i lupi che vivono allo stato selvatico raramente si verificano scontri violenti. E' inoltre emerso che in questi scontri il lupo più vecchio (che sarebbe dovuto essere il lupo dominante) era il meno coinvolto di tutti. Questo lupo non subiva né praticava violenza. Gli scienziati detestano quando le loro statistiche non quadrano, così sono andati nel pallone. E adesso?

Dopo la Seconda Guerra Mondiale siamo entrati in un periodo di pace, e la violenza cominciò a sembrare agli scienziati meno importante. Siamo entrati in un periodo di grandi accumulazioni di ricchezze, in cui alcuni dei nostri membri che non sembravano poi così forti, sono diventati molto potenti. Dunque, dopo un po' di perplessità, gli scienziati hanno deciso che, dopo tutto, non è la violenza che determina la dominanza in natura, ma la 'gestione delle risorse'. Quindi si deve cercare quale lupo ha il controllo della maggior parte delle risorse (cose che tengono in vita e che permettono di trasmettere i geni). E' stata sollevata la questione di cosa si dovesse considerare una risorsa, e poiché la maggior parte degli scienziati sono uomini giovani, le risorse hanno finito con l'essere identificate con quelle stesse cose che i giovani si preoccupano di ottenere: in primo luogo cibo, sesso, e un buon posto per dormire. E in secondo luogo cose come un posto in prima fila (da quando i posti in prima fila sono di grande importanza per la sopravvivenza degli scienziati, vedi Mito 99).

Ma neanche questa volta ha funzionato, in particolare quando si è cercato di applicare questo modello ai cani. Quando gli scienziati hanno focalizzato la loro attenzione sugli scontri o sulla gestione delle risorse, la 'gerarchia di dominanza' ha rivelato uno schema molto diverso da quello delineato nella rigida gerarchia lineare del partito nazista e dalla scienza stessa. Gerarchie triangolari (A su B, B su C, e C su A), a volte interi circoli e spirali, un intrico di frecce in ogni direzione per dimostrare chi dominava su chi. Un quadro veramente confuso. Ma si è presentato anche un altro problema: queste gerarchie erano tutt'altro che stabili. Isolando un gruppo di cani, e separandone i membri per un po' di tempo, quando li si rimette insieme nello stesso spazio, e li si osservi prendendo in considerazione le risorse cibo, sesso e luogo di riposo, ancora una volta si ottiene un insieme di triangoli, cerchi, spirali, frecce che non sembrano avere niente a che fare con quelli di prima.

Gli scienziati, in realtà, hanno dimostrato che in un gruppo di cani non esiste niente di simile a una gerarchia dominante (sebbene essi, naturalmente, non riescano a spiegarselo). Per loro l'intera faccenda sembra completamente instabile e imprevedibile. Come potrebbe risultarne una organizzazione sociale stabile?

Pertanto sono tornati a interrogarsi su dove avessero sbagliato nell'utilizzare i metodi statistici. Se soltanto avessero potuto trovare il giusto metodo, pensavano, avrebbero trovato la gerarchia in cui i cani devono vivere.

Il problema vero non era la statistica. Il problema vero era che gli scienziati prendevano in considerazione le risorse sbagliate. A causa del loro atteggiamento verso la vita, avevano perso di vista un certo numero di risorse che altri trovano importanti. In altre parole, c'è di più oltre al cibo, al sesso e al posto migliore per dormire. Non tutte le risorse sono così grossolane o materiali. Per esempio, la sicurezza è una risorsa di altissimo valore per la maggior parte degli animali (vedi Miti 11-13). E la sicurezza aumenta per tutti quando la regola è il compromesso, piuttosto che la lotta. Un'altra risorsa, almeno per i cani, è la relazione con l'altro in sé e per sé, anche se non comporta nessun vantaggio materiale. I cani godono immensamente della reciproca compagnia, e sono molto ansiosi di preservare le relazioni e di partecipare. La compagnia degli altri cani migliora la qualità della loro vita, e tutto ciò che migliora la qualità della vita di un animale, è ai suoi occhi (che sono gli unici importanti) una risorsa. Quindi dobbiamo considerare le relazioni una risorsa che il cane cerca di mantenere, così come farebbe con qualunque altra cosa di valore.

Una volta che si prendono in considerazione queste risorse invisibili, si ottiene un quadro più preciso di ciò che accade. Quello che si vede è un sistema che compie scelte complesse e che lavora costantemente alla ricerca di un equilibrio. Competizione significherebbe la perdita di un certo numero di risorse di valore, sebbene invisibili, risorse che possono essere conservate con il compromesso reciproco e lo scambio. Pensando solo in termini di competizione e gerarchia (che sono proiezioni) gli scienziati si sono completamente lasciati sfuggire quello che accade nella realtà. Il sistema canino è in grado di muovere le sue parti in tutti i tipi di combinazioni e posizioni senza perdere il suo equilibrio. Il sistema è flessibile e in grado di adattarsi rapidamente alle circostanze momentanee, ben lontano dall'essere imprevedibile e instabile. Piuttosto che competere, i cani stanno ciascuno a una estremità di una bilancia di benessere che tutti desiderano mantenere in equilibrio. Essi fanno scambi uno con l'altro in modo tale che il 'peso' ai lati del fulcro rimanga bilanciato abbastanza da mantenere entrambi in equilibrio. Non è affatto imprevedibile. Infatti, se si conoscono i cani coinvolti, si possono facilmente prevedere le scelte che faranno, così come i cani che si conoscono prevederanno le scelte dei compagni.

Fatto: I cani non vivono in una gerarchia e non sono interessati a controllare i comportamenti degli altri, entro i limiti richiesti dalle buone maniere (che di solito per loro significa solo rispetto della zona personale, di qualunque dimensione loro abbiano bisogno per poter stare con un particolare cane). Non si può dire nulla del loro sistema guardando soltanto gli scambi di oggetti fisici. Il vostro cane non è interessato alla competizione con voi (né con nessun altro cane) sui beni materiali, come fanno gli uomini perché, in condizioni normali, le relazioni e la sicurezza sono molto spesso per loro le risorse più importanti. Se si prendono in considerazione tutte le risorse invisibili si avrà un quadro diverso e più chiaro di ciò che i cani realmente fanno.

Vedi anche: Miti 10 e 99

Note

Semyonova, A, 'The social organisation of the domestic dog; a longitudinal study of domestic canine behavior and the ontogeny of domestic canine social systems'. CarriageHouse Foundation, The Hague, The Netherlands, 2003. <www.nonlineardogs.com>

Mito 16: Ma il *mio* cane è competitivo perché vuole sempre le cose degli altri cani.

Il desiderio e la ricerca di un equilibrio sociale non sono qualità innate, ma cose che il cane impara nel corso della sua vita. Tutti i neonati fra i mammiferi sono egoisti e impulsivi. Il neonato si limita a fare ciò che gli viene in mente, e impara con l'esperienza. Fa qualcosa e scopre, con suo grande stupore, che con il suo comportamento provoca un cambiamento o suscita una risposta nell'ambiente. Prova vari tipi di comportamento e impara attraverso tentativi ed errori quale sarà il cambiamento o la risposta ambientale alle sue diverse azioni. Mentre va avanti, impara a tenerne conto prima di agire. Quando gioca con i fratelli impara che il comportamento egoistico può condurre a un conflitto, che non sempre si risolve a suo favore. Può perdere ciò che voleva, o può accadere qualcosa di doloroso o di spaventoso. Scopre che la sua litigiosità porta gli altri ad evitarlo. Perde il piacere della loro compagnia, la possibilità di dormire tutti insieme comodi e al calduccio, di giocare con gli altri e così via. Durante l'adolescenza gli ormoni infuriano nel suo corpo, e perde gran parte del controllo che aveva conquistato sui suoi impulsi immediati. Ripercorre il processo di apprendimento, sperimentando ancora una volta cosa succede se causa instabilità nel sistema sociale. Gli altri decidono di non giocare con lui e, se continua troppo a lungo con il suo comportamento odioso, i cani adulti lo cacciano dal gruppo. Essi non amano i disturbatori, vogliono solo la pace e la stabilità nel panorama sociale, ed eccolo lì di nuovo tutto solo. Diventato adulto, il cane ha imparato che la via del compromesso è la strada da percorrere. Il compromesso produce il massimo beneficio. La sua vita è sicura (maggiori possibilità che gli incontri con cani nuovi filino lisci e siano pacifici; meno possibilità di essere ferito in una lite con un cane che si rivela di una delle razze squilibrate create dall'uomo, o che non ha imparato a cercare il compromesso; minore dispendio di energia in generale), il suo stato interiore è più stabile (meno ansia e/o dolore) e il suo benessere è incrementato (poiché è benvenuto fra altri cani). Adesso è pronto a partecipare al sistema sociale canino come un membro maturo. E' una parte del sistema completa e funzionante.

Non tutti i cani vivono le necessarie esperienze di apprendimento.

Ci sono cani che vengono allontanati dalla madre e dai fratelli all'età di sette settimane e poi sono tenuti lontani da altri cani. I padroni ansiosi richiamano i loro cuccioli ogni volta che si avvicina un cane adulto. Questi padroni si assicurano che il loro piccolo amore ottenga sempre il suo giocattolo indietro quando un altro cane se n'è in qualche modo impossessato. Proteggono il cucciolo quando qualche altro cane ringhia contro di lui e punisce tutti i cani adulti che provano a interferire con il suo comportamento. Questi cuccioli non imparano mai cosa succede se non controllano la loro impulsività. Una volta cresciuti, continuano a lanciarsi su tutto ciò che vogliono, credendo di averne diritto, anche se si trova nella zona personale di un altro cane. Spesso restano coinvolti in conflitti per il possesso.

'Perbacco' dice il proprietario 'è davvero un cane avido!' Nel frattempo ancora una volta prende il giocattolo all'altro cane per restituirlo al suo amorino ingordo. Questi cani non sono competitivi: sono impulsivi e non hanno mai avuto la possibilità di imparare le regole.

Ci sono poi i cani che vivono con esseri umani che credono nella gerarchia dominante, e che pensano di dovere costantemente dominare i loro cani. Crescendo, questi cani imparano che gli altri non saranno mai disposti al compromesso. La loro figura genitoriale non fa altro che portargli via gli oggetti, cacciarli dai posti di riposo, insistere ad essere l'unico a decidere quando iniziare a giocare e quando finire, dove andare, insomma, decidere su tutto. Il cane impara che anche solo il minimo accenno a un desiderio scatena tutti i tipi di comportamenti di minaccia o punizioni. Questi esseri umani dominanti puniscono i propri cani che proteggono la loro zona personale durante il gioco con gli altri cani, perché vedono dominanza in tutte le azioni dei cani. Credono che se permetteranno al proprio cane di proteggere la sua zona personale dagli altri cani, un giorno potrà dominare anche loro. Con il proprio comportamento, l'uomo insegna al suo cane che gli altri sono concorrenti e oppressori, generando in lui grande ansia sia sulla sua sicurezza che su ciò che gli verrà sottratto la volta successiva.

Quando questo cane diventa adulto, può diventare possessivo se si avvicina un altro cane, in particolare se gli capita di avere il suo giocattolo preferito nella sua zona personale. Dopo tutto, il suo proprietario gli ha insegnato che non sarà mai lasciato in pace con il suo modesto 'abbastanza' (vedi Mito 14) e che la perdita è sempre imminente. Ma non solo sarà possessivo. Poiché le cose gli sono sempre sottratte e non gli è permesso mai di esprimere un desiderio, questo cane avrà troppa poca soddisfazione nella vita. Vivrà in uno stato di eterna fame emotiva. Questa è una situazione in cui viene aumentata artificialmente la motivazione del cane a possedere qualcosa. Tale motivazione, innalzata artificialmente, può rendergli difficile resistere all'impulso di invadere la zona personale di un altro cane per ottenere qualcosa che vuole disperatamente ma che riceve troppo poco.

'Perbacco', dice il proprietario,'è veramente avido!'. Ma nel frattempo lo punisce di nuovo, se non altro portandogli via il sospirato oggetto, e impedendogli di scoprire che l'altro cane sarebbe stato disposto al compromesso. Questi cani non sono competitivi, sono oppressi e soffrono di una sorta di deprivazione sensoriale a livello emozionale.

Fatto: Se siete saltati a questo mito, a quanto pare avete un problema con il vostro cane. In questo caso, qualcuno gli ha insegnato o che non deve cercare il compromesso e l'equilibrio, o che gli altri non cercano queste cose. Nessun cane, nemmeno il vostro, sarà competitivo, a meno che l'uomo non gli insegni ad esserlo.

COSA FARE SE SI HA QUESTO PROBLEMA CON IL PROPRIO CANE?

Questo non è un manuale, ma il libro *The Culture Clash*, di Jean Donaldson dà ottimi consigli su come educare il vostro cane a non essere possessivo.

Mito 17: Per un cane è innaturale vivere in un contesto urbano.

Molte persone sono convinte che un cane sarà più felice in campagna piuttosto che in città, per il fatto che in campagna ha più spazio per correre libero, è meno vincolato al guinzaglio, e ha maggiori opportunità di fare le cose che i cani fanno naturalmente. Queste persone immaginano che il cane viva una vita libera e interessante immersa nel verde.

Questa è un'idea romantica della vita di un cane di campagna. E' finito il tempo in cui il contadino trascorreva l'intera giornata passeggiando attraverso i suoi campi con il suo cane al fianco. Oggi l'agricoltura è altamente industrializzata. Le campagne sono solcate da una rete di strade che rendono pericolosa (e anche molto breve) la vita dei cani vaganti. In realtà molti cani di fattoria vivono una vita di solitudine, tenuti legati a una catena, o confinati in piccoli recinti (a volte indossando anche un collare elettrico per impedirgli di scappare). Ognuno di questi cani ha esplorato la piccola area in cui vive già 600.000 volte, ed è annoiato a morte. Vede un'anima viva solo quando qualcuno va a portargli del cibo, o a pulire la sua cuccia, se ne ha una. Non vede mai altri cani. Vive senza compagnia e senza nulla da fare. Il contadino pensa che il cane debba essere felice, dato che sta fuori tutto il giorno. In realtà è la stessa cosa che tenere un cane in balcone al centro di una metropoli.

I cani che vivono nei giardini delle case di città se la passano un po' meglio. Qualche volta possono entrare in casa, dove hanno compagnia e qualcosa da fare. Ma c'è uno svantaggio anche in questa vita. Quando si possiede un giardino, si è tentati di lasciare il cane lì da solo, invece di giocare con lui, di dargli qualche attenzione o di portarlo a fare una passeggiata. La gente pensa che il cane può giocare in giardino, ma anche questo cane ha esplorato il suo spazio 600.000 volte, non vede mai un altro cane e passa tutto il tempo solo e annoiato. O si diverte a scavare buche, e finisce col vivere all'estremità di una catena, proprio come il cane di campagna.

Poi c'è il cane che vive in un appartamento al quarto piano. La maggior parte di questi non sono tenuti in balcone ma, dato che molti dei loro padroni lavorano tutto il giorno, trascorrono molto tempo da soli, non diversamente dai cani di campagna o di villetta. Tuttavia per i cani che vivono in appartamento c'è qualche vantaggio. L'abitante della città non ha scelta: deve tenere in casa il cane, che in tal modo, quando c'è qualcuno, ha sempre compagnia. Il cane deve essere portato fuori varie volte al giorno, anche solo per fare i bisogni, così ha almeno la possibilità di esplorare nuovi odori. Molti abitanti della città sono consapevoli che il cane dovrebbe trascorrere un po' di tempo a contatto con la natura e, dal momento che non hanno un giardino, lo portano regolarmente al parco. Il cane può incontrare altri cani e giocare con loro, il che (oltre alla gioia che gli procura) mantiene vive le sue competenze sociali. Poiché il suo padrone non ha altra scelta che passare del tempo con lui, il cane di città spesso vive meglio dei cani di campagna o che vivono in giardino.

Qualcuno potrebbe obiettare che i cani in città sporcano i marciapiedi e insultano il senso estetico. Ma questa è un'altra storia. Il fatto è che l'ambiente naturale del cane è dovunque ci siano persone. Il cane può stare bene in qualsiasi habitat umano, adattandosi alla vita che i suoi padroni gli faranno condurre. Quanti alberi ci sono in giro non è poi così importante.

Fatto: Il cane di città è spesso più felice di quello che vive in campagna o in giardino.

Mito 18: I cani di razza sono migliori dei meticci.

Molta gente crede ancora che i cani di razza siano in qualche modo migliori di quelli di razza mista (anche noti come' Varietà 57' o 'Cani Fantasia'). Queste sono le stesse persone che credono che l'uomo abbia creato il cane. Se avete letto fin qui, adesso sapete che è stata la Natura a darci il cane. O meglio, che il cane ci ha dato in regalo se stesso, decidendo di unirsi a noi. Noi non abbiamo fatto altro che inventare l'arco e la freccia, e poi l'agricoltura, aumentando le nostre risorse di cibo. L'antenato del cane si è avvicinato alle nostre discariche con tutto il corredo genetico naturale della sua specie. E' iniziato un processo di selezione naturale che ha prodotto un animale perfettamente idoneo a vivere vicino all'uomo. Il corpo di questo cane era della giusta dimensione per adattarsi a qualsiasi clima, mantenendo calore o sbarazzandosene in fretta, e alla disponibilità locale di cibo. Ha smesso di cacciare e si è trasformato in uno 'spazzino'. Le sue mascelle sono diventate più piccole e più deboli, l'aggressività è sparita dal suo repertorio comportamentale, ha sviluppato un sistema sociale basato sulla ricerca di compromessi, e la sua sensibilità per i segnali sociali e il linguaggio del corpo gli ha permesso di imparare ad usare i segnali di altre specie nelle interazioni sociali. Alla fine è diventato un animale capace di stabilire relazioni con sconosciuti anche di molte specie diverse. E' perfettamente adattato a condividere l'habitat umano. Noi non abbiamo dovuto aiutarlo, e, in ogni caso, i nostri pensieri sono stati altri.

Divenuti più ricchi, abbiamo avuto abbastanza tempo e risorse per cominciare a pensare ai beni di lusso, e abbiamo trasformato il cane in uno di questi. Gli esseri umani hanno iniziato a selezionare e allevare cani o per un lavoro speciale, o per un determinato aspetto esteriore. Per ottenere il tipo di cane di lusso che volevamo abbiamo dovuto ridurre il suo patrimonio genetico. Abbiamo fatto questo scegliendo, per esempio, cani che avevano un muso particolarmente lungo e stretto, o zampe eccezionalmente lunghe o corte, e facendoli accoppiare fra loro. Alla fine abbiamo ridotto alcuni gruppi di geni a tal punto che un'intera razza potrebbe essere originata da pochi capostipiti. Ma anche nelle razze in cui non abbiamo fatto questo, spesso si sono insinuati geni malsani che hanno infettato la razza intera. L'atrofia progressiva della retina, vari problemi con le strutture ossee (displasia dell'anca, instabilità delle ginocchia e dei gomiti, auto-fusione vertebrale), la durata della vita estremamente breve del Grande Danese, questi sono solo alcuni esempi dei tanti problemi che le razze pure tendono ad avere. I cani di razza sono vulnerabili perché gli esseri umani hanno deciso di giocare con i loro geni.

Ma non soltanto con i loro corpi. In alcune razze gli uomini hanno scelto di esagerare alcuni segmenti della catena comportamentale dell'antico cacciatore. Noi abbiamo inserito l'avvicinamento furtivo>inseguimento nel Border Collie, fiuto >traccia>orientamento nei Pointer, e presa>uccisione nel pit bull, solo per citarne alcuni. In questo modo abbiamo limitato il repertorio comportamentale di queste razze. Il cane originale trascorreva oziando circa l'ottanta per cento del suo tempo. Il Border Collie non può farlo: deve lavorare, e se non glielo permettete vi assillerà tutto il giorno perché gli facciate fare qualcosa, oppure andrà al parco giochi sotto casa e proverà a radunare i bambini (atteggiamento spesso scambiato per aggressività). Il Pointer è stato così fortemente selezionato per il puntamento, da avere un'istantanea riduzione del campo visivo quando sente o fiuta, per esempio, un uccello. Questi cani sviluppano facilmente la sindrome da deficit di attenzione e iperattività (irrequietezza e difficoltà a concentrarsi su qualcosa). Per i pit bull è impossibile sviluppare relazioni con altri cani senza che prima o poi accada una fatalità, o che il morso assassino riaffiori, del tutto improvviso e inaspettato, diretto anche verso esseri umani. E così via. Ogni razza pura non solo ha le sue peculiari malattie ereditarie, ma anche il suo peculiare comportamento.

Con le nostre pratiche di allevamento abbiamo allontanato questi cani dal perfetto equilibrio che il cane originale aveva trovato nella convivenza con noi. Qualche volta questo interferisce con la felicità del cane di razza, quando vive in un ambiente in cui sarebbe stato meglio un cane con caratteristiche più simili a quelle del cane originale. Ciò accade quando si sceglie in base all'aspetto esteriore, senza tenere conto dei comportamenti tipici per cui è stata selezionata la razza. Altre volte interferisce con la felicità umana, quando quello che avremmo voluto era un cane con qualità naturalmente canine. Questo è il risultato dell'equivoco per cui si può scegliere un cane esclusivamente per il suo aspetto esteriore, senza avere poi a che fare, non senza sgomento, con le caratteristiche comportamentali sgradevoli e a volte strazianti tipiche della razza.

Il meticcio, invece, può essere un diretto discendente del cane originale, per una linea in cui gli esseri umani non hanno interferito, o anche un misto di due o più razze create dall'uomo. In ogni caso, i meticci hanno una gamma più ampia di geni rispetto ai cani di razza. Ciò li rende meno vulnerabili alle malattie e ai problemi ereditari. Il loro repertorio comportamentale è più vasto. I cani di razza mista sono più simili all'originario cane naturale, la cui unica specializzazione era vivere a stretto contatto con noi. Hanno maggiori probabilità di essere felici conducendo la vita da animale domestico, e minori possibilità di comportarsi in modi che ci urtino o che ci facciano diventare pazzi. Ma questo non significa che sono 'migliori' dei cani di razza. Se volete un cane per radunare le pecore, un meticcio vi sarà di minore utilità di un cane di razza specificamente selezionato per il lavoro con le pecore. La stessa cosa se avete bisogno di un cane che vi aiuti nella caccia, o che vi faccia vincere scommesse in combattimenti illegali.

Fatto: Se sia 'meglio' un cane di razza pura o un meticcio, dipende interamente da ciò che si vuole da un cane.

PARTE 2
Cuccioli

Mito 19: E' possibile utilizzare un test per scegliere il cucciolo giusto della cucciolata.

Questo mito è stato molto popolare per un po' di tempo. Si pensava che sottoponendo un cucciolo a un test si sarebbe potuto scoprire quale sarebbe stata la sua personalità da adulto. Il test consiste di più parti. Il cucciolo si avvicina spontaneamente o sembra timido? Una volta fatta la vostra conoscenza vi segue per la stanza o sembra completamente disinteressato a voi, pur avendo annusato la vostra mano? Quando lo si solleva in aria nel palmo delle mani, oppone resistenza o rimane passivo? Cosa fa se lo si distende su un fianco e non gli si permette di rialzarsi? Se gettate un rotolo di carta, va a prenderlo per riportarvelo? Una delle regole prevede che si debba sottoporre al test il cucciolo esattamente a sette settimane di vita, e non un giorno di più: l'apprendimento inizierebbe a influenzare l'esito del test e non si potrebbe più scoprire la personalità innata. E questa è la ragione per cui tutta questa faccenda è una montagna di assurdità.

Non esiste un momento in cui si possa valutare il comportamento di un mammifero scevro da apprendimento. Oggi noi sappiamo che l'apprendimento ha inizio nel momento stesso in cui il mammifero lascia il grembo materno, e forse anche prima. Quando un cucciolo nasce, eredita senza doverlo imparare il riflesso di succhiare. Tuttavia, se non trova un capezzolo e non comincia a succhiare entro pochi minuti, supportando il riflesso con un'esperienza di apprendimento, questo scompare per sempre. Il cucciolo nasce con il riflesso di far ondeggiare la testa avanti e indietro e di strisciare in cerchi sempre più ampi. Questo aumenta al massimo le possibilità di imbattersi nel ventre (e nei capezzoli) della madre in tempo per mantenere il riflesso di suzione. Trovare il capezzolo è già un'esperienza di apprendimento, che insegna che strisciare verso il calore e l'odore della madre è una buona cosa da fare. Nei primi secondi di vita, il cucciolo impara anche ad associare l'odore di un altro cane con una esperienza piacevole. Questo è rinforzato, forse qualche ora dopo, dall'esperienza di dormire nel mucchio caldo dei fratelli. Più tardi si aprono occhi e orecchie, i suoi muscoli iniziano lentamente a sviluppare massa e forza, crescono i denti da latte, e comincia a giocare con i suoi fratelli, iniziando a sperimentare tutte quelle esperienze che gli faranno conoscere l'ambiente circostante e gli insegneranno come interagire. A sette settimane il cucciolo ha già imparato molto. Se si avvicinerà a voi spontaneamente o no, se rimarrà passivo nel palmo della mano o se si farà girare su un fianco senza farsi prendere dal panico, tutto dipenderà dalle esperienze di apprendimento vissute fino al momento in cui siete entrati nella sua stanza.

Nei miti 6, 11 e 12 abbiamo visto che tutte le competenze sociali, compreso l'uso del linguaggio del corpo, sono apprese. Tutto ciò che il cucciolo impara rimane ancorato nel suo cervello. Ma a sette settimane niente di tutto ciò è già deciso per sempre, perché il suo cervello deve ancora completare l'ottanta per cento della crescita. Se si inserisce il cucciolo in un ambiente diverso (per esempio, la vostra casa), inizierà immediatamente a conoscere il nuovo ambiente e ad adattare le sue reazioni ad esso. Ciò significa che il modo in cui trattate il cucciolo giocherà un ruolo importante nello sviluppo del suo cervello, e quindi su che tipo di cane diventerà da adulto. Non l'ereditarietà, ma voi determinerete se avrà fiducia negli esseri umani, se sarete o no un fattore piacevole nella sua vita, se comprenderà ed esaudirà le vostre richieste e così via. Niente di tutto ciò è scritto nella pietra, nemmeno in un cane adulto. Il comportamento è sempre generato da un processo di scambio con l'ambiente in cui un mammifero vive. Acquistando un cane di razza (se acquisterete un cane di razza) potrete aspettarvi alcune caratteristiche innate, ma per il resto della sua personalità, il test vi darà informazioni solo su come il cucciolo è nel momento in cui vi è sottoposto.

Fatto: Il test dei cuccioli non predice il futuro. Il modo migliore per capire che tipo di cane adulto si finirà con l'avere è guardare onestamente se stessi.

P.S. A proposito, il test è anche un'esperienza dalla quale il cucciolo imparerà, quindi se siete determinati ad effettuarlo, fate almeno in modo da non traumatizzarlo!

Mito 20: Il periodo di socializzazione primaria dura esattamente dodici settimane.

Alla fine degli anni Cinquanta\inizi Sessanta, fu avviato un famoso progetto di ricerca sul comportamento dei cani. Questo studio ha dimostrato che c'è un modello sicuro e prevedibile nello sviluppo del comportamento di un cucciolo. Si è scoperto che un cucciolo non mostra reazioni di paura di fronte alle cose nuove fino alla fine della sesta settimana di vita. La reazione di paura comincia a manifestarsi durante la settima settimana, ma ci vuole ancora del tempo perché si sviluppi. Fino alla fine della dodicesima settimana la prudenza per le cose nuove non sovrasta l'innocente apertura del cucciolo e la sua tendenza ad essere curioso e ad esplorare. Questo è il momento in cui inizia ad avere paura e ad evitare le novità.

I ricercatori hanno pensato che dietro a ciò ci fosse una logica evolutiva. Dopo tutto, durante le prime sei settimane di vita il cucciolo rimane all'interno della zona di nidificazione, dove la madre impedisce l'ingresso ai nemici. Nella sua settima settimana il cucciolo si è fisicamente sviluppato abbastanza da cominciare ad allontanarsi, così la Natura (o se preferite, l'evoluzione) avrebbe fatto in modo che da questo momento cominciasse ad essere sempre più prudente. La Natura avrebbe fatto sì che la reazione di paura si risvegliasse in un momento preciso della vita del cucciolo, al completamento delle dodici settimane, quando è diventato abbastanza grande per fare le sue prime escursioni in questo mondo grande e cattivo.

Fin qui tutto bene. Tuttavia, ancora una volta è stata data una lettura pressappochista, e si sono perse le sfumature di cui i ricercatori avevano parlato, fino a giungere all'idea per la quale è come se il cucciolo avesse una sorta di interruttore in testa, acceso o spento, con niente in mezzo. Ci è stato detto che l'interruttore si spegne esattamente a dodici settimane. Se entro questo lasso di tempo non ha imparato a trattare con l'aspirapolvere, bene, meglio lasciar perdere.

In realtà questa ricerca ha dimostrato che trattare con le cose nuove diventa *lentamente* più temibile per il cucciolo dopo la sua sesta settimana, con un repentino incremento a dodici settimane. Tuttavia, dodici settimane non sono altro che la media generale individuata dai ricercatori. Media, per giunta, riscontrata in cuccioli che vivevano in un ambiente di ricerca povero di stimoli. Certo, non pessimo come una gabbia da laboratorio, ma nemmeno ricco di tutte quelle esperienze che un cucciolo può sperimentare in una casa. I ricercatori inoltre non hanno descritto questa media come un interruttore, acceso o spento, ma come il momento in cui la bilancia emotiva del cucciolo inizia a superare il punto di equilibrio e gradualmente comincia a pendere da una parte. E, come tutti sappiamo, si può facilmente influenzare il movimento di una bilancia caricando pesi su uno o sull'altro dei piatti, riuscendo a mantenere l'equilibrio per un tempo più lungo.

Secondo questo studio famoso ma travisato, agendo con gentilezza e accortezza, il periodo di socializzazione primaria si può facilmente estendere almeno fino alla sedicesima settimana di età. Per esempio, non si può improvvisamente avviare l'aspirapolvere e pulire il tappeto a un ritmo forsennato: sarebbe come lanciare un blocco di cemento sul piatto 'paura' della bilancia emotiva del cucciolo. Piuttosto si dovrebbe lasciare l'aspirapolvere in mezzo al soggiorno per un po' di tempo, in modo tale che il cucciolo possa ispezionarlo come un oggetto silenzioso e fermo, e abituarsi alla sua forma e al suo odore. Una volta ottenuto questo, si può accendere l'aspirapolvere per un secondo (solo un secondo!) dopo di che il cucciolo può tornare ad esplorare la macchina per scoprire che non è pericolosa, anche se ha fatto un rumore terrificante. Dopo un po' il rumore cesserà di essere un segno di pericolo. Si può separatamente far finta di pulire il tappeto con l'aspirapolvere spento, in modo che il cucciolo si abitui a quel movimento. Dopo un po' il cucciolo scoprirà che è sempre lo stesso oggetto non pericoloso, anche se si muove. Infine si verifica il risultato di questo esercizio eseguendo la pulizia del tappeto per cinque secondi. Così facendo si accumulano uno ad uno diversi aspetti dell'aspirapolvere sul piatto 'sicurezza' della bilancia emozionale del cucciolo. Consentendogli di abituarsi a tutte le proprietà dell'aspirapolvere una per volta, il cucciolo alla fine sarà capace di avere a che fare con l'intero insieme, e di rimanere rilassato quando si pulisce il salotto.

Lo stesso vale per una trafficata zona commerciale. Portate il vostro cucciolo o giovane cane a passeggiare nelle vie piene di negozi la mattina presto, prima che siano affollate (proprietà: luogo). Nello stesso tempo, abituatelo gradualmente alla musica nel vostro soggiorno, a partire da un volume molto basso, alzandolo progressivamente fino a un volume molto alto (proprietà: rumore forte). Successivamente potete portarlo nelle stesse strade mentre i negozi cominciano ad aprire (proprietà: trambusto). Alla fine sarà in grado di affrontare una strada trafficata. Lo stesso vale per gli ospiti a casa vostra. Non si deve catapultare il cucciolo in mezzo a una affollata e rumorosa festa di compleanno. Prima di tutto bisogna abituarlo a un solo ospite, che giustappunto avrà in tasca gustosi bocconcini per lui (proprietà: esseri umani sconosciuti). Poi abituate il cucciolo a due, tre, sei visitatori, tutti che lo trattano gentilmente come il primo (proprietà: un gran numero di persone sconosciute). Se intanto lo avete abituato gradualmente alla musica nel vostro salotto mentre non c'è nessuno (proprietà: rumore forte), alla fine sarà in grado di partecipare a una festa (sempre che non sia un tipo di festa che manderebbe fuori dai gangheri qualsiasi cane).

Questa procedura è applicabile a tutte le situazioni della vita.

Fatto: Il periodo di socializzazione primaria è un prodotto della crescita del cervello del cucciolo. Se vi è capitato un cucciolo più grande, non disperate. Il suo cervello non smette improvvisamente di crescere alla fine della dodicesima settimana. Se siete disposti ad agire con intelligenza e gentilezza, potete stare certi che il suo cervello imparerà ancora ad avere a che fare con le cose nuove, sviluppando le giuste connessioni neurali anche dopo la sua dodicesima settimana di vita, senza fare collegamenti con le aree del suo cervello deputate alla paura. Basta fargli pazientemente svolgere esercizi di assuefazione, guardare le sue reazioni, e procedere lentamente, prendendosi il tempo giusto, passo dopo passo, per non fargli provare paura.

Note

Scott, JP, Fuller, JL, *Genetics and the Social Behavior of the Dog,* University of Chicago Press, Chicago IL, 1974 (published in 1965 as *Dog Behavior: The Genetic Basis*).

Mito 21: Il mio cucciolo deve assolutamente essere tenuto lontano dagli altri cani fino a quando non abbia completato il ciclo di vaccinazioni.

Questo è un mito perché è la semplificazione di una questione delicata. Non è né una verità assoluta, né una falsità assoluta. Piuttosto è una questione che va valutata in base alle situazioni particolari. Una decisione saggia dipenderà da dove si vive, se c'è una malattia in giro e se i cani dei vicini (o del parco che si frequenta) sono vaccinati.

Ecco i fatti che è necessario valutare:

1) Il periodo di socializzazione primaria dura circa 12 -16 settimane. In questo periodo il cucciolo non ha molta paura delle cose nuove. Nel corso degli anni, se la sua prima esposizione non è stata traumatica, vivrà tutte le cose a cui è stato esposto in questo periodo (l'aspirapolvere, il trambusto del traffico o di una via affollata, i fuochi d'artificio) come parti normali della vita e dell'universo. Nel Mito 20 abbiamo visto che il periodo della socializzazione primaria può essere dilatato. Tuttavia questa è una fase in cui il vostro cucciolo impara molto di più che rimanere rilassato mentre voi pulite i tappeti. Questo è il momento in cui i cani adulti gli insegnano a preferire il compromesso pacifico all'uso della forza e lo aiutano ad impratichirsi nel linguaggio del corpo e negli altri metodi per raggiungere questi compromessi. Se vogliamo che queste competenze si fissino saldamente nel suo cervello in crescita, dobbiamo esporre il nostro cucciolo a cani adulti socialmente esperti il più presto possibile. Mentre è ancora molto piccolo, gli adulti socialmente competenti non entreranno in un vero conflitto con lui, ma si limiteranno a tenere un comportamento da guida genitoriale. Per noi può essere spiacevole a vedersi, ma il rischio che il cucciolo venga ferito o traumatizzato è minimo. Quando il cucciolo ha completato il ciclo delle vaccinazioni, il periodo in cui gli adulti saranno indulgenti con lui sta già cominciando a passare. I cani adulti si aspetteranno che, proprio in virtù della sua età, il cucciolo abbia già imparato qualcosa, e potrebbero reagire con più rabbia o mancanza di buone maniere. Non gli faranno ancora del male, ma la durezza delle loro risposte potrebbe essere traumatica per un cucciolo che non è mai stato a contatto con un adulto fino a quel momento; per il fatto che le sue prime esperienze sono state spaventose, potrebbe finire con il diventare socialmente insicuro per il resto della sua vita. Potrebbe anche diventare antisociale. Ciò significa che il suo benessere sarà diminuito per sempre, con grande tristezza e guai per il proprietario.

2) Alcune malattie del cane possono causare danni permanenti, altre possono essere fatali. Il rischio di malattie gravi esiste. Ma nello stesso tempo non è possibile contrarre una malattia se non si è esposti a batteri o virus. Per esempio, una mosca nel nostro piatto non potrà trasmetterci il colera se non ci sono in giro batteri del colera (quanto meno, una mosca americana o britannica). Pertanto nessuno in questi paesi si vaccina contro il colera, a meno che non abbia in programma di visitare luoghi dove questa malattia è diffusa, o che i vicini non siano tornati ammalati dal loro giro del mondo. Il vostro cucciolo non corre il rischio di

prendere una malattia, a meno che la malattia non sia presente nei luoghi in cui lo portate. In questo caso, la persona migliore da consultare è il vostro veterinario, che dovrebbe sapere quali malattie sono presenti nella zona in cui vivete. Se ci sono cani affetti dalle malattie per cui il vostro cucciolo deve essere vaccinato, allora dovreste davvero tenerlo isolato finché non sia ben protetto e lasciare passare il periodo di socializzazione primaria. Come abbiamo visto nel Mito 20, è possibile recuperare le esperienze che gli saranno necessarie, anche se sarà un lavoro un po' più faticoso. Sarà quindi necessario cercare cani della sua stessa taglia, così le sue prime esperienze con cani adulti non saranno straordinariamente spaventose, nel caso in cui riceva dei rimproveri da loro.

3) I cani adulti che sono regolarmente vaccinati hanno nel sangue gli anticorpi utili a distruggere i virus o i batteri con cui potrebbero essere entrati in contatto. Il rischio che un cane vaccinato possa trasmettere una malattia a un altro cane è molto basso. Questo ci offre un'altra possibilità per i nostri giovanissimi cuccioli. Possiamo scegliere di farli giocare con un gruppo selezionato di cani che sappiamo con sicurezza essere regolarmente vaccinati.

I veterinari sono formati (e obbligati) per prendersi cura soprattutto della salute fisica del vostro cane. Questo è il motivo per cui spesso consigliano di tenere isolato il cucciolo durante il ciclo di vaccinazioni. Tuttavia, abbiamo anche l'obbligo di prenderci cura della salute mentale e del benessere sociale dei nostri cuccioli. Chiedendo informazioni più dettagliate al vostro veterinario, sarete in grado di valutare i rischi e di prendere una buona decisione senza essere guidati solo dalla paura. Ma prima di farlo, leggete anche il mito successivo.

Mito 22: Devo a tutti i costi assicurarmi che il mio cucciolo sia esposto ad altri cani nelle sue prime dodici settimane di vita.

Proprio come il veterinario si concentrerà prima di tutto sulla salute fisica del vostro cucciolo, molti educatori o terapisti del comportamento animale tenderanno a concentrarsi solo sul suo sviluppo mentale e sociale. C'è il rischio che qualcuno vi suggerisca di esporre il vostro cucciolo a cani adulti *a tutti i costi* prima che compia dodici settimane. Questa è una deformazione professionale.

Le prime 12-16 settimane della vita di un cucciolo sono molto importanti per imparare le cose di cui avrà bisogno. Ma mente e corpo sono in realtà un'unica entità, non si può avere l'una senza l'altro. Quello che è necessario fare è trovare un equilibrio nel prendersi cura di entrambi.

Vaccinarsi ogni anno contro il colera o la febbre gialla senza mai lasciare il continente Europeo, o evitare il contatto con gli altri esseri umani sarebbe certamente un'esagerazione. Ma, d'altra parte, sarebbe una follia spostarsi in una zona in cui queste malattie sono diffuse senza prima essersi vaccinati. Non sarebbe sano neanche visitare i vicini appena tornati infetti, senza aver preso precauzioni. Se una malattia canina è diffusa nella vostra città o nel vostro quartiere, o se si fosse recentemente verificato anche solo un caso, la cosa migliore da fare è limitare il contatto del vostro cucciolo con altri cani. Il vostro veterinario potrà dirvi se è sicuro lasciarlo giocare con cani vaccinati o se per il momento sia meglio isolarlo del tutto.

Le malattie per cui si vaccinano i cani sono tutte gravi e fatali. Molte sono causate da virus e non possono essere curate. Non si può ignorare la necessità di protezione, indipendentemente da ciò che dice il vostro educatore o psicologo canino. Dopo tutto, non si può socializzare un cucciolo morto. Piuttosto che agire alla cieca, la cosa migliore è consultare il veterinario e prendere una decisione consapevole sull'equilibrio fra la cura fisica e mentale del vostro cucciolo.

Mito 23: Per educare un cane a non sporcare in casa bisogna strofinargli il naso nelle sue deiezioni.

Questo è un mito davvero antiquato. Molti sanno che è falso, ma tanti ci credono ancora. E poiché mi imbatto spesso in queste persone, per il bene dei cuccioli devo farne menzione.

I cani (e i gatti) hanno una naturale tendenza a non sporcare nell'area in cui vivono (i luoghi in cui giocano, dormono, mangiano). Questa protezione naturale contro la trasmissione di malattie e parassiti è già presente alla nascita. Nelle prime quattro settimane di vita un cucciolo non riesce a liberarsi fin quando la madre non lo rovescia sul dorso e comincia a leccare il suo ventre. Questo massaggio stimola lo svuotamento del colon e della vescica, e la madre consuma ciò che produce, in modo da mantenere pulito il nido. Il cucciolo non è in grado di liberarsi autonomamente fino alla fine della quarta settimana, quando è diventato abbastanza forte da strisciare lontano dal luogo in cui dorme. Da questo momento in poi, i cuccioli cominciano a depositare i loro rifiuti sempre più lontano dal luogo in cui dormono e giocano. Per il resto della sua vita un cane adulto non sporcherà mai la sua zona notte (a meno che non sia confinato e non abbia altra scelta).

Questo non significa che il cucciolo sa che non deve sporcare da nessuna parte in casa. La casa a lui sembra enorme, con zone più vissute e altre dove nessuno passa il tempo. Questo è il motivo per cui molti cuccioli cercano un luogo ai margini o in un angolo della stanza. Nella sua innocente mente di cucciolo sta seguendo la regola di non sporcare lo spazio in cui si vive. E' in buona fede, e prima di arrabbiarvi con lui provate a risolvere il seguente indovinello.

> Siete in vacanza in Russia, e siete appena stati alla toilette della hall del vostro albergo. State per uscire, ma la donna delle pulizie vi corre dietro, vi afferra per la manica della giacca, e inizia ad urlare in russo. Tutti vi osservano mentre la donna delle pulizie vi trascina di nuovo nel bagno. Una volta lì, lei continua parlarvi con rabbia, indicando il bagno appena usato. Evidentemente avete fatto qualcosa di sbagliato. Era il rotolo di carta igienica finito che non siete riusciti a sostituire? Non avete spento la luce? Forse avete lasciato qualcosa di sporco, o forse avreste dovuto usare un altro bagno? Prima di leggere la risposta alla fine di questo capitolo, immaginate per un attimo a come vi sentireste. Non volete fare niente di male, anzi cercate di fare del vostro meglio (la volta successiva sostituite il rotolo finito o spegnete la luce o usate un bagno diverso) ma questo continua a succedere ogni volta che andate in bagno. Proprio non riuscite ad immaginare dove state sbagliando. Alla fine avrete timore di usare il bagno dell'albergo, o proverete a farlo solo dopo aver controllato che la donna delle pulizie non sia nei paraggi.
>
> Solo dopo esservi calati in questa situazione, e avere immaginato come ci si sente, vi è permesso guardare la risposta nella pagina seguente.

Un cucciolo ha buone intenzioni, ma ha bisogno del nostro aiuto per capire cosa vogliamo da lui (è inutile urlargli contro in una lingua che per lui è russo). Quello che dovete fare è portarlo fuori spesso, così che abbia l'opportunità di fare la cosa giusta. Quando fa la cosa giusta nel posto giusto, ricompensatelo istantaneamente con qualche bocconcino delizioso e tanti elogi con la voce stridula. Oltre a portarlo fuori circa ogni due ore, è necessario portarlo fuori anche subito dopo mangiato, quando si è appena svegliato da un sonnellino, e subito dopo una sessione di gioco entusiasmante (questi sono momenti in cui improvvisamente la maggior parte dei cuccioli sentono il bisogno). Se ha un incidente in casa, la cosa migliore è ignorarlo. Piuttosto che arrabbiarsi con lui, basta ripulire e considerare il fatto un'esperienza di apprendimento per voi, che dovete stare più attenti ai segni che mostrano il suo bisogno. Quando non lo si può controllare (non per punirlo, ma per vedere i suoi segnali e aiutarlo a fare la cosa giusta) si può delimitare la sua zona notte (il suo trasportino o una grande scatola di cartone da cui non può uscire). Il cucciolo farà del suo meglio per trattenersi, restio a sporcare una zona grande abbastanza solo per sdraiarsi. Ma non lasciatelo lì troppo a lungo, perché se è costretto a sporcare questa piccola area e poi a distendersi dentro, perderà la naturale tendenza a cercare di tenere pulita la zona in cui vive! Il nostro intento è di aiutarlo ad evitare errori e di premiarlo quando fa la cosa giusta il più spesso possibile. Se farete così, non ci vorranno più di due o tre settimane perché capisca dove sporcare.

Ma non è ancora finita. Sapere dove deve andare è una cosa, essere sempre in grado di farlo è un'altra. Gli sfinteri di un cucciolo non sono ancora pienamente sviluppati, e non sempre avrà la forza per trattenersi. Il suo cervello è ancora in crescita, incluse le parti che controllano gli sfinteri. Col suo stesso sgomento, il cucciolo scopre che qualche volta il suo corpo farà quello che vuole, e che non può trattenersi, per quanto ci provi. Moltissimi cuccioli si trattengono bene durante il giorno, quando sono portati fuori spesso, ma non sono ancora capaci di trattenersi tutta la notte. Il cucciolo potrebbe iniziare a piangere in piena notte. Cercate di non irritarvi. Ricordate che è piccolo e indifeso, non può uscire dal box, non può aprirsi la porta da solo, il suo corpo non può reggere ancora tanto tempo, e chiede il vostro aiuto, così da *poter fare ciò che voi volete*. Anche in questo caso, se lo forzerete a sporcare la sua zona notte, rischiate di creare un cane che non sarà mai educato, perché il suo cervello in crescita memorizzerà i segnali sbagliati. Pertanto aiutatelo, anche nel cuore della notte. Non sarà per sempre. In una settimana o due sarà in grado di resistere, e quando avrà tre mesi avrete un Cucciolo Perfettamente Educato.

Fatto: Quando punite un cucciolo per gli incidenti in casa, lo state punendo per il suo essere piccolo e indifeso. Non dimenticate mai che il vostro cucciolo è come un bambino, e che veramente vuole fare la cosa giusta. Ha bisogno del nostro aiuto, e non merita la nostra rabbia.

Risposta all'enigma. Scommetto che non siete riusciti a indovinare. In Russia nessuno getta la carta nel gabinetto, perché si ostruiscono le tubature, in genere vecchie. La donna delle pulizie sa che non si fa, perché dopo il primo flusso (se si è fortunati), la carta non va giù, ma rimane lì a galleggiare. La carta igienica deve essere depositata nell'apposito contenitore. Non farlo è considerato maleducazione e sconsideratezza.

Mito 24: Si può dire quale fra due cuccioli sia dominante ponendo un osso fra loro e guardando chi ne entra in possesso.

Gli scienziati sembrano amare molto questo mito. Ritengono, abbastanza stranamente, di poter scoprire qualcosa sui cani e sulle loro relazioni sociali creando una situazione completamente artificiale e guardando cosa succede. Quando uno dei due cuccioli si impossessa dell'osso, lo scienziato crede di avere scoperto in lui una caratteristica innata. Se i cuccioli si impegnano (o no) in questa competizione forzata per un osso, lo scienziato urla 'Eureka!' e crede di avere scoperto qualcosa su come i cani organizzano i loro gruppi sociali.

In realtà l'intera situazione è una creazione artificiale umana e il risultato di questo esperimento non dice assolutamente nulla su quei cuccioli, né sui cani in generale. Guardiamo i fatti.

Prima di tutto i ricercatori non parlano mai della storia di socializzazione dei cuccioli. Certo che no. Se si vuole mantenere la pretesa che si stanno esplorando qualità innate, si deve evitare di parlare di apprendimento (sperando che nessuno se ne accorga), perché ammettere che l'apprendimento è rilevante potrebbe invalidare l'esperimento prima ancora di cominciare.

Ma l'apprendimento è rilevante, la qual cosa ci conduce al secondo fatto. I cuccioli vivono in un ambiente povero, il laboratorio. Se si presenta un nuovo interessante stimolo in un ambiente povero, sia la motivazione dell'animale ad esplorare, sia le sue emozioni saranno aumentate artificialmente. Per questo si osserverà un comportamento atipico.

I cani da laboratorio sono generalmente alloggiati in gabbie separate. Occasionalmente vengono messi insieme per un esperimento. Quindi stiamo parlando di cani che non si conoscono bene, e che si sentono insicuri su ciò che farà l'altro. Le loro competenze sociali non sono ben maturate, dato che vivono per la maggior parte in isolamento. Mettendo insieme questi cani si osserverà *dis*organizzazione sociale. Se i cani sono cuccioli, inoltre, si tratta di giovani creature molto impulsive, le cui abilità sociali non si sono sviluppate in un ambiente naturale. Il loro comportamento sarà espressione della loro impulsività, della mancanza di competenze sociali e del bisogno di esplorare, di provare le cose, di sperimentare comportamenti. Non si vedrà nessuna qualità innata, ma piuttosto si osserverà un processo di apprendimento. E certamente non si scoprirà nulla dell'organizzazione sociale dei cani adulti.

Dunque abbiamo creato una situazione artificiale e, in questo luogo atipico, vi abbiamo inserito due cani che vivono in un permanente stato di deprivazione. I cani sono annoiati a morte, potrebbero non essersi mai visti prima, non sappiamo nulla della loro storia, e c'è un solo osso. Il quarto fatto, molto triste (e subdolo) è che i cuccioli sono spesso tenuti a digiuno per un po' di tempo prima di essere messi insieme con l'osso, per essere sicuri che si impegneranno in un conflitto.

In realtà l'intera idea è assolutamente ridicola e, per essere onesti, non scientifica. Si potrebbero analogamente trarre conclusioni sugli esseri umani guardandoli solo durante carestie o guerre, omettendo di osservare o di menzionare le società umane che semplicemente funzionano. Oppure si potrebbero anche prendere due esseri umani affamati della cui storia non si conosce niente, posizionarli a un tavolo con un solo piatto di cibo, e quindi dichiarare di avere scoperto in loro qualità innate, e che ora si sa come gli esseri umani organizzano la loro società. O guardare due bambini di due anni litigare per un giocattolo e poi dichiarare che adesso si sa come funzionano le democrazie occidentali.

Gli studi sui cani nel loro ambiente naturale mostrano che i cani normalmente non si dedicano a questo tipo di conflitto fra loro. La maggior parte dei cani preferisce mantenere rapporti pacifici invece di lottare per un osso. E' necessario creare una situazione artificiale e rifiutarsi di prendere in considerazione il vissuto dei cani, per pretendere di avere scoperto in un cane qualcosa chiamata 'dominanza'. Infatti la 'dominanza' è una proiezione umana. Gli esseri umani fanno di tutto per creare situazioni in cui i cani esibiscono atteggiamenti tipici del comportamento competitivo umano, ma questa è una costruzione, un artefatto, che non aiuta affatto a comprendere il loro comportamento.

<u>Fatto</u>: Il test dell'osso è una totale perdita di tempo e non dice assolutamente niente della futura personalità dei cuccioli.

Mito 25: Si può insegnare ai cuccioli a condividere, facendoli mangiare tutti nella stessa ciotola.

Questo è un mito in cui credono alcuni (pigri?) allevatori. Questo mito non soltanto non è corretto, ma può essere anche dannoso.

Una delle regole sociali di base dei cani dice: 'Entriamo nella zona personale solo se abbiamo il permesso'. C'è anche la regola sussidiaria: 'Sei autorizzato a tenere ciò che hai nella tua zona personale'. I cani adulti socialmente esperti normalmente non prendono le cose con la forza. Se qualcosa è nella zona personale di un altro, è suo finché non vi rinuncia. Queste regole non sono istintive o innate: i cani devono impararle. I cuccioli generalmente le imparano con grande facilità. Questo apprendimento inizia nel momento stesso in cui il cucciolo nasce. Ogni cucciolo trova un capezzolo sulla pancia della mamma, ed è concentrato a consumare il suo pasto. Se arriva un altro cucciolo e sposta uno di loro, questo trova un altro capezzolo a pochi centimetri di distanza. Una volta che i cuccioli sono abbastanza grandi da accompagnare la mamma alla discarica, scoprono che il cibo è diffuso ovunque. Non hanno bisogno di rubarsi il cibo a vicenda per sopravvivere. (Ricordate che le principali cause di morte fra i cani che vivono liberi sono automobili, parassiti, fucilate, veleno - e altri modi in cui gli esseri umani uccidono i cani - e non la fame). Tenuto conto del tasso di mortalità fra i cuccioli (fra il cinquanta e il novantacinque per cento), essi sono meno numerosi degli adulti, per cui questi avranno la possibilità di insegnare loro a mantenere le giuste distanze sociali fin dall'inizio. Il seme per la pace nelle interazioni sociali anche in presenza di cibo, e per la disponibilità al compromesso e al rispetto della zona personale degli altri, viene così piantato.

Se facciamo mangiare tutti i cuccioli dalla stessa ciotola, disturbiamo questo naturale processo di apprendimento. Creiamo una situazione in cui i cuccioli devono competere, in cui per mangiare devono sottrarre il cibo gli uni agli altri. Li costringiamo a entrare nella zona personale degli altri senza permesso e prendere ciò che ha l'altro. Quando sono molto piccoli potrebbero anche non accorgersene, perché si adattano tutti facilmente intorno alla ciotola. Tuttavia, diventati abbastanza grandi da non potervi più infilare la testa tutti contemporaneamente, mangiare comincia a diventare una sorta di guerra. Questa situazione pone le basi per due gravi problemi nel corso della vita.

Primo: si verificheranno problemi con gli altri cani. Condividendo la ciotola, il cucciolo impara a *non* rispettare la zona personale degli altri. Per mangiare (cioè per non morire) *deve* spingersi nella zona personale dell'altro. Gli altri cuccioli devono fare lo stesso. Il fatto che c'è solo una ciotola rende impossibile il compromesso. Poiché questo è il momento in cui nel cervello del cucciolo si stanno formando le strutture di base e le connessioni neurali, si sta delineando anche il suo orientamento di base nella vita. Il cucciolo si orienterà sulla competizione anziché sul compromesso. Non esiterà ad entrare nella zona personale degli altri, se c'è qualcosa che vuole. Si aspetterà che gli altri facciano lo stesso con lui. Da adulto questo cane entrerà continuamente in inutili conflitti, sia perché si spingerà nello spazio degli altri cani e incontrerà resistenza, sia perché, essendo paranoico, gli altri cani si scaglieranno in anticipo contro di lui. Il povero cliente che ha acquistato questo cucciolo non sa che l'allevatore credeva in questo mito, e si chiederà che cosa ha fatto per meritarsi un cane così difficile.

In secondo luogo, potrebbero sorgere problemi anche con gli esseri umani. Il cucciolo impara, condividendo la ciotola del cibo, che la presenza di altri mentre sta mangiando costituisce una minaccia per un sostentamento sufficiente. L'attività di mangiare si fissa nel cervello del cucciolo come un evento stressante e competitivo, una lotta per la sopravvivenza fisica. La presenza di qualcuno intorno mentre sta mangiando diventa il segnale appreso che la perdita è imminente. E la preoccupazione della perdita di una risorsa necessaria alla vita genera aggressività. Il cucciolo sarà in uno stato d'animo aggressivo sul cibo perché il cibo è associato alla necessità di competere con gli altri e con la paura della perdita. Questi cani, da adulti, rimangono tesi e sensibili mentre mangiano. Potrebbero difendere ferocemente il loro cibo contro chiunque gli capiti vicino. Questo comportamento tende ad espandersi anche ad oggetti non commestibili, perché il cane è costantemente preoccupato per la sua zona personale. Ringhia per un calzino vicino al quale è sdraiato, o per un fazzoletto di carta che qualcuno ha lasciato sul pavimento, e il suo padrone è totalmente sconcertato. Si chiede cosa mai abbia causato questo comportamento e perché il cane si scagli contro di lui per un calzino, dal momento che non gli ha mai portato via nulla.

Fatto: E' un grande errore far mangiare i cuccioli dalla stessa ciotola. Essi non impareranno a condividere nel modo in cui vorremmo che facessero i nostri bambini, anzi il contrario.

P.S. Se i cuccioli mangiano in ciotole separate è possibile controllare se ognuno sta mangiando abbastanza, o se uno di loro lascia del cibo per qualche ragione.

Nota: Prima di acquistare un cucciolo, guardate sempre come l'allevatore alimenta i cuccioli.

Vedi anche: Mito 88 su come nutrire i cuccioli in modo sicuro.

POSSESSO E ZONA PERSONALE: CANI SUSCETTIBILI

Un cane adulto socialmente competente normalmente non sottrae oggetti agli altri con l'uso della forza. Eppure tutti abbiamo visto cani che sembrano non conoscere questa regola. La palla di un cane rotola lontano e finisce fuori dalla sua zona personale. Un secondo cane l'afferra e scappa via. Oppure, un proprietario lancia la palla al suo cane, un secondo cane lo batte in velocità e se ne impossessa prima di lui. In entrambi i casi, il primo cane, molto arrabbiato e determinato ad avere indietro la sua palla, se necessario anche con la forza, si dà all'inseguimento del secondo cane. Questo può essere davvero sorprendente per il secondo cane, che conosce le regole e oppone resistenza. Ne può scaturire una zuffa molto impressionante a vedersi. Cosa sta succedendo?

Nella mia esperienza, i cani che si comportano così sono stati inavvertitamente indotti dai loro proprietari. Per essere più precisi, i loro proprietari gli hanno impedito di imparare e di accettare la regola del possesso, e sono essi stessi possessivi nei confronti della palla. Dopo tutto, è costata tre euro e un viaggio al negozio, e l'hanno portata al parco per giocare con il proprio cucciolo. Ogni volta che un altro cane riesce a entrarne in possesso lealmente, secondo le regole canine, questi proprietari vanno verso di lui, si riprendono la palla e la restituiscono al loro cucciolo. Ma farebbero lo stesso con un bastoncino. Dopo tutto era il suo bastoncino, ed è ingiusto che quel cane così grosso lo abbia preso, solo perché il cucciolo non corre altrettanto veloce. Il primo punto è che, così facendo, il cucciolo impara che riavrà sempre indietro la sua palla, o il suo giocattolo o il suo legnetto. E non imparerà mai a gestire con serenità la frustrazione per aver perso lealmente un oggetto, né a cercare qualche mezzo lecito e pacifico per riappropriarsene.

In secondo luogo, l'altro cane è alquanto sbalordito nel vedersi portar via in questo modo qualcosa di cui era entrato in possesso secondo le regole. Si guarda intorno con stupore, e vede che la palla è di nuovo fra le zampe del cucciolo. Il cervello del cane non è abbastanza complesso per capire che la responsabilità è dell'uomo. Molto probabilmente salterà addosso al cucciolo per rimproverarlo della sua mancanza di buone maniere. Normalmente, se il cucciolo avesse provato personalmente ad avere indietro l'oggetto, avrebbe ricevuto l'avvertimento di non avvicinarsi troppo, e tutti i vari segnali che gli avrebbero fatto comprendere che stava per compiere un vero e proprio furto. Il cucciolo sarebbe stato in grado di evitare una strigliata. Ma il suo proprietario gli restituisce sempre ogni cosa, e questo per lui è la norma. E rimane davvero sorpreso quando un cane adulto gli salta improvvisamente addosso. Il suo cervello non è abbastanza complesso per capire che ciò è stato provocato dal comportamento umano, né cosa stia pensando il cane adulto. A causa del comportamento del suo proprietario, ha perso la possibilità di apprendere cosa significhi essere avvertito che è lui quello che sta compiendo un furto, e non l'altro cane. Con il risultato che impara che, quando è in possesso di un oggetto, gli altri cani possono saltargli addosso senza preavviso.

Il terzo punto è che questo stesso proprietario si preoccupa della sua immagine agli occhi degli altri. Quando il suo cucciolo guadagna lealmente il possesso dell'oggetto di un altro cane, marcia verso di lui e glielo toglie, per restituirlo a quel cane. In fondo questo è l'unico modo per non dare l'impressione di favorire il suo cucciolo e, continuando a pensare dentro di sé ai tre euro della palla, per non apparire super-protettivo e spilorcio. Ancora una volta, con i loro cervelli non complessi, i cani non capiscono tutto ciò. Il cucciolo vede che di nuovo e senza che abbia avuto luogo alcun tipo di interscambio sociale, l'altro cane ha il suo giocattolo. Aveva una palla, il suo proprietario gliel'ha portata via e adesso è improvvisamente laggiù. Questo cucciolo ha perso l'esperienza di essere autorizzato a tenere quello che ha nella sua zona personale. Non ha modo di sapere che non è stato l'altro cane a sottrarglielo.

Da adulto, questo cane si aspetterà che, quando è in possesso di qualcosa, da un momento all'altro un altro cane gli salterà addosso. Penserà anche che il suo giocattolo può improvvisamente scomparire e materializzarsi nella bocca di un altro. Non sa come riaverlo indietro. Non ha idea del fatto che dovrebbe lasciarlo all'altro cane. Suscettibile mentre ha l'oggetto, frustrato quando non ce l'ha, ignaro delle regole, questo è un cane che cercherà il conflitto quando un altro cane si impossesserà lealmente del suo giocattolo.

Cuccioli

A volte i cani adulti portano via gli oggetti a un cucciolo ringhiando e fissandolo, in modo tale che si allontani e lo ceda. Qualche volta un cane adulto farà allontanare un cucciolo anche dalla sua ciotola. Non tutti gli adulti lo fanno e non sempre, e gli oggetti possono essere vari. Questo dà l'impressione di essere una sorta di bullismo, ma sembra anche far parte di un processo di formazione (produzione di parti funzionanti non aggressive del sistema). Ho visto molti cani adulti essere prepotenti più volte con un cucciolo, e a un certo punto lasciarlo in pace, come se fossero soddisfatti per il fatto che quello ha evitato il conflitto, e adesso può tenere quello che ha.

Sembra che ci sia un momento nella sua vita in cui il cucciolo decide di essere diventato abbastanza maturo per cui le regole valgono anche per lui. Per quanto possa dire, questo è un indizio piuttosto affidabile dell'ingresso nell'adolescenza. Il cucciolo, che ora ha cinque o sei mesi, comincia a ringhiare quando un adulto si avvicina mentre mastica la sua palla o mentre mangia. Potrebbe anche improvvisamente scagliarsi se il cane adulto afferra quella stessa palla che entrambi si sono tirati via da sotto il naso milioni di volte (per la qual cosa non si era mai irritato prima). Allora morde in aria o salta simbolicamente addosso all'altro cane (di cui adesso ha la stessa dimensione, se non è addirittura più grosso). Molte persone restano sorprese quando accade ciò. Si preoccupano nel vedere che il loro dolce cucciolo sta subendo alcuni misteriosi cambiamenti e sta diventando un combattente. Anche il cane adulto a volte può rimanere davvero stupito dell'improvviso cambiamento. Ma capirà cosa sta succedendo, e in futuro lascerà tranquillo questo giovane cane (che ha annunciato di non essere più un cucciolo), accordandogli il rispetto delle regole dei cani adulti.

Attenzione ad osservare solo i propri cani

Alcune persone vivono con un gruppo di cani in cui uno di loro ruba sempre le cose agli altri, e giungono alla conclusione che sia un comportamento normale. Poiché gli altri cani lo tollerano, pensano che l'Arraffone sia il cane dominante e il leader. Pensano anche che in tutti i gruppi di cani ci sia un Arraffone, e che tutti i cani tollereranno di avere un bullo in giro.

Quando l'Arraffone esce nel resto del mondo, improvvisamente si trova coinvolto in un sacco di zuffe con gli altri cani. Il suo comportamento li turba. Potrebbe spaventarli. Se è piccolo, viene assaltato o spinto fuori dal campo di gioco. Se è un cane grosso e invadente, gli altri cani potrebbero cercare di rimanere il più lontano possibile da lui o addirittura abbandonare il campo al suo arrivo. Grandi o piccoli, tutti cominciano ad evitarlo, rifiutandosi in ogni modo di interagire con lui.

Non si possono trarre conclusioni generali sull'organizzazione sociale dei cani guardando solo il proprio gruppo di cani, né, in effetti, guardando singoli gruppi che non hanno altra scelta se non quella di vivere insieme o di interagire uno con l'altro. Un gruppo isolato di cani può raggiungere un certo equilibrio, che sia confortevole o no, ma questo non significa necessariamente che venga raggiunto con i normali e universali mezzi canini. Questo non dice niente su come i cani di quel singolo gruppo si inseriscono nel generale comportamento canino. Le regole che essi seguono potrebbero non essere universali, né quelle regole devono necessariamente funzionare anche con estranei. Alcune di esse potrebbero essere state create dagli esseri umani. Altri cani nel mondo potrebbero non conoscerle. Prima di trarre conclusioni sul comportamento dei cani in generale, bisogna guardare molti e molti cani interagire fra loro. Cani che si conoscono e cani che non si conoscono fra di loro, cani che sono stati allevati da altre persone in altre situazioni e che sono liberi di lasciare lo spazio se vogliono o se ne hanno bisogno.

Il modo migliore per sapere se il comportamento di un cane è normale è quello di guardare come reagiscono con lui gli altri cani ben socializzati.

Mito 26: La personalità di un cucciolo è innata. In altre parole, paura, 'dominanza' o 'sottomissione' sono qualità geneticamente determinate in un cane.

Esiste una qualità specifica che è innata in un cane, vale a dire la coerenza fra mente e corpo. Se una razza è stata appositamente selezionata e allevata per svolgere un determinato lavoro, la selezione umana ha prodotto dei cambiamenti sia nel cervello che nel corpo di questi cani. Per esempio, abbiamo creato lo scheletro e i muscoli del Border Collie in modo che siano leggermente diversi da quelli degli altri cani. I Border Collie sono adatti a muoversi agevolmente in posizione di inseguimento furtivo e a passare dalla posizione 'terra' a quella 'in piedi', e quindi alla corsa, in un batter d'occhio. Un Border Collie può stare a terra, alzarsi, stare a terra e alzarsi tutto il giorno, giorno dopo giorno, senza stancarsi o soffrire di artrite precoce, come accadrebbe a qualunque altro cane. Ma così è fatto il suo corpo. Il suo cervello (che è la sede della sua mente) inevitabilmente produrrà connessioni neurali con il suo scheletro e i suoi muscoli, sviluppando le strutture necessarie a trattare con questo corpo speciale. Un Border Collie entrerà naturalmente nella posizione di inseguimento, e qualche volta mentre lo fa si metterà nella posizione 'terra', indipendentemente dal fatto che qualcuno glielo abbia insegnato o no. Il Border Collie è anche stato selezionato per lavorare con grande concentrazione per lunghi periodi di tempo. Le specifiche strutture coinvolte non devono essere state ricercate, ma il comportamento dei Border Collie giustifica il sospetto che le parti del suo cervello che governano la concentrazione e la capacità di apprendimento siano diverse da quelle degli altri cani. Può anche darsi che anche la chimica del cervello (l'equilibrio dei neurotrasmettitori) dei Border Collie sia un po' diversa. Non è sufficiente far stancare un Border Collie fisicamente. Se vogliamo che sia un animale domestico sopportabile, è necessario stancarlo mentalmente ogni giorno. Questo è, in larga misura, determinato geneticamente.

Tuttavia, anche se caratteristiche primarie fisicamente determinate possono essere importanti, la personalità globale di un cane è qualcosa di diverso e più complicato. Solo parte delle strutture e delle proprietà del cervello sono determinate dai geni e dal corpo in cui il cervello si sviluppa. La maggior parte della crescita fisica del cervello (lo sviluppo delle connessioni neurali) si svolge in uno scambio con l'ambiente. Questo si chiama apprendimento. La personalità è l'intera collezione delle caratteristiche che il cane svilupperà o acquisirà nel corso della sua vita, in funzione delle esperienze di apprendimento che ha.

Se si tengono d'occhio le esperienze di apprendimento di un cucciolo, si può giocare un ruolo importante nel determinare la personalità che ne verrà fuori. Si può aiutare il suo cervello a sviluppare una fitta rete di connessioni neurali, fornendogli un ambiente ricco e interessante (e non lasciandolo solo tutto il giorno nella casa silenziosa mentre tutti sono al lavoro). In questo ambiente arricchito e stimolante svilupperà un cervello facilmente in grado di elaborare stimoli, evitando così sia una personalità apatica che iper-attiva. Si può fare in modo che non si creino connessioni fra certi stimoli e le aree del cervello deputate alla paura, abituando gradualmente il cucciolo alle cose nuove ed evitandogli le esperienze traumatiche. Il cucciolo svilupperà un cervello che non condurrà immediatamente tutti gli stimoli in arrivo lungo la rete della paura, e si eviterà così il sorgere di una personalità timorosa. Se non gli si farà condividere la ciotola del cibo, e non gli si sottrarranno continuamente cibo e oggetti, non svilupperà un atteggiamento aggressivamente competitivo nella vita, e si eviterà così una personalità antisociale, incapace di compromessi. Se si educa mediante l'utilizzo di ricompense, anziché con punizioni e dolore, si crea un cane che non ha paura di sperimentare, non diffidente verso gli esseri umani, e, modellando una personalità fiduciosa e intelligente, si finirà con l'avere un cane che impara velocemente e non si mette immediatamente sulla defensiva. Tenendo d'occhio il vostro comportamento, e facendo attenzione a non premiare i comportamenti indesiderati, crescerete un cane che sa cosa aspettarsi, evitando una personalità difficile.

Fatto: Qualità come 'dominanza' e 'sottomissione' non hanno nulla a che fare con la realtà dei cani. Queste 'proprietà' non esistono. Non sono altro che la formulazione e la proiezione di come *noi* ci sentiamo quando il nostro cane fa certe cose, ma non descrivono niente di ciò che sta accadendo nel cane. I comportamenti che ci fanno sentire in questo modo non sono determinati geneticamente, ma sono per lo più dovuti all'apprendimento, e il saggio proprietario di un cane approfitterà di questo fatto per modellare nel suo cane una personalità piacevole.

Mito 27: E' meglio prendere un cucciolo, piuttosto che un adulto o un cane proveniente da un canile, perché lo si può far diventare il cane che vogliamo che sia.

E' vero che l'ottanta per cento della crescita del cervello avviene nei primi quattro mesi di vita del cane. E' altrettanto vero che le esperienze che il cane vive in questi primi quattro mesi avranno una grande influenza nello sviluppo del suo cervello. Questo significa che, in effetti, il proprietario di un cucciolo sarà in grado di svolgere un ruolo nella formazione del cervello che il cane userà per il resto della sua vita.

Tuttavia questo non significa che il nostro cucciolo, una volta cresciuto, sarà migliore di un altro cane adulto. La persona che compra un cucciolo ha davvero un grande potenziale su cui lavorare, come del resto i proprietari di tutti quei cani adulti il cui comportamento non è gradito. Se si lascia il cucciolo da solo tutto il giorno in una casa vuota e silenziosa mentre si è al lavoro, si modellerà un cervello che non sarà in grado di gestire molti stimoli provenienti dal mondo esterno. Si potrebbe finire con l'avere un cane affetto dalla sindrome di iperattività, incapace di concentrarsi su qualcosa, e che reagisce selvaggiamente a qualsiasi stimolo incontri da adulto. E' necessario guardare onestamente i propri bambini. Chiederși se sono abbastanza grandi e se hanno abbastanza autocontrollo per interagire gentilmente con un animale, perché diversamente potrebbero (anche senza volerlo) insegnare al cucciolo che i bambini sono spiacevoli o addirittura spaventosi. Se non si sa come educare un cucciolo, o se si crede che bisogna educarlo con punizioni, si potrebbe creare uno di quei cani che sporcano velocemente dietro il divano quando nessuno li vede. Le persone che credono nella dominanza o nella punizione, troppo spesso rendono i cani spaventati o aggressivi. La lista degli errori che facciamo è lunga.

Crescere un cucciolo richiede un investimento enorme in termini di conoscenza, pazienza e gentilezza, oltre a un sacco di tempo e di energia. Non date troppo presto per scontato che farete meglio di chiunque altro, se non siete veramente pronti a dedicarvi a questo investimento. Il nostro potere di plasmare un cucciolo non sempre conduce ad un cane piacevole. E anche se si riesce a crescere un buon cane, non significa necessariamente che ci divertiremo per i due interi anni che questo lavoro richiede.

C'è un altro fatto da sapere, prima di decidere di comprare un malleabile cucciolo, e cioè che il cervello di un mammifero continua a crescere e a cambiare per l'intera vita dell'animale. Questa crescita è più limitata e più lenta in un adulto che in un cucciolo, ma ciò non è di importanza cruciale. Un cane maltrattato, e quindi aggressivo, può imparare a fidarsi di nuovo dell'uomo. Con il nostro aiuto, un cane può vincere la sua paura. Un cane iperattivo può imparare a concentrarsi, a controllare i suoi impulsi e a reagire con più calma alle cose. Un cane adulto è già educato, ha già vissuto la sua adolescenza, e forse è abbastanza vecchio da non richiedere ore di esercizio fisico ogni giorno. Se è stato abbandonato in canile, si sente solo e spaventato, ed è pronto ad essere grato per un nuovo legame con un essere umano. Se lo abituerete alla vostra routine usando premi e gentilezza, presto vi adorerà. E' una leggenda che a un cane vecchio non si possono insegnare nuove abitudini. La stragrande maggioranza dei cani anziani sono perfettamente in grado di apprendere, di sviluppare nuovi forti legami emotivi, e di diventare proprio il cane che si desidera. Naturalmente molto dipende se si è disposti ad imparare come i cani imparano, le regole che seguono e la loro organizzazione sociale (vedi Mito 11).

Infine, che i canili siano pieni di cani con problemi di comportamento è un mito. Piuttosto è vero il contrario. La maggior parte dei cani sono stati abbandonati perché è cambiata la situazione delle persone con cui vivevano e non perché il cane avesse dei problemi. Il proprietario deve trasferirsi, e il nuovo padrone di casa non accetta animali domestici, oppure non vuole peli di cane nella sua nuova casa. Persone che hanno divorziato, che hanno perso il lavoro o semplicemente che sono stanche di dover fare passeggiare il cane, anche quando fuori piove. O persone che semplicemente vogliono un cane nuovo, della razza protagonista dell'ultimo film di successo. La gran parte dei cani di canile sono buoni cani che si adatteranno velocemente alla vostra routine.

Fatto: Non sempre un cucciolo è la scelta migliore. Spesso è molto più sensato prendere un cane adulto.

Mito 28: I comandi sono la cosa più importante che il mio cucciolo deve imparare.

La verità è che le cose più importanti che un cucciolo deve imparare sono il controllo degli impulsi e l'inibizione del morso.

Abbiamo inventato tutti questi miti sui cani che sono lupi e lupi (quindi cani) che vivono in una sorta di sistema fascista in cui ciascuno deve obbedire a chi sta sopra di lui, e in particolare a chi sta all'apice della piramide. Sono state tracciate spirali, vortici e linee incrociate, che fondamentalmente definiscono ancora un sistema di bullismo (vedi Mito 15). Dopo aver letto fin qui, adesso sapete che i cani non sono lupi ma cani, e che vivono in sistemi complessi auto-organizzati altamente flessibili, privi di una autorità centrale, e che i loro sistemi sono basati sulla costruzione di prevedibilità e fiducia. I sistemi sociali dei cani preservano la pace realizzando equilibri reciprocamente accettabili per tutti i partecipanti (vedi Mito 11). Non è una dittatura, né un sistema da teppisti, ma una complessa rete di compromessi reciprocamente scelti uno a uno fra tutti i presenti.

Per partecipare a questo sistema, un cucciolo deve imparare una certa quantità di cose. Deve imparare ad essere riluttante all'uso dell'aggressione. Deve imparare che la pace e l'amicizia sono risorse di valore, che può perdere se si orienta impulsivamente soltanto sulle risorse materiali della vita. Deve imparare le regole dei cani (nessuna aggressione vera e propria, nessun contatto senza permesso e, dove possibile, rispetto delle reciproche preferenze). Nel Mito 12 abbiamo visto che il linguaggio del corpo dei cani esprime e scambia informazioni sui loro stati interiori, in modo che possano tenerne conto nelle interazioni. Nel Mito 13 abbiamo spiegato come anche gli 'scontri' (normalmente) servano in realtà a costruire fiducia fra i cani.

Il controllo degli impulsi è il primo importante cardine su cui poggia l'intera faccenda. Questo significa che un cane impara a non seguire qualsiasi impulso, ma a deviarlo verso le parti del suo cervello che lo stemperano, e a concepire un piano d'azione socialmente accettabile e appropriato. Il cane impara a prendersi quel nanosecondo necessario per considerare le conseguenze di un'azione e regolarsi di conseguenza, prima che i muscoli abbiano il tempo di muoversi.

Senza il controllo degli impulsi non può esserci l'inibizione del morso. E un cane che non ha (o non può avere) l'inibizione del morso non può partecipare a nessun sistema sociale canino. E' semplicemente troppo pericoloso per tutti gli altri presenti, con troppa facilità può distruggere il sistema distruggendo i suoi partecipanti. Un cane ha bisogno di controllare i suoi impulsi anche per prendere parte allo scambio di segnali con i quali i cani costruiscono la fiducia e raggiungono il compromesso e la stabilità sociale. Uno scambio di segnali, dopo tutto, può avvenire soltanto se si è disposti, prima di fare qualsiasi cosa, a fermarsi e ad ascoltare cosa l'altro ha da dire. Un cane ha bisogno del controllo dei suoi impulsi quando si muove in un campo, o in uno spazio, dove ci sono altri cani, tenendo d'occhio la zona personale individuale di cui ogni cane ha bisogno per sentirsi a suo agio. Può sfrecciare a pochi centimetri da Patch, ma Prince ha bisogno di un metro, e quando Rover ha una palla, farebbe meglio a sfrecciargli a una distanza tre volte maggiore. Se urta Rover mentre ha una palla, entrambi hanno bisogno dell'inibizione del morso (e quindi del controllo dei propri impulsi) per risolvere la questione senza farsi male e senza rovinare i rapporti. E' il controllo degli impulsi che sta dietro al desiderare la palla di Rover, ma cercare di prenderla con le moine piuttosto che contenderla, e decidere che in fin dei conti l'amicizia vale di più della palla.

Non dovete preoccuparvi di insegnare al vostro cucciolo queste cose, perché fanno parte del naturale apprendimento di un cane. Solo i cani possono insegnare a un cucciolo ad essere un cane. Per questo è di fondamentale importanza che il vostro cucciolo giochi non soltanto con altri cuccioli, ma anche con cani adulti socialmente competenti. E' essenziale che permettiate ai cani adulti di comportarsi da genitori con il vostro cucciolo, dandogli qualche simbolica strigliata (vedi Mito 6).

Ora, non andate a pensare: 'Tutto ciò va bene, ma queste sono cose di cui avrà bisogno con gli altri cani. Per vivere con me i comandi sono più importanti.' perché il controllo dei propri impulsi e l'inibizione del morso sono essenziali caratteristiche canine che rendono possibile per un cane vivere con noi. Indipendentemente da tutte le altre cose sgradevoli che non vorreste che il vostro cane faccia, se non impara il controllo dei suoi impulsi e l'inibizione del morso, la vostra vita con lui non sarà mai sicura. Non tutti i suoi comportamenti saranno pericolosi. Molti di questi saranno innocui, anche se fastidiosi, come per esempio il saltare qua e là per la stanza in reazione a qualche stimolo o per l'eccitazione. Il problema è che, in caso di conflitto, se è incapace di considerare le conseguenze e di guardare prima i vostri segnali, potrebbe attaccare impulsivamente. Quando attaccherà (anche solo se gli avete pestato una zampa per sbaglio), morderà troppo forte, non necessariamente perché lo vuole, ma perché proprio non ha imparato a controllarsi. Anche dargli un bocconcino potrebbe essere pericoloso per le vostre dita e le vostre mani.

La terza cosa più importante che il vostro cucciolo deve imparare è la fiducia negli esseri umani. E questa solo gli esseri umani possono insegnargliela.

Quando i cani minacciano, esprimono preoccupazione e insicurezza rispetto alle intenzioni dell'altro. Se il cucciolo impara a fidarsi degli esseri umani - e questo significa che voi, e chiunque altro permettete che si avvicini a lui, dovete comportarvi in modo affidabile — non sentirà il bisogno di minacciare quando qualcuno gli si avvicina. Comportarsi in modo affidabile significa rispettare le regole dei cani. Significa accostarsi a lui segnalando in qualche modo di avere buone intenzioni, significa fermarsi sui propri passi se ci si accorge che l'approccio lo preoccupa. Significa non portargli via le cose e non usargli violenza. In poche parole, significa consentire al cucciolo di sentirsi sicuro con voi e con gli altri esseri umani.

Un cane che ha imparato queste cose non vi morderà troppo forte se per sbaglio gli pestate una zampa. Non ruberà il cibo dal vostro piatto e non vi morderà per opporsi. Sarà incline ad essere tollerante verso i vostri errori o verso vostre azioni che lo preoccupano. Questo cane cercherà di preservare la relazione con voi e la pace sociale, mantenendo stabile e sicuro il piccolo sistema sociale costituito da voi due insieme. E sarà disposto a compromessi (cioè molti sacrifici) per realizzare ciò. Se per qualche ragione un essere umano lo farà sentire molto in apprensione, userà tutti gli avvertimenti che conosce per dare a quell'uomo la possibilità di evitare un confronto diretto. Se si scaglierà contro, lo farà con reticenza e controllo, dosando l'attacco esattamente in funzione di quanto stimi pericolosi gli esseri umani presenti.

Anche se è importante per la sua sicurezza che impari a venire al richiamo, anche se è conveniente potergli chiedere di stare seduto o a terra da qualche parte per un po' di tempo, al confronto queste sono cose banali.

Fatto: La cosa più importante che il vostro cucciolo deve imparare è diventare un cane che segue le ragionevoli e pacifiche regole dei cani, che devono essere osservate pure dagli esseri umani. I capisaldi sono il controllo dei propri impulsi, l'inibizione del morso e la fiducia nell'uomo. Oltre ad assicurarvi che impari queste cose essenziali, potete anche insegnargli qualche comando.

COME FACCIO A SAPERE CHE UN CANE ADULTO E' SANO MENTALMENTE E PUO' FARE DA GENITORE AL MIO CUCCIOLO?

Non è sempre una buona idea lasciare che il vostro panciuto, goffo e ingenuo cucciolo di sette o otto settimane si precipiti verso un cane sconosciuto. Non sa ancora niente dell'educazione dei cani, e non è ancora fisicamente in grado di scappare in fretta, se necessario. Alcuni cani adulti sono squilibrati, anche se i padroni lo negano. Se il padrone di un cane dice che è possibile lasciare avvicinare il cucciolo, date voi stessi uno sguardo al linguaggio del corpo del cane adulto. Se il proprietario di un cane vi avvisa che il suo cane non è buono con i cuccioli, prendetelo sempre sul serio. Evitate il cane. Il modo migliore per trovare cani socialmente competenti è guardare giocare un gruppo di cani. Se li vedete fare tutte le cose di cui abbiamo parlato finora, interagire senza più che qualche occasionale zuffa risolta con prudenza, allora sapete di avere a che fare con cani che hanno imparato il controllo degli impulsi, l'inibizione del morso e le regole canine.

Vedi anche : Miti 38-40.

PARTE 3

Aggressività

Mito 29: Il cane domestico è naturalmente aggressivo.

Una delle ragioni per cui la gente crede in questo mito, è che è legato all'idea romantica, ma falsa, secondo la quale il cane discende dal grande lupo grigio (vedi Mito1). Ora sappiamo che il cane domestico non è un cacciatore, ma che è diventato quello che è perché ha sostituito la caccia con l'attività di frugare fra i nostri rifiuti (vedi Mito 4). Ma tutte queste idee romantiche sono dure a morire. E' ormai di moda fra i biologi parlare del cane domestico come di un 'predatore'. Quello che dimenticano di dire, è che anche le pecore, le tenie e il vischio sono predatori. Un predatore è qualsiasi cosa debba nutrirsi a spese di un essere vivente, che lo uccida o no. Un predatore non è necessariamente un cacciatore. I cani hanno bisogno di una certa quantità di proteine animali, ma così anche il verme tenia. Il cane ricava le proteine che gli servono dai nostri avanzi, mentre il verme solitario ci ruba realmente ciò di cui abbiamo bisogno proprio sotto il naso. Questo equivoco ci ha portato di nuovo dritti alla vecchia e falsa immagine del cane come un assassino, il cui desiderio di uccidere è sempre in procinto di riaffiorare. Questo bisogno di percepire il cane come un potenziale assassino, ci dice qualcosa su noi stessi, ma rimane una falsa idea del cane.

C'è poi un secondo elemento che contribuisce alla diffusione di questo mito, e cioè la confusione sul significato del termine 'aggressione'. In senso stretto, l'aggressione è un atto che ha lo scopo di causare danni o dolore. Nel linguaggio quotidiano usiamo questo termine anche per atti che hanno lo scopo di dominare o intimorire qualcuno. Quindi definisce non solo atti che causano dolore fisico o danni materiali, ma anche atti che causano dolore o danni psicologici. Quando parliamo di esseri umani, questa definizione così ampia non è del tutto errata. Siamo una specie così aggressiva che per noi alzare la voce contro qualcuno spesso è indice di un reale pericolo, e che potremmo attaccare la persona contro cui stiamo urlando. Noi spesso combattiamo fino alla morte. I nostri rapporti sociali sono fortemente basati sulla competizione e sul dominio, così siamo spesso pronti ad aggredire e gran parte delle nostre azioni sono volte a dominare qualcuno. Abbiamo menti complesse, e siamo in grado di danneggiare l'altro emotivamente e psicologicamente. Alla fine, possiamo giustamente definire aggressivi molti comportamenti umani. Tuttavia i cani non sono uomini, e non è giusto proiettare qualità umane su di loro.

E allora, cosa succede con i cani? I cani sono animali non umani. I biologi sanno, e riconoscono, che i combattimenti fino alla morte fra membri della stessa specie sono molto rari in Natura (se escludiamo gli esseri umani). Questo perché un animale non umano riconosce gli altri della sua specie come partner sociali. I cani sono speciali, perché sono in grado di comprendere in questa lista noi e molti altri animali. Quando hanno a che fare con partner sociali, gli animali non umani generalmente usano solo quello che i biologi chiamano 'aggressione rituale'. Questa è una sorta di scambio di informazioni. Gli animali simulano una lotta, ma in realtà non cercano di danneggiarsi l'uno con l'altro. Se si tratta di uno scambio di informazioni (come di fatto è), non può contemporaneamente essere aggressione. O l'uno o l'altro. O un animale sta provando a danneggiare il suo avversario, oppure no, e se non ci sta provando, allora non è aggressione. Fra i cani, aggressività significa fornire un morso disinibito, usando la forza piena e non trattenuta delle mascelle. Normalmente i cani lo fanno di rado. Infatti la regola di base delle interazioni sociali dei cani è che non morderanno senza inibizione, neanche in uno scontro molto acceso (vedi Mito 11). Un cane che usa l'aggressione è spaventoso per gli altri cani. Pensano che sia folle e faranno di tutto per evitarlo. Un cane che regredisce all'aggressione non può far parte di nessun sistema sociale canino. A parte il fatto che gli altri cani lo eviteranno, distruggerà qualsiasi sistema sociale a cui si unisca, distruggendone gli altri partecipanti.

Diamo uno sguardo a quello che fanno i cani normali. Se si osservano senza pregiudizi, e se si capisce la loro lingua, si vede che generalmente fanno tutto quanto è in loro potere per evitare scontri. I cani hanno un complesso sistema di allarme per dire agli altri che sono preoccupati e chiedere loro di tenere una certa distanza. Abbiamo visto (nel Mito 12) che non è l'aggressività, ma l'ansia che fa usare ai cani i segnali di avvertimento (segnali di minaccia). Sappiamo che l'uso di farmaci ansiolitici fa diminuire notevolmente i comportamenti di minaccia nella maggior parte dei cani. Di conseguenza sappiamo che i biologi fanno un errore quando definiscono il comportamento di minaccia 'aggressività'. Queste persone non comprendono che questi segnali esprimono preoccupazione su ciò che l'altro sta per fare. Non comprendono che questi segnali servono specificamente per dare all'altro tempo e opportunità di evitare un confronto. Sappiamo che, anche quando l'altro ignora i segnali e si viene a un confronto, entrambi i cani useranno i loro denti con grande riserva. In realtà non li usano affatto, se non simbolicamente. Fanno ondeggiare i loro denti in giro, forse pizzicano un po' l'altro cane, e nemmeno un cane senza denti sarebbe minimamente svantaggiato in uno di questi 'combattimenti' simbolici. E' facile per uno dei cani porre fine a questa simbolica esibizione di denti, dando un sottile segnale che ha visto abbastanza e che è soddisfatto di avere scoperto che l'altro cane seguirà la regola della non aggressione. Questo segnale può essere così sottile che noi non lo vediamo. A noi sembra che la 'lotta' (che non era una lotta, ma uno scambio di segnali in un dialogo sociale) finisca improvvisamente, senza nessun motivo apparente. Esaminiamo i nostri cani e non troviamo una ferita da nessuna parte; nel peggiore dei casi, troviamo una leggera scalfittura, un tipo di ferita che i cani si procurano altrettanto spesso nel gioco rude, così come un bambino che torna a casa con un ginocchio scorticato dopo un pomeriggio trascorso sui pattini a rotelle. Dobbiamo concludere che i cani non sono stati aggressivi uno con l'altro, anche se noi ci siamo spaventati moltissimo.

Prima che un cane normale 'morda' un essere umano, anche in questo caso dimostrandosi molto affidabile, userà l'intera gamma di segnali di allarme per darci il tempo e varie possibilità di evitare un confronto. Solo perché non l'abbiamo visto, non significa che non l'abbia fatto.

Gli errori nascono dal fatto che spesso non abbiamo idea di come il cane veda o percepisca una situazione. Un cane potrebbe essere sdraiato su una poltrona con lo schienale alto e i braccioli. A noi sembra confortevole, ma dimentichiamo che il cane è sdraiato in angolo che, nella sua percezione, non offre una rapida via di fuga. Potrebbe essere sdraiato sul tappeto al centro della stanza, e noi vogliamo prendere un libro dagli scaffali dietro di lui. Ci dirigiamo verso la libreria, e senza neanche pensare al cane, ci concentriamo sul punto in cui ci aspettiamo di trovare il libro. Non ci rendiamo conto che, dal punto di vista del cane, stiamo improvvisamente camminando dritto verso di lui con passo deciso, stiamo entrando nella sua zona personale mentre è in posizione supina e non può scansarsi molto rapidamente. Il suo linguaggio non è il nostro, così spesso non vediamo i segnali che ci sta inviando (è preoccupato perché ci stiamo avvicinando, e ci chiede, per favore, di dargli il tempo di alzarsi e allontanarsi). Noi non vediamo quante volte e con quanta difficoltà il cane abbia provato ad evitare un confronto. Per noi ci si è improvvisamente scagliato contro. Pensiamo che abbia 'morso' senza una ragione, e che quindi è aggressivo 'per natura'. Siamo così scioccati dal suo attacco, da non renderci nemmeno conto che non ci ha fatto niente, e che il suo 'morso' era solo simbolico. Ancora una volta non riusciamo a capire la sua lingua. Tutto quello che ci ritroviamo è un po' di saliva sulla nostra manica, forse l'impronta di un dente sulla pelle intatta o (se il cane era molto spaventato) un piccolo buco con un livido. Le nostre ossa, i nostri tendini e i nostri muscoli sono ancora integri. Per i cani questo è un segnale molto chiaro che non c'era l'intenzione di danneggiare, e che il morso non era un vero morso. Per un altro cane, questo morso *inibito* è un segnale chiaro che, nonostante la sua ansia, il cane che lo ha 'sferrato' sta provando concretamente a mantenere pacifiche le relazioni sociali. Noi umani perdiamo totalmente questo messaggio. Dimentichiamo quello che un cane, se volesse, potrebbe fare con i suoi denti, ignoriamo il ruolo giocato dal nostro comportamento, e chiamiamo stupidamente 'aggressione' questo gesto simbolico e altamente controllato.

Una forte selezione contro l'aggressività è intrecciata all'origine del cane domestico e all'intera evoluzione come specie. Se guardiamo le cose onestamente vedremo che i cani normali fanno tutto ciò che è in loro potere per evitare l'uso dell'aggressione. L'aggressione vera e propria è un'anomalia fra i cani domestici. E quando si verifica non è perché il cane è naturalmente aggressivo. L'aggressività nei cani di solito è il frutto della manipolazione dei geni di una razza, o delle esperienze traumatiche che un cane ha avuto nella sua vita fino a quel momento. Molte di queste esperienze traumatiche sono dovute al mito nazista secondo il quale dobbiamo dominare i nostri cani. Questo mito ci porta a comportarci in modi che confondono e spaventano i cani, spesso non lasciando loro nessuna alternativa che attaccare. La cattiva scienza ci ha oppresso con una profezia che si auto-adempie, che non ha niente a che vedere con quello che sono i cani nella realtà.

Fatto: Il cane domestico, per natura, è tutt'altro che aggressivo.

Si prega di leggere anche: Mito 30, affinché non si traggano conclusioni errate sui cani normali, naturali.

Note

Coppinger, R, Coppinger, L, *Dogs: a startling new understanding of canine origin, behavior, andevolution*, Scribner, New York, 2001.

Lockwood, R, The ethology and epidemiology of canine aggression, in Serpell J (ed), *The Domestic Dog: Its Evolution, Behaviour & Interactions with People*, Cambridge University Press,1994.

Miczek, KA, Weerts, E, Haney, M, Tidey, J, Neurobiological mechanisms controlling aggression: Preclinical developments for pharmacotherapeutic interventions, *Neruosci Biobehav Rev*18: 97–100, 1994.

Semyonova, A, 'The social organisation of the domestic dog; a longitudinal study of domestic canine behavior and the ontogeny of domestic canine social systems'. CarriageHouse Foundation, The Hague, The Netherlands, 2003. <www.nonlineardogs.com>

Sidman, M, *Coercion and its Fallout,* Authors Cooperative, Inc, Publishers, Boston, 1989.

Mito 30: Non esistono cani veramente aggressivi.

E' vero che il cane domestico come specie si è evoluto in un ambiente in cui c'è stata una forte pressione selettiva contro l'aggressività. Vivendo vicino agli esseri umani e al loro bestiame, l'aggressività riduceva drasticamente le possibilità di sopravvivenza. Il cane attuale è, in generale, una creatura non aggressiva che fa di tutto per evitare scontri. Questo comunque non significa che nessun cane è aggressivo per natura. Esistono certamente cani che lo sono, per un certo numero di ragioni.

1) Nel mito 18 abbiamo visto che ad un certo punto della storia dell'uomo, il lusso e la noia lo hanno condotto a trastullarsi con i geni del cane per farne un oggetto di consumo adatto a un grande mercato. E' anche un fatto che gli esseri umani sono diversi dalla maggior parte degli animali, ma non per le ragioni che la nostra vanità ci induce a credere. La vera differenza più grande fra noi e gli altri animali è che noi siamo una specie particolarmente aggressiva. Non è necessario cercare riscontri scientifici per verificare questa affermazione, ma basta guardare per una settimana il telegiornale delle nove di sera. Alcuni di noi effettivamente godono alla vista del sangue, ma sono troppo codardi per impegnarsi in prima persona. Alcuni di questi codardi credono di poter dimostrare la loro virilità assistendo a un bagno di sangue senza battere ciglio. A causa delle nostra natura aggressiva spesso siamo spaventati gli uni degli altri. Molti di noi hanno scelto di ricorrere ad un'arma legale, che si può avere a disposizione in ogni momento, senza chiedere permessi o incorrere in guai con la polizia. Ma dove si può trovare un bagno di sangue nel mezzo di un paese civile, e che tipo di arma ci si può portare dietro senza essere perseguiti? La risposta è stata data (circa 200 anni fa) dal cane da combattimento. Gli esseri umani hanno cominciato a fare rivivere il morso assassino, da lungo tempo perso nel cane. Volevano cani che avrebbero instancabilmente fatto a pezzi un orso legato, i cui artigli fossero stati strappati, o un toro, cui fossero state asportate le corna. Questi uomini ci hanno dato il Bull Terrier Inglese. Volevano cani che ne avrebbero fatto a pezzi un altro in un'arena senza via di fuga, cani che non si sarebbero fermati nemmeno dopo che l'altro fosse morto da tempo. Questi uomini ci hanno dato lo Staffordshire Terrier Inglese e, più tardi, il Pit bull (noto anche come Staffordshire Terrier Americano, vedi Mito 40).

    A un certo punto tutte le attività per le quali questi cani erano allevati (fare a pezzi altri esseri viventi) furono vietate dalla legge. In Inghilterra questo è avvenuto nel 1911; negli Stati Uniti nel 1920, anche se il combattimento fra cani era rimasto legale negli stati controllati dal Ku Klux Klan. Poi, per un lungo periodo di tempo, questi cani divennero, ed erano rimasti, una rarità, posseduti solo da pochi uomini molto preoccupati della loro virilità. In seguito, alla fine del XX secolo, abbiamo visto sorgere nelle nostre città varie subculture violente, che trovavano la loro espressione nella musica, in certe marche di abbigliamento e di altri oggetti di consumo, uno dei quali era il cane killer. Queste subculture furono rese popolari, per esempio, dai canali televisivi MTV e TMF. Questi cani divennero un oggetto di moda, e ora sono più diffusi che mai. Nella nostra mentalità di volere surclassare gli altri, più incidenti mortali con cani di tipo pit bull si verificavano, e più le persone ne volevano uno. E naturalmente, nella nostra cultura del consumo, 'più grande' è sempre meglio, quindi non ci si è fermati al cane di medie dimensioni che sfoggiava il rapper. In realtà assistiamo a una specie di corsa agli armamenti, per allevare e possedere la più grande e più aggressiva razza di cani. Ora abbiamo il Presa Canario, il Dogo Argentino, il Fila Brasileiro, il Boerboel, e altre varie razze di cani il cui morso che uccide è stato fatto rivivere in un corpo sempre più grande, con una massa sempre maggiore. I club di razza hanno grandi interessi economici, e fingono che questi siano cani come tutti gli altri. Gli allevatori li pubblicizzano con un linguaggio in codice. Lodano i loro cani come guardiani della casa e del focolare, diffidenti verso gli estranei, coraggiosi, potenti. Tutto questo linguaggio celato per indicare che sono stati allevati per aggredire senza freni.

Ed è un dato di fatto che questi cani siano sempre pronti, per natura, ad essere altamente aggressivi. Non vogliono affatto evitare gli scontri, anzi, spesso cercano una scusa per iniziare ad attaccare. Questi cani si avvicinano offrendo un legnetto o qualche altro oggetto, come se volessero invitare al gioco, e quindi iniziano un attacco a tutto campo sul primo animale che si muove nella zona (che è anche spesso un essere umano). Sono rinomati per uccidere improvvisamente un altro cane o un gatto con cui hanno vissuto pacificamente per anni. Gli incidenti con gli esseri umani e con i bambini mostrano che questi animali hanno un imprevedibile grilletto facile (che, se si è fortunati, si può anche non toccare mai accidentalmente, nel qual caso si potrebbe pensare di avere un 'amabile' pit bull, Amstaff, Presa Canario, ecc). Una volta innescato, troppo spesso l'attacco non può essere fermato, se non uccidendo il cane.

Questi cani sono i primi che noi abbiamo creato per essere aggressivi per natura. Ma ora c'è un secondo gruppo di cani problematici che iniziano a diffondersi: le razze più comunemente usate come cani da guardia e come cani poliziotto. Questi cani non sono usati e addestrati solo dalla polizia, ma anche da appassionati che si dedicano alle competizioni. Nella loro ansia di guadagnare punti nei concorsi, questi hobbisti hanno iniziato a pasticciare con le razze con cui lavorano. Il Pastore Tedesco e il Rottweiler sono le vittime più comuni di questa tendenza. In alcuni paesi varie razze locali hanno subito la stessa sorte. Alcuni li allevano per ottenere cani sia nervosi (dall'innesco facile) che capaci di vere aggressioni.

Allevando cani con queste qualità, nei fatti si stanno producendo cambiamenti nei loro cervelli. Recenti ricerche (Peremans 2002) hanno dimostrato che questa selezione artificiale si traduce in anomalie nelle parti del cervello che governano l'aggressività e il controllo degli impulsi, e nella gestione della chimica cerebrale (neurotrasmettitori). Gli allevatori non ne fanno un segreto. Se acquistate un cane da un allevatore che pubblicizza i suoi cani per la guardia e per il lavoro di polizia, sapete di acquistare un cane che morde facilmente e non si ferma se non quando è troppo tardi. Purtroppo non viviamo in un laboratorio, dove i nostri esperimenti possono rimanere circoscritti. Il Pastore Tedesco e il Rottweiler sono anche popolari come animali domestici. I proprietari non sempre sanno che tipo di allevamento stanno visitando, e gli allevatori non sempre si premurano di verificare a chi stanno vendendo. La selezione genetica in favore dello sviluppo dell'aggressività ha finito con l'infiltrarsi nella generale popolazione di queste razze, che ora stanno diventando decisamente più problematiche di quanto ci si aspetterebbe da razze da compagnia.

Il fatto che queste razze di cani usate dalle forze dell'ordine siano così significativamente rappresentate nelle statistiche dei cani morsicatori è talvolta utilizzato per dimostrare che le razze veramente aggressive non sono più pericolose di qualunque cane normale. Dopo tutto, il Pastore Tedesco e il Rottweiler hanno una lunga storia come animali da compagnia. Gli incidenti seri causati da questi cani sono spesso citati nel tentativo di dimostrare che l'attacco a tutto campo del pit bull (o American Staffordshire Terrier o Presa Canario ecc.) è un comportamento normale nei cani. La gente dimentica facilmente (od omette di menzionare) che per almeno alcuni decenni queste razze sono state oggetto della stessa selezione artificiale orientata all'aggressività, che in primo luogo aveva prodotto il pit bull (e le altre razze da presa). Il comportamento sempre più aggressivo di queste razze di cani, infatti, prova che l'allevamento volto all'aggressione quasi certamente conduce a cani geneticamente aggressivi, atipicamente pericolosi. Queste razze rappresentano, insieme, quasi il cento per cento di incidenti mortali causati da morsi di cani. L'ottanta per cento di attacchi mortali (su uomini o altri cani) sono commessi da pit bull, American Staffordshire Terrier e altre razze da combattimento. Il rimanente venti per cento è rivendicato per lo più dalle razze usate dalle forze di polizia.

Pertanto, il primo gruppo di cani naturalmente aggressivi è costituito da quelle razze i cui geni sono stati manomessi, per renderli meno simili ai cani veri e più simili a noi.

2) Il cane domestico ha vissuto con noi per almeno 14.000 anni. Il nostro legame con lui è così stretto che spesso dimentichiamo che ognuno di noi deve imparare, individualmente e dall'inizio, come allevare un cane in modo da far fiorire le sue doti naturali. Siamo cresciuti tutti con cani intorno a noi, e con l'idea che chiunque possa crescere un cane. La nostra ignoranza a fin di bene ci porta a commettere alcuni errori comuni. Alcuni iper-proteggono il loro cucciolo. Altri li educano con punizioni molto dure. In questi casi può accadere una delle seguenti cose:

a) Il cucciolo non gioca liberamente e a sufficienza con cani adulti prima di perdere i denti da latte. Non impara mai a controllare e a inibire il suo morso. Cresce senza avere la consapevolezza del danno che può provocare con i suoi denti. Questi cani non mordono forte di proposito, semplicemente non hanno idea di cosa stiano facendo. Possono mordere con grande facilità, perché è mancata loro l'educazione da parte dei cani adulti, che gli avrebbero insegnato il controllo dei propri impulsi e la ricerca del compromesso.

b) I cuccioli puniti duramente, o quelli il cui umano si preoccupa di essere 'dominante' con loro, crescono imparando che gli esseri umani li torturano, e mostrano tutti i tipi di comportamento imprevedibile e spaventoso. Il cane impara che deve difendersi da noi, perché siamo pericolosi e folli. Questi cani sono aggressivi per istinto di conservazione.

Fatto: Il cane domestico è una specie altamente non aggressiva, ma questo non significa che non esistono cani veramente aggressivi. Esistono molti cani aggressivi per natura, e molti altri che hanno imparato ad esserlo.

Note

Clifton, M, Dog attack deaths and maimings U.S. & Canada September 1982 to June 9, 2013. <http://mainphrame.com/media/Dog_attack_stats_with_breed_20130609.pdf> accessed Dec 2013.

Clifton, M. Cultural differences, Best Friends Animal Society, No More Homeless Pets Forum, March 21, 2005:
<www.bestfriends.org/archives/forums/032105cultures.html#two> accessed Feb 2009.

Lockwood, R, The ethology and epidemiology of canine aggression, in Serpell, J, (ed), *The Domestic Dog: Its Evolution, Behaviour & Interactions with People,* Cambridge University Press, 1994.

Peremans, K, Functional brain imaging of the dog; single photon emission tomography as aresearch and clinical tool for the investigation of canine brain physiology and pathophysiology, Universiteit Gent, Faculty of Veterinary Medicine, Gent, 2002. < http://lib.ugent.be/fulltxt/RUG01/000/471/809/RUG01-000471809_2010_0001_AC.pdf> accessed Dec 2013.

Phillips, K, Esq, <www.dogbitelaw.com>

Twining, H, Arluke, A, Patronek, G, Managing stigma of outlaw breeds: A case study of pit bull owners, *Society & Animals,* Vol. 8, No. 1, 1–28, 2001. < http://www.animalsandsociety.org/assets/library/405_s812.pdf> accessed Dec 2013.

Mito 31: Una volta assaggiato il sangue, un cane diventerà aggressivo.

Questo mito si configura come il tentativo popolare di spiegare un fenomeno che a volte può verificarsi. Accade infatti che un cane che abbia morso una volta finisca con il mordere sempre più spesso. Il problema di questo mito è l'errata individuazione della causa. Mordere sempre più spesso non ha niente a che fare con l'odore o il sapore del sangue. Il cane non è un cacciatore. L'odore e il sapore del sangue non suscitano il suo appetito. In realtà la maggior parte dei cani si rifiuta anche di mangiare carne cruda. Piuttosto, l'odore del sangue causa il riflesso di leccare, per tenere pulite le ferite. Si vedono spesso cani che lo fanno, anche se la ferita è su un altro cane (o sulla vostra mano). Quindi, cosa significa?

Gli animali non possono parlare. Non possono pensare in astratto, come noi. Un animale cerca modi di trattare con successo col suo ambiente, mediante tentativi ed errori. Il cane generalmente prova dei comportamenti in risposta a qualche stimolo proveniente dall'ambiente. Se il comportamento che sta provando ottiene qualche tipo di risposta soddisfacente, lo riproporrà la volta successiva. Più spesso un cane riceve una risposta soddisfacente, e più spesso si impegnerà in quel comportamento. Alla fine potrebbe mostrare sempre un particolare comportamento in risposta a un particolare stimolo.

Esistono varie situazioni in cui questo processo di tentativi ed errori può portare un cane a mordere sempre più spesso.

1) **Ansia e paura.** Il primo esperimento con un morso è generalmente motivato dall'ansia o dalla paura. Lo vediamo soprattutto nei cani che sono allevati a suon di punizioni. L'essere umano si prepara a punire il suo cane. Non vede i segnali calmanti del cane, o non li comprende, e non capisce che non deve protrarre la punizione per troppo tempo. Costui continua a punire il cane nonostante i suoi tentativi di calmarlo e nonostante mostri che sta cominciando ad avere veramente paura. Poiché i suoi segnali non fermano la punizione, il cane è sempre più terrorizzato. Un cane deve essere in grado di trovare una via d'uscita dallo scontro, e di avere fiducia nell'efficacia dei segnali calmanti, altrimenti comincia a disperare. Arriva il giorno in cui vede quest'uomo arrabbiato venire verso di lui, sa che i suoi segnali non funzionano, e sa che non c'è via d'uscita. Una punizione dolorosa è inevitabile. Ha talmente paura che per la prima volta si scaglia contro il suo proprietario, nel disperato tentativo di difendersi da qualcosa che non comprende. L'uomo è sconvolto dalla reazione del cane e si ferma di colpo, rendendosi conto che il cane potrebbe benissimo difendersi dal suo comportamento sleale. Quindi si allontana per andare a disinfettare i graffi sul suo braccio.

Il cane ottiene la ricompensa della riduzione dell'ansia. Questa è una ricompensa potente, una di quelle che di solito un cane riceve nel vedere l'altro rilassarsi quando usa i segnali calmanti. Qui, tuttavia, si trova in una situazione in cui quei segnali calmanti non stimolano questa risposta, dato che non hanno nessuna influenza sul comportamento punitivo degli esseri umani, così prova qualcosa di diverso. Funziona. Quando avrà paura di qualcuno, questo cane inizierà a mordere sempre più spesso. Se si limiterà a morsi inibiti dipenderà dalla reazione dell'uomo al suo primo morso di paura. Se amiamo i cani, e se non vogliamo che il comportamento peggiori, dobbiamo riconoscere che la punizione non è la reazione giusta con questo cane. E con questo, veniamo alla seconda situazione in cui un cane inizia a mordere.

2) **Paura di morire, cioè istinto di sopravvivenza.** Se un cane morde perché messo alle strette e spaventato, e l'umano risponde continuando, o peggio ancora, aumentando la punizione, il cane inizia a temere per la sua vita. Potrebbe tentare di fuggire (e questa in genere è la prima reazione di un cane), ma all'interno di una casa o di un cortile recintato, finisce col trovarsi chiuso in un angolo. Di fronte al padrone che vuole punirlo, ma senza vie di fuga per sfuggire alla sua ira, il cane si scaglia di nuovo, ma questa volta più ferocemente. La sua incolumità fisica è direttamente minacciata, e sente che adesso deve difendere la sua stessa vita. Quando un cane inizia a combattere per difendere la sua vita, l'uomo è destinato a perdere. Non fate caso a quelle storie raccontate da uomini insicuri (e bugiardi) su come abbiano lottato fino all'ultimo sangue con il cane, e come da allora non abbiano mai più avuto nessun problema con lui. Basta guardarli per sapere che stanno mentendo. Ma se anche dicessero la verità, l'unica cosa che uno scontro del genere insegnerebbe al cane è che abbiamo una mentalità da oppressori e che si trova realmente in pericolo di vita.

In una situazione come questa, in cui qualcuno prova a picchiare un cane nel panico, il cane impara che mordere normalmente non è sufficiente. Impara che deve infliggere più danni possibile il più velocemente possibile. La sua ricompensa non è solo la riduzione dell'ansia, ma la sensazione di salvarsi la vita. Non è che gli piaccia l'odore del sangue, è che non vuole che il suo sangue sia versato e la sua vita persa. E' molto difficile, spesso impossibile, che i cani che sono stati costretti a imparare questa lezione sul comportamento umano possano vivere tra noi.

Ma prima di lasciare questo argomento, dobbiamo sottolineare che non soltanto i cani picchiati finiscono con il mordere frequentemente. C'è una terza situazione in cui un cane può imparare a mordere sempre più spesso.

3) **Un cagnolino viziato che abbaia continuamente.** E' un tipo di cane che conosciamo tutti: il cane di piccola taglia che abbaia tutto il giorno e che morde ogni volta che qualcosa non gli va. Per il fatto di essere piccoli, i morsi di questi cani non spaventano molto e sono più facili da ignorare (qualcuno può addirittura pensare che sia divertente, per un po'), quindi può volerci del tempo prima di rendersi conto che esiste un problema. Nel frattempo, però, il comportamento del cane potrebbe essersi saldamente fissato.

Questi cani da cuccioli sono estremamente piccoli. Quindi sono spesso troppo protetti nei confronti degli altri cani, e finiscono con il perdere le lezioni fondamentali che questi gli avrebbero insegnato. Il cucciolo non impara mai a controllare il suo morso, né a cercare il compromesso. Arriva un momento in cui il piccolo cucciolo entra in ansia per ciò che il proprietario sta per fare: 'Sta venendo a togliermi il mio giocattolo?' Il cucciolo prova a vedere cosa succede se morde la mano tesa. Il suo proprietario lo trova divertente:' Ah, Ah, guarda questo microbo, che si comporta come un cane grande!' E poi, o gli sottrae ugualmente il giocattolo, dal momento che non si è spaventato affatto, oppure glielo lascia tenere, dato che è così carino.

Nel primo caso, il cucciolo impara che degli esseri umani non ci si può fidare, visto che hanno l'abitudine di togliere bruscamente gli oggetti dalla sua zona personale, con o senza permesso. In pochi mesi i denti e le mascelle del cucciolo sono cresciuti, e adesso, quando il cane lo attacca, il proprietario inizia a restituirgli il giocattolo. Così abbiamo lo stesso risultato di quel padrone che aveva fatto marcia indietro al primo morso. In entrambi i casi, il cucciolo impara che mordere è una strategia di successo nella vita. Non gli viene offerta nessun'altra esperienza di apprendimento. Alla fine il cane eleva il mordere come Tattica Numero Uno nella Vita, da utilizzare in tutte le situazioni dubbie, e vede il mordere come una soluzione a tutte le interazioni sociali. Questi cani sono spesso difficili da recuperare perché l'ansia non gioca più un ruolo nel loro comportamento. Essi sono perfettamente sicuri che mordere è la via da percorrere, e sono diversi dai cani che hanno paura, che invece hanno buone ragioni per essere contenti se offriamo loro un'altra soluzione da utilizzare nei rapporti sociali.

Nemmeno in questo caso la punizione è la risposta. Se non vogliamo che un cane impari a mordere, la cosa migliore da fare è assicurarsi che non ci provi mai. Assicuratevi che il vostro cucciolo giochi con tanti cani adulti, non importa se è molto piccolo. Non proteggetelo dalle lezioni su come controllare i denti e cercare il compromesso sociale. Costruite il vostro rapporto con lui sulla fiducia e non sulla dominanza. Siate sensibili ai suoi segnali, non importa quanto sia piccolo. Se vedete che è preoccupato, dategli il tempo e lo spazio per superare la sua ansia. Non portategli via le cose. Nell'educarlo, non usate punizioni fisiche di nessun tipo. Assicuratevi di essere prevedibili e che non debba temere la vostra rabbia. Ancora: guardate i suoi segnali. Se siete arrabbiati, smettete di esserlo quando usa i segnali calmanti, così imparerà che questa è la strada da percorrere.

Fatto: Il diventare sempre più aggressivo non ha niente a che fare con l'aver assaggiato il sangue.

Mito 32: Mangiare carne cruda rende un cane aggressivo.

Questo mito è legato a quello precedente, secondo il quale un cane morde più frequentemente perché 'ha assaggiato il sangue'. Abbiamo visto che questa è una sciocchezza. Ma sul mangiare carne cruda? Molte persone credono che renda il cane più aggressivo. E' vero? No. Supponiamo che il vostro cane ami la carne cruda (che di solito non piace ai cani) e che impari ad apprezzare il sapore del sangue. Anche così, tutto quello che impara è che a volte c'è del sangue nella sua ciotola, delizioso! Lui non sospetta nemmeno che gli altri mammiferi siano sacche di sangue semoventi.

Supponiamo quindi che un giorno morda qualcuno o qualcosa e scopra che del sangue sgorga dalla creatura che ha appena morso. Penserà che questo è un ottimo modo per procurarsi questa leccornia? No. Mordere in un contesto sociale è molto diverso dal mordere per mangiare. Anche se a un certo punto il cane ha morso un essere umano o un altro cane, non li confonderà col suo cibo. La sua tendenza a mordere potrebbe subire un incremento, ma questo non perché ha assaggiato il sangue, né perché mangia carne cruda. Se continua a mordere è perché ha scoperto che, quando i segnali normali non funzionano, questo è un modo efficace per tenere tutti fuori dalla sua zona personale. Come abbiamo visto nel Mito 31, mordere gli offre la potente ricompensa della riduzione dell'ansia. E sappiamo che un comportamento ricompensato tenderà a ripetersi.

Supponiamo che un giorno, durante una passeggiata nei boschi, riesca a catturare un coniglio. Non lo mangerà (approfondimenti nel Mito 5). Lo lascerà cadere, una volta che non si muove più, oppure lo porterà a voi. Potrebbe prendere l'abitudine di cacciare (e talvolta catturare) conigli, ma questo non ha niente a che vedere con la carne cruda nella sua ciotola. Per lui, le varie parti di questa catena comportamentale sono un gioco (non sa più, come invece sapevano i suoi antenati, che lo scopo di questa catena è l'acquisizione di cibo), e giocare è divertente.

Un fatto importante da tenere in considerazione è che gli animali *devono imparare* cosa considerare cibo. Neanche i lupi possono tranquillamente passare dalla caccia all'alce alla caccia al cervo, per fare un esempio. In genere, nel loro habitat naturale, i lupi non affrontano improvvisamente una preda di una specie differente. Questo accade solamente quando gli esseri umani devono spostarli per qualche ragione. Quando vengono spostati da una zona di caccia al cervo a una zona di caccia all'alce, i lupi *devono imparare* a vedere l'alce come preda (cioè cibo). I loro custodi umani devono lasciare sul terreno carcasse di alci aperte affinché i lupi le trovino. Alla fine, i lupi assoceranno la forma e l'odore delle viscere dell'alce con quelle che avevano sempre trovato (e mangiato) del cervo. Dopo di che, dovranno sperimentare nuove tecniche di caccia per catturare il ben più temibile alce. Possono essere necessari venticinque anni perché un gruppo di lupi si adatti completamente a mangiare un nuovo tipo di preda.

Trovare un pezzo di carne cruda nella sua ciotola, non farà sì che il vostro cane confonda gli altri mammiferi con il cibo. Se gli offrite molte volte frattaglie di coniglio, e scopre che è la stessa cosa della carne cruda, potrebbe iniziare ad associare la forma e l'odore del coniglio con qualcosa di commestibile. Forse (ma solo forse) e solo se non ha mangiato per diversi giorni, potrebbe allora essere disposto a spendere energia per cacciare un coniglio con la reale intenzione di mangiarlo.

C'è poi un'altra questione che a volte si presenta. Si dice che il cane che mangia carne cruda assume troppo proteine, e che troppe proteine rendono il cane aggressivo. E' vero che alcune proteine della carne sono più digeribili quando la carne è cruda, ma altre sono più facilmente digeribili quando la carne è cotta. In ogni caso, questo non è importante. Le proteine sono principalmente utilizzate dal corpo come blocchi da costruzione, ma, in mancanza di sufficienti grassi e carboidrati, possono anche essere usate come fonte di energia. Questo perché le proteine sono molecole enormi e molto difficili da scomporre in pezzi abbastanza piccoli per essere utilizzati come combustibile. Esse sono una fonte piuttosto inefficiente di energia. D'altra parte, un cane che mangia troppe proteine (cotte o crude) può diventare nervoso e irritabile. Ma questo non tanto per le troppe proteine, quanto per una dieta squilibrata, ed è più probabilmente dovuto alla carenza di alcune vitamine e minerali, piuttosto che all'abbondanza di proteine. Se un cane nervoso morde, non è perché mangia carne cruda, troppe proteine, o poche vitamine, o altre cose del genere. Quando i miei cani sono nervosi, mi portano e mi riportano la palla da tennis, fin quando non divento nervosa anch'io, ma mai si sognerebbero di mordere chiunque, perché non conoscono ragioni per farlo. Se un cane morde quando è nervoso, è il risultato delle esperienze di apprendimento della sua vita, e non ha niente a che fare con quello che ha o non ha mangiato.

Fatto: Mangiare carne cruda non renderà un cane aggressivo. Mangiare carne cruda, tuttavia, può essere pericoloso per altri motivi. Vedi Mito 90 per scoprire quali.

Mito 33: E' pura fortuna quando un cane morde senza infliggere gravi danni.

In un parco, o in casa nostra, due cani in qualche modo entrano in conflitto, e quando tutto il resto fallisce finiscono per 'combattere'. Oppure, un cucciolo viene 'aggredito' pur non avendo fatto nulla per meritarlo. Noi ci lanciamo eroicamente nella mischia e crediamo di avere salvato un cane dall'altro. Che si tratti di un cane adulto o di un cucciolo, lo esaminiamo per cercare le ferite e... non troviamo niente. Troviamo solo macchie umide sulla sua pelliccia, forse un graffio da qualche parte, o, nel peggiore dei casi, un piccola ferita (di solito sul muso, dove i cani si sono sventolati i denti a vicenda, o sulla parte posteriore del collo, dove hanno pizzicato una parte morbida di pelle. 'Oh, grazie al cielo, siamo stati fortunati che non sia finita peggio!'.

Anche le persone vengono 'morse' dai cani. Questo perché un sacco di cani hanno buone ragioni per temere le azioni degli esseri umani. Noi non parliamo il loro linguaggio, non ci preoccupiamo di impararlo, e non capiamo che il cane ci chiede di mantenere le distanze fin quando non ci considererà degni di fiducia. Oppure facciamo qualcosa che gli provoca dolore. Il cane si scaglia contro di noi, e vediamo i suoi denti lampeggianti sbattere, o almeno avvicinarsi moltissimo al nostro corpo. Restiamo sciocchati e gridiamo:'Mi ha morso!'. Nel nostro essere sconvolti e feriti nei nostri sentimenti, ci dimentichiamo di guardare quello che il cane ha fatto davvero. O ha morso in aria vicino a noi, oppure ha toccato il nostro corpo e si è astenuto dall'affondare un morso con tutta la forza delle sue mascelle. Ha afferrato il nostro braccio un attimo, forse ci ha dato qualche morsetto molto controllato, e poi ha lasciato subito andare, aspettando di vedere la nostra reazione, quando, se avesse voluto, avrebbe potuto benissimo lanciarsi in un vero attacco. Di solito tutto finisce con un po' di saliva sui nostri vestiti. A volte c'è il segno di un dente sulla nostra pelle intatta. Se stiamo parlando di un cane torturato, potrebbero esserci un paio di buchi di zanne contornati da un livido. Questa è un'esperienza traumatica per noi, che pensiamo:'Santo cielo, come sono stato fortunato che non sia andata peggio!'.

In verità la fortuna non c'entra per niente. Non siete arrivati appena in tempo a salvare il vostro cane, né siete stati veloci a togliere il braccio. Quello che accade è che *il cane si rifiuta volutamente di usare sul serio le sue armi*. I cani normali non vogliono usare l'aggressione; i cani normali hanno una grande avversione per l'aggressione. L'aggressione li spaventa, sconvolge tutti i loro rapporti e il sistema di cui fanno parte, e corrono il rischio di rimanere feriti essi stessi. Se un cane viene socializzato normalmente in gioventù, prima che abbia perso i denti da latte, impara ad avere il perfetto controllo su quanto forte mordere. Un cane può dirigere i sui denti con grande precisione, e può muoversi cinque volte più velocemente di quanto noi possiamo spostare le nostre mani, senza mancare di un millimetro il suo obiettivo. *Questo* è un fortunato fatto di Natura. Il vostro cane morde a pochi millimetri dalla vostra mano o dalla vostra faccia *di proposito*. Nonostante il gran ringhiare mentre lo faceva, *di proposito* ha afferrato il vostro braccio per una frazione di secondo, ha morso piano, e poi ha lasciato andare. Non è stato un colpo di fortuna che non abbia ferito l'altro cane o il cucciolo, perché in realtà è stato molto attento a non farlo. A meno che non ci siano enormi lividi multicolori, ferite profonde nella pelle, nei muscoli o nei tendini, che mostrano che il cane ha serrato le mascelle, o ha fatto il movimento di stringere e strappare mentre mordeva, abbiamo di fronte solo un cane che si è astenuto *volutamente* dall'usare le sue armi.

Un cane che rinuncia a usare sul serio le sue armi pensa di emettere un messaggio sociale. Non ha idea del fatto che noi non capiamo questo segnale, e che lo chiamiamo 'morso'. La verità è che anche quando si scaglia contro, sta cercando di preservare la relazione con l'altro. Vuole che si continui ad essere amici, cosa impossibile se danneggiasse l'altro seriamente. Quando si scaglia simbolicamente, anche in una situazione di escalation, pensa di fornire la prova che è degno di fiducia. E' veramente triste non capire il senso di tutto questo, e trarre la conclusione opposta.

<u>Fatto</u>: Quando un cane morde l'aria vicino a voi o vicino al vostro cane, o quando sferra un morso simbolico e controllato, è un cane affidabile, che volutamente rinuncia ad usare le sue armi. La fortuna non ha niente a che fare con tutto ciò.

Note

Semyonova, A, 'The social organisation of the domestic dog; a longitudinal study of domestic canine behavior and the ontogeny of domestic canine social systems'. CarriageHouse Foundation, The Hague, The Netherlands, 2003. <www.nonlineardogs.com>

Mito 34: Secondo il Mito 33, si può sempre confidare nel fatto che, se mordono, i cani non infliggeranno gravi ferite.

Prima di credere a questo, si prega di dare un'occhiata ai Miti 30 e 31 e 38-40. Esistono cani che usano le loro armi senza ritegno e infliggono danni mortali. Questi cani sono, per definizione, anormali. La prova sta a) nell'origine evolutiva del cane come specie e b) nel fatto che la grande maggioranza dei cani non usa mai le sue armi con l'intenzione di ferire. I cani che infliggono danni seri o mortali possono essere divisi in quattro categorie:

1) Le razze di cani da combattimento (pit bull, Staffordshire Terrier Americano, Staffordshire Terrier Inglese, Bull Terrier Inglese, Bulldog Americano ecc.) che sono state selezionate per sbranare altri animali. Questi cani sono stati allevati per combattere fino alla morte, o per fare a pezzi un orso o un toro, le cui armi venivano spesso rimosse per evitare che si difendessero, e legati in modo che non potessero fuggire. Dal momento che la maggior parte dei cani non mordono, se non seriamente provocati, gli allevatori hanno dovuto lavorare per ottenere cani che avrebbero attaccato anche senza provocazione, ma non solo; volevano cani che, una volta partiti, continuassero ad attaccare anche se non avessero incontrato nessuna difesa, e anche dopo che l'altro cane, orso o toro giacessero morti sul terreno. Queste razze sono ancora usate a questo scopo in tutto il mondo. Non lasciate che nessuno vi dica che tutto ciò appartiene al passato, o che adesso queste sono razze domestiche, o, peggio ancora, che lo sono sempre state. Vengono ancora allevati cani utilizzati per uccidere.

2) Altre razze (Presa Canario, Dogo Argentino, Fila Brasileiro, Boerboel, ecc.) che sono state allevate per manifestare un'aggressività senza freni non solo verso altri animali, ma anche verso esseri umani. Alcune di queste razze, infatti (Dogo Argentino e Fila Brasileiro) sono state specificamente destinate a dirigere la loro aggressività verso gli esseri umani. Secondo i racconti degli stessi allevatori, questi cani non avrebbero dovuto catturare e riportare gli schiavi fuggiti, ma farli a pezzi sul posto come monito per gli altri schiavi. Per renderli in grado di fare ciò, sono stati selezionati con una massa corporea così grande da rendere vana ogni resistenza. Una tale massa corporea significa anche che già dall'età di quattro mesi questi cani sono troppo grandi perché gli altri cani possano insegnargli ad evitare l'uso dell'aggressione. Da adolescenti, può essere letale per un altro cane cercare di disciplinarli o insegnargli qualcosa.

Si tratta di cani con difetti genetici. Sono stati allevati per avere cervello e struttura del corpo diversi da quelli dei cani normali. E non sono affatto come il nostro romantico lupo, che caccia e usa le sue armi realmente, ma non pensa per un istante di sprecare energia per aggressioni inutili. Questi cani sono stati creati a immagine dell'Uomo, pronto a distruggere per la gioia di distruggere, e a godere della violenza per se stessa. Quindi non prendetevi in giro, e non permettere che lo faccia il vostro vicino di casa, proprietario di un pit bull (o Presa o Dogo). Questi cani possono non scatenarsi per qualche tempo (o, se siete fortunati, per tutta la vita), ma se scattano, infliggeranno il massimo danno, se possibile uccidendo tutto ciò che capita, continuando ad attaccare anche dopo che il bersaglio è morto da tempo. Questo è l'unico modo in cui questi cani sono affidabili. Ora, so che un certo tipo di uomo (e sempre più di donne) amano avere in casa questi cani, orgogliosi di mostrare a tutto il mondo di essere capaci di tenerli sotto controllo, e sorridono con accondiscendenza agli ospiti che hanno paura del loro dolce pit bull/Presa/Dogo. Tuttavia, questo dolce cane, che si pensa sia così bello perché sorride tutto il tempo con quella sua espressione brachicefala, una volta scatenato, ucciderà il vostro bambino senza perdere quel dolce sorriso brachicefalo, che probabilmente non vi sembrerà più tanto dolce.

Questi sono cani che abbiamo progettato non solo per il morso, ma anche per l'attacco, e per questo motivo, quando attivati, saranno assolutamente affidabili nell'infliggere danni mortali.

3) C'è poi il cane mal socializzato. Se non permettete al vostro cane di socializzare abbastanza con cani adulti prima che abbia perso i denti da latte, o se lo proteggete molto quando socializza da cucciolo, non imparerà mai la lezione sul controllo degli impulsi e sull'inibizione del morso. Non sempre questi cani hanno intenzione di ferire qualcuno. Semplicemente non hanno idea di quanto forte stiano mordendo, né di cosa possano fare con i loro denti. Pertanto, se spinti a mordere, possono provocare danni reali. Possono anche diventare morsicatori disinvolti, perché non gli è mai stato insegnato preferire il compromesso e come negoziarlo, né che le relazioni si possono guastare, se non lo si fa.

4) Infine abbiamo il cane torturato. Alcuni cani hanno avuto esperienze così terribili con altri cani o più spesso con esseri umani, che non se la sentono più di tenere una porta aperta all'amicizia. Hanno perso ogni speranza. Si sentono gravemente in pericolo in presenza di altri cani o di esseri umani. Tutto quello che questi cani vogliono è essere lasciati soli. Poiché temono per la loro sopravvivenza, e poiché non si curano di mantenere buoni i rapporti sociali, quando mordono possono ferire gravemente.

Dunque non lasciate che quanto detto nel Mito 33 vi renda imprudenti, né che vi faccia credere al Mondo delle Favole.

Fatto: Alcuni cani, quando mordono, certamente infliggono gravi danni.

Mito 35: Quando un cane scodinzola significa che è in uno stato d'animo amichevole.

Questo è un pericoloso equivoco. E' un malinteso che ha causato molte e spiacevoli sorprese per bambini o adulti ben intenzionati, che si sono avvicinati a un cane che scodinzolava. Come abbiamo visto, i cani usano il loro linguaggio del corpo per trasmettere informazioni riguardanti il loro stato interiore, i loro stati d'animo, sentimenti, desideri, intenzioni. Abbiamo anche visto che il linguaggio del cane non è il nostro, e che spesso non capiamo cosa il cane ci sta dicendo (o non ci accorgiamo nemmeno che ci sta dicendo qualcosa). Anche se conosciamo un po' la loro lingua, a volte non percepiamo piccole sfumature di significato.

Il cane che scodinzola è un esempio calzante. Quando un cane agita la coda, significa sicuramente due cose:

1) Il cane è eccitato.
2) Il cane è pronto a entrare in qualche tipo di contatto.

Tuttavia nessuna di queste due certezze implica che l'eccitazione del cane dipenda da emozioni positive o piacevoli, né che il contatto in cui è pronto ad entrare sarà amichevole. Le nostre uniche certezze sono che il cane è eccitato e che interagirà con noi invece di fuggire.

Un cane pericolosamente teso dimenerà la coda sollevata in alto, sopra il livello della schiena e dei fianchi. Questo cane si sente insicuro su ciò che abbiamo intenzione di fare, e vuole che manteniamo le distanze. Ma la sua insicurezza sulle nostre intenzioni non implica necessariamente che sia insicuro della sua capacità di costringerci a fermarci, se non onoreremo spontaneamente la sua richiesta. Questo è ciò che mostra con certezza il suo scodinzolare con la coda alta. La coda oscilla con movimenti corti e duri, stretti e rapidi. Il cane è ritto sulle zampe, e mostra i muscoli tesi per l'adrenalina. Ci guarda dritto negli occhi e scopre i denti davanti, anche se potrebbe anche solo sollevare leggermente le labbra come se stesse per dire qualcosa. Le orecchie sono rivolte verso di noi, come per captare qualsiasi suono che da noi provenga. Potrebbe rimanere immobile, eccetto la coda scodinzolante in alto, e potrebbe sollevare leggermente una delle zampe anteriori. Questo cane è pronto ad entrare in interazione con noi, con l'unico scopo di farci fare marcia indietro e lasciarlo in pace. Se non ci blocchiamo (istantaneamente!) e non distogliamo lo sguardo (interrompendo così il contatto visivo), questo cane userà i suoi denti contro di noi. Se ci morderà seriamente o sarà un'aggressione simbolica, dipenderà dalle esperienze che ha vissuto fino a quel momento. In altre parole, dipenderà da quanto ritiene pericolosi gli esseri umani (noi compresi).

Poi abbiamo il cane pauroso. Questo cane è teso e insicuro, ma non del tutto certo della sua capacità di farci fare marcia indietro. Il cane pauroso preme la coda contro le natiche o la mette fra le zampe contro il suo ventre. Con la coda in questa posizione si può ancora vedere la punta scodinzolante. Anche in questo caso il movimento è breve, secco e veloce. Il cane è accovacciato, come se si aspettasse un colpo. Gira la testa e distoglie lo sguardo, ma ci guarda ancora teso con la coda dell'occhio. Mostra il tipico 'ghigno della paura', con gli angoli della bocca tirati indietro. Un cane può anche esprimere il ghigno della paura con le labbra aperte, nel qual caso si vedono tutti i denti, fino ai molari. Le sue orecchie sono ripiegate all'indietro sul cranio. Esse non puntano dietro o verso il basso, come in un segnale calmante, ma verso lo spazio dietro la testa. Questo cane si sente con le spalle al muro, senza via di fuga (essere al guinzaglio è, per un cane, lo stesso che essere messo alle strette, non dimentichiamolo mai). Per questo scuote la coda, non ha scelta, è costretto ad entrare in contatto con noi, ed è pronto a farcela pagare, se gli faremo del male. Quindi non facciamoci ingannare da questo scodinzolio. Quello di cui questo cane ha disperatamente bisogno è che smettiamo di guardarlo negli occhi perché ha una paura del diavolo, e che gli diamo spazio indietreggiando.

Infine c'è il cane che ci viene incontro scodinzolando con la coda bassa e rilassata, che fa ampi giri, come se spazzasse pigramente. Questo è un cane socialmente sicuro, che sente una piacevole eccitazione all'idea di entrare in contatto con noi. La sua coda mostra la sua disponibilità ad entrare in un'interazione, perché si aspetta che la gente sia amichevole e divertente. Le sue orecchie possono essere ripiegate sul collo, il che significa che non ha cattive intenzioni. Oppure potrebbero essere attive e vigili, ma mentre si avvicina le girerà con le aperture verso l'esterno, indicando in tal modo la sua cordialità. Potrebbe ansimare leggermente (per l'eccitazione) tenendo la bocca un po' aperta, ma con le labbra rilassate, che cadono naturalmente, così da coprire i denti. Potrebbe guardarci dritto negli occhi, ma senza fissarci. Il suo viso è rilassato, la fronte è liscia. Avvicinatosi, potrebbe sedersi (un segnale calmante) e si potrebbe vedere solo la punta della sua coda ancora scodinzolante. Ma va tutto bene, dal momento che tutti gli altri segnali dicono che gli piacerebbe molto essere il nostro cane.

Fatto: Se volete sapere cosa esprime una coda scodinzolante, dovete guardare l'intera combinazione di segnali che il cane emette. Se avete qualche dubbio non avvicinatevi al cane. Non lasciate neanche che i vostri bambini lo accarezzino. Non lasciatevi ingannare soltanto da una coda che scodinzola.

Mito 36: Se un cane si avvicina e ringhia, significa che sta provando a dominarmi.

Se li avete dimenticati, rileggete i Miti 11, 12 e 13, perché per comprendere quello che succede è necessario lasciarsi alle spalle il partito nazista e ogni modo di ragionare umano in generale, ed avere presente cosa esprimono effettivamente i segnali dei cani.

Se un cane non vuole avere niente a che fare con voi (o con un altro cane) può sempre usare il metodo molto semplice di passarvi vicino senza cercare il contatto, o fingere di non avervi visto. Se un cane si avvicina a voi (o a un altro cane) significa o che vuole il contatto sociale, o che per qualche motivo sente di non avere scelta, e che deve necessariamente avere a che fare con voi. Nel Mito 11 abbiamo visto che i cani non possono condividere uno spazio fisico con un'altra creatura finché non sono certi di essere al sicuro in sua compagnia. Quando un cane vi si avvicina e ringhia, sapete di avere a che fare con un cane incerto sulle vostre intenzioni e sulla vostra affidabilità, un cane che non sa se è al sicuro con voi in giro. Di solito è un cane che nella vita ha avuto troppo poche buone esperienze con gli esseri umani. Non è dominante, è solo che la sua esperienza di vita gli ha insegnato che deve preoccuparsi di quello che gli uomini potrebbero fare. Questo cane sente il bisogno di mettere alla prova le vostre reazioni, nella speranza che obbedirete alle regole sociali dei cani (in un momento del genere chiede per lo più conferma sulla regola detta 'di non aggressione' e sulla comunicazione delle vostre intenzioni pacifiche con l'uso di rassicuranti segnali calmanti).

Quando è all'aperto, un cane insicuro o preoccupato può di solito evitare uno sconosciuto. Non c'è da meravigliarsi, quindi, che questo comportamento si verifichi più spesso in un interno o dentro un cortile recintato. Uno sconosciuto entra nel luogo dove sono soddisfatte tutte le necessità del cane. La vita del cane dipende da questo luogo. La sua casa è l'unico posto dove deve assolutamente sentirsi al sicuro. Non c'è via di fuga. Non ha scelta: deve impegnarsi a richiedere la prova che lo sconosciuto non è pericoloso. Non può rilassarsi (cioè il suo stato interiore non può ritornare a un equilibrio confortevole) fin quando non l'ha avuta.

I segnali di minaccia del cane indicano che è preoccupato. Quando un cane è preoccupato e non può andarsene, cercherà di ottenere dagli altri i segnali che consentiranno al suo stato interiore di tornare in equilibrio (per esempio, permettendo al livello di adrenalina di abbassarsi). Se una persona interpreta questi segnali come 'dominanza' e minaccia a sua volta, credendo nel vecchio mito per cui coi cani bisogna sempre essere dominanti, il cane si preoccuperà sempre di più. A seconda delle esperienze che ha avuto finora con gli esseri umani, potrebbe decidere di scagliarsi simbolicamente. Ma questo 'dominare il cane' è pericoloso, perché il cane che ha avuto esperienze molto negative, potrebbe anche scatenarsi in un attacco completo. Dopo tutto vi siete inseriti nel suo ultimo baluardo contro il mondo esterno, e lo avete più o meno messo con le spalle al muro. Questo cane non è dominante, è vicino alla disperazione.

Non dobbiamo dimostrare il nostro potere e la nostra autorità su un cane insicuro. Possiamo uccidere i cani ogni volta che vogliamo, e lo facciamo continuamente (solo negli Stati Uniti circa 6.000.000 l'anno). Quindi cerchiamo di non essere meschini e vanitosi. Diamo al cane il segnale che non siamo pericolosi.

Ignoriamolo. Evitiamo il contatto degli occhi. Fermiamoci e sediamoci rimanendo immobili. Chiediamo al suo proprietario di non rimproverarlo e di non parlargli con rabbia. Questo darà al cane il tempo di rendersi conto che siamo in casa sua già da tempo, e nessuno, né noi, né il proprietario, ha fatto qualcosa di spiacevole, spaventoso o crudele.

E' importante non fare altro che ignorare il cane. Non entrare in interazione con lui, nemmeno in un'interazione piacevole. Non provare a offrirgli bocconcini (vedi Mito 86), non perché si rischia di premiare il comportamento del ringhiare, perché in questo momento il cane è troppo teso per imparare qualcosa dalle ricompense in cibo. Il problema qui è che se il cane è così insicuro, c'è il rischio che abbia imparato a considerare pericolosa anche una voce accattivante o un'offerta di cibo da parte di esseri umani. Se è stato attirato in questa maniera per essere catturato e poi punito, potrebbe attaccare immediatamente. Pertanto ignoriamolo ed evitiamo il contatto visivo. Se abbiamo bisogno di usare il bagno, chiediamo al suo padrone di mettere il cane in un'altra stanza per un minuto, senza arrabbiarsi con lui, fino a quando non saremo tornati e ci saremo seduti di nuovo. Al momento di andare via, chiediamo che faccia la stessa cosa, finché non saremo usciti dalla proprietà.

Fatto: Un cane che minaccia è insicuro di ciò che l'altro sta per fare. Non potete risolvere questo problema per lui, perché la sua insicurezza è il risultato di una lunga storia e forse del modo in cui il suo proprietario lo tratta. Ma trattenetevi dall'entrare in meschini giochi di potere con il povero cane, e nello stesso tempo abbiate cura della vostra sicurezza. Non arrabbiatevi con il cane, ma con chi gli ha insegnato a non fidarsi.

Mito 37: Un cane da guardia deve essere grande e temibile, e bisogna renderlo aggressivo.

La verità è che la maggior parte dei cani da guardia in questo mondo passano la vita incatenati nell'area che si suppone debbano proteggere o chiusi in un recinto. Come può un cane confinato proteggere i nostri beni?

La ragione per la quale sono efficaci nonostante ciò è che la maggior parte dei ladri, degli stupratori e altra gentaglia del genere, sono interessati soprattutto alla propria sicurezza. Non vogliono rubare, violentare o commettere altri crimini con l'uso della forza in uno scontro diretto. Il ladro vuole entrare, raccogliere gli oggetti di valore e uscire senza essere notato. Lo stupratore vuole violentare una donna in un posto isolato, dove nessuno sentirà le sue grida. E sceglierà in prima istanza una donna troppo spaventata o passiva per difendersi, perché questa è la situazione meno rischiosa per se stesso. La maggior parte dei criminali cercano di commettere un reato in modo tale da non essere scoperti, se non quando è troppo tardi, e sono già fuggiti via senza essere visti.

Il cane da guardia non deve essere grosso e temibile. Nei paesi in cui molte persone vanno in giro armate (cioè la maggior parte) il ladro non ha paura del confronto fisico con un cane da guardia. Piuttosto teme di essere notato da altri esseri umani. Tutto quello che il cane deve fare è un sacco di rumore, in modo da attirare l'attenzione affinché l'intruso si preoccupi di essere scoperto. Lo stesso vale per il cane da pastore che deve difendere il bestiame. Il cane non deve sbarazzarsi del leopardo, del lupo, dell'orso o del bracconiere con una lotta corpo a corpo, ma facendo rumore. L'intruso è interrotto in quello che stava facendo, si preoccupa che l'attenzione sia focalizzata su di lui e si allontana per cercare una preda più facile.

Non è necessario insegnare al cane ad essere aggressivo perché reagisca in questo modo. Sebbene sia stato provato che i cani non difendono un vasto territorio, essi proteggono un nucleo di riposo, come un vestibolo, una macchia di cespugli dove dormono, giocano o crescono i cuccioli. Il vostro cane potrebbe davvero tentare di proteggere la vostra casa (vedi Mito 9). Tuttavia, anche se non lo fa, anche se è abituato agli ospiti e ad accoglierli cordialmente, vi dirà lo stesso se c'è un estraneo in casa. Non c'è bisogno di insegnarglielo.

Questo perché il cane è un essere abitudinario. Ai cani piace che le cose siano prevedibili. I cani si abituano al fatto che gli ospiti entrano sempre dalla porta principale, e che voi gli date il benvenuto con saluti, sorrisi e abbracci, che poi appendete i cappotti e li accompagnate in soggiorno, dove ciascuno si siede e si predispone alla visita. Se succede qualcosa di diverso dalla solita routine, come un 'ospite' che improvvisamente entra dalla finestra mentre voi non siete in casa, questo preoccupa il cane. Non può più prevedere quello che succederà dopo. E (come sappiamo), un cane preoccupato abbaia, ringhia ed emette tutti gli altri tipi di segnali di minaccia. Ci sono buone possibilità che il ladro decida di andare a visitare un'altra casa, dove non scatti 'l'allarme'. Se vi capita di essere in casa e il ladro decide di ingaggiare una lotta fisica con voi, il vostro cane probabilmente vi aiuterà senza che nessuno glielo abbia insegnato. I cani non amano i comportamenti scortesi. Spesso dividono i loro simili impegnati in una zuffa, o si uniscono a rimproverare collettivamente un membro maleducato del gruppo. O almeno, vi aiuterà se gli è stato concesso di comportarsi come un cane e se non lo avete cresciuto con tante punizioni da aver imparato a non impicciarsi degli affari vostri, qualunque cosa accada. Che il vostro cane vi venga in aiuto è il risultato di quella che chiamiamo facilitazione sociale; cioè il fatto che i cani che si conoscono tendono a unirsi fra loro in determinati comportamenti come abbaiare, giocare, annusare un determinato odore, correre o saltare tutti addosso a un estraneo o a un membro del gruppo che disobbedisce alle regole sociali. Non dimenticate che anche un cane piccolo può mordere, fornendo così (almeno) una distrazione, in modo che il vostro aggressore non può concentrare tutta la sua attenzione su di voi.

Lo stesso accadrà in mezzo alla strada, se un estraneo si avvicina. Il vostro cane è estremamente sensibile al linguaggio del corpo. Noterà che la situazione è inusuale, che il linguaggio del corpo dello sconosciuto è strano (a causa dell'adrenalina), che siete tesi, che non apprezzate l'approccio di costui. Se siete spaventati il cane se ne accorgerà, se siete arrabbiati si unirà a voi. Comincerà ad abbaiare attirando l'attenzione dei passanti. Se vi troverete coinvolti in una lotta, sarà incline a combattere con voi.

Fatto: I criminali in genere cercano facili prede. Sono concentrati sulla loro sicurezza e a non essere scoperti. Per essere un eccellente cane da guardia un cane non deve essere grande e spaventoso né aggressivo. Un cagnolino che abbaia è altrettanto efficace.

Note

Beck, AM, The ecology of 'feral' and free-roving dogs in Baltimore, Ch 26, in Fox MW (ed),*The Wild Canids,* Van Nostrand Reinhold Co, MY, 1975.

Beck, AM, *The Ecology of Stray Dogs: A Study of Free-ranging Urban Animals,* York Press,Baltimore, 1973.

Brownmiller, S, *Against our will: Men, women and rape,* Bantam Books, NY, 1976.

Coppinger, R, Coppinger, L, *Dogs: a startling new understanding of canine origin, behavior, andevolution,* Scribner, New York, 2001.

Smith, S, *Fear or Freedom; a woman's options in social survival & physical defence,* MotherCourage Press, WI, 1986.

Mito 38: Educandolo nel modo giusto, si può rendere mite un pit bull, uno Staffordshire Terrier Americano, o qualsiasi altro cane appartenente a una razza specificamente allevata per l'aggressione.

Nonostante tutto quello che avete letto finora, ci sono alcune razze di cani che probabilmente, a un certo punto, esploderanno in un'aggressione incontrollata, indipendentemente da come siano stati educati. E' un mito la teoria per cui non esistono cani da combattimento, ed è un mito che l'aggressività non è geneticamente determinata in alcune razze.

Quando si parla di queste razze di cani, entrano in gioco enormi interessi economici. Gli allevatori e i vari club di razza non sono inclini ad essere onesti sul tipo di cane che hanno creato. A dispetto di almeno duecento anni di attenta selezione per ottenere cani disposti a combattere fino alla morte, ci dicono che i cani da combattimento non esistono. D'altra parte, quando conviene loro, sostengono allegramente che ogni razza ha di sicuro caratteristiche geneticamente determinate sulle quali si può fare affidamento solo acquistando un loro cucciolo. Al momento c'è una grande pressione sociale per non parlare o scrivere sulle razze di cani che sono state specificamente selezionate per le qualità aggressive. Il denaro, la vanità umana, le preoccupazioni dei maschi per la propria virilità, tutto ciò cospira a rendere estremamente difficoltoso ottenere informazioni precise, e tutta la discussione può essere per i profani fonte di confusione.

Per questo motivo, il mito di cui stiamo trattando è a volte divulgato da persone poco informate. Hanno avuto buone esperienze con i cani in generale, e a fatica riescono a credere che un cane possa essere pericoloso e imprevedibile. In altri casi questo mito è portato avanti da persone che hanno comprato un pit bull (o un American Staffordshire Terrier, o un Presa Canario) perché sono cani noti per la loro pericolosità, e serve alla loro vanità per sminuire chi li teme. E, naturalmente, ci sono gli allevatori e i club di razza che proteggono i loro interessi economici.

E allora, come stanno le cose?

Gran parte del comportamento di un cane è appreso. Non tutti i comportamenti sono ereditari o geneticamente determinati. Tuttavia esistono sicuramente specifiche parti del comportamento di una razza da lavoro che sono certamente, incontrovertibilmente e inevitabilmente determinate dai geni della razza. Questo è un fenomeno che i biologi chiamano conformazione comportamentale. Questa definizione è usata per indicare che c'è un'ereditaria base genetica per alcuni elementi specifici del comportamento di una razza da lavoro. Con la selezione artificiale si può ottenere una razza intera (cioè tutta la popolazione dei cani di quella razza) in cui tutti i membri svolgeranno un compito specifico meglio di qualunque altro cane. Questo è il motivo per cui sono chiamate razze da lavoro. Gli allevatori selezionano dei cani che sono particolarmente bravi in un compito, senza curarsi dei criteri estetici del Cruft. Operando una selezione per ottenere determinate prestazioni, il corpo del cane subisce mutamenti, anche se spesso gli allevatori non hanno un'idea esatta di quali caratteristiche fisiche stanno cambiando. Spesso non si rendono conto che, con la selezione per la migliore performance in un lavoro specifico, selezionano anche cambiamenti nel cervello dei cani, ancora una volta senza sapere esattamente cosa cambia. Alla fine, l'intera razza risulta con le speciali caratteristiche fisiche e comportamentali necessarie per il suo compito. L'intera popolazione di quella razza è diversa dagli altri cani, sia nel corpo che nel cervello. Inoltre il cervello e il corpo di quella razza possiedono un'unità altamente specifica, dedicata al compito altrettanto altamente specifico per cui la razza è stata creata. Mentre il cucciolo di cane da lavoro cresce, il suo cervello e il suo corpo saranno inevitabilmente connessi, così che quel cervello lievemente diverso sarà in grado di guidare efficacemente quel corpo lievemente diverso nello svolgere il compito che gli uomini hanno pensato per lui. Quando fa quello per cui è stato selezionato, il cane si sente a suo agio, sta bene. Quel compito si adatta al suo cervello e al suo corpo. Il comportamento specifico della razza è internamente gratificante, il semplice eseguirlo fa stare bene il cane. In effetti, è così internamente gratificante che premi (o punizioni) esterni hanno poco potere su di esso.

Vediamo alcuni esempi.

Il Border Collie, rispetto agli altri cani, ha un corpo leggermente diverso, che gli permette di entrare facilmente nella postura di inseguimento furtivo. Mentre insegue 'dà occhio', eseguendo lo schema comportamentale geneticamente ancorato di orientarsi verso un oggetto in movimento e fissarlo mentre è nella postura di pedinamento. Il Border Collie si 'inchioderà', muovendo o oscillando il suo corpo intorno alla testa (che resta ferma) a tenere d'occhio le pecore. Questa è una variante del comportamento di orientamento che non si vede in altri cani, perché l'uomo ha manipolato i geni di questa razza per ottenere questo comportamento altamente specifico. E' un comportamento della *razza*, non di un singolo cane. Il Border Collie inoltre passa con facilità dalla posizione di 'in piedi' a quella di 'terra' perché il suo scheletro e i suoi muscoli sono leggermente diversi da quelli degli altri cani. Ma non soltanto il suo corpo. Anche il cervello del Border Collie è strutturato per il pedinamento, per tenere lo sguardo puntato su un oggetto in movimento, per passare da 'terra' a 'in piedi'. Ciò è dovuto in parte alla selezione genetica volta a mostrare questi comportamenti, in parte perché il cervello cresce sempre in coordinazione con il corpo in cui si trova.

Non è necessario insegnare a un Border Collie questi speciali comportamenti e posture. Arriva un momento in cui spontaneamente inizierà a pedinare, dare lo sguardo, sdraiarsi e alzarsi. Non si può impedire a un Border Collie di eseguire questi comportamenti (a meno che non lo si chiuda in una gabbia dove non può muoversi). Gli si può insegnare di esibirli a comando, in modo che mostri questi comportamenti quando vogliamo noi. Ma in ogni caso, nel suo tempo libero, cercherà o creerà occasioni per mostrare questi comportamenti. Potrebbe farlo in soggiorno con una palla (che farà rotolare lontano, così da poterla inseguire, fissare, afferrare, sdraiarsi, alzarsi di nuovo) o con i bambini nel cortile della scuola, con il gatto o con le oche nel parco. Ma lo farà. E' la sua natura. Si sente bene, perché esercita la sua unità di corpo e di mente: usa il suo cervello speciale per cercare le posture che fanno stare bene il suo corpo speciale. Si tratta di un comportamento auto-gratificante, produrre il comportamento è una ricompensa in sé perché crea benessere. Non sono necessarie ricompense esterne né addestramento. Se non volete un cane che si comporti così, non dovreste prendere un Border Collie. Essi non sono adatti a vivere come animali domestici, perché le loro menti e i loro corpi sono stati fortemente creati per un certo lavoro. La maggior parte degli allevatori e dei club di razza lo ammettono.

Lo stesso vale per gli Husky. Questi hanno un'andatura leggermente diversa dagli altri cani, poiché sono stati allevati per trainare una slitta con grande efficienza energetica senza nello stesso tempo impigliarsi nell'imbracatura o prendere a calci il compagno che è legato a lui. Gli Husky hanno cervello e corpi orientati a correre, amano correre e ottengono un grande piacere senza bisogno di altre ragioni o motivazioni. Non è necessario insegnare a un Husky l'andatura particolare, perché il suo cervello è orientato a usare il suo corpo speciale per lo scopo per cui è stato pensato. Quando il suo cervello, il suo scheletro e i suoi muscoli sono maturi, l'Husky inizia a utilizzare il suo passo speciale senza alcun aiuto da parte nostra. Egli cercherà o creerà scuse per correre semplicemente perché così si sente bene. Non si può insegnargli a non farlo. Si può insegnargli a farlo nell'imbracatura. A volte è difficile tenere un Husky come animale domestico, perché è stato allevato per correre, e correre per lunghe distanze. La maggior parte degli allevatori e dei club di razza lo ammettono.

Anche il cane che è stato selezionato per l'aggressività (il pit bull, il c.d. American Staffordshire terrier, il Presa Canario ecc.) ha questa unità di mente e corpo. Ma non è una speciale andatura, o la capacità di pedinare, sdraiarsi e alzarsi. Questi cani sono stati allevati per eseguire il morso che uccide e per un'aggressività impulsiva e incontrollata. I loro corpi sono stati selezionati per avere mascella e muscoli del collo esagerati, e per l'enorme massa corporea (per esempio il Boerboel). Anche i loro cervelli sono strutturati in modo leggermente diverso dagli altri cani, orientati a usare le enormi mascelle e muscoli del collo per lo scopo speciale per cui sono stati creati. La chimica cerebrale di questi cani è leggermente diversa, cosicché il controllo degli impulsi ne risulta diminuito. L'intenzione dell'uomo era quella di avere un cane che non esitasse e che non avvertisse, che non usasse quel tanto che basta di aggressione controllata per aprirsi una via di fuga o far sì che l'altro aumentasse le distanze, ma un cane che sorprendesse il suo avversario con un improvviso e sostenuto attacco a tutto campo nell'arena (o sul campo dove ha trovato lo schiavo fuggito). E questo è ciò che abbiamo ottenuto. Quando raggiunge una certa età, senza il nostro aiuto o insegnamento, questo cane inizia ad eseguire un attacco vero e proprio e il morso assassino. Il primo attacco arriva improvviso e senza avvertimento, sorprendendo il proprietario del cane e tutti gli altri, proprio come è stato selezionato a fare. Una volta cominciato ad attaccare, la specifica chimica del suo cervello (e il fatto che attaccare lo fa stare bene) farà sì che non si fermerà. Non vuole (e probabilmente non può) onorare i segnali calmanti o i segnali di resa, perché gli è stato negato il controllo degli impulsi. Poiché eseguire i comportamenti per i quali la razza è stata selezionata fa sentire bene il cane, cercherà o creerà le opportunità di fare questa cosa piacevole. Non si può insegnargli a non farlo. E insegnargli a farlo a comando? Quale persona sana di mente vorrebbe fare questo?

Fatto: Il morso che uccide e l'aggressività incontrollata sono di certo geneticamente determinate in alcune razze canine. L'anomalia cerebrale che sta dietro questo comportamento è fortemente ereditaria. Proprio come il Border

Collie e l'Husky, queste razze sono state selezionate per un compito specifico. Non si può eliminare il comportamento dai loro geni, cioè renderli miti, allevandoli in un certo modo, più di quanto non si possa eliminare il pedinamento dal repertorio comportamentale dei Border Collie, o il passo da slitta degli Husky, semplicemente crescendoli diversamente. La differenza principale è che generalmente non è una tragedia quando il Border Collie e l'Husky esprimono i loro specifici comportamenti.

PROBLEMI NELLA DISCUSSIONE SU QUESTE RAZZE

Tragedie cane — cane.

Ciò di cui si discute principalmente quando si parla di queste razze, è se siano o no pericolose per l'uomo. Per me è altrettanto drammatico quello che, da quando sono diventati così popolari, questi cani stanno facendo agli altri cani. Molti, molti più cani di esseri umani sono stati mutilati o uccisi da quando è iniziata questa moda, e io non ho mai capito perché le persone che sostengono di amare i cani sembrano restare indifferenti. Il mito per cui si può far diventare 'dolce' un cane allevato per uccidere è mirato soprattutto a preservare queste razze, sostenendo che non sono pericolose per l'uomo. Incoraggiando i proprietari di cani di queste razze a portarli nelle aree cani e insistendo che gli deve essere permesso interagire con altri cani, questo mito contribuisce al massacro in corso di comuni cani domestici. Ha anche portato alla rinascita della cultura del combattimento fra cani in molti paesi, provocando il fenomeno dei furti di cani di famiglia, usati come carne da macello per gli allenamenti dei cani da combattimento. Vergogna sulle associazioni per la protezione degli animali e sugli 'scienziati' che hanno contribuito a tutto questo.

Confrontare mele e arance.

Le leggi su queste razze sono sempre state mirate a ridurre il numero degli attacchi gravi e mortali contro gli esseri umani. Tuttavia, scienziati e altri sedicenti esperti cambiano continuamente variabili quando valutano queste leggi. Invece di guardare se le mutilazioni e gli attacchi mortali contro gli esseri umani sono diminuiti, analizzando cioè la variabile verso la quale era mirata la legge, insistono con il valutare se sono diminuiti morsi di qualsiasi cane. Questo fatto invalida tutti questi studi, poiché non rispondono alla domanda che era stata effettivamente posta. A volte anche le statistiche sulle uccisioni sono gonfiate, per esempio includendo un cane che ha strangolato qualcuno tirando per gioco la sua sciarpa, considerato come un attacco diretto contro un essere umano. E' chiaro che un 'esperto' che non capisce la differenza (e la differenza di significato) fra un morso inibito e un attacco a tutto campo, non è qualificato per valutare nulla che riguardi i cani. E' anche chiaro che chi include incidenti come quello della sciarpa nella valutazione di mutilazioni o attacchi fatali senza dichiararlo apertamente, è alla ricerca di modi per venire incontro agli interessi commerciali che hanno chiesto quella risposta a tale studio.

Inoltre non è ancora stato fatto uno studio sul decremento delle mutilazioni o degli attacchi mortali a danno di cani, là dove determinate razze sono state vietate. Sulla base di voci non confermate (nel paese in cui vivo), è chiaro che le mutilazioni e le uccisioni di cani da parte di cani calano drasticamente dove è introdotta e imposta una legislazione su una razza specifica.

Danni psicologici.

Non soltanto gli esseri umani vengono danneggiati psicologicamente per tutta la vita, dopo aver subito l'attacco effettuato con lo scopo di ucciderli da parte di un cane, per giunta grosso abbastanza da poterci riuscire. Anche i cani normali vengono fortemente traumatizzati da questa esperienza. I cani normali dipendono dalla regola di non-aggressione per muoversi nel loro mondo. Hanno bisogno di avere fiducia nei loro segnali per controllare le interazioni. Quando un cane ha subito un attacco da parte di un altro cane il cui scopo era quello di ucciderlo, gli manca il terreno sotto i piedi, tutte le sue certezze scompaiono. Il suo universo è profondamente scosso, come sarebbe il nostro se improvvisamente il sole non sorgesse più. Se non può fidarsi dei suoi segnali per il controllo delle interazioni, deve vivere per sempre nella paura, perché il mondo diventa un luogo incontrollabile, in cui può sopraggiungere un attacco improvvisamente e sul quale le proprie azioni non hanno nessuna influenza.

Attribuire gli attacchi alla dominanza.

Alcuni sostengono che per un cane attaccare un altro cane è un comportamento normale, poiché ha a che fare con la 'dominanza'. Tuttavia, la 'dominanza' non c'entra per niente. Anche i biologi che credono ancora nell'idea della dominanza sociale, definiscono la 'dominanza' un comportamento sociale e controllato, specificamente volto ad evitare o a ridurre al minimo la necessità di una reale aggressione e il rischio di lesioni. Essere allevati con un corpo specializzato per combattere e uccidere altri cani, non ha nulla a che vedere con la 'dominanza', e nemmeno scatenarsi in un attacco sfrenato volto a uccidere l'altro. Questo non è un comportamento normale in un cane. E infatti è assolutamente anomalo, e generalmente limitato a poche razze.

La dimensione di una razza è importante.

Una delle argomentazioni più ridicole su questo punto è che anche i Chihuahua mordono. A parte il fatto che una simile argomentazione ignora la differenza fra un morso e un attacco a tutto campo, il problema qui è la capacità di una razza di uccidere veramente con un attacco diretto un essere umano o un altro cane. Non ho mai capito come le persone che nella discussione citano chihuahua o bassotti, si aspettino di essere prese sul serio.

Ma oltre alla capacità di uccidere un essere umano o un altro cane, c'è un secondo problema che la grossa taglia o massa corporea porta con sé: l'impossibilità per gli altri cani di insegnare a giovani cani molto grandi o molto pesanti il controllo degli impulsi e la ricerca del compromesso. La maggior parte di queste razze sono così pesanti già a quattro o cinque mesi che per un cane adulto normale diventa pericoloso provare a migliorare i loro modi e a insegnare loro le regole. Tutto ciò è aggravato dall'innata predisposizione a combattere e dal minore controllo degli impulsi determinato geneticamente. Ho visto Fila Brasileiro, Bull Mastiff e Boerboel di quattro mesi provare a uccidere il cane adulto che aveva comunicato loro di stare attenti a non urtarlo o di non provare a rubargli il legnetto. Poiché nessun altro cane è in grado di parare un attacco del genere, anche solo a causa della massa corporea dell'aggressore, il giovane cane finisce con l'imparare (il che è insito nei suoi geni) che l'aggressione è la via da percorrere.

Note

Clifton, M, Dog attack deaths and maimings U.S. & Canada September 1982 to June 9, 2013. <> accessed Dec 2013.

Coppinger, R, Coppinger, L, Biological bases of behavior of domestic dog breeds, inVoith, VL, Borchelt, PL, eds, *Readings in Companion Animal Behavior,* Veterinary Learningsystems, Co., Inc., Trenton, NJ, 1996.

Coppinger, R, Coppinger, L, *Dogs: a startling new understanding of canine origin, behavior,and evolution,* Scribner, New York, 2001.

Cronly-Dillon, J, The experience that shapes our brains, *New Scientist,* November, 366–369, 1982.

Lockwood, R, Rindy K, Are 'pit bulls' different? An analysis of the pit bull terrier controversy, *Anthrozoos* 1:2–8, 1987.

Moyer, KE, Kinds of aggression and their physiological basis, *Comm Behav Biol* 2[A]:65–87, 1968.

Peremans, K, Functional brain imaging of the dog; single photon emission tomography as aresearch and clinical tool for the investigation of canine brain physiology and pathophysiology, Universiteit Gent, Faculty of Veterinary Medicine,Gent,2002. <http://lib.ugent.be/fulltxt/RUG01/000/471/809/RUG01-000471809_2010_0001_AC.pdf> accessed Dec 2013.

Phillips, K, Esq, <www.dogbitelaw.com>

<www.pit bullsontheweb.com/petbull/articles/crecenteart2.html> accessed April 2009.

<www.drpolsky.com/Vet%20News1.pdf> accessedApril 2009.

Mito 39: La pericolosità delle razze aggressive non è dovuta ai loro geni, ma al fatto di avere i proprietari sbagliati.

Abbiamo visto che il morso assassino e un'imprevedibile e incontrollata aggressività sono geneticamente ancorati in questi cani, e che non gli si può insegnare a non uccidere. A un certo punto della loro vita inizieranno inevitabilmente a farlo, cercando opportunità e pretesti per eseguire ciò per cui sono stati selezionati (vedi Mito 38). Se siete fortunati, il primo attacco sarà sul vostro gatto o su un altro cane, e non su vostro figlio. Il comportamento di uccidere non è causato direttamente dal proprietario; fa proprio parte del cane. Tuttavia, coloro che acquistano questi cani, *hanno la responsabilità* di rendere economicamente vantaggioso allevare cani dal morso che uccide e dal temperamento esplosivo. Queste persone sono tutte 'il tipo di proprietario sbagliato?'

La risposta a questa domanda sta in primo luogo nell'individuare il tipo di persona che desidera un cane capace di uccidere. Chi sono queste persone?

Beh, in realtà sì, sono il tipo sbagliato di proprietari. Guardatevi intorno. Si tratta soprattutto di persone che, per qualche ragione che riguarda la loro personale psicologia, vogliono in particolare un cane il cui standard di razza affermi esplicitamente che la razza è stata selezionata per l'estrema aggressività. Spesso si tratta di persone con qualche tipo di complesso d'inferiorità. Desiderano qualcosa che finalmente gli consenta di intimidire gli altri. Hanno un problema di ego, e la necessità di dimostrare qualcosa al mondo. Molti sono uomini preoccupati (forse inconsciamente) della propria virilità, di cui forse il mondo non si accorge. Altri sono adolescenti che guardano troppo MTV e imparano che un cane aggressivo è un oggetto di consumo necessario, proprio come le Nike, se vogliono mantenere la loro immagine di 'rapper macho' o di 'skaterista'. A volte sono persone ingenue, che pensano che tutti i cani siano degli adorabili peluche. Nessuna di queste persone ha la minima idea di cosa sia la conformazione comportamentale (vedi Mito 38), dell'unità di mente e corpo che la Natura dà a tutte le creature, e sono tutti, in qualche modo, consumati dalla vanità.

L'esperienza (che quest'autore ha in grande misura, purtroppo) insegna che i proprietari di cani di razze aggressive possono essere divisi sostanzialmente in tre categorie:

1) Sappiamo tutti che ci sono persone che cercano di nascondere il proprio senso di inadeguatezza mostrandosi dei tipi duri. Di loro, molti oggi vanno a comprare un cane 'impegnativo'. Poi, alle prese con un complesso di inferiorità o con un problema di ego, provano a spingere il loro pit bull, o Amstaff (o Presa Canario o Dogo Argentino ecc) sugli altri perché sentono che il mondo deve loro riconoscimento. Molti di noi lo hanno sperimentato. Potete provare ad evitare queste persone (e i loro cani) per strada o nel parco, ma loro vi seguono, determinate a imporvi il cane (dopo tutto, a che serve una simile prova di virilità se nessuno può vederla?). Attraversano la strada per seguirvi, così evitare il confronto diventa impossibile. Al parco, il loro cane corre verso il vostro, e si rifiutano di

richiamarlo, quando gli viene chiesto. In genere il cane non avrebbe ubbidito in ogni caso, e non vogliono che questo fatto imbarazzante vi sia rivelato. Ma soprattutto, godono nel vedervi preoccupati. Vi gridano di smetterla di comportarvi in modo strano nei confronti del loro cane, si arrabbiano e spesso diventano verbalmente aggressivi. Per queste persone imporvi il loro cane è di estrema importanza, perché hanno un grande bisogno di mostrare al mondo che hanno una marcia in più degli altri. Il cane è un pretesto per cercare discussioni e sopraffare grazie a lui, dato che non sono mai riuscite a farlo con le sole proprie forze. Quando il loro cane attacca un altro cane e cerca di ucciderlo, rimangono sbalordite, perché sono davvero troppo stupide per capire cosa siano davvero questi cani. Nella loro manifesta viltà non osano intervenire e, una volta finito l'attacco, spariscono il più velocemente possibile. Spesso non li si vede mai più, a parte il fatto che per ottenere questo risultato un cane normale ha dovuto pagare con la vita. Ma alcuni di loro non spariscono per sempre. Ad alcuni piace proprio guardare il loro cane che attacca, e se la filano prima che arrivi la polizia. L'indomani però sono di nuovo lì, ad accusarvi di avere chiamato la polizia. Si sono verificati casi in cui il proprietario del cane aggredito e orribilmente ferito è stato minacciato a tal punto, per avere chiamato la polizia, da essere stato costretto a trasferirsi in un altro quartiere. Infine, molte delle persone appartenenti a questa categoria di amanti delle razze aggressive, inseriscono i loro cani nel giro di combattimenti illegali, un fenomeno che da quando questi cani sono diventati così diffusi è riemerso in molte delle nostre città. Alcuni frequentano appositamente luoghi in cui trovano altri cani, nella speranza che il loro possa esercitarsi sul vostro cocker spaniel, per poi combattere meglio nell'arena.

2) Questi sono giovani adolescenti che stanno per diventare adulti, ma non lo sono ancora. Il maschio adolescente è alla ricerca della sua identità, e cerca di conquistare un posto gratificante nel gruppo dei suoi coetanei. L'adolescente non sempre ha cattive intenzioni, ma non è ancora maturo per comprendere le conseguenze delle sue azioni (ed è per questo motivo che deve pagare molto più degli adulti per l'assicurazione dell'auto). Vede in televisione il rapper macho con il suo cane aggressivo, e ne vuole uno anche lui. Dopo aver messo da parte i soldi per le Nike, comincia a risparmiare per il cane. Non ha idea di quello che sta comprando, per lui è solo un oggetto di consumo. Per lui il cane non è diverso dagli altri accessori di moda, è qualcosa che può accendere o spegnere premendo un pulsante, proprio come la sua Play Station portatile. L'adolescente, in virtù della sua età, è un po' ribelle. Esplora vari confini, a volte superando i limiti, in questa sua ricerca di identità. Ama dimostrare agli adulti che non fa quello che loro gli chiedono, ma prende decisioni proprie. Naturalmente non allontanerà il suo cane solo perché qualche adulto glielo chiede, stai scherzando, che figuraccia Quando il suo cane attacca una persona o un altro cane, non è preparato e non sa cosa fare. Il suo giocattolo improvvisamente si è messo a fare i capricci. Così non fa nulla, non offre aiuto, non osa intervenire, e molto probabilmente abbandonerà il campo velocemente quanto gli permettono le sue giovani gambe. L'adolescenza è un'età di naturale egoismo, un'età in cui anche ragazzi sensibili spesso perdono temporaneamente la loro capacità di empatia. Così questo ragazzo non è in grado di immaginare la sofferenza attraverso cui passa il cane aggredito, né il dolore del

proprietario. E' solo felice che i suoi genitori non abbiano scoperto cosa è successo, perché gli porterebbero via il cane. 'Domani è un altro giorno, dai, non prendere la vita così seriamente, e poi, cosa posso farci? E' stato il cane, non io.'

3) E infine ci sono gli Egotisti Innocenti. In genere sono membri della protezione animali e di associazioni animaliste. Hanno letto un sacco di storie sentimentali sugli animali e guardano molti programmi su Discovery Channel. Credono che tutti gli animali siano dolci affettuosi peluche. L'egocentrismo di queste persone è diverso da quello degli adolescenti. Queste persone pensano di essere la misura di tutte le cose, e perciò credono che se un cane è gentile con loro, beh, significa che è gentile, punto. Come il cane si comporta con gli altri non è poi così importante. L'Egotista Innocente vive nel mondo delle favole, non riesce a capire che un cane è un essere vivente con sue proprie personalità e volontà, e che non è al corrente della favola. L'Egotista Innocente è rinforzato in questa visione del mondo dagli allevatori, che concordano sul fatto che tutte le storie su questi cani sono falsità: 'dopo tutto, guarda com'é dolce' dice al potenziale acquirente. Costui non capisce cosa significa 'feroce protettore della casa e del focolare, avverso a estranei', non conosce la lingua segreta che si è sviluppata da quando questi cani hanno iniziato a causare tante tragedie. L'Egotista Innocente ama l'idea di dimostrare al mondo che questi cani si adattano alla loro favola, e che sono povere vittime di una malvagia campagna contro gli animali. Si delizia del suo cucciolo e lo vede come una sorta di bambino a quattro zampe. Non si accorge che il cucciolo già a otto settimane gioca mostrando un'anomala aggressività. Rimane sbalordito il giorno in cui il suo 'cucciolo', che nel frattempo è diventato un giovane cane, all'improvviso, di punto in bianco (perché i segnali di preavviso sono stati eliminati dal repertorio comportamentale di queste razze), si lancia in un attacco sfrenato su un altro cane e lo ferisce gravemente o lo uccide. E' afflitto e disilluso, non solo per la sofferenza del cane aggredito, ma anche perché la sua favola è crollata. Ma non preoccupatevi. All'Egotista Innocente sono sufficienti un paio di giorni per ripristinare la sua visione del mondo. Decide che, dopo tutto, il suo cane è dolce come credeva. Dopo averci pensato un po', realizza che la colpa di tutto è dell'altro cane. In fondo l'altro cane ringhiava al suo tesoro, quindi che altro avrebbe potuto fare, il suo tesoro, se non difendersi? Qualche volta dirà a gran voce che anche i Pastori Tedeschi mordono, e che anche un bassotto può essere pericoloso, nelle giuste circostanze. Purtroppo c'è sempre una scappatoia per le persone che non vogliono affrontare la realtà. La grande tragedia è che il cane dell'Egotista Innocente ferirà o ucciderà molti altri cani, perché il suo proprietario continuerà a portarlo al parco, nella convinzione che tocchi agli altri cani stare attenti a non farsi uccidere.

Fatto: Questo mito è vero, nel senso che questi cani hanno sempre i padroni sbagliati, persone che in primo luogo non dovrebbero avere un cane. Tuttavia questo mito è falso, perché è la genetica del cane che lo rende un assassino, indipendentemente dal tipo di proprietario. In altre parole, questi cani non sono assassini perché hanno i proprietari sbagliati, ma attirano i proprietari sbagliati perché sono assassini.

Note

Brown, S-E, The human-animal bond and self-psychology: Toward a new understanding, *Society & Animals*, electronic version, Vol. 12, No. 1, 2003.

Burrows, TJ, Fielding, WJ, Views of college students on pit bull 'ownership': New Providend,The Bahamas, *Society & Animals*, Vol. 13, No. 2, 139–152, 2005.

Frommer, SS, Arluke, A, Loving them to death: blame-displacing strategies of animal shelterworkers and surrenderers, *Society & Animals*, Volume 7, No. 1, 1999.

Peremans, K, Functional brain imaging of the dog; single photon emission tomography as aresearch and clinical tool for the investigation of canine brain physiology and pathophysiology, Universiteit Gent, Faculty of Veterinary Medicine, Gent, 2002. <http://lib.ugent.be/fulltxt/RUG01/000/471/809/RUG01-000471809_2010_0001_AC.pdf> accessed Dec 2013.

Testimonianze raccolte da proprietari di cani a The Hague, 1994–2013.

Mito 40: Il pit bull e l'American Staffordshire terrier sono due razze distinte; vale a dire 'un Amstaff non è un pit bull'.

Nei Paesi Bassi, dopo che sette bambini sono stati uccisi da pit bull nell'arco di circa due anni, e che nell'anno successivo altri tre bambini sono morti a causa di attacchi da parte di pit bull, la gente ne ha avuto abbastanza. Il Parlamento ha emanato una legge per vietare i pit bull ed eventualmente altre razze aggressive. Gli allevatori e i proprietari di questi cani hanno visto minacciati i loro interessi economici e di consumatori, così hanno cercato di recuperare il possibile. Prima hanno provato a convincere tutti che il comportamento aggressivo del pit bull non è geneticamente determinato. Nessuno ha abboccato. Dopo tutto, dieci bambini erano morti di una morte improvvisa e orribile, e la gente non era molto in vena di credere alla propaganda. Così gli allevatori e i proprietari hanno deciso di lasciar perdere i tentativi di salvare il pit bull come tale, ma solo per concentrarsi a mantenere aperte il maggior numero di opzioni commerciali che potevano. Per raggiungere questo obiettivo hanno cominciato ad asserire che l'American Staffordshire terrier non è un pit bull. Il National Kennel Club ha avuto il suo peso nella battaglia, perché c'erano enormi interessi finanziari a rischio, e ha affermato che i pit bull e gli Amstaff non hanno nulla a che fare uno con l'altro, né ora, né nel passato: cani geneticamente del tutto diversi. Alla fine, questa campagna di disinformazione ha avuto successo. La gente ci è cascata. Questo significa che vietare i pit bull ha eliminato dalle strade soltanto la metà dei pit bull.

Perché, se dobbiamo dire la verità, il pit bull e l'Amstaff sono lo stesso cane. Questo fatto è stato liberamente pubblicizzato su internet fino all'incirca al 2001. Una ricerca effettuata con Google sui termini American Staffordshire terrier conduceva inevitabilmente a siti che parlavano di pit bull. Questi siti affermavano con orgoglio che il pit bull e l'Amstaff sono lo stesso cane, e che i nomi differenti dipendevano semplicemente dal modo in cui i club di razza offrivano il pedigree. I siti descrivevano con orgoglio la natura aggressiva di questi cani, la loro propensione alla lotta in qualsiasi momento e in qualsiasi luogo, compreso il modo mirabile con cui attaccano senza preavviso, sorprendendo l'avversario, la qual cosa è un grande vantaggio nell'arena da combattimento! C'erano racconti pieni di orgoglio di come questi cani combattono sempre fino alla morte, continuando anche dopo che l'altro cane è morto da tempo. C'erano anche avvertimenti. Il proprietario di un pit bull/Amstaff non avrebbe mai dovuto lasciare il cane solo in casa con un altro animale, nemmeno quello con cui ha vissuto pacificamente per anni, perché avrebbe potuto improvvisamente ucciderlo. Non avrebbe mai dovuto liberare dal guinzaglio il suo pit bull/Amstaff in presenza di altri cani, perché ne sarebbe potuta risultare una lotta mortale. C'era anche scritto che l'Amstaff è un pit bull con un altro nome, sempre pericoloso per gli altri animali, di essere orgogliosi per questo, ma consapevoli di ciò che si sta acquistando.

Nel frattempo diverse città degli Stati Uniti hanno iniziato a valutare di proibire i pit bull. E ora, tutto a un tratto, i siti sono stati modificati secondo la linea del trucco europeo, che aveva funzionato così bene. Gli stessi siti che orgogliosamente tessevano le lodi dell'Amstaff come un pit bull con un altro nome, adesso asseriscono che le due razze non hanno nulla a che fare fra loro, oggi come nel passato. Sorge il sospetto che i club americani sperino, proprio come avevano fatto quelli europei, di essere in grado di mantenere almeno la metà dei pit bull nelle strade, per continuare a far confluire denaro in questo specializzato e lucrativo mercato. Negli Stati Uniti non sono in gioco solo gli interessi finanziari dei club di razza, ma anche quelli coinvolti nei combattimenti organizzati in cui questi cani sono usati.

Allora, qual è la verità su queste 'due razze'? La verità è ciò che allevatori e proprietari pubblicavano su internet fino al 2001. Non c'è distinzione fra pit bull e American Staffordshire terrier, almeno non per quanto riguarda i loro geni. Nel 1935 l'American Kennel Club decise di registrare come razza ufficiale quello che fino ad allora era stato approssimativamente chiamato pit bull. Chiunque avesse avuto un cane che incontrava gli standard di conformazione fisica e comportamentale, avrebbe potuto richiedere che fosse registrato come uno Staffordshire terrier. Il nome era inteso ad evitare associazioni con il passato da combattimento della razza (vedi Mito 30). Alcuni registrarono i loro cani, altri no. Nel 1972 il nome della razza fu cambiato in American Staffordshire terrier. Le ragioni di ciò non sono chiare, a meno che non fosse perché il cane americano nel frattempo era diventato molto più grande e più pesante di quello inglese. Quando il commercio di cani di razza divenne sempre più lucrativo, molti proprietari di pit bull si pentirono di non avere registrato i loro cani. Per soddisfare questo gruppo di clienti, i registri furono riaperti per qualche tempo nel 1978. Ai proprietari di pit bull negli Stati Uniti fu data una nuova possibilità di registrare i loro cani da combattimento con l'American Kennel Club come American Staffordshire Terrier. Pertanto, gli Amstaff dell'American Kennel Club non sono tanto 'puri' come vorrebbero che noi pensassimo. Sono sempre stati pit bull con un altro nome. Inoltre si possono, fino ad oggi, avere due pedigree diversi per lo stesso cane. E' possibile registrare il cane come un American Pit Bull Terrier al National Kennel Club, e contemporaneamente registrarlo come un Amstaff presso l'American Kennel Club. Potete inserire il vostro cane in un'arena da combattimento a prescindere da quale pedigree abbia (o se li ha entrambi). Se sopravvive al combattimento, avete fatto bingo. Potete vendere i suoi cuccioli al doppio del prezzo di un cane che non è stato nell'arena (o che ha perso, o che non si è sforzato abbastanza di uccidere l'altro cane). A causa della doppia iscrizione, il vostro pit bull può generare cuccioli di Amstaff e viceversa. I cuccioli saranno inseriti nel registro di vostra scelta, o in entrambi, nessun problema. I geni dell'Amstaff e del pit bull non mai stati tenuti separati, né nel passato né nel presente, ed è ancora in corso la selezione per l'aggressività estrema. Enormi quantità di denaro sono coinvolte nel traffico di cani, e la motivazione per negare la verità è forte.

E gli allevatori che provano a tenere i geni separati? Prendono in giro se stessi, se pensano di potere, in soli dieci anni o giù di lì, eliminare comportamenti per fissare i quali ci sono voluti più di duecento anni. Inoltre la conformazione comportamentale (vedi Mito 38) indica che non si può preservare l'aspetto di questi cani, senza preservare la loro anormale aggressività, pedigree o no.

Fatto: Non lasciate che qualcuno vi prenda in giro. Il pit bull e l'American Staffordshire terrier sono geneticamente identici. Sono lo stesso cane, indipendentemente dal nome.

Note

<www.pit bullsontheweb.com/petbull/articles/crecenteart2.html> accessed April 2009.
<www.drpolsky.com/Vet%20News1.pdf> (version December 1998 versus version 2005).
<www.kennelclub.nl> (version March 2006).

Phillips, K, Esq, <www.dogbitelaw.com>

<www.dogsbite.org>

Mito 41: 'Cosa? Come osi ringhiarmi?' Anche noto come: 'Se il tuo cane ti morde o ti ringhia dovresti punirlo severamente'.

Se avete letto fin qui, adesso sapete che un segnale di minaccia è l'unico modo in cui un cane può esprimere la sua preoccupazione e la sua insicurezza circa le vostre intenzioni. Il cane ha perso l'equilibrio del suo stato interiore (troppa adrenalina, troppa paura o ansia) e vuole ristabilirlo. E' allarmato anche per l'equilibrio del panorama sociale, perché non sa se state pianificando di disturbarlo, distruggendo la pace sociale. In sostanza, un segnale di minaccia non è che una richiesta di un po' di spazio, fino a quando non si senta più sicuro che l'altro può essere fidato. Ciò significa, di fatto, che un segnale di minaccia sollecita in risposta un segnale calmante, che rassicuri il cane sulle intenzioni dell'altro. Abbiamo visto che è il cane più insicuro quello che minaccia di più. Ed è il cane socialmente sicuro, convinto che i rapporti sociali si svolgeranno secondo le regole e fiducioso nel successo dei suoi segnali calmanti, quello che minaccia di meno. Questo cane è abbastanza sicuro da usare per primo i suoi segnali calmanti. E' quello che, con i segnali calmanti, prende il controllo della situazione e la conduce a un equilibrio senza pericoli. Per così dire, prende l'altro cane per mano e lo aiuta a superare la sua ansia.

Vedi anche: Miti 12, 13 e 28.

Quando un cane vi ringhia, o addirittura fa scattare le sue mascelle in aria vicino a voi, si sta chiedendo se siete affidabili. Teme che potreste essere violenti o pericolosi. Non è 'dominante', ma vi sta chiedendo di rimanere per il momento fuori dalla sua zona personale. Se commettete l'errore di punirlo per la sua insicurezza, non fate che confermare che voi (e forse tutto il genere umano) non siete raccomandabili.

Purtroppo molti proprietari puniscono i loro cani perché ringhiano. A cosa ciò conduca, dipende da quanto il padrone spinge la punizione. Alcuni finiscono con l'insegnare al cane a non ringhiare e a non indicare la sua apprensione. Il cane non mostra alcun segnale finché non è così spaventato da sferrare un morso inibito, in altre parole impara a mordere senza preavviso. Alcuni proprietari puniscono anche questo comportamento, ed entrano in una spirale di violenza con il proprio cane. Quando questa spirale si intensifica, il cane sente di dover difendere la sua stessa vita, e il proprietario finisce (finalmente) con l'essere morso seriamente. A volte il proprietario dà casualmente al cane qualche altra via d'uscita. Per esempio, quando lo ha picchiato tanto da farlo urinare per la paura, si ferma. Queste persone attribuiscono il fatto di non essere morse all'efficacia della punizione. Finiscono con l'avere un cane terrorizzato, ma che per puro caso non ha lottato (o meglio, non ha ancora lottato...) per la sua stessa sopravvivenza. Questi proprietari non comprendono il linguaggio del corpo del cane. Confondono la sua paura con 'sottomissione' e pensano di essere davvero dei buoni leader. Non hanno idea di quanto il cane sia infelice. Il modello è simile a quello delle situazioni di violenza domestica.

E allora, qual è la cosa giusta da fare quando il vostro cane vi ringhia o vi morde? La terapia comportamentale in questi casi consiste sempre, ma proprio sempre, in una serie di esercizi che mirano a costruire un rapporto di fiducia con il cane. In genere abituiamo il cane gradualmente alle azioni del proprietario, insegnandogli che avranno per lui un esito piacevole. Al cane è concesso tutto il tempo necessario per imparare a fidarsi del proprietario, quando questo si avvicina o lo tocca, e quando si rilassa riceve un sacco di premi. In altre parole, il *cane* decide quanto velocemente deve procedere la terapia. A volte il cane è stato torturato così a lungo e così spesso, che durante gli esercizi è necessario usare misure di sicurezza (farmaci inibitori dell'ansia, museruola, guinzaglio flessibile). Di solito questa terapia di costruzione della fiducia ha successo, purché il proprietario segua le istruzioni: finirla del tutto con le punizioni e imparare a vedere e a rispettare il cane come un essere vivente.

Fatto: I cani gestiscono le loro relazioni sulla base della fiducia, e non della dominanza, della violenza, delle punizioni. Un cane che minaccia è preoccupato e sta chiedendo un po' di spazio. Non date la responsabilità al cane, piuttosto imparate ad essere degni di fiducia. Un cane sicuro della prevedibilità del vostro comportamento e fiducioso nella sua capacità di influenzarlo con i suoi segnali calmanti, inizierà a sentirsi a proprio agio. Dopo un po' di tempo in cui sarete stati disposti a dargli prove sufficienti che si può fidare di voi, smetterà di avere bisogno di chiedervi di restare fuori dalla sua zona personale.

Fatto: Con i cani la fiducia è la chiave, e deve essere raggiunta alle loro condizioni.

TROVARE UN BUON TERAPEUTA

Questo non è un manuale. Se siete interessati a esercizi di costruzione della fiducia con un cane che ringhia e morde, la cosa migliore da fare è cercare un buon comportamentista nella vostra zona. Anche se questo fosse un manuale, trattare con un cane così preoccupato da ringhiare e mordere, può essere angosciante e anche pericoloso. Per il principiante è troppo facile fare errori che aggravano il problema. Quindi è importante avere l'aiuto di qualcuno che vi guidi nel lavoro da svolgere.

Come fare a sapere se un terapista del comportamento è competente? Si può richiedere l'appartenenza all'Associazione degli Educatori Cinofili (APDT) o all'Associazione Internazionale dei Consulenti del Comportamento Animale (IAABC) o a qualche altra organizzazione che, prima di accettare iscritti, operi un qualche tipo di formazione e controllo di qualità. Comunque non tutti i buoni terapeuti sono iscritti a qualche associazione (io no). Potete verificare se ha un diploma o una laurea in comportamento animale, anche se non tutti i buoni terapisti hanno una laurea (io ce l'ho). Potete informarvi presso la locale Società di Protezione animali e chiedere nominativi. Potete chiedere agli amici, o a un centro di addestramento cinofilo in cui non vengano usati collari a strangolo, ma premi e clicker.

Contattato un comportamentista, potete presentare brevemente il vostro caso e lasciare che lui inizi a parlare. Quindi... Una cosa alla quale prestare attenzione è se ha pronta una risposta standard. Un buon terapeuta vi farà un sacco di domande sul vostro cane e sulla sua storia, come lo avete cresciuto, quando è iniziato il problema, in che occasioni si verifica e così via. Vorrà fare una visita in casa vostra e vorrà vedervi insieme al cane. Potrebbe chiedervi di fare delle cose con il cane, forse anche qualcosa che lo farà ringhiare o mordere (Un buon terapeuta non vi chiederà di farlo in modo da mettere in pericolo - né fisico, né emozionale né psicologico — né voi, né il vostro cane, né un altro cane). Un buon terapeuta darà uno sguardo approfondito a voi e al vostro cane individualmente e alla vostra relazione. Se conosce già la risposta, prima che abbiate raccontato la vostra storia, è meglio cercare qualcun altro.

Un'altra cosa molto importante a cui prestare attenzione è che il terapeuta non inizi a dire che dovete dominare il vostro cane mediante qualsiasi tecnica che suoni anche lontanamente come intimidazione o punizione. Alcuni buoni comportamentisti parlano ancora di dominanza, di ranghi e di leadership, ma quando iniziano a spiegare come modificare queste cose, non vi diranno di intimidire il cane, di picchiarlo, di prenderlo a calci, di strattonarlo con il collare a strangolo, né niente altro di spaventoso, doloroso o intimidatorio. Inizieranno invece a parlare di cose come chiedere frequentemente al cane di sedersi o sdraiarsi per premiarlo con un bocconcino, di non lasciare che salga sul divano
o in posti alti, di mangiare prima di lui, di non avvicinarsi mai al cane, ma lasciare che sia lui ad avvicinarsi a voi e simili. Un buon terapeuta conoscerà gli esercizi adatti al vostro caso, che renderanno il cane meno intimidito o timoroso.

Nello stesso istante in cui un educatore o un terapeuta inizia a parlare di punire il cane, o fare qualsiasi cosa che lo intimidisca, lo spaventi o gli procuri dolore, è il momento di dire 'No, grazie' e chiamare qualcun altro.

Per una spiegazione sul perché anche un terapeuta che parla di ranghi e di leadership può essere un buon terapeuta (purché questo non includa punire, far del male, spaventare o intimidire il vostro cane) vedi Mito 97.

Parte 4

Miti su pensieri e sentimenti dei cani

Mito 42: Pensare che i cani abbiano sentimenti simili ai nostri significa fare proiezioni.

Proiettare caratteristiche umane su esseri non umani è detto 'antropomorfismo'. E' una delle cose peggiori di cui uno scienziato possa essere accusato, e per questo è evitato come la peste. Qui sta l'essenza di questo mito. Non c'è niente di male nel riconoscere che i sentimenti e le emozioni di un animale non sono esattamente uguali ai nostri. Le nostre emozioni sono sempre influenzate dai nostri processi mentali molto complessi, che gli animali non hanno. E' giusto dire: 'Gli animali provano sensazioni, ma cerchiamo di essere cauti fino quando non scopriremo cosa sentono'. Il che è abbastanza diverso dal dire: 'Supponiamo che non sentono nulla fino a quando qualcuno non sia in grado di dimostrare il contrario'. Questo mito è uno dei più tragici abbagli che abbiamo preso.

Esso ha una lunga storia. Nel Medioevo, quando il regno animale fu diviso in animali nobili e ignobili, gli esseri umani assegnarono agli animali emozioni e sentimenti, in base alla loro posizione sociale (vedi Mito 10). Si pensava che gli animali sentissero proprio come noi. Si supponeva anche che gli animali nobili avessero sentimenti alti e gli animali ignobili sentimenti bassi. Qualche secolo dopo, all'inizio del Rinascimento, la dottrina della Chiesa sancì definitivamente la divisione fra anima e corpo, e stabilì che gli animali non hanno un'anima. Ma la maggior parte delle persone vedeva ancora gli animali come esseri senzienti, e la Chiesa garantiva ancora agli animali una certa protezione. Col progredire del Rinascimento, sorse un piccolo movimento che ricercava 'conoscenza' (in opposizione alla pura 'fede') ed ebbe inizio ciò che chiamiamo 'scienza'. La scienza fu in conflitto con la Chiesa su vari temi, fra cui quali creature gli scienziati fossero autorizzati a uccidere e sezionare. Tutti sappiamo come Michelangelo, nell'intento di perfezionare la sua arte, dovesse nottetempo trafugare cadaveri per scoprire come fosse fatto il corpo umano. Frustrati dai limiti imposti dalla Chiesa, nel XVII secolo gli scienziati trovarono un modo per aggirarli. Non osarono sfidare la Chiesa sulla liceità del sezionare esseri umani (neanche quelli morti), ma escogitarono un'argomentazione per avere almeno il permesso di sezionare animali (anche quelli vivi). L'argomentazione si basava sull'assunto che gli animali non hanno un'anima, da cui si presume che non abbiano nemmeno sensazioni. E se non hanno sensazioni, si può vivisezionare, giusto?

La Chiesa fu d'accordo, ma non l'opinione comune. Così la scienza si impegnò a dimostrare che gli animali erano diversi e che non c'erano ragioni per non sezionarli. Gli scienziati affermavano di aver trovato sempre più prove del fatto che gli animali sono diversi e inferiori rispetto agli esseri umani. Nel XIX secolo la scienza arrivò a dichiarare che gli animali non sentono nemmeno il dolore. Nelle università centinaia di cani e di gatti furono legati e dotati di museruola, per essere sezionati vivi durante le lezioni di anatomia. La dissezione era fatta in modo tale che l'animale fosse pienamente cosciente, e che fosse tenuto in vita il più a lungo possibile, mentre lottava e gridava, affinché gli studenti potessero vedere i singoli organi all'opera. E chi suggeriva che l'animale sembrava provare dolore, veniva ridicolizzato e bocciato al corso. Dopo tutto, dal momento che non si poteva dimostrare cosa significasse tutto questo urlare e lottare, si doveva presumere che non significasse nulla. Questo è stato l'unico atteggiamento 'scientifico'.

E siamo ancora fermi a questo punto. E' solo negli ultimi due o tre decenni, e con grande riluttanza, che la scienza è stata disposta a riconoscere che gli animali sentono anche il dolore, e questo riconoscimento è stato limitato ai mammiferi. Molti scienziati pensano ancora che questa sia una sciocchezza. Continuano a resistere accanitamente, come dimostra la costituzione di comitati etici che approvano gli esperimenti sugli animali, e continuano ad opporsi alla richiesta di anestetizzare gli animali durante le procedure dolorose. Ma questo è solo per quanto riguarda il dolore. Per quanto riguarda le altre emozioni, ci viene ancora detto che è assolutamente ridicolo e una totale proiezione pensare che gli animali potrebbero avere emozioni in qualche modo simili alle nostre. Essi hanno solo reazioni meccaniche condizionate, è tutto, non ci si illuda che dietro ci siano sensazioni.

Questo punto di vista implica una serie di grossi problemi.

Per tenerlo in piedi, gli scienziati hanno negato moltissime cose che oggi noi invece sappiamo essere vere. Oggi sappiamo che le emozioni hanno origine nel cervello. Sappiamo anche in quali parti del cervello e come queste parti sono collegate. Sappiamo anche che gli animali hanno le nostre stesse strutture cerebrali, e che queste sono collegate nello stesso modo. Sappiamo che queste parti del cervello funzionano più o meno nello stesso modo. Spesso rispondono nello stesso modo a farmaci psicoattivi. Sappiamo che negli animali, come in noi, determinati comportamenti sono correlati ad attività elettrica e scambi chimici in aree specifiche del cervello e del corpo. Non solo il comportamento di un animale, ma anche il suo cervello e il suo corpo reagiscono nello stesso nostro modo al dolore, alla noia o a un'inaspettata ricompensa. D'altra parte sappiamo che gli animali non hanno, al contrario di noi, i grandi lobi frontali, dove sono situate le nostre (relativamente) complesse abilità cognitive.

Gli scienziati usano quest'ultimo fatto per provare che gli animali non possono avere pensieri complessi e che sono inferiori a noi, ma questo significa usare due metri e due misure. Non si può dire che l'assenza di una struttura (la grande corteccia frontale) dimostra la mancanza di una capacità, e nello stesso tempo affermare che la presenza di una struttura (per esempio l'amigdala) non abbia influenza. E' più logico e, va detto, più scientifico, concludere che certamente condividiamo con gli animali la capacità di provare emozioni e sentimenti, e che questi devono essere molto simili. Alla fine, è ormai abbastanza chiaro che gli animali hanno reazioni quantificabili che chiamiamo gioia, ansia, dolore ecc. nelle stesse situazioni, più o meno, che innescano questi sentimenti anche in noi (vedi il resto di questa sezione). E' anche abbastanza chiaro che le ragioni degli scienziati per continuare a negarlo sono piuttosto sospette.

Un secondo problema con la posizione 'scientifica' è che ignora cosa siano veramente le emozioni umane. Gli scienziati dimenticano che le nostre emozioni non sono niente più che cambiamenti degli schemi elettrici nel nostro cervello e cambiamenti degli equilibri chimici nel nostro corpo. Dimenticano che le nostre emozioni non sono altro che reazioni condizionate dall'ambiente, né più né meno che in qualunque altro animale. Ciò che noi chiamiamo noia non è altro che la reazione a un ambiente povero di stimoli. Il nostro 'diletto' è la nostra reazione fisica e quantificabile all'introduzione di uno stimolo piacevole in un ambiente impoverito. La nostra ansia è un cambiamento fisico che avviene nel nostro cervello e nel nostro corpo quando ci aspettiamo qualcosa di spiacevole o doloroso. 'Gioia' o 'sollievo' sono i nomi che diamo alla reazione del nostro cervello e del nostro corpo quando torna qualcosa di piacevole che era stato sottratto, o quando la cosa spiacevole e dolorosa che ci aspettavamo non accade. Il fatto che possiamo elaborare pensieri complessi mentre proviamo questi sentimenti è irrilevante. Che un animale non possa pensare mentre sente o si emoziona, non significa che non abbia sentimenti o emozioni.

Quindi, ecco la verità. Ora dobbiamo supporre non solo che gli animali possono avere esattamente le stesse emozioni primitive che abbiano noi, ma anche che debbano averle. Il vostro cane prova gioia, ansia, dolore, incertezza, qualcosa che può essere chiamata 'depressione', rabbia, desiderio, tristezza, sconcerto, e tutte le altre sensazioni basilari. E' solo che il cane sente tutto questo in modo diverso, meno complicato degli esseri umani. Un cane non può che esprimere onestamente e direttamente ciò che sente perché non ha (effettivamente) quelle parti del cervello necessarie per elaborare tutte quelle elucubrazioni mentali tipicamente umane. In altre parole, il cane non è, e non può essere, un calcolatore. E le sue sensazioni svaniscono non appena scompare la causa che le ha generate, diversamente da noi che tendiamo ad aggrapparci a vecchi sentimenti per lungo, lungo tempo, sotto forma di risentimento. Ma è un errore dire che solo perché non può essere calcolatore o vendicativo, un cane non può sentire qualcosa come gioia o tristezza. Chi sostiene questo o non si basa sui fatti, o non ragiona con chiarezza.

Fatto: Non permettete a nessuno di dire che state facendo proiezioni quando vedete che il vostro cane prova sensazioni. Non è un 'antropomorfismo' riconoscere che un cane è un essere vivente e senziente, e che condivide con noi tutte le emozioni *primarie*. E' giusto essere benevoli e clementi e prendere in considerazione i suoi sentimenti. Siate saggi nel far questo, tenendo presente che i suoi sentimenti sono meno complicati dei nostri, e che non può elaborare pensieri astratti, cattivi o vendicativi.

Note

Aiello, S, (ed) *The Merck Veterinary Manual Eighth Edition* Merck & Co Whitehouse Station NJ 1998.

Bentham, J, *An Introduction to the Principles of Morals and Legislation*(1789) in Burns, JH, andHart, HLA, (eds) Athlone Press, University of London, London (1970).

Carson, G, *Men Beasts and Gods: A History of Cruelty and Kindness to Animals*, Charles Scribner,NY 1972.

Descartes, R, Animals are machines, in Armstrong, SJ, and Botzler, RG, eds. *Environmental ethics: Divergence and Convergence*, McGraw-Hill, NY, pp 281–285 1993.

Griffi n, D, *Animal minds*, University of Chicago Press, Chicago and London, 1992.

Griffi n, DR, *Animal Thinking*, Harvard University Press, Cambridge MA, 1984.

Herek, GM, The instrumentality of attitudes: Toward a neofunctional theory, *Journal of Social Issues* 42: 99–114, 1986.

Hills, AM ,The motivational bases of attitudes toward animals, *Animals & Society,* Volume 1, Number 2, 1993.

Katz, D, The functional approach to the study of attitudes, *Public Opinion Quarterly,* 24: 163–204, 1960.

Kennedy, JS, *The new anthropomorphism,* Cambridge University Press, NY, 1992.
Lattal, KA, A century of effect: Legacies of EL Thorndike's *Animal Intelligence,* Monograph,*JEAB* 70: 325–336, 1998.

Nibert, DA, Animal rights and human social issues, *Society & Animals,* Volume 2, Number 21994. Pernick, MS, *A Calculus of Suffering: Pain Professionalism and Anesthesia in Nineteenth Century America,* Columbia University Press, NY, 1985.

Phillips, MT, Savages, drunks and lab animals: The researcher's perception of pain, *Society & Animals,* Volum1Number 1, 1993.

Phillips, MT, Sechzer, JA, *Animal Research and Ethical Conflict,* Springer-Verlag, MY, 1989.
Regan, R, Singer, P, (eds) *Animal Rights and Human Obligations,* Prentice-Hall, Englewood Cliffs NJ, 1976.

Ritvo, H, *The Animal Estate: The English and Other Creatures in the Victorian Age,* Harvard University Press, Cambridge MA, 1987.

Rollin, B, Animals in experimentation: Utilitarian objects pets or moral objects, *Anthrozoos* 3: 88–90, 1989. Seligman, MEP, Hager, JL, *Biological Boundaries of Learning,* Appleton-Century-Crofts, NY, 1972.

Seligman, MEP, On the generality of laws of learning, *Psych Rev* 77: 406–418, 1970.

Sidman, M, *Coercion and its Fallout,* Authors' Cooperative Inc Publishers, Boston, 1989.

Skinner, BF, *The Behavior of Organisms: An Experimental Analysis,* Appleton-Century-Crofts Inc, NY, 1938.

Skinner, BF, *Science and Human Behavior,* The Free Press (a division of Macmillan Publishing Co.) NY, 1953.

Skinner, BF, *Contingencies of Reinforcement,* Prentice-Hall Inc, Englewood Cliffs, NJ, 1969.

Thomas, K, *Man and the natural world: A history of modern sensibility,* Pantheon Books, NY, 1983.

Varela, FJ, Thompson, E, and Rosch, E, *The Embodied Mind: Cognitive Science and Human Experience,* MIT Press, Cambridge MA, 1991.

Mito 43: Il mio cane non può amarmi come mi amerebbe un essere umano.

'Lui non ti ama' dicono con un sorriso compiaciuto l'educatore e il personale del canile, 'è solo perché gli dai la cena tutti i giorni'. E pensano, dicendo questo, di essere scientifici. Quello che non sanno è che stanno davvero sopravvalutando l'amore umano.

I cani, come noi, non amano uno qualsiasi. Il nostro amore cresce man mano che trascorriamo il tempo con qualcuno e scopriamo che è un'esperienza piacevole. Questa persona soddisfa tutte le nostre esigenze e i nostri desideri meglio di chiunque altro. Sa ascoltare e comprendere meglio di chiunque altro. Ci porta piccoli regali, ci dà la sensazione che la nostra compagnia sia meravigliosa, è un grande amante, è presente quando abbiamo un problema e così via. Solo il vedere la persona che amiamo risveglia in noi una sensazione di felicità, perché la sua presenza significa piacevolezza e gioia. L'altro diventa la nostra 'casa' perché in sua compagnia ci sentiamo sicuri. Alla fine, chiamiamo questo amore.

In sostanza l'amore umano, eliminando per un secondo tutte le indorature di Hollywood, non è niente più che una reazione condizionata a un rinforzo condizionato, il risultato dell'associazione della persona amata con i molti rinforzi primari che abbiamo ricevuto in sua presenza. O, per dirlo nel linguaggio comune, il nostro amore è una reazione a qualcosa (l'oggetto del nostro amore) che percepiamo come un segno che molte delle nostre necessità stanno per essere soddisfatte.

I romanzi, Hollywood e l'industria pubblicitaria hanno adornato il nostro 'amore' con un sacco di fantasie romantiche. Ci siamo cascati. La maggior parte di noi crede che 'l'amore' colpisca all'improvviso, che sia magico, esaltante ed eterno, disinteressato, altruista e senza alcuna aspettativa di vantaggio personale. Ma questa è solo una convinzione. Le statistiche mostrano un quadro diverso. La maggior parte delle volte amiamo l'altro solo finché porta a casa la busta paga, cucina per noi, ci soddisfa sessualmente, e finché non ci infastidisce o non ci chiede troppo. Le statistiche mostrano che spesso (in segreto) tradiamo, che alcuni di noi si innamorano in serie e sono monogami solo per breve tempo, altri ancora spariscono nello stesso istante in cui arriva qualcuno più giovane, più bello o più ricco. Stare insieme è spesso difficile. L'immagine paradisiaca del nostro amore non è realmente giustificata, poiché si scopre che in realtà non ci comportiamo molto diversamente dai cani.

Il che ci riporta al cane. Comprendiamo le sue esigenze con uno sguardo. Cose meravigliose accadono per lui mentre noi siamo in giro, gli rendiamo la vita interessante e divertente. Al nostro fianco si sente sicuro e protetto. Gode della nostra compagnia. Quando ci vede è pieno di vera gioia e felicità, gli manchiamo quando non ci siamo, ed è disposto a rinunciare a qualcosa per stare con noi. E' molto più disposto del nostro partner umano a scendere a compromessi con noi e cercare di esaudire i nostri desideri. Non si annoia con noi perché qualcun altro lo coccola meglio. Ci perdona immediatamente ogni errore nell'istante in cui smettiamo di farlo. Se è stato adottato da un'altra famiglia e sembra felice nel suo nuovo posto non è perché si è dimenticato di noi. Gli siamo mancati terribilmente, all'inizio, ma si rassegna al suo destino perché non gli abbiamo dato altra scelta. Se ci incontra per strada un paio d'anni dopo, ci salterà addosso dalla gioia, senza un minimo di risentimento perché lo abbiamo lasciato.

Fatto: Se volete il mio parere, per me questo è amore. Non permettete a nessuno di farvi credere il contrario, solo perché pensa che sia più 'scientifico'.

Mito 44: Un cane può (o non può) essere geloso.

Se vogliamo sapere se un cane può essere geloso, innanzitutto dobbiamo capire cosa intendiamo per 'gelosia'. Se significa aver paura che qualcosa ci venga portata via da qualcun altro o se significa ansia che la presenza dell'altro condurrà a un'esperienza spiacevole (come minore attenzione, o essere rifiutati) o preoccuparsi che l'altro riceverà un regalo al nostro posto, allora un cane può essere geloso. I biologi diranno che questa è una proiezione e un antropomorfismo, ma solo perché i biologi non sono psicologi e non comprendono cosa sia effettivamente la gelosia *umana*.

Ecco alcuni esempi:

1) Il vostro cane è normalmente autorizzato a sedersi accanto a voi sul divano, ma ora avete un nuovo fidanzato o una nuova fidanzata. Ogni volta che voi due vi sedete sul divano, il cane prova a unirsi per condividere l'intimità, proprio come ha sempre fatto quando vi sdraiavate da soli sul divano a guardare la TV. Dopo che l'avete mandato via sei volte in presenza di questo nuovo amico, quando questo arriva il cane inizia ad estraniarsi. Il cane ha imparato, proprio come può impararlo un essere umano, che la presenza di questa persona significa che qualcosa di valore gli sarà sottratto. Potremmo chiamare questa gelosia, proprio come faremmo se stessimo parlando di un bambino di tre anni che ha respinto un vostro nuovo amico per la stessa ragione.

2) Avete appena portato un nuovo cucciolo in casa. Siete preoccupati per come si comporterà il vostro cane adulto. Nella vostra apprensione tendete ad essere un po' brontoloni con lui quando il cucciolo è nella stanza, gli impedite che educhi il cucciolo e gli insegni le regole sociali (ad esempio, gli chiedete che 'condivida allegramente' l'osso con il cucciolo) oppure lo mandate via quando prova a insegnargli qualcosa ringhiando. Il cucciolo riceve un sacco di attenzioni speciali che il cane adulto non può condividere. Il cane adulto impara, proprio come l'essere umano geloso, che la presenza dell'altro (in questo caso il cucciolo) è un segnale che stanno per accadere cose spiacevoli. Comincia a comportarsi in modo ostile al cucciolo, non lasciandosi avvicinare, o addirittura cacciandolo fuori dalla stanza. Volere che l'altro vada via perché in sua presenza succedono cose spiacevoli e perché non si può essere se stessi in sua presenza, è un'emozione che possiamo chiamare gelosia.

3) Se vivete con un solo cane, questo non sa cosa accadrà se distribuite bocconcini in presenza di altri cani. Se riceve un premio al parco, potrebbe mettersi sulla difensiva verso gli altri cani, attirati dalla vista dei bocconcini, e potrebbe ringhiare per mandarli via. Smetterà di farlo quando avrà imparato che riceve il suo premio anche se altri cani si avvicinano troppo. Temere che qualcuno riceva qualcosa di valore al proprio posto è un'altra emozione che i cani condividono con gli esseri umani, e che possiamo chiamare gelosia in entrambi i casi.

Quello che accade è che un'altra persona o un altro cane possono diventare un indizio che la soddisfazione di un bisogno è in pericolo. La verità è che la 'gelosia' è una sorta di aggressività da estinzione della ricompensa, sia negli esseri umani che nei cani (vedi Mito 58, paragrafo 6).

E' bene riconoscere che un cane può avere la sensazione di una perdita imminente e che può imparare a non apprezzare la cosa che segnala questa perdita. Ma è importante non andare troppo oltre con questo pensiero, perché altrimenti entriamo nel mito. Gli esseri umani gelosi possono rimuginare per giorni su ciò che qualcun altro possiede e che loro non possiedono, arrivando a concepire vari piani subdoli e complicati per vendicarsi o umiliare l'altra persona. Questo è un tipo di gelosia che i cani non provano. Non hanno i grandi lobi frontali dove, nel nostro cervello, avvengono questo tipo di pianificazioni. Non si preoccupano ossessivamente dell'altro se l'altro non è presente, e non possono elaborare piani complicati su quello che faranno domani o la settimana prossima. Questo tipo di gelosia è prettamente umana.

Allora perché il cane qualche volta continua a starsene da solo anche dopo che il nuovo amico o il cucciolo sono andati via? Ora che lo state invitando, si rifiuta di salire con voi sul divano, non vuole l'osso che gli state offrendo. Tiene il broncio perché è geloso? Sta provando a punirvi o rifiutarvi per gelosia? La risposta è no. E' esitante perché proprio voi l'avete mandato via dieci volte, o perché gli avete portato via l'osso dieci volte. Non sa bene perché l'avete fatto. Pensa che forse le regole sono cambiate, così si trattiene fino a quando non avrà capito quali sono le nuove regole nel vostro rapporto. Non è 'geloso', è solo confuso.

<u>Fatto</u>: 'Gelosia' è, sia per il cane che per l'uomo, una reazione a un segnale che predice perdita o esclusione. L'aggressività da estinzione della ricompensa può svolgere un ruolo nelle emozioni e nelle reazioni che ne vengono fuori. Ma un cane non è geloso nel modo contorto degli esseri umani, che si rodono ancora per molto tempo dopo che l'oggetto della loro gelosia è sparito dalla vista, o che cercano di farvela pagare. Non appena la minaccia della perdita o dell'esclusione è chiaramente svanita, l'insicurezza del cane svanirà, e con essa la gelosia.

L'APPARENZA INGANNA

Il mio Pastore Tedesco bianco, Weasel, nella sua prima casa è stato picchiato duramente e decisamente malnutrito. Dopo circa quattro anni in casa mia, Weasel sembra per la maggior parte del tempo un cane felice e sicuro, ma alcuni dei suoi comportamenti tradiscono che il suo passato (la sua storia di apprendimento), è ancora vivo in lei. Risponde ancora svignandosela davanti a un nuovo ospite umano in casa mia. Una volta che decide di fidarsi della nuova persona (vale a dire che ha stabilito che la persona non è una minaccia per la sua integrità come sistema funzionante, né per la stabilità del panorama sociale in cui si trova, e nemmeno per la sua posizione di benessere all'interno della gamma di opzioni disponibili), la sua reazione è altrettanto esagerata nella direzione opposta. Lei è molto più ospitale degli altri miei cani, per i quali è una normale routine che gli esseri umani siano affidabili. Per Weasel ogni essere umano degno di fiducia è una nuova grande risorsa aggiunta al suo livello di soddisfazione (la sua posizione di benessere), mentre per gli altri è solo un altro nel grande mucchio. Lo stesso vale per il cibo. Weasel non prova mai a rubare il cibo agli altri cani, ma qualche volta improvvisamente smette di mangiare per fare un giro a ringhiare agli altri che mangiano, come se fosse preoccupata che potrebbero portarle via il cibo. Una volta che ha fatto questo, ed è stata completamente ignorata dagli altri, che continuavano felicemente a mangiare, torna e mangia con gioia fino a svuotare la ciotola.

L'apprendimento è un processo produttivo cruciale nel sistema auto-organizzato che chiamiamo cane. Il passato di un cane non scompare. E' lì, solidificato nel cervello, nelle strutture fisiche che detengono la memoria. Weasel sa che la vita può essere diversa. Per evitare qui il complicato linguaggio comportamentista, diciamo solo che lei sa che la sua nuova felicità può essere perduta. E' più insicura di se stessa rispetto ai cani che non hanno mai conosciuto la violenza o la negligenza. Nei termini della teoria dei sistemi auto-organizzati, il suo senso di equilibrio, la prevedibilità e la sua sicurezza sono facilmente minacciabili, il suo stato interno è facile a turbarsi.

Wolfie è un cane ospite, anche lei femmina, che trascorre due giorni alla settimana con il mio gruppo da quando aveva due mesi. Wolfie è un Pastore Tedesco nero focato socialmente competente, che non è mai stato maltrattato o traumatizzato nella sua vita. Ha sempre avuto abbastanza da mangiare. Educata fin dall'infanzia dai miei due maschi, abituata a condividere la mia casa con altri cani ospiti, Wolfie non ha insicurezze sulla sua appartenenza al gruppo. Per lei la vita è questa. Il suo equilibrio non è facile da disturbare. Non ha mai sperimentato perturbazioni che non potesse compensare o risolvere, poiché qualche altra posizione di benessere soddisfacente era sempre disponibile. Non è mai stata picchiata, e ha piena fiducia nei suoi segnali di non minaccia. Questi fatti sono espressi dal suo comportamento sociale tollerante. Grossa com'è, è assolutamente felice di rassicurare (cioè di esprimere segnali di non minaccia) quando qualche altro cane esprime insicurezza (ad esempio emanando segnali di minaccia).

Queste due femmine vanno meravigliosamente d'accordo finché sono insieme. Giocano fra loro in modo selvaggio, fanno bei giochi di rapidi inseguimenti con gli altri cani all'aperto, stanno sempre vicine una all'altra. Si potrebbe dire che si amano (vedi Mito 43).

Nello stesso tempo, ci sono momenti in cui Weasel compie gesti di minaccia verso Wolfie. Il momento più intenso è quando Wolfie torna da noi dopo un'assenza. Weasel la minaccia sulla porta, la segue nella stanza, ringhia, le gira intorno, abbaia, corre da me, quindi ripete tutto il ciclo. (Ricordate, i gesti di minaccia sono un'indicazione del fatto che il cane è insicuro su come l'altro si comporterà, o incerto sull'effetto che l'altro avrà sulla sua posizione di benessere; vedi Mito 12). Per tutto il tempo in cui Weasel fa questo, Wolfie sta lì, emettendo segnali calmanti (che servono a rassicurare l'altro, preoccupato), cercando con tutti i suoi trentaquattro chili di sembrare un cucciolo che stia dicendo: 'Ma io sono solo molto piccolo, e ho davvero intenzione di comportarmi educatamente'. Nel giro di cinque minuti, le due cominciano a giocare, chiaramente felici di essere di nuovo insieme. L'altro momento che fa scatenare Weasel è quando Wolfie si avvicina a me per una carezza. Weasel corre in mezzo a noi, fissa Wolfie, brontola, quindi mi colpisce con il suo posteriore. Wolfie ignora tutto questo, tranne per il fatto di portare le orecchie all'indietro e lasciare che Weasel scivoli lungo il suo corpo senza fiatare. Appena accarezzo anche lei, Weasel cessa le minacce, invita al gioco Wolfie, e tornano ad essere sorelle felici.

Se qualcuno che crede nel vecchio modello della gerarchia dominante si trovasse nel mio salotto e osservasse i due cani senza conoscere (o senza curarsi di conoscere) la loro storia personale, potrebbe concludere che Weasel è una cagna 'dominante' e che Wolfie è la più 'sottomessa' fra le due, quella che ha il rango inferiore. Qualcuno potrebbe dire: 'D'accordo, anche se non esistono gerarchie di dominanza, Weasel sta mostrando il diritto al predominio sociale, poiché controlla lo spazio e l'accesso all'essere umano.'

Nulla di tutto ciò ci dice niente sui due cani o sul loro rapporto. In realtà Wolfie è di gran lunga la più fiduciosa fra le due, ha conosciuto stabilità per tutta la sua vita, e si sente meno minacciata nella sua felicità e nella sua sicurezza. Weasel non è 'dominante', piuttosto è insicura, teme con facilità la perdita e l'esclusione, ed è in cerca di rassicurazione. Una volta che l'ha ottenuta, torna ad essere allegra e giocherellona.

In altre parole, Weasel è soltanto gelosa, e solo per un secondo.

Mito 45: Il mio cane è subdolo perché fa sempre i bisogni in un angolo dietro il divano, anche se siamo appena tornati da una passeggiata.

Il cane che si comporta così non è subdolo, ma è un cane che è stato educato a suon di punizioni, ed è diventato pauroso. In altre parole, qualcuno ha provato ad educarlo punendolo, e ora fa i bisogni velocemente in un angolo, mentre nessuno lo sta guardando.

Potrebbe essere che il suo (precedente) proprietario gli abbia infilato il naso dentro i suoi bisogni quando ha avuto qualche incidente da cucciolo (vedi Mito 23). Potrebbe essere che il (precedente) proprietario gli abbia gridato contro, vedendolo iniziare ad accovacciarsi in salotto. Non ha importanza chi sia stato, perché in ogni caso il cane ormai ha imparato che gli esseri umani si arrabbiano quando lo vedono liberarsi.

Ora, il vostro cucciolo e il vostro cane adulto provano con tutte le loro forze a capire cosa volete e a fare le cose in quel modo. Qualcuno gli ha indicato che trovate offensivo quando sporcano in vostra presenza, e hanno imparato la lezione. Così, quando portate questo cucciolo o questo cane adulto a fare un passeggiata al guinzaglio, troverà difficile fare i suoi bisogni mentre voi siete così vicini e non potrete fare a meno di vederlo. Naturalmente questo non può andare avanti all'infinito. Viene il momento in cui non può più trattenersi e, dato che non vuole farvi arrabbiare, cerca un angolo dove possa andare senza essere visto.

La soluzione per questo problema è togliergli l'ansia che gli esseri umani gli hanno insegnato ad avere. Chiunque abbia il cane, a questo punto deve immediatamente smettere di punirlo, in qualsiasi modo. Assicuratevi che il cane sia sempre in vista dentro casa, mettendolo nella sua gabbia quando non è possibile dargli un occhio, così, intanto, che non possa avere 'incidenti'. Aspettate fino a quando non pensate che abbia bisogno, quindi portatelo fuori per una passeggiata. La passeggiata deve durare tutto il tempo necessario, fino a quando non può più trattenersi e, nonostante la sua paura per la vostra reazione, farà i suoi bisogni mentre siete a tiro di guinzaglio. Quando lo fa, mostratevi molto contenti con lui. Ditegli con vocina stridula che siete molto soddisfatti di lui, dategli un premio gustoso, fategli sentire che siete molto orgogliosi.

Fatto: Se riuscirete a prevenire costantemente gli incidenti in casa, e lo premierete costantemente quando fa i bisogni fuori mentre voi lo guardate, non gli ci vorranno più di due settimane perché smetta di fare i bisogni in un angolo.

Vedi anche: Mito 46

Mito 46: Il mio cane vuole vendicarsi di me, perché quando gli scappa la fa sempre sul tappeto, e mai sul linoleum della cucina o da qualche altra parte facile da pulire.

Il cane che si comporta così non sta cercando di vendicarsi: semplicemente da cucciolo qualcuno gli ha insegnato a fare i bisogni su un giornale. Il suo proprietario non aveva voglia di portarlo fuori ogni due ore, o per qualche ragione non poteva. Così, fintanto che i muscoli degli sfinteri non erano ancora sviluppati, è stato insegnato al cucciolo di fare i bisogni sul giornale. Questo cucciolo ha imparato a farli fuori soltanto più tardi, quando poteva trattenersi abbastanza a lungo, e i giornali sono stati rimossi.

Il fatto è che il controllo degli sfinteri non dipende solo dall'educazione, e la decisione di allentare questi muscoli di contenimento non è del tutto consapevole. Gli sfinteri sono controllati sia da aree volontarie che da aree involontarie del cervello. Durante le prime fasi della crescita di un animale, l'area involontaria del cervello che controlla questi muscoli impara un segnale per 'farla qui è sicuro'. Quando un animale ha necessità, e appare il segnale di 'sicuro' i muscoli iniziano a rilassarsi senza che la volontà cosciente dell'animale sia coinvolta. Funziona così anche per noi. Impariamo in tenera età ad andare in bagno e che è più educato andare in un luogo privato. Questa è la ragione per cui, quando abbiamo urgente bisogno di fare pipì, diventa sempre più difficile trattenersi quanto più ci avviciniamo a un bagno. Questo è il motivo per cui alcune persone non riescono a fare pipì mentre qualcun altro sta guardando, indipendentemente da quanto bisogno abbiano. Le parti involontarie del nostro cervello ci giocano scherzi e sfuggono al nostro controllo cosciente. Inoltre, un intestino irritato a volte inizia a liberarsi indipendentemente da dove ci troviamo. Quando sentiamo che sta per accadere, cerchiamo un posto che ci sembri accettabile, o per lo meno dove nessuno potrà vederci.

Non è diverso da quello che succede ai cani. Il giornale si è ancorato nel cervello del cane come un posto 'sicuro'. Quando ha disperato bisogno, la vista di quel segnale fa sì che gli sfinteri si rilassino involontariamente. Anche se il cane è stato punito durante l'educazione non fa alcuna differenza. Se ha la diarrea, percepirà il giornale come 'accettabile'.

Allora, perché il tappeto? Il cane non distingue fra denaro o pasta di cellulosa e materiale tessile. Ha imparato a liberarsi su una superficie piana e assorbente posta sul pavimento, mai sul pavimento nudo. Quando ha urgente bisogno, come quando ha la diarrea, cercherà un modo per non farlo sul pavimento nudo. Cercherà un giornale, ma non ne trova. Non ha idea che il vostro tappeto persiano sia una scelta peggiore del pavimento nudo. Per lui è un po' come il giornale: piatto, assorbente e disteso sul pavimento.

Questi segnali sono fisicamente ancorati nel suo cervello. Ora non può imparare che il pavimento nudo è il luogo per le emergenze, perché il pavimento nudo è ancorato come un segnale di 'non sicuro'.

L'unica soluzione è quella di aiutare il cane che ha un disperato bisogno. Si può imparare a riconoscere i segnali che un cane esprime quando sta trattenendo a stento la diarrea o ha la vescica troppo piena. Andrà a sdraiarsi da qualche parte e comincerà ad ansimare. Potrebbe camminare senza sosta avanti e indietro come se stesse cercando qualcosa. Potrebbe sedersi davanti alla porta e lamentarsi. Per l'amor del cielo, portatelo fuori! Se sapete che il vostro cane è indisposto, e temete che potrebbe avere bisogno nel cuore della notte, potete aiutarlo stendendo qualche giornale, come facevate quando era piccolo, così non avrà bisogno di usare il tappeto.

Fatto: Un cane che si libera sul tappeto quando non può trattenersi, vi sta accontentando. Nonostante si senta così male, prova lo stesso a fare quello che qualcuno gli ha insegnato quando era cucciolo, cercando un posto diverso dal nudo pavimento. Una volta visto il tappeto, perde il potere su quello che succederà dopo. In fin dei conti si tratta di un comportamento involontario, e non è affatto sete di vendetta.

Mito 47: Il mio cane sa quando è stato cattivo.

Molti autori hanno già cercato di sfatare questo mito, ma per qualche ragione questa tenace convinzione rimane nella testa di molte persone. Pertanto ci accingiamo a farlo qui ancora una volta.

Un cane non è un piccolo uomo. Prova tutte le emozioni semplici e primarie che proviamo noi, come gioia, felicità, ansia, paura, rabbia, insicurezza e amore (vedi Miti 42-44). Ma rimane il fatto che un cane molto certamente non ha la nostra capacità di elaborare pensieri complicati o fare collegamenti complicati fra le cose. I cani non pensano alla strada da seguire. Non stanno seduti con le mani in mano preoccupandosi del passato, ma reagiscono alla realtà nel momento stesso in cui la realtà si presenta. Anche un cane che ha paure o fobie come risultato di alcune esperienze passate, non sta a pensarci, a meno che la cosa di cui ha paura non appaia all'improvviso, qui e ora; o a meno che per qualche motivo teme che si verificherà. I cani vivono con delle semplici regole che possono essere considerate una sorta di codice morale: non usare l'aggressione vera e propria nelle interazioni sociali, rispettare le preferenze e la zona personale degli altri e cercare compromessi piuttosto che un potere assoluto sugli altri. Un cane ben socializzato non trasgredirà facilmente a queste regole, e i cani non hanno idea del perché noi lo facciamo.

La nostra società è molto diversa da quella dei cani, con regole molto diverse. Anche il nostro codice morale è diverso. Non sto parlando di quello che diciamo, ma di quello che facciamo. Non esitiamo a commettere massacri di massa fra individui della nostra stessa specie (se qualcuno ha qualche dubbio, basta che guardi le notizie della sera). Ignoriamo costantemente le nostre reciproche preferenze, invadendo la zona personale degli altri (basta guardare le statistiche in materia di molestie e abusi sessuali, violenza domestica e crimini violenti per le strade). Ammiriamo le persone che non accettano i compromessi e ambiscono al potere assoluto, e consideriamo vincenti queste persone (basta guardare come abbiamo riconfermato quei leader politici che ci hanno portato alla guerra, e quanto velocemente poi li abbiamo respinti quando si è scoperto che non potevano ottenere il potere assoluto abbastanza velocemente per i nostri gusti). Queste sono cose che un cane troverebbe molto, molto 'cattive' se solo potesse pensarci, cosa che non può, non avendo le aree del cervello per farlo.

Un cane non comprende che non vive più nella discarica locale dove il pre-cane ci ha trovato e si è evoluto con noi. Non capisce perché dovremmo opporci al fatto che sparga la spazzatura sul pavimento della cucina. Non sa cos'è un microscopio e che esistono cose come i batteri. Non ha idea del perché la cucina debba restare pulita, né in verità di cosa sia la pulizia. Per lui sono molto più invitanti gli avanzi sparsi sul pavimento, così è più facile per tutti trovare qualche snack. Un cane non ha idea della divisione del lavoro, o che si esca tutti i giorni per andare a lavorare per denaro. Non ha idea che il divano costa un sacco di soldi duramente guadagnati. Non sa che la nostra rivendicazione sul divano vale anche quando non siamo in casa, anche se il divano non è più dentro la nostra zona personale. Un cane non pensa che il suo corpo sia sporco o disgustoso, non una singola parte di esso. Preferisce depositare le sue feci fuori, ma non le trova disgustose. E non è la fine del mondo se, avendo un terribile bisogno e non avendo altra scelta, per una volta le deposita in casa. E un cane veramente non capisce perché ci si arrabbia con lui quando cerca di calmarci lasciando andare un po' di pipì per noi.

Quindi, se quando tornate a casa vedete il vostro cane venirvi incontro strisciando, all'apparenza ansioso di placare voi o la sua paura di voi, questo non significa che 'sa' di essere stato 'cattivo'. Questo significa solo che ha imparato che quando rientrate a casa spesso siete arrabbiati. E dato che i cani cercano la pace, il vostro cane proverà a calmarvi ogni volta che varcate la soglia, utilizzando tutti i segnali di non minaccia (che sono segnali calmanti) per salutarvi. Lo farà senza bisogno di sapere perché tornate sempre arrabbiati, perché i cani sono molto indulgenti e vogliono solo che le relazioni si rimettano in carreggiata il più presto possibile.

Se comincia a sgattaiolare e a guardare verso di voi come se si sentisse 'colpevole' quando lo chiamate nella cucina piena di spazzatura, o nell'angolo dove ha fatto pipì, o sul divano che ha strappato mentre non c'eravate, non è perché sa di aver fatto qualcosa di sbagliato. E' perché sente la rabbia nella vostra voce, sì, la sente anche se tentate di nasconderla. Cercherà di calmarvi ogni volta che sente questo tono, i cani sono fatti così. Non vuol dire che capisce le vostre ragioni e le vostre motivazioni. Un cane può anche imparare che vi arrabbiate quando la cucina è piena di spazzatura, ma non collega questo con la sua azione di spargerla. L'azione è troppo lontana nel tempo perché possa effettuare la connessione. Inoltre, non penserà che vi arrabbierete quando saccheggerà la spazzatura la volta successiva, perché l'evento è troppo lontano nel futuro perché possa anticiparlo. Tutto quello che sa è che la spazzatura intorno più la vostra presenza è uguale a rabbia. Questo fatto ha condotto più di una persona a punire il cane sbagliato, dal momento che il cane fa questa equazione indipendentemente se sia stato lui o un altro cane a spargere la spazzatura un paio d'ore prima.

Fatto: Un cane di solito inizia a lanciare segnali di non minaccia quando sa che siete arrabbiati. Questo non significa che sa perché siete arrabbiati o di essere stato 'cattivo' o 'disobbediente'. Non significa nemmeno che è stato lui a fare la cosa 'cattiva'. Un cane vive di regole semplici. I nostri complicati ragionamenti sulla pulizia, sui batteri e sul valore del denaro sono al di fuori della sua portata.

Mito 48: Un cane ben educato sente il bisogno istintivo di soddisfare i nostri desideri ogni volta che può, il cosiddetto 'desiderio di compiacere'.

Né l'evoluzione né la storia hanno mai prodotto, in nessun tempo, una creatura che vive solo per soddisfare i desideri di qualcun altro, mettendo da parte i propri. Nemmeno gli esseri umani lo fanno. Quando vogliamo compiacere qualcuno, ne ricaviamo sempre — segretamente o inconsciamente - qualche tipo di vantaggio. Noi non facciamo mai niente per niente. Ci aspettiamo sempre qualcosa in cambio, segretamente o inconsciamente. E' una realtà. Ma nonostante il fatto che vogliamo sempre avere qualcosa in cambio, molti di noi (segretamente o inconsciamente) vorrebbero tornare bambini, al tempo in cui la mamma soddisfaceva ogni nostro bisogno senza all'apparenza volere nulla in cambio. Prendere ma non dare, delizioso! La cosa spiacevole è che questo desiderio è normale fino a quando si hanno tre anni, dopo di che viene il momento di crescere e iniziare a imparare a dare e a prendere.

Ma continuiamo a sognare. Questo desiderio infantile rimane in molti di noi (consciamente o inconsciamente) anche quando siamo diventati adulti. Alcuni lo soddisfano sognando davanti a un drink in un bar all'aperto d'estate :'Se vincessi alla lotteria, farei...'. Altri cercano di soddisfare per un momento questa fantasia prenotando una camera in un albergo di lusso per un fine settimana (i letti rifatti mentre siamo a fare compere, un sacco di servizi in camera ecc.). Qualcuno è meno pragmatico. Alcuni si sposano con la speranza (emotiva) che qualcun altro si prenderà cura delle loro esigenze, sperando che il matrimonio li libererà dalle loro responsabilità di adulti (se non ci credete, guardate Dottor Phil). E c'è chi si trasforma improvvisamente in un bambino di tre anni appena messo piede su un aereo, iniziando a fare i capricci se non viene servito abbastanza velocemente (questo è un problema sempre più diffuso per le compagnie aeree).

E' solo una fantasia. Non vinciamo alla lotteria e la stanza d'albergo deve essere pagata. Il matrimonio risulta essere un dare e avere, se non si vuole finire con il divorziare. L'uomo in aereo ha pagato il biglietto, ma viene portato via in manette ugualmente, se le sue richieste e il suo comportamento sono troppo irragionevoli. Semplicemente non siamo disposti a servire un uomo adulto come se avesse tre anni.

Pertanto il 'desiderio di compiacere' non è la proiezione di una caratteristica umana sul cane, perché lasciare che gli altri si comportino come bambini di tre anni non è una caratteristica umana. L'idea che un cane dovrebbe avere il 'desiderio di compiacere' è piuttosto la proiezione di un desiderio umano sul cane.

Questo desiderio condiziona la capacità di addestrare un cane. Il proprietario che ha questo desiderio, proprio come un bambino egocentrico, vorrà che il cane faccia le cose che lui gli chiede 'solo perché mi ama' o solo perché 'sono il capo.' Questi proprietari sono restii a educare il loro cane con premi in cibo. Dicono che sembrerebbe loro di corromperlo. Ma quello che accade realmente è che a loro non piace che i loro desideri e i loro capricci non siano per il cane una motivazione sufficiente. A loro non piace che debbano dare qualcosa in cambio dell'attenzione, degli sforzi e della volontà di lavorare del cane. Poiché il cane era l'unico luogo in cui il sogno infantile di 'prendere senza dover dare' si sarebbe potuto applicare, restano delusi nello scoprire che anche qui il sogno deve essere abbandonato. La qual cosa ferisce.

Il mondo è pieno di educatori che cercheranno di soddisfare questo desiderio, e tutti vi parleranno della 'volontà di compiacere'. Vi diranno che il cane deve comportarsi come vostra madre con voi quando avevate tre anni. Proprio come la mamma sapeva senza che le venisse chiesto quando era il momento di cambiare il pannolino o che avevate sete, il cane deve sapere senza che gli venga detto di cosa avete bisogno ora e come fare per soddisfare questa esigenza. Questi proprietari ritengono di avere il diritto di punire il cane quando non esaudisce le loro richieste, proprio come il bambino che fa i capricci.

E così, dopo numerose privazioni, bullismo, dolore, il cane inizia ad aver paura del suo proprietario, a guardarlo con apprensione, e cercare disperatamente di capire cosa vuole ora. In altre parole, il cane inizia a cercare un comportamento che scongiuri un'esperienza spiacevole o dolorosa. Il cane pensa che il suo proprietario sia spaventoso ma, a differenza del coniuge che può divorziare o del personale della compagnia aerea che può tirare fuori le manette, il cane non ha un altro posto dove andare, e niente altro da fare.

'Vedi,' dice il proprietario 'il mio cane fa quello che voglio senza premi, solo perché mi ama'.

Io penso che la maggior parte di noi sarà d'accordo che essere annoiati, limitati, deprivati, preoccupati e/o spaventati e quindi essere vili, vigili e servili sia una strana definizione di amore (o di leadership). In realtà questo è un esempio rivelatore di autoinganno umano, di quanto siamo disposti a fare per preservare il sogno di poter soltanto prendere ed essere ugualmente amati. O che solo noi possiamo dettare condizioni, che possiamo dare solo quando ne abbiamo voglia e non quando l'altro ne ha bisogno. E che solo in quel rapporto — quello fra gli animali e noi — il potere è distribuito da una parte sola.

Fatto: Abbiamo bisogno di rinunciare a questo mito. Quelli che non vi vogliono rinunciare devono dare uno sguardo dentro se stessi, perché probabilmente stanno facendo la stessa cosa anche in altri rapporti. Il 'desiderio di compiacere' non esiste né in noi, né nei cani. Il proprietario che usa la parola 'amore' o 'leader' quando il cane lo guarda con preoccupazione o paura totale è bloccato a uno stadio infantile di sviluppo. In realtà i cani hanno bisogno che noi assumiamo il ruolo di adulti per soddisfare le loro esigenze e per aiutarli a capire cosa vogliamo che facciano in un modo a loro comprensibile.

Mito 49: Oggi il mio cane ha strappato il giornale con cui ieri l'avevo picchiato.

Quest'idea suona completamente logica per noi. In realtà esistono vari motivi per cui un cane potrebbe strappare un giornale, ma la logica non ha niente a che vedere con nessuno di questi. Semplicemente un cane non è capace di elaborare ragionamenti logici. Neanche un bambino di sei anni può ancora essere padrone della logica, anche se ha già raggiunto un livello cognitivo che un cane non potrà mai raggiungere. Questo significa che un cane non può avere i seguenti processi mentali:

> 'Guarda, c'è il giornale con cui mi ha picchiato ieri. Se lo strappo non potrà più colpirmi'.

Il cane non può pensare questo, perché vorrebbe dire che è capace di pensare:

> 'Ieri A è stata la causa di B. A può essere ancora una volta causa di B se non mi assicuro che A non sia più uguale ad A. Ora faccio in modo che A sia uguale a C, che non è mai causa di B.'

(Dove A = il giornale, B = uno schiaffo, C = minuscoli brandelli di carta.)

Questo è troppo complicato per un cane.

Se viene colpito spesso con il giornale, il cane impara ad associare il giornale con un'esperienza sgradevole e inquietante. Quando vede il giornale posato da qualche parte, sente quello spiacevole sussulto che è sempre collegato alle punizioni. E' più probabile che vorrà evitare il giornale, piuttosto che volerci fare qualcosa. E sicuramente vorrà evitare noi quando cominciamo a sventolarlo in giro.

Se il vostro cane strappa il giornale probabilmente è perché a molti cani piace fare a pezzi la carta. La trovano una cosa divertente. Può darsi che abbiate dormito fino a tardi, o che siate stati fuori più a lungo del solito, e che abbia cercato qualcosa da fare mentre si annoiava. Può darsi che il vostro cane diventi leggermente ansioso quando rimane solo troppo tempo, e cerchi qualcosa da fare per distrarsi. E' lo stesso motivo per cui qualche volta noi ci mangiamo le unghie. Non ha niente a che vedere con quello che abbiamo o non abbiamo fatto con il giornale.

La stessa cosa vale per il cane che strappa il divano quando rimane da solo. Non sta seguendo il ragionamento complesso per cui 'Il divano è costato molto, Boss deve lavorare sodo per guadagnare i suoi soldi, se io strappo il divano ogni volta che esce smetterà di lasciarmi solo, perché non vuole lavorare sodo per comprare un nuovo divano'. Tanto meno segue la logica: 'Ieri Boss mi ha fatto scendere dal divano quando c'era la sua nuova ragazza, io oggi strappo il divano così imparerà a non farmi più scendere dal divano'. Un cane che strappa il divano di solito è un cane che entra in grande ansia quando resta solo. Per così dire, comincia a mangiarsi le unghie.

I cani non possono concepire lunghe logiche catene causali. L'unico essere vivente che può farlo è l'essere umano adulto. I cani reagiscono sempre in modo diretto ai segnali e alle sensazioni, senza pensieri complicati dietro quello che fanno. Ciò significa che i cani non agiscono per vendicarsi di noi, né per quello che abbiamo fatto ieri, né per quello che abbiamo fatto oggi.

Fatto: Il cane distruttivo può essere annoiato o, più spesso, spaventato.

Mito 50: Oltre ad essere capace di leggere nelle nostre menti, il cane è anche dotato di senso del dovere, senso dell'onore, di abilità logiche, sa pianificare la vendetta ed è capace di escogitare piani subdoli.

Certo è che sul cane noi facciamo un bel po' di proiezioni! Naturalmente rientra nella natura umana che non ci piaccia vedere i nostri fallimenti, e così quando le cose non vanno come vorremmo abbiamo la naturale inclinazione a cercare la causa in qualcun altro. A volte abbiamo anche difficoltà a metterci nei panni degli altri, e quindi tendiamo a pensare che le motivazioni degli altri debbano essere uguali alle nostre. La natura ha stabilito che le creature viventi devono essere parsimoniose con l'energia che hanno a disposizione, e quindi tendiamo naturalmente verso la pigrizia. Semplicemente, ci costa troppa fatica informarci sulla vera essenza del cane. E, tra parentesi, non c'è alcun bisogno di farlo comunque, dal momento che il cane vive con noi già da millenni e a quest'ora deve essersi adattato totalmente a noi. Oppure, i nostri genitori avevano un cane quando abitavamo con loro, e quindi sappiamo già come si trattano i cani. Tutto quel che dobbiamo fare è quel che facevano mamma e papà (senza renderci conto che anche loro facevano quel che facevano la loro mamma e il loro papà). Oppure, ci prendiamo la briga di tentare di scoprire cosa sia in realtà un cane, e finiamo con il leggere libri che ci raccontano tutte le storie e i miti che questo libro sta tentando di sfatare.

Alla fine, il cane diviene lo specchio in cui l'unica cosa che vediamo siamo noi stessi. Guardando in questo specchio e vedendo la nostra stessa immagine, siamo allora portati a pensare che se il cane non si comporta come noi vogliamo è perché:

1) Sa cosa vogliamo ma è troppo testardo. Moltissimi addestratori adorano appoggiarsi a questo presupposto; è il momento in cui l'intero mito della dominanza comincia a sgorgare dalle loro bocche.
2) E' ingrato e assolutamente privo di qualunque senso del dovere.
3) Ha la sensazione che quel che chiediamo vada oltre la sua dignità.
4) E' arrabbiato per qualcosa che abbiamo fatto ieri e vuole vendicarsi.
5) Sa che ci sta frustrando, ma intende deriderci o prenderci in giro.

E quello forse più crudele di tutti:

6) Quando è così spaventato da noi che si azzarda a tentare di soddisfare le proprie necessità e realizzare i propri desideri solo quando non ci siamo, allora lo chiamiamo subdolo.

Non ci riporta la palla quando gliela lanciamo, quindi diciamo che è dominante e si rifiuta di consegnare la preda al capobranco — perché noi pensiamo che il cane debba magicamente comprendere la nostra logica secondo la quale dovrebbe andare a prendere un oggetto non commestibile che gli viene tirato e riconsegnarlo a noi (solo a noi, e non a quell'altra signora che c'è laggiù). Ma naturalmente, diamo anche per scontato che sappia che *non* deve riportarci quell'untuoso e disgustoso involucro di McDonald's che qualche ragazzino di passaggio ha gettato per strada, anche se odora di cibo.

Tutto ciò si riduce al fatto che spesso noi non sappiamo come indurre il cane a comprendere cosa vogliamo, o non sappiamo motivarlo a farlo. Nella nostra frustrazione e nella nostra ignoranza, finiamo con l'attribuirgli tutte le qualità che abbiamo elencato in questo capitolo.

Nella realtà un cane vive secondo un certo numero di semplicissime regole: nessuna vera aggressione nei rapporti sociali, rispetto della zona personale di ciascuno, tentare sempre di risolvere un conflitto mediante compromessi reciprocamente accettabili. Sono queste tre regole che permettono al cane di convivere così magnificamente con noi. Un cane però continua a non avere idea di quali altri desideri e quali altre intenzioni abbiamo noi, cose molto più complicate; ci saranno sempre quindi desideri che un cane non potrà realizzare per noi. La causa esatta di ciò è il fatto che un cane è semplicemente un cane, con un cervello troppo piccolo e semplice per includere il senso del dovere, dell'onore, della logica, della vendetta, dello scherno, della presa in giro e delle azioni subdole.

Fatto: Quando guardate un cane, cercate di vedere una creatura semplice e onesta, che attribuisce un grande valore al contatto sociale e alle relazioni armoniose, ma che è troppo limitata per sapere quel che vogliamo se noi non l'aiutiamo a comprenderlo.

Parte 5

Il significato del comportamento dei cani

Mito 51: Il mio cane tira al guinzaglio perché vuole essere lui a condurre il branco.

Questa è un'idea romantica che proviene da un certo numero di miti che abbiamo già esaminato (Miti 1, 2, 3 e 10). A causa di questi miti molte persone sono state indotte a credere che i cani vivano in branco per natura, che il branco abbia sempre un leader, e che il leader cammini sempre davanti a tutti in testa alla processione. Lo fa per sfoggiare il proprio status, ma anche perché, in quanto leader, gli spetta determinare il percorso che la processione seguirà. Di conseguenza un sacco di gente crede che il loro cane tiri al guinzaglio nel tentativo di mettere a segno una rivoluzione. Lo fa per dimostrare di essere il leader e che sarà lui a stabilire il percorso da seguire durante la passeggiata.

A parte tutte le altre sciocchezze che vi sono implicate, le persone che hanno scritto queste cose sui cani non hanno chiaramente dato molta importanza al significato che ha per loro la parola 'leader'. Sembrano dare per scontato che il concetto non richieda spiegazioni nonostante le continue discussioni filosofiche, psicologiche e politiche che ancora infuriano sull'argomento. Quindi non siamo neanche certi di cosa significhi la leadership per gli esseri umani, figuriamoci per gli animali (i cui cervelli sono privi di lobi frontali). Di sicuro, noi tendiamo a mettere i nostri leader in testa alle processioni. Questo però non può in alcun modo giustificare l'assunto secondo il quale animali non-umani facciano la stessa cosa. E' piuttosto discutibile ritenere che camminare in testa quando il gruppo si muove (anche se lo si potesse osservare, cosa che gli scienziati sono stati molto raramente in grado di fare) significhi che un animale non-umano è una sorta di 'leader' generale del gruppo; allo stesso modo è impossibile fare asserzioni su cosa significhi essere il 'leader' di un gruppo di animali non-umani.

Stiamo quindi semplicemente avendo a che fare con un concetto poco chiaro. E' però anche un dato di fatto che questo mito (che trasferisce le idee che abbiamo sui lupi direttamente sui cani) è basato su osservazioni non molto realistiche dei lupi. I lupi che la gente osserva vivono in recinti e non vanno da nessuna parte, e perciò non è possibile rendersi conto di chi guiderebbe la processione, se ne facessero una. Quindi osserviamo i lupi selvatici. Questi vengono generalmente sorvegliati da aeroplani. Da un aereo non è possibile rendersi conto se sia sempre lo stesso lupo che cammina in testa agli altri. Di conseguenza non sappiamo se sia sempre uno stesso animale che cammina davanti e determina il percorso che verrà seguito dall'intero branco. Occasionalmente sono stati osservati lupi in riposo: si è visto che ognuno decide per sé quando muoversi e dove andare. Mentre il gruppo riposa, un singolo lupo, oppure un paio di essi, possono allontanarsi per una breve escursione, riunendosi successivamente al gruppo. E' un'invenzione che l'intero branco si stenda col fiato sospeso a guardare un qualche 'leader', senza altrimenti muoversi di un centimetro. Quando un gruppo del genere si mette in moto per cacciare, non è sempre la coppia di genitori che trotta avanti ad esso; né è sempre l'animale in testa che determina il percorso da compiere. In questo caso, stiamo parlando di sole poche osservazioni. Non si possono fondare delle conclusioni generali su qualche osservazione sparsa. D'altra parte, qualche piccola osservazione potrebbe sfatare un mito. E sono felice di poterlo fare.

A parte il fatto che questa storia sui lupi non si basa su osservazioni reali, è anche piuttosto stupido andarsene a guardare i lupi per sapere qualcosa sui cani. Dopo tutto, i due animali si sono evoluti in specie separate in circostanze completamente diverse.

Allora, perché il vostro cane tira al guinzaglio? Le osservazioni condotte sui cani dimostrano che lo fanno per diverse ragioni:

1) La prima ragione è che il cane ha quattro zampe. Ciò significa che la sua andatura, per definizione e per anatomia, è diversa dalla nostra. Un cane si muove con la massima efficienza energetica e il minimo sforzo se va al trotto. Quindi avrà la naturale tendenza a trottare mentre viene tenuto al guinzaglio. Se non è al guinzaglio, trotterà davanti a voi e poi si fermerà ad aspettare, voltandosi per essere sicuro che siete ancora là. Una volta che si è accertato di questo, trotterà avanti per un altro po'. Questo non significa che sta cercando di essere lui il leader. Trotta avanti perché questo è il passo più comodo per lui, e si guarda indietro ogni tanto perché non vuole perdervi. Gli piace una passeggiata in vostra compagnia più che una da solo. Se voltate a sinistra quando lui è davanti a voi e ha voltato a destra, si affretterà a ritornare da voi appena se ne accorgerà, senza preoccuparsi per nulla del percorso che avete scelto.

2) Anche se smette di trottare e va al passo, ha sempre quattro zampe. Il suo passo sarà sempre un po' più veloce del vostro. E ciò non perché lui creda di essere il leader, ma perché vi è obbligato dalla propria anatomia. Infatti, la velocità naturale del passo di un cane è una delle cose a cui badiamo quando dobbiamo accoppiare persone non vedenti a un cane guida. Cerchiamo di scegliere un cane la cui camminata naturale si adatti allo spazio di una particolare persona senza troppa scomodità per il cane. Non stiamo tentando di appaiare qualità da leader, ma di far corrispondere l'anatomia di un determinato cane guida all'anatomia di una determinata persona non vedente, così che entrambi possano vivere felici insieme.

3) La motivazione può giocare un ruolo nella rapidità con cui un cane cammina. Sa quando siete diretti al parco, e non vede l'ora di arrivarci. Più il cane è giovane e vivace, più avrà difficoltà a contenersi con la prospettiva di qualcosa di così piacevole tanto a portata di mano. Ciò non ha nulla a che vedere con il suo desiderio di essere 'leader' e tutto ha a che vedere con la gioia e una salutare passione per la vita.

4) In particolare, il cane cucciolo o adolescente sarà ansioso di arrivare al parco. Entrambi sono in una fase del loro sviluppo in cui interagire il più possibile con altri cani è un punto di importanza critica. Riescono a stento ad aspettare, e non sono ancora maturi abbastanza da essere in grado di controllare il loro impulso naturale di arrivare lì il più presto possibile. I loro cervelli non sono ancora cresciuti fino a quel punto.

5) Un cane è un essere vivente, non una macchina che possiamo programmare. Forse desidera effettivamente andare in un luogo diverso da quello in cui volete andare voi. In quanto essere vivente, ha il diritto di avere i suoi desideri e le sue

speranze. E ha il diritto di esprimerli. Voi volete voltare a destra, lui prova a vedere se per caso non sareste disposti a seguirlo dietro l'angolo girando a sinistra. Non dovreste interpretare questo tentativo come una rivoluzione, ma come una richiesta. Non dovete per forza dire sì, ma è poco amichevole arrabbiarsi con qualcuno che ha semplicemente chiesto.

Fatto: Non è facile passare tutta la propria vita attaccati ad un guinzaglio, camminare sempre ed eternamente al passo di qualcun altro, lottando contro la propria anatomia perché quel passo è tanto scomodo, reprimere i desideri del proprio cuore, senza mai potersi permettere di seguire l'istinto del momento. Tirare al guinzaglio è una forma di colpo di stato? L'idea è ridicola. In realtà, un cane tira al guinzaglio perché è un essere vivente con la sua propria anatomia e i propri desideri, e a quell'anatomia e a quei desideri ha lo stesso diritto che abbiamo noi.

Mito 52: Il leader passa sempre per primo attraverso una porta.

Questo mito è un corollario del numero 51 (il leader cammina sempre davanti agli altri). Arriva adesso il mito secondo il quale l'individuo Alfa tra i lupi sarà sempre il primo ad attraversare uno stretto passaggio o una piccola apertura. Quando vi raccontano questa storiella, molti autori aggiungono anche una bella cucchiaiata di proiezione umana. Passando per primo, si presume che il leader dimostri ai suoi compagni di branco quanto è coraggioso, allo scopo di incrementare la loro reverenza e il loro rispetto nei suoi confronti (dopo tutto, non si sa mai cosa può esserci alla fine del tunnel oppure dietro l'entrata di quella grotta). Per completare la storia, il leader sta anche mostrando la sua disponibilità ad offrire la propria vita per il bene del gruppo se quella cosa alla fine del tunnel o dietro l'entrata della grotta dovesse rivelarsi terribile.

A questo punto ormai il mio lettore sa su che tipo di osservazione si basi tutto ciò (vale a dire sul nulla). Il mio lettore sa anche che il cane non è comunque un lupo. E sa che il cane non è provvisto di quei bei lobi frontali grossi che permettono a noi di concepire 'l'altro' e immaginarne i pensieri. Un cane non è in grado di afferrare un concetto astratto come quello di 'coraggio'. Un cane non è neanche in grado di concepire i pensieri di un altro in maniera astratta, figuriamoci se può immaginare cosa l'altro stia pensando adesso, e men che meno che l'altro possa pensare cose del tipo 'ma quanto sei coraggioso'. Inoltre, neanche gli esseri umani si comportano in questo modo. Quando c'è un pericolo, la prima cosa che facciamo è portare in salvo i leader, dal momento che si presume che siano meno sacrificabili del resto di noi.

Passiamo adesso ai risultati di uno studio longitudinale sul comportamento del cane domestico, nel quale un gruppo di cani è stato continuamente sotto osservazione per molti anni. Se ne ricava che non è sempre lo stesso cane quello che passa per primo attraverso una porta. E che uno dei fattori di seguito descritti decide quale cane passerà per primo davanti agli altri:

1) Quello che si trova ad essere più vicino alla porta quando questa si apre.
2) Quello che al momento è più ansioso di andar fuori (vuoi per la diarrea, vuoi per l'odore di una femmina in calore, vuoi per un milione di altre ragioni personali).
3) Quello che ha più fame di tutti quando il gruppo torna a casa dopo una lunga passeggiata nei boschi.
4) Quello che è meno stanco dopo la lunga passeggiata.
5) Il più giovane, che di conseguenza è meno capace di controllare la propria eccitazione.

In altre parole, non c'è una singola ragione per la quale essere sempre il primo a passare per la porta debba in qualche modo trasformarvi nel leader del vostro cane.

D'altra parte, ci sono una quantità di buone ragioni — di sicuro in città - per insegnare al vostro cane ad aspettare finché non siate passati dalla porta d'ingresso prima di lui. Se si precipita fuori appena la porta si apre, potrebbe trovarsi muso a muso con un pit bull di passaggio che ha voglia di attaccare briga. Potrebbe essere travolto da un ciclista che per qualche motivo persiste nell'utilizzare il marciapiede come pista ciclabile. Correndo fuori potrebbe far cadere qualcuno, causando ossa rotte e borse della spesa rovesciate, e probabilmente irritazione tra i vostri vicini.

Fatto: Passare per primo attraverso una porta non ha assolutamente nessun significato per un cane. La sicurezza è l'unico motivo per cui dovremmo badarci.

Mito 53: Dovrei sempre mangiare io prima di dar da mangiare al mio cane, così capirà che sono il capobranco.

Questo mito fa parte della stessa serie (e ha le stesse radici) dei Miti 51 e 52. Molti psicologi canini vi diranno che oltre a dirigere la processione e ad essere il primo a passare per una porta, il capobranco mangia sempre per primo. Se necessario, dovete fare in modo che il cane vi veda mangiare un cracker appoggiati al bancone della cucina prima di nutrirlo. Questa affermazione viene accompagnata da una lunga storia sull'evoluzione e sui lupi, e su quanto sia logico che il più forte e il più adatto si prenda tutto il cibo migliore reclamando per sé il diritto a nutrirsi per primo.

Tutta la faccenda, comunque, non è altro che l'ennesimo sogno romantico. Abbiamo già deciso di non accettare conclusioni sul comportamento in natura tratte dall'osservazione di lupi in cattività (quelli che vivono nei campi profughi — vedi Mito 3). Quando i lupi in libertà catturano una grossa preda, la mangiano tutti insieme e simultaneamente. Potrebbe crearsi qualche tensione, ma è probabile che ciò accada perché mentre mangiano devono per forza invadere le rispettive zone personali — a meno che uno o più di essi faccia in modo da strapparsi un brandello e andarsene un po' più in là. E quando un lupo cattura una preda piccola (ad esempio un coniglio) non fa altro che mangiarsela tutta da solo.

Ma quelli sono lupi. I nostri cani domestici non sono cacciatori, non vivono in branchi, non vivono neanche in gruppi stabili, e qualunque cosa trovino nella spazzatura la trovano da soli. La mangiano senza preoccuparsi di quel che fanno gli altri. E gli altri probabilmente stanno mangiandosi qualunque cosa abbiano trovato venti o duecento metri più in là.

Il vostro cane pensa che mangiare tutti nello stesso momento è assolutamente naturale, a patto che vi sia una distanza di cortesia gli uni dagli altri (la misura della distanza può variare a seconda di quanto si piacciono e si fidano gli uni degli altri). Tu laggiù, io quaggiù, mangiamo contemporaneamente quel che abbiamo trovato. Se decidete di dover sempre mangiare per primi, il vostro cane sarà molto probabilmente del tutto indifferente a questo fatto. Dopo tutto, le regole canine stabiliscono che ciascuno ha diritto a tenersi quel che ha davanti alle zampe anteriori e al muso, e non ci si ruba il cibo gli uni con gli altri a meno di non essere disperati. Non aspettatevi che il vostro cane tiri conclusioni su chi sia il leader, anche se potrà trovare strano che voi mangiate un cracker asciutto dal momento che di solito mettete cose piuttosto succulente nei vostri panini. E non aspettatevi che guardarvi mangiare per primo possa curare i suoi eventuali problemi comportamentali, qualunque essi siano. Questo è pensare magicamente, e può — a seconda del problema - rivelarsi alla fine anche pericoloso.

Fatto: Al cane non gliene frega proprio niente di chi mangia per primo.

Vedi anche: Mito 56.

Mito 54: Dovrei essere in grado di togliere il cibo al mio cane in qualunque momento, perché un cane è sempre disposto a cedere il suo cibo al capobranco.

I cani domestici sono spazzini, e non hanno alcuna idea della preda (vedi Miti 1, 4 e 5). Sono viaggiatori semi-solitari (vedi Miti 7 e 8). Non vivono in gruppi stabili. Non hanno idea di cosa sia un leader (vedi Miti 10 e 11).

I cani rivendicano il possesso di una zona personale, con un raggio che va da 60 centimetri a 2 metri. Quando c'è di mezzo il cibo, il centro di questa zona è costituito dal muso e dalle zampe anteriori. La regola di cortesia vuole che si possa tenere qualunque cosa ci sia in questa zona, indipendentemente dall'età, dalle dimensioni e così via. I cani che vivono liberi generalmente non si portano via il cibo l'uno con l'altro. Perché dovrebbero, quando possono spostarsi un po' più giù verso la spazzatura, o andare a cercare dietro le capanne del villaggio oppure ribaltare il cesto dell'immondizia?

Un'eccezione a questa regola si ha durante un periodo di carestia, quando viene sospesa perché ciascuno è preoccupato della propria cruda sopravvivenza. Comunque non sarebbe saggio fondare delle affermazioni generali su una situazione straordinaria come questa. I cani che vivono liberi soffrono la carestia solo quando anche gli esseri umani che vivono nella stessa zona sono soggetti ad essa. Fino a qualche decina di anni fa, la carestia tra gli esseri umani era un fenomeno relativamente raro. Se si vuole conoscere il comportamento normale, sarà meglio osservare situazioni normali. Inoltre, quando c'è una carestia, sia il sistema sociale umano che quello canino cominciano ad andare in pezzi. Esaminare sistemi sociali in disfacimento che si dirigono verso il caos, non ci dice molto di come i loro membri si comporterebbero normalmente, quando il sistema funziona come dovrebbe.

Vi è un'altra eccezione che qualche volta si verifica in situazioni normali. I cani a volte, in verità, ignorano le regole e si azzuffano se di mezzo c'è un pezzo di cibo particolarmente raro o succulento. E' alquanto possibile che il cane più grosso ed aggressivo finisca con il prendere ad un altro cane il boccone prelibato, e che l'altro cane si rassegni alla perdita. Essere grosso ed aggressivo, però, non è la stessa cosa che essere il leader. Un cane che tiranneggia un altro cane per rubargli quello che ha, finirà per essere temuto e alquanto evitato. Piuttosto che diventare il leader, diventa un paria e finisce con l'essere condannato a vivere da solo.

I nostri ben nutriti cani di casa non comprendono perché dovremmo volergli portare via il cibo. Per loro, questo è un comportamento sconcertante e anti-sociale. Finiscono con il perdere la fiducia in noi. Possono mettersi a ringhiare mentre mangiano, avvertendoci di star fuori dalla loro zona personale, visto che persistiamo nel mostrare maniere così socialmente disdicevoli. Il proprietario che crede in questo mito corre il rischio di infilarsi in una spirale di violenza con il suo cane. Il risultato finale sarà la distruzione di qualunque fiducia, e il deterioramento della relazione.

Fatto: E' completamente normale che il vostro cane non voglia cedervi il suo cibo. Pensa che sia assolutamente anomalo che voi vogliate che lo faccia. La cosa lo lascia completamente perplesso. Gli insegna che voi siete un bullo, e sappiamo che i bulli sono inadeguati alla leadership — ammesso che i cani abbiano leader, cosa che non hanno.

Mito 55: Il mio cane non riporta la palla perché è arrogante e non vuole cedere la preda al suo leader.

I cani mangiano sia dalla loro ciotola che dalla spazzatura. Non hanno idea di cosa sia una preda. Molti neanche correranno dietro a un bastoncino o a una palla che gli vengono lanciati. Tutta la questione non ha alcun senso per loro. Lanciare in aria oggetti inanimati è per loro soltanto una delle cose innocue ma inspiegabili che gli esseri umani fanno. Alcuni cani tendono a correre dietro a un oggetto lanciato in aria. Lo fanno istintivamente per riflesso, e solo per avere una scusa per correre. Ma anche se lo fanno, non significa che vedono l'oggetto come preda, o che sono così stupidi da confondere un pezzo di plastica o di legno con del cibo.

E così siete al parco e volete giocare con il vostro cane. Lanciate qualcosa in aria. Supponiamo che il vostro cane lo rincorra. Poi l'oggetto inanimato non commestibile che avete appena lanciato si posa per terra. Una volta ferma, la palla da tennis (o il legnetto) smette immediatamente di essere interessante e di servire da scusa per sgranchirsi le zampe. Il cane annusa e si allontana annoiato. Oppure si siede accanto all'oggetto e aspetta che accada qualcosa. Sarebbe felicissimo di vedere di nuovo una palla volare per aria. Sta lì seduto e pensa: 'La gente a volte lancia in aria oggetti inanimati. Se aspetto abbastanza, forse succederà ancora'. Non ha idea di quello che vogliamo o quali siano i criteri che abbiamo inventato perché ciò avvenga. Bisogna insegnarglielo, che deve riportare l'oggetto affinché venga lanciato di nuovo. Non c'è proprio nessun modo in cui possa intuirlo da solo, perché il suo cervello non è abbastanza grande e, contrariamente al mito, non può leggere nelle nostre menti.

In qualche altro caso, il cane prenderà l'oggetto e lo riporterà a voi ma si rifiuterà di lasciarlo. Ciò non ha niente a che fare con la volontà di mantenere la preda o con il potere. Molto spesso il cane sta cercando di coinvolgervi in un gioco di inseguimento, un gioco che i cani amano e che fanno spesso l'un l'altro senza intenzioni cattive né rivoluzionarie. Forse il vostro cane ama giocare al tiro alla fune, un altro gioco che i cani fanno senza intenzioni boriose.

Il che ci porta a un altro mito, e cioè che bisogna sempre vincere quando si gioca al tiro alla fune con il cane. In realtà, se un cane inizia a mostrare segni di minaccia durante il tiro alla fune, significa che nel passato qualcuno ha sempre insistito per vincere, oppure ha fatto di tutto per essere il 'leader' portandogli via costantemente le cose. Il cane non sa più se il tiro alla fune con un essere umano è un gioco innocente o se l'umano infrangerà le regole e approfitterà del gioco per fare il prepotente. Non ha niente a che vedere con il 'mantenere la preda'.

In ogni caso, tutto quel che dovete fare è insegnare al cane che se riporta l'oggetto e lo lascia andare ai vostri piedi, lo lancerete di nuovo. Potete iniziare a premiarlo con un bocconcino ogni volta che lascia cadere qualcosa vicino a voi, a casa, al parco, dovunque, e che si tratti di un calzino, di una palla, di un giocattolo, qualsiasi cosa. Dopo un po' il cane inizierà a portarvi qualsiasi cosa e lasciarla cadere ai vostri piedi. Voi lo ricompenserete prendendo l'oggetto e lanciandolo a un paio di metri. Il cane pensa: 'Fantastico! Ora posso andare a prenderlo e riportarlo per ricevere un bocconcino delizioso!' E lo fa. Potete gradualmente aumentare la distanza alla quale lanciare gli oggetti. Se scoprite che il vostro cane ama questo gioco, potete presto fare a meno dei bocconcini. Il gioco stesso diventa ricompensa.

Fatto: Il cane che non riporta la palla o un bastoncino non si sta rifiutando di cedere la preda. Semplicemente non ha mai imparato come si gioca.

Vedi anche: Miti 57 e 58

Mito 56: Se il mio cane elemosina a tavola, significa che è dominante, perché sta provando ad essere il leader facendosi consegnare la preda.

Se il vostro cane mendica quando siete a tavola, potrebbe essere perché:

1) Il vostro cane è un cucciolo. Non ha ancora avuto tempo di imparare le regole degli adulti sul possesso e sulla zona personale. E' anche troppo giovane per controllare sia la sua curiosità (che buon odore, chissà cos'è?) che i suoi impulsi, così si avvicina in tutta innocenza per vedere cosa state mangiando. Nonostante il candore di questo comportamento, vi consiglio di non condividere con il cucciolo il vostro cibo a tavola. Ha abbastanza cibo del suo, e sarà meglio non insegnargli ora un comportamento che dopo vi irriterà...

2) ...Perché la seconda ragione per cui il vostro cane mendica a tavola è che qualcuno gli ha insegnato a farlo. La maggior parte di noi non lo fa di proposito. E' solo che ci dimentichiamo che l'educazione non avviene soltanto quando siamo a scuola di addestramento, ma si svolge ogni giorno, ogni secondo in tutto ciò che facciamo con i nostri cani. I cani imparano sempre. A scuola di obbedienza gli diamo un premio quando fa un perfetto seduto vicino alla nostra gamba. Sappiamo che ci stiamo allenando al comando 'seduto'. Alla fine, al campo di addestramento, farà sempre un perfetto seduto vicino alla nostra gamba. Siamo contenti per questo. Il problema è che funziona nello stesso modo a casa, tranne per il fatto che non siamo consapevoli che lo stiamo educando. Voi, o i vostri ospiti o i vostri figli, gli date un piccolo assaggio quando vi si siede accanto mentre siete a tavola. Alla fine verrà sempre a sedersi accanto a qualcuno, e di questo non siamo contenti. Dimentichiamo che il cane non conosce la differenza fra il campo di allenamento e la nostra sala da pranzo, e che tutto quello che sta facendo è ripetere il comportamento premiato. Non è giusto arrabbiarsi per un comportamento a cui lo abbiamo addestrato noi stessi, che il cane fa in tutta innocenza e senza avere idea che non ci piace. E non fatevi ingannare. Il comportamento di un cane racconta sempre la storia delle sue passate esperienze di apprendimento. Il suo comportamento dice sempre la verità, perché i cani non hanno i lobi frontali di grandi dimensioni, che sono necessari per inventare bugie. Così, quando i vostri figli sostengono di non aver mai dato niente di nascosto al cane, qualcuno sta mentendo, e non è il cane.

3) Se il vostro cane diventa molto insistente quando implora al tavolo, vuol dire che qualcuno ha utilizzato la tecnica del premio intermittente. Significa che a volte ha premiato il comportamento, altre no. Questa tecnica provoca l'intensificazione del comportamento, che diventa persistente. Per una spiegazione completa di questa tecnica vedi Mito 68.

4) Se il vostro cane qualche volta riceve un bocconcino dal tavolo, e altre volte no, e inizia a ringhiare quando si siede accanto a voi, non siete di fronte a un comportamento 'dominante'. Piuttosto si tratta di ciò che chiamiamo 'aggressività

da estinzione della ricompensa' (vedi Mito 58, paragrafo 6), che può sorgere quando il premio atteso non arriva. Questo è un riflesso animale generale (che hanno anche gli esseri umani) e non ha nulla a che fare con lo status sociale e simili. Può d'altra parte essere correlato a esperienze di apprendimento. Se il vostro cane mostra aggressività da estinzione della ricompensa, è possibile che abbia imparato in qualche altra situazione che ringhiare funziona, cioè produrrà una ricompensa di qualche tipo (vedi Mito 31, il cagnolino viziato).

Fatto: Se non volete che il vostro cane mendichi a tavola, in primo luogo non dategli nulla. Elemosinare a tavola è un comportamento acquisito che non ha nulla a che fare con lo stato sociale.

Mito 57: E' necessario rimuovere la ciotola del cane e gli eventuali avanzi quando ha finito di mangiare, perché solo all'individuo Alfa è concesso di mangiare quando vuole.

Dal momento che un cane che vive libero trascorre il suo tempo frugando fra i rifiuti per conto suo, non esiste un precetto come 'il capo mangia per primo'. Se sei da solo, sei contemporaneamente il primo e l'ultimo a mangiare. Alla discarica, dove il cane si è evoluto (e dove vive ancora in molti paesi del mondo), c'è cibo sparso dappertutto. Tutti i cani che ci vivono mangiano quando hanno fame. Se qualche 'Alfa leader' avesse voluto essere l'unico a mangiare quando voleva, avrebbe dovuto trascorrere tutto il suo tempo cercando di difendere l'intera discarica, e tutti i pezzi di cibo sparsi. Presto sarebbe morto di fame o di esaurimento. Gli animali non sprecano energia in questo modo.

La regola migliore è lasciare al vostro cane la sua ciotola con gli avanzi, perché vi tornerà più tardi, se ha voglia di uno spuntino.

Ci sono due eccezioni a questa regola. La prima è se qualcuno ha provato ad essere il leader con il sottrarre costantemente a un cane cibo o oggetti non commestibili (vedi Mito 58). In questo caso è probabile che il cane abbia imparato che deve difendere il cibo dagli esseri umani, che sono pazzi e antisociali. Cercate di ricordare che questo non ha nulla a che fare con proiezioni umane come una 'gerarchia di dominanza', perché applicare al comportamento di un cane questo tipo di etichetta, concepita con negligenza, non ci fa vedere ciò che veramente succede. Il comportamento di minaccia intorno al cibo è un segno di fiducia danneggiata fra cane e umani. Ulteriori tentativi di impostare una 'gerarchia di dominanza' sul cibo possono solo peggiorare le cose. Se il vostro cane ha imparato che deve difendere il cibo dagli esseri umani, la cosa migliore da fare è lasciarlo in pace mentre mangia. Aspettate finché non abbia finito di mangiare e lasciato la cucina, quindi rimuovete la ciotola del cibo e gli avanzi. Questo non per dimostrare che siete il capobranco, ma perché un cane che ha imparato a difendere il cibo potrebbe mostrare possessività nei confronti della sua ciotola, se per qualche ragione doveste avere bisogno di andare in cucina mentre lui è lì.

Una seconda ragione per rimuovere discretamente i suoi avanzi potrebbe essere quella per cui avete intenzione di fare con lui qualche allenamento nel corso della giornata. Poiché di solito un buon allenamento funziona con ricompense in cibo, è una buona idea non iniziare la lezione con il cane con la pancia piena. Se ha un po' fame, i premi saranno più attraenti per lui, e sarà disposto a lavorare di più per ottenerli. Comunque fate attenzione a non esagerare in questo. In laboratorio è emerso che gli animali non hanno bisogno di essere affamati per lavorare con ricompense alimentari. La maggior parte lavorerà per il piacere di risolvere un rompicapo, cioè per il piacere di sentirsi meno annoiati e di vivere un'esperienza comportamentale di successo. Gli animali realizzano meglio ciò quando non sono eccessivamente affamati, perché la fame estrema crea sempre sofferenza, e qualunque tipo di sofferenza rallenta il processo di apprendimento.

Fatto: Lasciate i suoi avanzi al vostro cane, a meno che non abbiate con lui un problema di fiducia, o a meno che non vogliate fare una sessione di allenamento nel corso della giornata. In entrambi i casi prima di rimuovere la ciotola è necessario attendere finché non abbia finito di mangiare e sia uscito dalla cucina. Questo per evitare che la mancanza di fiducia peggiori o per non creare un problema di fiducia, se non esiste già.

Mito 58: Dovrei esercitarmi a portare via le cose al mio cane (palle, legnetti o altri giocattoli) perché un cane deve cedere la preda al capobranco in ogni momento.

Vedi anche Mito 54. A parte il fatto che i cani non hanno idea di cosa sia una preda, e che in genere non si rubano il cibo uno con l'altro, è alquanto inverosimile pensare che il vostro cane possa confondere un oggetto commestibile con una preda anche se *fosse* un cacciatore, cosa che non è. Per quanto riguarda gli oggetti non commestibili, la realtà è che:

1) I cani generalmente rispettano reciprocamente la loro zona personale, cioè la zona di possesso. E' consentito mantenere ciò che si ha in quella zona. Ciò non ha nulla a che fare con lo status sociale.

2) Se desidera o no mantenere o prendere una cosa, dipende interamente dalla valutazione soggettiva di quella cosa in quel particolare momento. Neanche il cibo ha valore per un cane, se non ha fame nel momento in cui lo vede.

3) Un cane riterrà di valore un oggetto non commestibile se nel passato ha imparato che quell'oggetto ha un qualche tipo di valore. Un cane che non ha mai imparato a giocare con una palla da tennis non mostrerà il minimo interesse per le palle da tennis che ci sono in giro per casa.

4) Se un cane ha imparato a giocare con un certo oggetto, lo percepirà come fonte di soddisfazione nella vita.

5) Se portate via costantemente a un cane le sue fonti di soddisfazione e di piacere, gli insegnate che non siete degni di fiducia. Gli insegnate che siete antisociali, e che per voi la pace sociale non vale più del possesso di un oggetto. Il cane inizierà a considerare il vostro approccio come un'anticipazione della perdita di qualsiasi soddisfazione ricavi dal suo giocattolo. Potrebbe decidere che la cosa migliore da fare è fuggire in un posto dove non riuscite a raggiungerlo. D'altra parte, non sempre sarà disponibile un posto sicuro, o una via sicura aperta.

6) In questo caso, quando si riesce a portargli via il giocattolo, si potrebbe suscitare nel cane 'l'aggressività da estinzione della ricompensa'. Questo tipo di aggressività è un riflesso che può verificarsi quando viene rimosso un premio o una fonte di soddisfazione, o anche in presenza della sola minaccia di rimozione. Quasi tutti gli animali ce l'hanno, non solo i cani. Noi lo abbiamo, anche troppo. Non è un comportamento appreso. Può avvenire indipendentemente dalle circostanze ambientali, e indipendentemente da chi il cane si trova ad affrontare. In laboratorio è stato osservato un topo attaccare non solo un altro topo, ma anche esseri più grandi, come un gatto o un cane nella gabbia vicina, quando la ricompensa è scomparsa improvvisamente o qualcosa che gli piaceva è stata portata via. E' stato osservato un uccello che, nelle stesse circostanze, ha attaccato un gatto o un cane nella gabbia a fianco. Un gatto attaccare un cane o uno scimpanzé e così via. Se non

c'è nessun essere vivente da attaccare, l'animale frustrato aggredirà e morderà ferocemente qualche oggetto inanimato nella sua gabbia. L'aggressività da estinzione della ricompensa può essere incontrollata e selvaggia. Quando portate via qualcosa al vostro cane, non dimenticate che l'oggetto più vicino è la vostra mano, e che siete la creatura vivente più vicina. Se il cane vi morde la mano o vi attacca, può essere un riflesso del tutto indipendente dai relativi poteri fisici o dalle relazioni sociali. Cioè non è 'dominanza', ma semplice aggressività da estinzione della ricompensa. Il fatto che la maggior parte dei cani non si comportano così è dovuto alla storia evolutiva del cane e alla sua generale mancanza di aggressività come specie. E' dovuto anche al funzionamento del suo sistema sociale, e al fatto che generalmente i cani considerano risorse di alto valore le buone relazioni e la pace sociale. Ritenere che questa reticenza all'uso della violenza abbia a che fare con le proprie qualità di leader è un patetico prendersi in giro, mentre in realtà per questo dobbiamo ringraziare l'evoluzione e il cane.

7) Viste le precedenti considerazioni, è del tutto naturale per un cane cedere un oggetto, così come è del tutto naturale il contrario. Cosa farà dipende dal suo stato interiore e dalla valutazione di un oggetto in un particolare momento, dall'equilibrio del panorama sociale di quel momento, dalla sua storia passata con gli oggetti (con gli esseri umani e con gli altri cani) e talvolta da riflessi naturali sui quali il cane ha poco controllo (come l'aggressività da estinzione della ricompensa). Non dimenticate che ogni volta che gli sottraete qualcosa, state fornendo un'esperienza di apprendimento che modellerà le sue aspettative (cioè influenzerà il suo stato interiore) la volta successiva.

Fatto: Più porterete via le cose al vostro cane, più rovinerete il vostro rapporto con lui. Ciò non ha nulla a che vedere con il potere o con la leadership, ma con la fiducia e con l'organizzazione sociale dei cani.

Mito 59: Dovrei avere il controllo dei giocattoli ed essere parsimonioso nel permettere al mio cane di giocare con loro, così si ricorderà che sono il capobranco.

Questo mito è legato al Mito 57, e nasce dall'idea che solo il capobranco può possedere oggetti — che siano commestibili o no — disseminati ovunque, ed essere in grado di rivendicarne il possesso in ogni momento. Si presume che se il cane può sempre trovare un giocattolo da qualche parte in casa, gli balenerà in mente l'idea di essere evidentemente il leader, dal momento che le sue cose si trovano dappertutto. Chi ha inventato questa idea attribuisce tutti i comportamenti dei cani al fatto che ci sono giocattoli in giro: per questo i cani mendicano a tavola, mordono le mani o le caviglie degli ospiti, tirano al guinzaglio, ringhiano quando mangiano, si rifiutano di obbedire ai comandi e, naturalmente, difendono i giocattoli. Tutti questi comportamenti molto diversi fra loro condividono presumibilmente una singola causa, e cioè che il cane ha sviluppato complicate (e apparentemente non molto simpatetiche) idee sull'essere il capo, perché tutti i suoi giocattoli sono sparsi in giro.

L'idea è piuttosto inverosimile, antropomorfica, e assolutamente fuori luogo rispetto al modo di pensare degli animali. Essa esprime una totale mancanza di comprensione delle origini del comportamento dei mammiferi diversi dai maschi umani.

Il consiglio di essere parchi nel dare i giocattoli al vostro cane è inutile. Rimuovere i suoi giocattoli non avrà alcun effetto su nessun problema di comportamento, tranne il fatto che, in alcuni casi, potrebbe rivelarsi controproducente e aggravare il problema.

Se nella sua casa un cane non ha giocattoli, e quindi distrazioni, può annoiarsi. La noia può causare un notevole malessere in un animale. A causa degli ormoni dello stress che il corpo produce in questa situazione, la noia è dannosa per il benessere mentale e può danneggiare la salute fisica di un animale. Avendo perso la speranza che la vita può riservare qualcosa di divertente o di eccitante, il vostro cane potrebbe diventare apatico. La mancanza di stimoli provoca nel cervello la creazione di reti neurali che conducono a un indebolimento o addirittura alla morte. Il cane si intorpidisce e le sue capacità diminuiscono. Alcuni cani reagiscono alla noia sviluppando disturbi ossessivo-compulsivi. Cominciano a leccarsi o a mordersi compulsivamente una parte del corpo fino a perdere completamente il pelo, o provocarsi vere e proprie ferite. E' lo stesso comportamento delle persone che si mangiano le unghie fino a scarnificarsi le dita, che fanno stare male solo a vederle. Sottrargli tutti i suoi giocattoli può avere serie nocive conseguenze per la salute fisica e mentale del vostro cane.

Portargli via tutti i giocattoli può anche aumentare artificialmente la sua motivazione a mantenerli, nelle rare occasioni in cui gli sia permesso. Questa situazione è simile a quella del Mito 24, dove abbiamo visto cuccioli tenuti in ambienti poveri di stimoli, e in molti casi affamati, in modo da essere sicuri che si sarebbero impegnati in un conflitto per un osso. Senza nulla da fare in casa, il cane comincia a soffrire di fame mentale. Perde la capacità di mantenere le sue competenze sociali nell'ambito del possesso. E tutti e due perdete l'opportunità di costruire esperienze di fiducia in merito al possesso. Quindi, oltre a diminuire il suo benessere, create una situazione di deprivazione, in cui il conflitto può diventare più (e non meno) probabile.

Questi conflitti possono divenire più intensi di quanto non sarebbe stato in circostanze normali, con minori privazioni. Se si rimuovono tutti i suoi giocattoli, il cane potrebbe davvero diventare molto annoiato, e un cane annoiato soffre. Il sollievo dalla noia offerto dai giocattoli, che soddisfano le necessità fisiche e mentali del cane, produce poi una sensazione di piacere. Così più annoiato è il cane, e più intensa sarà la sua soddisfazione nelle rare occasioni in cui ha un giocattolo. E in quel momento volete portarglielo via, per dimostrargli che siete il leader. Ma quando togliamo una ricompensa, o qualcosa che dà piacere intenso, rischiamo di innescare aggressività da estinzione della ricompensa (vedi Mito 58 paragrafo 6). Dal momento che il vostro cane adesso è in una situazione di deprivazione artificiale, e dato che la sua motivazione a tenere il giocattolo è artificialmente accresciuta, l'aggressività da estinzione della ricompensa potrebbe essere particolarmente feroce. Voglio dire che queste sono esattamente le tecniche utilizzate dagli scienziati nei laboratori per essere certi che i cani entreranno in un conflitto generato artificialmente. Per quale motivo, in nome del cielo, dovrebbe essere un buon consiglio da mettere in pratica in casa vostra?

Fatto: Non è necessario essere un Taccagno Signore dei Giocattoli per avere un buon rapporto con il proprio cane. Essere avari con i giocattoli non risolverà nessun problema di comportamento del vostro cane, anzi potrebbe peggiorare le cose.

Note

Azrin, NH, Hutchinson, RR, Hake, DF, Extinction-induced aggression, *JEAB* 9, 191-204, 1966.Catania, AC, Coming to terms with establishing operations, *The Beh Analyst* 16:219-224,1993.

Davison, M, Baum, WM, Choice in a variable environment: Every reinforcer counts, *JEAB* 74: 1-24, 2000.

Kelly, JF, Hake, DF, An extinction-induced increase in an aggressive response withhumans, *JEAB* 14: 153-164, 1970.

Sidman, M, *Coercion and its Fallout,* Authors Cooperative, Inc. Publishers, Boston, 1989.

Mito 60: Se il mio cane cerca di dormire sul mio letto significa che sta provando a diventare leader del branco.

Moltissime persone, fra cui un sacco di addestratori cinofili, vi diranno che è della massima importanza non lasciare che il cane si sdrai in posti sopraelevati (come il divano), e che anche se siete tanto sprovveduti da permettere al cane di salire sul divano, dovete assolutamente proibirgli di salire sul letto! Queste persone vi diranno che quando troverete il cane sul vostro letto, scoprirete che da tempo stava subdolamente e lentamente progettando la scalata gerarchica, e che adesso pensa che sia giunta l'ora di assumere apertamente il controllo della casa.

Questa enorme sciocchezza ha causato molta ansia inutile agli umani e molte sofferenze inutili ai cani.

Questa idea assolutamente ridicola si basa, ancora una volta, sulla favola per la quale il cane è un lupo e sulla falsa opinione secondo la quale conosciamo molte cose sui lupi.

Sappiamo già che i lupi, quando possono, non ci permettono di osservarli allo stato selvaggio. Sappiamo anche che gli scienziati hanno risolto questo problema sparando di tanto in tanto un'iniezione di anestetico a un lupo, dotandolo di un radiocollare e ricollocandolo nel gruppo. Così a volte riescono a localizzare un gruppo sorvolando la zona con un aereo, e guardano i lupi dall'alto. Ma anche i cacciatori umani seguono i lupi dall'alto, e i lupi lo sanno. Pertanto la cosa principale che gli scienziati vedono, sorvolando il branco, sono i lupi che fuggono. Essi si immergono nel fitto della foresta nel più breve tempo possibile. Non sono così gentili da sdraiarsi in una radura per permettere agli scienziati di verificare qual è il lupo che dorme più in alto (ammesso che sia possibile vederlo da un aereo), o per farsi prendere uno a uno dai cacciatori umani, mentre riposano.

Tuttavia qualcuno ha pensato che il lupo con il rango più elevato dorme sempre nel posto più alto. (Il che ci porta a chiederci se Adolph Hitler avesse una preferenza per il posto superiore del letto a castello. Vedi Mito 10). Questa idea è nella sua interezza una fantasia e una proiezione umana, un antropomorfismo. Comunque, a parte questo, riguarda i lupi, e noi sappiamo che il cane non è un lupo. Il cane è una specie a sé. E a questo punto sappiamo che, se vogliamo conoscere i cani, dobbiamo guardare i cani e non i lupi.

Una ricerca sui cani randagi delle zone urbane ha dimostrato che quando un cane vuole riposare, di solito cerca un arbusto o un atrio in cui dormire da solo. Se fa molto caldo, si sistemerà sotto un'automobile. Qualche volta può condividere questo pezzo d'ombra con un amico, stando entrambi sdraiati ugualmente in alto (o in basso, se preferite), sul piano della strada. A volte capita di vedere un cane sdraiato al sole sul tetto di una macchina. Quando sono stati visti gruppi di cani riposare o prendere il sole, questi erano composti da una libera collezione di conoscenze di passaggio. Si è scoperto che i cani non vivono in branco e non hanno un capo e, ciò che qui è rilevante, che non esiste affatto uno schema per cui un cane dorme su un divano (più alto) e un altro su un materasso (più basso) gettati in un terreno abbandonato.

Nel mio studio longitudinale su un gruppo di cani ben socializzati, ho trovato la spiegazione del perché ora un cane, ora un altro, sarebbe stato trovato sul divano piuttosto che sul materasso nel terreno abbandonato. I cani da me studiati vivevano nell'ambiente naturale — cioè in un gruppo di cani in continua evoluzione, e in presenza di vari altri animali che gli esseri umani tengono in casa (nella fattispecie un gatto, un coniglio e un ratto). Questi cani sono stati osservati quasi ventiquattr'ore al giorno, sette giorni alla settimana per (finora) quattordici anni. Si è scoperto che tutti potevano sdraiarsi dovunque. Non esisteva nessuna discriminante su chi dovesse occupare il posto di riposo più in alto. Non solo, ma a chiunque occupasse un posto era permesso di rimanervi, che fosse un cucciolo, il gatto o il coniglio. Se un cane si avvicinava a un posto in cui voleva sdraiarsi e lo trovava occupato, o andava a cercarsene un altro o, a volte, provava gentilmente a unirsi all'occupante. Appena l'occupante lasciava libera la poltrona, il cuscino, la cuccia per cani o il letto su cui era disteso (per esempio per andare a bere), un altro cane (se non era già addormentato da qualche altra parte) era autorizzato a prendere rapidamente il posto lasciato libero. A quel punto quel posto era suo, e il cane che lo aveva occupato prima sarebbe andato a sdraiarsi da qualche altra parte. La ricerca mostra, in altre parole, che i cani vivono secondo la regola per la quale un posto appartiene a chi lo occupa fino a quando non lo libera, dopo di che diventa disponibile. L'elevazione relativa non gioca nessun ruolo.

Se il vostro cucciolo prova a salire sul letto, non significa che è 'dominante', o che pensa di essere il principe ereditario che crescendo diventerà il re della vostra casa. E' come un *bambino*, che cerca la sicurezza del vostro odore e calore e il piacere della vostra compagnia. Proprio come faceva con sua madre. Se un giorno trovate il vostro cane adulto sul letto, non significa che adesso ha deciso che è venuto per lui il momento di prendere le redini della casa. Significa solo che ha scelto un luogo per sdraiarsi a) bello e comodo; b) dove lo circonda il vostro rassicurante odore. Se eravate fuori quando è salito sul vostro letto, non significa che ha deciso di iniziare una rivoluzione mentre eravate via. Significa che gli mancate, e cerca il posto in cui il vostro odore è più forte, in modo da potervi sentire vicini ancora per un po'. Anche il cane che sa che non gli è permesso salire sul letto potrebbe, quando è solo, non essere in grado di resistere al bisogno di stare vicino al vostro odore. Non dovreste vedere ciò come cattiveria, arroganza o 'dominanza', ma dovreste piuttosto essere toccati da quanto è legato a voi. Lo stesso vale per il cane che occupa in fretta il vostro posto sul divano quando vi alzate per andare in cucina durante la pubblicità. Il vostro posto è bello caldo, odora meravigliosamente di voi e... la regola dei cani dice che si può occupare un posto lasciato libero per un attimo. Il vostro cane non ha cattive o pericolose intenzioni.

Se il vostro cane vi ringhia quando è sdraiato sul letto o sul divano, allora sta succedendo qualcosa. Di questo parleremo nel Mito 61.

Fatto: Non c'è assolutamente bisogno di temere una rivoluzione in casa solo perché il vostro cane ha scelto posti elevati per dormire, neanche se uno di questi è il vostro letto.

Mito 61: Se il cane mi ringhia quando è sdraiato sul mio letto, significa che sta cercando di dominarmi.

Tre sono le regole canine pertinenti a questa situazione: 1) Ognuno è autorizzato a occupare qualsiasi luogo di riposo indipendentemente da quanto sia in alto. 2) E' vietato entrare nella zona personale di un altro senza permesso. 3) Quando qualcuno lascia libero un posto, questo diventa disponibile. E' dimostrato che un cane che minaccia è in ansia per quello che sta per succedere. Un cane che ringhia sta dicendo che non si fida di ciò che l'altro ha in mente di fare e gli sta chiedendo di mantenere le distanze.

Le regole umane sui posti di riposo sono diverse. Qualche volta chiediamo agli altri di spostarsi per farci un po' di spazio sul divano. Possiamo essere possessivi verso certi posti anche quando non li occupiamo fisicamente. Riteniamo il nostro letto un luogo molto intimo. Se neanche i nostri bambini sono ammessi sul nostro letto, figuriamoci un cane o un estraneo. Un sacco di gente crede che non sia igienico far salire il cane sul letto. Ad altri è stato detto da qualche addestratore cinofilo che è assolutamente vietato lasciar salire il cane in luoghi elevati, e soprattutto sul letto.

I cani non capiscono niente di tutto questo. Tutto quel che il cane sa è che il vostro letto è un posto libero. Guarda caso gli capita di trovarsi nella vostra camera da letto, lontano dal trambusto di casa, e può schiacciare un pisolino indisturbato. Questo luogo particolare ha inoltre il grande vantaggio di essere fortemente permeato del vostro amato odore.

Così il cane è sdraiato sul vostro letto, voi entrate in camera e lui vi ringhia. Questo non significa niente di più (e niente di meno) che nel passato il cane ha imparato ad essere cacciato fuori dalla camera da letto. Per lui questo è un comportamento anormale e sconcertante, che va contro tutte le regole di buona educazione canina. Ringhia perché la sua esperienza gli ha insegnato a non fidarsi di qualcosa di impressionante e scortese, e forse anche di intimidatorio e spaventoso, che potreste mettere in atto adesso. Dal momento che è preoccupato per quello che state per fare, vi sta chiedendo di mantenervi distanti. Il cane non ha idea che interpreterete come un'aggressione la sua semplice e cortese richiesta di rimanere fuori dalla sua zona personale. Fra cani è perfettamente normale dire: 'Non adesso, per favore.' E arricciare le labbra per un istante o ringhiare è per loro il modo più educato per farlo.

Questo comportamento può manifestarsi più intensamente in un cane che è stato trattato con durezza. Molti cani finiscono in classi di obbedienza in cui ai loro proprietari viene insegnato a usare il collare a strangolo e altri metodi di addestramento dolorosi. Questi cani imparano che un essere umano che sta per entrare nella loro zona personale molto probabilmente farà loro del male. Moltissime persone trascorrono il loro tempo cercando di 'dominare' il cane. Dal suo punto di vista, queste persone non fanno altro che cose incomprensibili come portargli via la ciotola del cibo o i suoi giocattoli, e arrabbiarsi per tutti quei comportamenti normali e innocenti come tirare al guinzaglio, precipitarsi fuori dalla porta, girare a sinistra mentre il padrone vuole andare a destra e sì, salire sul letto per schiacciare un pisolino. Molti hanno picchiato, schiaffeggiato o preso a calci il loro cane per tutti questi comportamenti innocenti, o gli hanno procurato dolore strattonandolo con il collare a strangolo. Il cane ha imparato ad aspettarsi che la gente è imprevedibile e si arrabbia per motivi strani. Ha imparato che quando gli esseri umani si arrabbiano sono pericolosi e si mette sulla difensiva al solo vederli avvicinare.

Questo comportamento può diventare pericoloso in un cane che ha imparato che non siamo degni di fiducia e che mordere è un buon sistema per impedirci di nuocergli. Questi cani possono scatenarsi e mordere se li si disturba mentre stanno dormendo. Anche nel caso del cane sicuro dell'effetto del suo morso, la 'dominanza' non c'entra per nulla. Questo cane è solo da compatire, dato che deve stare sempre in guardia. Il suo comportamento è il risultato di una storia di apprendimento che comunque è - in ogni momento — sempre aperta al cambiamento, purché si smetta di fargli del male.

Fatto: Il vostro cane che ringhia in camera da letto ha scelto in tutta innocenza un posto per dormire. Diffidente nei confronti dell'essere umano, ha scelto un posto lontano dal trambusto di casa. Quando siete entrati nella stanza si è allarmato, e vi ha chiesto di stare lontani. Non vi sta dominando. Vi sta dicendo che non si fida di voi, e avete realmente bisogno di riflettere sui motivi per i quali questo accade.

Se il problema è serio, è necessario l'aiuto di un competente terapista del comportamento. Vedi Mito 41 su come individuarlo.

Mito 62: Se il mio cane non obbedisce a un comando mostra un comportamento dominante.

Questo mito in particolare è molto triste, perché è una conseguenza del fatto che i nostri cani di solito si comportano bene. Generalmente un cane è molto attaccato al suo padrone. L'attitudine di base dell'intera specie è di valorizzare le relazioni sociali e di cercare compromessi che manterranno le relazioni pacifiche e profonde. Poiché il cane è così sensibile nella gestione dei rapporti sociali, impara a cogliere anche i più sottili segnali del suo compagno umano. Impara a cooperare, senza bisogno che noi consapevolmente gli insegniamo ciò che vogliamo da lui. Siamo abituati al fatto che il cane sappia cosa desideriamo. Ma viene il momento in cui gli chiediamo qualcosa di diverso, fuori dalla solita routine, e il cane non lo fa. Non capiamo il perché, dato che normalmente è cooperativo, così decidiamo che si è intestardito. 'Sa quello che voglio, ma si ostina a non farlo'.

Qualche volta questo mito è il risultato della pigrizia umana. Compriamo un cane, ma non ci preoccupiamo di imparare nulla sui cani, o di come gli animali apprendono, o come comunicare a un cane quello che vogliamo da lui. Non ci preoccupiamo di frequentare con lui una scuola di educazione, perché presumiamo che tutti siano in grado di allevare un cane. Ma anche se andiamo al corso di obbedienza, ci mettiamo immediatamente a chiacchierare con la persona accanto, mentre le parole dell'istruttore cadono nel vuoto. A casa, non ci curiamo di esercitarci, ritenendo che il cane impari ciò che ha bisogno di sapere in quella breve ora alla settimana al campo di addestramento. Quando il corso è finito, ci aspettiamo che il cane sappia cosa vogliamo — dopo tutto ha seguito dieci lezioni per intero — e decidiamo che è testardo, cioè 'dominante'.

In molti casi sarà lo stesso istruttore cinofilo a confermare questo mito. Sebbene esistano moltissime ottime scuole cinofile, ci sono ancora un sacco di addestratori attaccati fino alla morte a vecchie teorie prive di senso. Questi addestratori non hanno alcuna idea sul metodo di apprendimento degli animali. La prima cosa che vi fanno fare è acquistare un collare a strangolo per punire il cane causandogli dolore ogni volta che sbaglia. Questi istruttori non sono consapevoli di ignorare la modalità di apprendimento degli animali, così, quando i loro metodi non funzionano, danno la colpa al cane. Questo è il momento in cui tirano fuori la stupida solfa sul branco, sulla gerarchia di dominanza, e sull'Alfa leader. Vi dicono che il cane sa cosa volete, ma che è troppo 'dominante' per farlo. Vi dicono che il cane oppone resistenza al vostro esercizio di potere su di lui a causa della sua personalità 'dominante', e che basta spezzare il suo 'dominio' perché tutto vada a posto. In realtà questa non è altro che una scusa per diventare violenti con il cane e, nei fatti, torturarlo. Ancora una volta si suppone che il cane sappia cosa si vuole da lui, ma che sia testardo.

Tutto ciò implica che riteniamo il cane in grado di leggere nella nostra mente.

Scordatevelo. I cani non possono leggere nella nostra mente. Sono estremamente sensibili al linguaggio del corpo e ai segnali non verbali. Possono imparare velocemente a prevedere il nostro comportamento e ad adattare le loro risposte ad esso. Lo fanno con gioia, ma funziona solo fino a quando le cose vanno secondo la normale routine. Quando cambia improvvisamente qualcosa, il cane non può più prevedere, e i nostri comandi non lo aiutano a sapere cosa fare.

La ragione per cui i comandi non lo aiutano è che il suo cervello non è equipaggiato per elaborare informazioni verbali. E' molto difficile per un cane imparare le parole umane. Per farlo, deve essere guidato attraverso un processo di apprendimento specificamente studiato per le creature non verbali. Innanzitutto deve imparare che un comportamento particolare potrebbe fornirgli qualche tipo di ricompensa da parte nostra. Può successivamente imparare a mostrare questo comportamento quando è richiesto con un segnale non verbale - per esempio un certo movimento della mano, o il vedervi prendere il guinzaglio dal gancio in corridoio. Una volta che ha imparato il segnale non verbale, lo si può aiutare ad associare il segnale con una parola. Può imparare che quando dite 'seduto' significa la stessa cosa del segnale della mano per 'seduto'. Può imparare che quando dite: 'Vuoi uscire?' significa che state per prendere il guinzaglio. Comincerà a reagire alle vostre parole ancor prima che prendiate il guinzaglio. Alla fine, in circostanze normali, sarà in grado di comprendere bene le parole che usate, come comprende i segnali non verbali. Ma appena le circostanze cambiano, avrà bisogno che utilizziate di nuovo il segnale non verbale, così da essere sicuro di aver sentito bene e di essere aiutato a comprendere che quella parola ha sempre lo stesso solito significato.

Ma non è tutto. Anche se avete aiutato il cane in tutti i modi corretti, così che ha imparato a comprendere un certo numero di parole umane, la routine e le circostanze continuano a giocare un ruolo nella sua comprensione delle vostre richieste. Se gli chiedete di sedersi in una situazione in cui di solito sta in piedi vicino a voi, questo lo farà sentire onestamente confuso. Tutto il suo passato e i segnali ambientali gli dicono di restare in piedi. L'unica cosa che gli sta comunicando che deve fare qualcosa di diverso è la parola umana. Poiché il suo cervello è costruito per reagire in base alla consuetudine e per essere molto sensibile ai segnali non verbali, questi avranno per lui maggior peso della semplice parolina che avete appena pronunciato. E' confuso, pensa di avere frainteso, non sa cosa fare, e quindi fa quello che ha sempre fatto in quella situazione particolare e continua a stare in piedi vicino a voi. Non è disobbediente o 'dominante'. Semplicemente non capisce cosa volete.

Se un cane è stato addestrato con molte punizioni, la situazione è differente. Questo cane non è solo turbato perché gli è stato chiesto di fare qualcosa di diverso dal solito. Per farlo obbedire ai comandi, nel passato è stato trattato con violenza, e un comando è divenuto per lui il segnale che, se non indovina la cosa giusta (e in fretta, per giunta), la punizione è imminente. Il comando inaspettato lo spaventa. E la paura gli spegne del tutto il cervello. Diventa sordo dal terrore, troppo spaventato per sentire alcunché. Oppure ha sentito la parola, ma è troppo spaventato per ricordarsi cosa significa e, sapendo che ogni minimo errore verrà duramente punito, è troppo spaventato anche per fare un'ipotesi plausibile. Non ha neanche il coraggio di provare il comportamento solitamente richiesto in questa situazione. Così si blocca e non fa assolutamente niente. Potrebbe mostrare alcuni segnali di stress (sbadigliare, annusare il terreno) e guardare lontano, nella speranza che distogliendo lo sguardo possa calmare il suo proprietario. Chi ha imparato ad addestrare il cane con le punizioni, interpreta tutto questo come un segno di disprezzo, e punisce il cane ancora una volta, convinto che la violenza sia l'unica via per guadagnarsi il rispetto (ma per favore!) La volta successiva che si verificherà una situazione inaspettata, il cane avrà ancora più paura. Sarà sempre meno in grado di concentrarsi e di comprendere un comando verbale e ancora meno di superare la sua paralisi e tentare un qualsiasi comportamento. Questo circolo vizioso può andare avanti all'infinito, con crescente frustrazione per il proprietario e sempre maggiore sofferenza per il cane. Questo cane non è 'dominante', è solo spaventato a morte.

Se avete a che fare con un cane giovane, ci sono poi altri fattori da tenere in considerazione. Un cane adolescente si trova in una fase di sviluppo in cui è di grande importanza per lui interagire con altri cani. Nel passaggio dall'infanzia all'adolescenza il suo repertorio comportamentale precipita in un caos temporaneo e ha bisogno dell'aiuto di altri cani per riorganizzarlo in un quadro coerente ed educato dal punto di vista canino. Il suo corpo è pieno di ormoni in tempesta che gli causano sensazioni nuove. Il suo controllo degli impulsi è temporaneamente scomparso. Per un cane adolescente la voglia di interagire con altri cani è irresistibile, perché ha bisogno del loro aiuto per imparare a prendere il suo posto nel sistema sociale dei cani come un adulto maturo e gentile. Gli altri cani gli insegnano da capo che deve tenere sotto controllo la sua impulsività. Gli insegnano modi accettabili per gestire le sue nuove sensazioni. Gli ricordano che il compromesso è ancora la strada da percorrere, nonostante il suo nuovo sentire, e che ha ancora bisogno di evitare conflitti e di inibire il suo morso. In realtà si dovrebbe essere contenti che il proprio cane adolescente sia alla ricerca di queste esperienze, e non si dovrebbe essere troppo ansiosi di interrompere il gioco per tornare a casa, perché il cane sta lavorando sulle sue competenze sociali che gli saranno di beneficio anche nel rapporto con noi. Oltre a tutto ciò, quando lo richiamate, il vostro cane adolescente è a una certa distanza da voi. E' circondato da un'ondata di stimoli nel gruppo di cani con cui sta giocando. Sta prestando attenzione ai loro segnali, c'è un sacco di rumore, ed è concentrato sul controllo delle proprie reazioni a tutti questi stimoli. Se non obbedisce al vostro richiamo, probabilmente è perché non lo ha nemmeno sentito. Oppure lo ha sentito, ma è così coinvolto nella lezione che sta imparando, che la vostra richiesta gli sembra meno importante rispetto a quello che sta facendo. A questo punto vorrei ricordarvi che un cane è un essere vivente. Ha, a buon diritto, proprie motivazioni, aspirazioni e comportamenti naturali. Il vostro cane adolescente che vorrebbe giocare, piuttosto che venire quando lo richiamate, non è 'dominante' e nemmeno disobbediente. E' solo pieno di contraddizioni adolescenziali e di una giovane e sana voglia di vivere.

Chi sia presumibilmente il capo non gioca nessun ruolo in tutto ciò. Il cane naturale vive in gruppi in costante mutamento e organizzati in modo flessibile, che si basano sull'amicizia volontaria. I cani non hanno capi. I cani non si danno comandi a vicenda. Gli unici poteri che un cane esercita sempre su un altro cane sono quello di tenerlo fuori dalla sua zona personale e quello di attirarlo a sé. I cani non ordinano l'uno all'altro di sedersi o di sdraiarsi, di venire **immediatamente**, o di andare a cercare la palla e riportarla. Un cane non ha alcun interesse a controllare cosa fa un altro cane, fin quando sta fuori dalla sua zona personale. E se un cane vuole che un altro cane entri nella sua zona personale, lo *invoglia* ad avvicinarsi. Un comando canino per avvicinarsi non esiste.

Invogliare. Ecco la parola chiave. Per addestrare un cane bisogna avere qualche conoscenza tecnica su come imparano gli animali. Questo è sicuro. Ma addestrare un cane è, soprattutto, imparare a motivare e ad allettare un cane alla cooperazione volontaria. Violenza e 'Alfa leader' non hanno niente a che fare con tutto ciò. Sono solo scuse per essere pigri e crudeli e sono d'intralcio a ciò che si vuole ottenere.

Fatto: Se il vostro cane non obbedisce a un comando, è necessario che diate uno sguardo alle vostre tecniche di addestramento e troviate il modo di migliorarle.

Mito 63: Se salutandomi il mio cane si alza sulle zampe posteriori e mi appoggia addosso le zampe anteriori, sta cercando di dominarmi.

La cosa divertente di questo mito è che non si è ancora verificato che qualcuno (neanche fra gli esperti) abbia gridato 'dominante!' quando agisce così un cane di piccola taglia. La circostanza per la quale facciamo questa osservazione solo quando si parla di cani di grossa taglia, tradisce ancora una volta il fatto che non stiamo descrivendo quello che succede nei cani, ma quello che accade dentro di noi e quindi proiettiamo i nostri sentimenti sul cane.

Quando un cane di grandi dimensioni si alza sulle zampe posteriori per salutarci, improvvisamente ci sembra molto grande. Potrebbe anche farci perdere l'equilibrio, o quasi. Ciò potrebbe intimidirci, ma il fatto che proviamo questa sensazione non significa che il cane avesse intenzione di spaventarci. Alcuni non se ne erano mai preoccupati fin quando non hanno sentito parlare della gerarchia di dominanza. E da quel momento hanno cominciato a chiedersi perché mai il cane voglia tenere i suoi denti così vicino alla loro faccia.

I cani, d'altra parte, non sono mai stati informati della teoria della dominanza. Non hanno idea di ranghi e capi. Non sono minimamente interessati ai giochi di potere, fin quando si fidano di una persona. E se non si fidano, desiderano solo il potere di tenerla fuori dalla loro zona personale. A parte questo, i cani sono per lo più interessati a mantenere con gli altri dei rapporti pacifici. Uno dei segnali che utilizzano a tale scopo è leccare o strofinare il muso contro gli angoli della bocca degli altri, in particolare di quelli a cui sono più legati.

Un cane che si regge sulle zampe posteriori per salutare una persona, di solito sta cercando di arrivare agli angoli della sua bocca. Sta provando a darle un benvenuto affettuoso e calmante, così come avrebbe fatto con un altro cane con cui è in intimità. Il problema è che nessuno gli ha insegnato che il suo compagno umano preferirebbe che non lo facesse. Che ci siamo dimenticati di insegnarglielo quando era piccolo perché era così carino. In realtà molti incoraggiano i cuccioli e i giovani cani ad accoglierli in questo modo. Un cane non ha modo di sapere che adesso iniziamo ad irritarci o a spaventarci dello stesso esatto comportamento solo perché è diventato più grosso.

Se non avete altri problemi con il vostro cane, non dovete preoccuparvi se vi saluta in questo modo. Potete insegnargli a tenere tutte e quattro le zampe sul pavimento procurandovi un bocconcino prima di arrivare alla porta e, premendolo contro il suo naso come se fosse una calamita, usare questo magnete commestibile per farlo scendere. Appena avrà le quattro zampe sul pavimento dategli il bocconcino e tante attenzioni affettuose. Imparerà presto cosa fare.

Se avete qualche altro problema con il vostro cane, potrebbe davvero essere una buona idea, finché non lo avrete risolto, non lasciare che i suoi denti arrivino così vicino al vostro volto. Comunque, la soluzione è la stessa: utilizzare un bocconcino per farlo stare con tutte e quattro le zampe sul pavimento. Agendo in questo modo, lavorerete contemporaneamente anche sull'altro problema, dal momento che il novantanove per cento dei problemi che abbiamo coi cani sono dovuti alla perdita di fiducia nei nostri confronti e al loro timore delle nostre azioni. La diffidenza e l'ansia, in fondo, sono le uniche ragioni per cui il vostro cane dovrebbe volere usare i suoi denti contro di voi. (Per le eccezioni a questa regola, vedi Mito 30).

Fatto: Leccare gli angoli della bocca altrui è un saluto cordiale e un segnale calmante. Non dovete avere paura di un cane che si fida di voi.

Mito 64: L'atto di montare è un comportamento dominante.

Questo mito è la proiezione sui cani di varie caratteristiche e modi di sentire umani. L'atto di 'montare' si ha quando un cane si erge sulle zampe posteriori, abbraccia un altro cane (o la nostra gamba) con le zampe anteriori e fa un movimento di pompaggio con il bacino, come se stesse copulando. Per la cronaca, a volte lo fanno anche le femmine. Comunque è sempre un gesto sessuale — e qui cominciano i problemi, perché il sesso è un argomento difficile per noi. Quando un cane fa qualcosa di sessuale in un momento inadeguato, ci sentiamo in imbarazzo e proviamo vergogna. E quando ci sentiamo in imbarazzo o proviamo vergogna, tendiamo a sentirci dominati. E' poi difficile reprimere la sensazione che sia nell'intenzione del cane farci sentire dominati.

Oltre al nostro imbarazzo sul sesso, c'è anche da dire che il sesso, fra gli esseri umani, è molto spesso legato al potere. Soltanto di recente nelle nostre moderne società occidentali le donne hanno conquistato il controllo del proprio corpo e della propria sessualità. Fino a circa trent'anni fa, la legge le considerava come beni mobili (cioè elementi di proprietà materiale). Nella maggior parte del mondo la legge riconosce ancora alle donne lo status di beni materiali, compresi i loro corpi e la loro sessualità. Nonostante i molti progressi (in alcune parti del mondo) lo stupro, l'abuso sessuale sui bambini e le molestie sessuali nei luoghi di lavoro restano problemi persistenti dovunque. E, come tutti sappiamo, è ormai generalmente riconosciuto che lo stupro, gli abusi sui minori e le molestie sessuali nei luoghi di lavoro non riguardano affatto sesso e desiderio, ma l'esercizio e l'esibizione del potere.

Non c'è da meravigliarsi, quindi, se gli scienziati hanno deciso che anche fra gli animali il comportamento sessuale riguarda il potere, ricalcando la vecchia tendenza di proiettare la struttura della nostra società sul regno animale. Non c'è nemmeno da sorprendersi se le nostre sensazioni ci dicono che il comportamento della monta in un cane ha a che fare con il potere, specialmente quando non è finalizzato realmente all'accoppiamento.

Rimane il fatto, tuttavia, che i cani non condividono i nostri sentimenti. In merito al loro corpo e al sesso sono innocenti e privi di pudore. Se guardiamo come sono costruiti i loro cervelli e i loro corpi dobbiamo concludere che il sesso deve essere piacevole per loro, ma nello stesso tempo che non sono in grado di avere pensieri complicati sulla faccenda. Un cane non è in grado di pensare a quale sarebbe il momento opportuno, chi sarebbe un partner adeguato, o che qualcosa come il sesso dovrebbe avere a che fare con un soggetto (e motivazioni) del tutto diverso come il potere. Quando un cane monta un altro essere, questa è una semplice, diretta e onesta reazione a determinati stimoli, che non significa niente di diverso da ciò che è. Ci siamo complicati tanto la vita che può essere davvero difficile per noi umani da immaginare, ma questo comportamento nei cani è generalmente motivato dalla gioia.

Ci sono quattro situazioni in cui un cane potrebbe montare un altro cane (o la nostra gamba).

1) **Una femmina in calore.** In questo caso abbiamo a che fare con un vero e proprio atto sessuale che, a proposito, si compie solo se la femmina acconsente

volontariamente. I cani non stuprano. Il sesso, per loro, non ha niente a che fare con il potere.

2) **Attività di sostituzione**. L'attività di sostituzione è ciò che il cane fa quando non sa esattamente come gestire una sensazione. A volte è utilizzata per guadagnare un attimo per pensare. Questo è un cane che improvvisamente si ferma ad annusare il terreno o si gratta per una pulce inesistente quando lo chiamiamo con voce arrabbiata. Questo è anche il cane che va a prendere un giocattolo quando arriviamo a casa, perché vorrebbe leccarci gli angoli della bocca ma sa che non ci piace, e così cerca qualche altro modo per esprimere la sua gioia piena di energia nel vederci tornare a casa. Quando un cane è pieno di gioia che non sa come esprimere, qualche volta potrebbe montare un altro cane. Spesso è fatto in un punto sbagliato per il sesso (il collo o il fianco dell'altro cane o la nostra gamba). Quando un cane fa questa monta di gioia, di solito assume un'espressione veramente idiota, sorride a bocca aperta, ansima e tiene la lingua a penzoloni. Non mostra i denti né ringhia. Il cane che fa questo è in estasi e non ha cattive intenzioni.

3) **Quando un cane adulto incontra un cane adolescente**. Gli ormoni del cane adolescente sono in pieno caos. Sia ormoni maschili che femminili sono presenti nel suo corpo in concentrazioni anomale. Alcuni di questi cani emanano un odore che funge da stimolo sessuale per altri cani. Questi cani finiscono con l'essere montati, spesso da cani dello stesso sesso. Il cane adulto che monta uno di questi adolescenti non lo sta 'dominando'. E' solo confuso dall'odore che emana. Questa monta è la risposta a uno stimolo sessuale. E' amichevole e gioiosa, proprio come il vero sesso fra i cani.

Di contro, molti cani adolescenti attraversano una fase in cui provano a montare altri cani, un cuscino, la loro coperta, la vostra gamba, avendo una reazione sessuale alle cose più strane nei momenti e nei luoghi più inappropriati. Questo non significa che l'adolescente sta diventando dominante affacciandosi nell'età adulta. Ancora una volta è soltanto il caos di ormoni e sensazioni nuove. Un cane maschio di dieci mesi ha troppo testosterone in corpo. I livelli di testosterone raggiungono il massimo a questa età, per poi progressivamente diminuire ai livelli di un cane adulto normale. All'età di un anno e mezzo il comportamento del cane sarà tornato alla normalità (vedi anche: Mito 74).

4) **Maschi castrati**. Sembra che alcuni maschi castrati abbiano più ormoni femminili che altri. Alcuni di essi finiscono con il trascorrere la loro vita ad essere montati sessualmente da altri cani maschi. Il maschio adulto gli danza intorno, lo corteggia, fa gesti di invito al gioco, e prova e riprova a far diventare l'accoppiamento una parte del gioco. Il maschio castrato potrebbe non apprezzare, ma il maschio sessualmente eccitato non ha cattive intenzioni. Semplicemente reagisce all'odore di femmina che emana il maschio castrato. Montare in questo caso è motivato sessualmente, come nei confronti del cane adolescente.

Anche se l'atto del montare non ha nulla a che fare con il potere o con il mostrare chi comanda, se il cane eccitato insiste troppo a lungo può diventare stressante per il cane che ne è oggetto. I cani sono abituati al fatto che gli altri osservano le regole sul rispetto della zona personale. Sono abituati al fatto che gli altri aspettano di avere il permesso prima di entrare nella loro zona personale, e non si avvicinano quando viene chiesto di non farlo. Il loro senso di sicurezza nei traffici sociali dipende dall'osservanza di queste regole. Tuttavia a volte si vede un cane in estasi da sensazioni sessuali che ignora persistentemente i segnali dell'altro che lo invitano a smettere. Questo può generare confusione e stress per il cane oggetto di un corteggiamento così insistente. Quando il vostro cane si trova in una situazione come questa, e vedete che comincia a sentirsi a disagio, andategli in aiuto. Questo non significa che dovete arrabbiarvi con il cane eccitato (non è malintenzionato e comunque probabilmente vi ignorerebbe). Piuttosto dovreste chiedere al proprietario di questo cane di legarlo al guinzaglio, in modo che voi e il vostro cane possiate allontanarvi. Se questa persona dovesse rifiutarsi, andare via spesso funziona lo stesso, dato che il corteggiatore inizierà a seguirvi, nonostante i richiami del suo proprietario, che alla fine lo metterà al guinzaglio.

Fatto: L'atto di montare è una reazione innocente sia a uno stimolo sessuale che a un senso di gioia. Il cane che lo fa non ha cattive intenzioni, né sta cercando di organizzare una struttura di potere.

ESEMPI REALI

Prins

Prins era un cane che avevo preso quando il tossicodipendente che lo aveva prima era andato via dal quartiere. Questo cane era abituato a mangiare saltuariamente. Il primo anno che viveva con me era costantemente stupito di ricevere da mangiare ogni giorno. Impazziva letteralmente di gioia. Ogni volta che gli davo il cibo, mangiava di gusto e poi faceva un giro di monta sulla gamba di tutti gli esseri umani presenti nella stanza. Sarebbe sciocco pensare che questo cane di 13 kg elaborasse pensieri complessi come: a) Lo abbiamo portato a casa nostra; b) lo nutriamo ogni giorno e c) quindi, dopo aver mangiato, deve assicurarsi di mostrare il suo potere, così che lo nutriremo anche domani, e celebrare in tal modo la sua vittoria su di noi. In realtà era solo felice di aver mangiato, dato che non si sa mai cosa succederà domani. Dopo un anno che mangiava ogni giorno ha iniziato ad essere meno sorpreso, e ha smesso di fare il giro di monta dopo i pasti.

Fidessa

Fidessa era il cane di mio fratello, un delizioso e intelligente incrocio di barboncino in miniatura. Prima di essere sterilizzata aveva avuto una cucciolata, e mio fratello aveva tenuto una delle figlie. Madre e figlia erano grandi amiche. Si dilettavano della reciproca compagnia, e sono state sempre fianco a fianco. Capitava a volte che Fidessa lanciasse alla figlia uno sguardo pieno di gioia e corresse a montarla. La figlia non sembrava farci caso, e le sessioni di monta sfociavano sempre in un gioco felice. Sarebbe sciocco pensare che queste due piccole amiche avessero pensieri complicati come a) sei mia figlia, e anche se andiamo molto d'accordo, devo mostrarti chi comanda qui; b) bene, io ti permetto di montarmi, così tu sai che io so che comandi tu e poi c) giocheremo, dato che adesso abbiamo stabilito i rapporti di forza. In realtà Fidessa era solo molto felice di avere vicino una buona amica della sua taglia. A differenza di Prins, questo non le sembrò mai un fatto scontato, e continuò ad avere queste esplosioni di gioia nei confronti di sua figlia per tutta la vita.

Mito 65: Sollevarsi e collocare le zampe anteriori sulla schiena di un altro cane è un comportamento dominante.

Questo comportamento appare molto diverso da quello della monta sessuale di cui abbiamo appena parlato (nel Mito 64). Il cane si regge sulle zampe posteriori e posiziona quelle anteriori sul dorso dell'altro (o sul nostro grembo o sulle nostre spalle). *Non* fa un movimento di pompaggio con il bacino. Questa *non* è un'azione motivata dal sesso. Secondo la solita storia, quando un cane cerca di farsi più alto o di apparire più grande è 'dominante', ma la realtà (come al solito) è un po' più complicata. Per capire il significato di questo comportamento bisogna guardare gli altri segnali che il cane sta utilizzando. Si possono verificare le seguenti situazioni:

1) Scalata cane — cane.

a) **Invito al gioco**. Il cane inizia ad abbaiare stridulo, gira le orecchie verso l'esterno, scodinzola eccitato e fa piccoli salti di gioco verso l'altro cane. Nella sua eccitazione potrebbe sollevarsi sulle zampe posteriori e collocare le zampe anteriori sulle spalle
o sul dorso dell'altro per un secondo. Le sue orecchie sono ancora ripiegate con l'apertura verso l'esterno. La gioia del cane suggerisce che sono coinvolte alcune delle emozioni della monta sessuale. Rimanere in questa posizione per breve tempo indica un invito al gioco.

b) **Reazione a un odore anomalo**. Un cane maschio adolescente può avere in corpo cinque volte il livello di testosterone di un cane adulto. Le sue sensazioni e i suoi comportamenti versano in un caos temporaneo, nel quale sta cercando di trovare di nuovo la sua strada. La maggior parte degli adulti tollereranno i comportamenti selvaggi dell'adolescente, dandogli solo qualche richiamo occasionale. Ma c'è un gruppo di adolescenti il cui odore provoca i cani maschi in un altro modo. E ora è necessario prestare attenzione, perché questo sembra molto diverso dal felice pompare della monta sessuale o dall'invito al gioco. I movimenti del maschio adulto sono rigidi e tesi mentre si solleva per mettere le sue zampe anteriori sul dorso del cane più giovane. Un volta su, digrigna i denti e fissa la parte posteriore del collo del cane più giovane. Il cane adulto si blocca in questa posizione aspettando di vedere cosa farà l'adolescente. Non c'è movimento del bacino, né gioia né confusione sessuale. Il cane adulto esprime un alto livello di minaccia verso l'adolescente.

    Nella mia esperienza questa reazione è suscitata il più delle volte da alcune razze, e cioè dal Labrador e dal Golden retrivier. Il che ci fa sospettare una causa umana alla radice di questo comportamento. I cani di razza non sono prodotti della natura, ma della nostra manomissione dei geni del cane, che spesso ha causato vari effetti collaterali spiacevoli. Abbiamo creato cani con problemi alla struttura ossea o di respirazione, cani le cui retine lentamente si deteriorano con l'invecchiamento, cani i cui occhi escono fuori dalle orbite se prendono un forte spavento, fino a quelli con un'anormale chimica del corpo o del cervello. Pare che il cane adolescente che suscita questo comportamento di minaccia negli adulti debba avere in corpo ancor più testosterone di un adolescente medio. L'ipotesi è che ciò fa sì che l'adolescente abbia un odore così mascolino che i cani adulti lo trovano minaccioso. Sembra che reagiscano a quest'odore minacciandoli a loro volta, anche duramente.

Questa ipotesi è supportata dal fatto che l'adolescente non riesce a controllare la situazione, né a fermare la minaccia utilizzando i suoi segnali calmanti. Questo significa che non si può definire 'dominante' questa minaccia, perché se così fosse la 'sottomissione' (come vengono chiamati in modo fuorviante i segnali calmanti) dovrebbe risolvere il problema e fermare la minaccia. Significa anche che non possiamo collocare questo comportamento di minaccia nel contesto della nostra teoria del sistema auto-organizzato, in cui i cani adulti qualche volta usano le minacce per insegnare ai cani più giovani come partecipare al sistema sociale nel modo corretto, perché, ancora una volta, non esiste una soluzione sociale per questo cane adolescente. Non gli servirà usare i segnali che indicano al cane adulto di non essere una minaccia. Finirà con il ricevere una seria strigliata simbolica o qualche volta con l'essere effettivamente aggredito, indipendentemente da quello che fa.

Se il vostro maschio adolescente suscita questo tipo di reazione, non è sicuro lasciarlo interagire con maschi adulti fin quando non abbia superato questa fase di sviluppo. Anche se non dovesse rimanere ferito, l'esperienza potrebbe essere traumatica per lui. Crescendo, i suoi ormoni si calmeranno e il suo livello di testosterone scenderà al livello di un adulto normale. I cani adulti cominceranno a reagire normalmente con lui. Pertanto la soluzione a questo problema non è arrabbiarsi con i cani adulti (che non serve a niente), ma di aspettare.

c) Razze da combattimento e altre razze aggressive. Se un cane di una delle razze aggressive inizia a mostrare questo comportamento di arrampicata verso il vostro cane, non sta reagendo a qualcosa di particolare che c'è in lui. Piuttosto sta iniziando ad eseguire un programma geneticamente stabilito nel suo cervello che si svolgerà indipendentemente da quello che farà il vostro cane. Questo cane si prepara a sferrare il morso assassino. Non è 'dominante', non sta cercando di insegnare al vostro cane il suo 'rango', né le regole sociali. Il pit bull, l'American Staffordshire terrier, il Presa Canaria, il Bulldog americano e tutte le altre razze che sono state allevate per l'aggressione vogliono solo il vostro cane morto e si apprestano a farlo **proprio ora**. Questa è una situazione in cui il vostro cane è in pericolo di vita. Se non intervenite immediatamente, probabilmente non sopravvivrà all'attacco imminente. La cosa migliore da fare è afferrare repentinamente il cane che minaccia per le zampe posteriori e sollevarle in aria con un movimento rapido e brusco. Qualunque cosa succeda dopo, **non** lasciate andare quelle zampe finché il proprietario del cane aggressivo non lo abbia legato al guinzaglio.

So che i proprietari e gli appassionati di queste razze si opporranno alla diffusione di queste informazioni. Ma ho visto troppi cani mutilati e uccisi per preoccuparmi di quello che i proprietari e gli appassionati di queste razze vogliono farci credere. E quando gli scienziati o le associazioni per la protezione degli animali provano a difendere le razze aggressive, si pongono esclusivamente il problema se questi cani uccidano più esseri umani degli altri. Poi, quando l'evidenza mostra che lo fanno, cambiano argomentazione, e discutono se questi cani 'mordono' più degli altri cani. A nessuna di queste persone interessa se il vostro cane morirà. A voi, invece, interessa, e sarà meglio che seguiate questo consiglio che, fra l'altro, non arrecherà alcun danno al cane aggressivo. E' meglio intervenire prima che l'attacco inizi, perché poi correte il rischio di essere morsi o aggrediti voi stessi.

2) Scalata cane — essere umano.

Finora abbiamo visto la scalata di un cane su un altro cane. Qualche volta un cane si arrampicherà con le zampe anteriori su un essere umano. Per sapere che cosa significa bisogna guardare tutti gli altri segnali, proprio come abbiamo fatto nel caso precedente.

a) Amore per un essere umano. A volte un cane ci ama così tanto che vuole alzarsi per leccarci gli angoli della bocca. Può metterci le zampe in grembo o sulle spalle mentre cerca di avvicinarsi al nostro volto. Il fatto che si stia facendo alto non ha niente a che vedere con i rapporti di potere: semplicemente non c'è altro modo per raggiungere il nostro viso.

b) Minaccia verso un essere umano. Se un cane vi sale addosso ed emana segnali di minaccia (ringhiare, fissare, scoprire i denti, irrigidirsi o bloccarsi completamente) siamo ancora una volta ben oltre, ammesso che esista, a ciò che potremmo chiamare dominanza sociale. Il cane che attua questo comportamento sta indicando che è pronto ad aggredire realmente, un evento che non si verifica nelle normali relazioni sociali dei cani, e per il quale non esiste una soluzione sociale. Questa è una situazione pericolosa, se non altro perché i denti del cane sono molto vicini al collo e alla faccia del malcapitato. Questo comportamento è raro, ma può verificarsi e (al contrario di ciò che il proprietario potrebbe dire) non arriva mai dal nulla. Può essere previsto, anche se gli esseri umani non sempre se ne preoccupano. Nelle razze aggressive il cane sta semplicemente preparandosi al compito per il quale è stato creato, cioè uccidere. Il cane potrebbe non aver mai mostrato questo comportamento in precedenza, ma ci si poteva aspettare che alla fine sarebbe successo (dopo tutto, questo è il motivo per cui è stato acquistato). Negli altri cani, dietro a tale comportamento c'è sempre una storia di perdita della fiducia nei confronti degli esseri umani. Questi cani davano da tempo chiari segnali di disagio in presenza di estranei umani. Solo perché i loro proprietari hanno scelto di ignorare questi segnali e hanno continuato a metterli di fronte a sconosciuti, non significa che il comportamento sia 'uscito dal nulla'. In realtà c'è sempre un prolungato accumulo prima del momento in cui un cane decide di saltare addosso a un essere umano e minacciarlo.

La cosa migliore da fare quando un cane minaccia direttamente è interrompere subito il contatto visivo e bloccarsi completamente. Non muovere un muscolo. E' meglio che il padrone del cane non lo tocchi (può agire da fattore scatenante) né gli parli con tono arrabbiato (che servirà solo ad accrescere la preoccupazione del cane). Piuttosto dovrebbe chiamare il cane con tono allegro e cercare di convincerlo ad andare da lui. Oppure potrebbe fare i consueti gesti quotidiani del momento del pasto o di quando gli offre un bocconcino, recandosi in cucina e chiamandolo a sé con il tono rilassato di sempre. Se tutto va bene, il cane si distrarrà e lo seguirà. A questo punto il proprietario può con calma agganciare un dito al collare e portarlo in un'altra stanza, chiudendo bene la porta. Quindi dovrebbe chiamare un qualificato terapista del comportamento, con cui iniziare a lavorare la sera stessa sui problemi di fiducia con il cane. (Vedi la casella di testo alla fine del Mito 41 su come trovare un terapista).

Meglio ancora sarebbe non fare visita a qualcuno che ha un cane con problemi di aggressività, a meno che il cane non sia ben chiuso da qualche parte con qualcosa che lo tenga occupato e felice durante la vostra visita.

Fatto: Alzarsi fino a posizionare le zampe anteriori sul dorso o sulle spalle di un altro può essere un comportamento giocoso. Ma può anche essere una minaccia diretta, e così seria che esula dai limiti di un qualsiasi normale comportamento sociale.

Mito 66: Se il mio cane non mi permette di fargli certe cose significa che è dominante.

A questo punto sappiamo che la società canina non si basa su rapporti di potere. I cani domestici vivono di compromessi e stanno attenti a non farsi del male gli uni agli altri. Sappiamo che un cane che minaccia è un cane insicuro, preoccupato di ciò che l'altro sta per fare, e sta chiedendo a chi ha di fronte di rimanere fuori dalla sua zona personale. Non sta cercando di esercitare potere sull'altro, ma sul proprio spazio personale, che qualche volta i cani permettono agli altri di occupare. E' un dato di fatto che la maggior parte degli animali prova ad evitare conflitti e lotte ogni volta che può. E' anche un fatto che tutte le creature viventi (escluso l'uomo e certe razze di cani aggressivi), in circostanze normali, faranno di tutto per evitare il dolore.

Etichettare ogni resistenza alle nostre azioni come un gioco di potere del cane è pigrizia mentale. Se vogliamo sapere ciò che realmente accade dobbiamo guardare il nostro comportamento dal punto di vista del cane e cercare di capire come viene percepito.

Il modo in cui ci spingiamo nella loro zona personale, senza dare nessuna importanza a quello che stanno facendo, può lasciare perplessi i cani. Avvicinarsi senza prima aver conquistato la loro fiducia li può spaventare. E' anche un fatto che spesso vogliamo (o dobbiamo) fare cose innaturali o dolorose per loro. Molti spazzolano il loro cane a pelo lungo con impazienza, tirando i nodi, senza pensare per un istante a quanto sia doloroso. Siamo di fretta e gli mettiamo le gocce per le orecchie ancora fredde, appena uscite dal frigorifero. Non ci viene neanche in mente quanto possa essere fastidioso. Dobbiamo controllare un'unghia strappata, mentre il cane sa già che è estremamente doloroso anche solo sfiorarla. Vogliamo asciugarlo dopo una passeggiata, e ci chiniamo su di lui per strofinargli l'asciugamano su tutto il corpo. Molti considerano perfettamente normale mettere al loro cane un collare a strangolo o a punte, così da potergli far sentire dolore se commettono un errore. E, naturalmente, molto di quello che deve fare il veterinario è doloroso.

Per noi è assolutamente naturale che un gatto opponga resistenza. Ma nel momento in cui lo fa un cane, lo definiamo 'dominante'.

Questo non è giusto.

Un cane sempre alla ricerca di liti non può prendere parte in nessun sistema sociale canino. Gli altri cani inizieranno ad evitare il cane polemico, perché il suo comportamento causa l'instabilità del panorama sociale. Quando ci avviciniamo al nostro cane e ci pieghiamo su di lui, al cane sembra una provocazione. La volta successiva in cui ci vedrà prendere l'asciugamano, potrebbe chiederci di rimanere fuori dalla sua zona personale. I cani non cercano conflitti senza motivo e difendono sempre la propria zona personale. Questo non ha niente a che vedere con la 'dominanza', ma sono solo normali regole di educazione canina.

Il cane vede il suo padrone avvicinarsi di nuovo con le gocce per le orecchie, il pettine, il collare a strangolo o a punte. Ha già scoperto cosa questi oggetti predicono. Ha già sperimentato cosa succede dal veterinario. Sa che presto sentirà dolore. La Natura ha ottime ragioni per assicurarsi che gli animali evitino il dolore che, dopo tutto, è il segnale che il corpo sta per essere danneggiato. Una specie che ignori il dolore e che permetta che il corpo venga ferito, probabilmente non sopravvivrebbe a lungo. Quindi evitare il dolore è una forte reazione naturale legata all'auto-conservazione. Inoltre è un fatto stabilito che il dolore può suscitare in un animale aggressività come riflesso incontrollabile. Quindi riconosciamo ai cani il merito di essere così contrari all'uso dell'aggressione e a conflitti non necessari. Essi mostrano grande auto-controllo chiedendoci gentilmente di stare fuori dalla loro zona personale. Se ignoriamo la richiesta del cane spaventato o ferito, non gli lasciamo alcuna scelta se non quella di forzarci a smettere (o non iniziare) di fargli del male. E' colpa nostra se scatta verso di noi, ed è ingiusto chiamarlo 'dominante'. Ed è ancora più ingiusto chiamarlo 'dominante' mentre ci sta chiedendo di stargli lontano, perché in realtà sta facendo tutto il possibile per evitare di aggredirci.

Può sembrare strano che cessi immediatamente di resistere al veterinario non appena gli si fa indossare la museruola di nylon. (Questa museruola, comunemente usata dai veterinari, ha la forma di un tubo di tessuto che scivola sul muso del cane, ed è diversa da quella a forma di gabbia che si colloca intorno alla bocca). Il veterinario probabilmente dirà qualcosa del tipo: 'La museruola lo calma perché imita la presa del muso del cucciolo da parte del padre dominante che gli mostra il suo rango'. Questa è una sciocchezza assoluta, che ignora un fenomeno biologico generale. Congelarsi è una reazione che molte specie hanno di fronte a una minaccia ineluttabile. Bloccarsi completamente o simulare la morte può salvare la vita a un animale. Dunque il cane con la museruola non si sente 'dominato' o improvvisamente consapevole del suo basso rango, ricordando la presa del padre. E' soltanto paralizzato dal panico a causa della museruola. D'altra parte ci sono cani che reagiscono alla museruola in tutt'altro modo. Qualche cane entrerà in una specie di selvaggia frenesia di paura. Sembrerà improvvisamente un animale selvatico e la museruola non renderà più sicuro il veterinario né nessun altro. E' stupido credere che questo cane abbia il tempo per pensare al rango di ciascuno. Sciocchezze. Il cane è proprio convinto di dover lottare per la propria vita, è sicuro che fra un istante sarà morto.

Purtroppo non sempre abbiamo scelta. Ci sono momenti in cui l'unico modo per salvare un cane ferito o malato è quello di fargli qualcosa di doloroso. A volte non è possibile anestetizzarlo (anche se si può sempre chiedere al veterinario il modo per ridurre il dolore di una terapia). Non siete da biasimare se avete fatto tutto il necessario per sottoporre il vostro cane a una cura. Sarebbe tuttavia gentile da parte nostra comprendere la sua reazione, invece di stare a gridare il suo nome mentre è in preda al panico. Sarebbe anche cortese da parte nostra comprendere la sua temporanea diffidenza dopo il fatto e dargli il tempo di superare l'esperienza e riacquistare fiducia in noi.

C'è poi un altro punto piuttosto strano. Molti autori descrivono la resistenza di un cane come un comportamento 'dominante' e poi procedono a prescrivere esercizi di costruzione della fiducia come cura per il problema. Tutti loro ammettono che il tentativo di 'dominare' il cane peggiorerà soltanto la situazione. Tutti loro sono consapevoli che il cane opporrà ancor più resistenza di fronte al tentativo di 'dominarlo' (cioè mostrare ogni tipo di segnale e comportamento di minaccia contro di lui). La prima cosa che questi autori prescrivono è di evitare qualsiasi tipo di confronto. Durante la terapia l'essere umano impara ad approcciarsi al cane in modo non minaccioso, mentre il cane impara a fidarsi delle azioni dell'uomo. Resta un enigma il perché questi autori, che riconoscono che il cane sta minacciando perché ha paura, continuino tuttavia a parlare di 'dominanza' e 'ranghi'.

Fatto: E' assolutamente normale che un cane opponga resistenza a ciò che lo preoccupa, lo spaventa o gli causa dolore.

Mito 67: Stare seduto o sdraiato sul pavimento sono atteggiamenti di sottomissione, *a meno che* il cane non mi dia le spalle. In questo caso il cane è dominante perché mi mostra il suo posteriore (o, peggio ancora, il suo ano).

Il primo errore contenuto in questa affermazione è che stare seduti o sdraiati non sono atteggiamenti di sottomissione, ma semplicemente posizioni comode che il cane assume quando deve aspettare qualcosa. In altre situazioni il cane usa queste posture come segnali calmanti, come un modo per dire agli altri cani che le sue intenzioni non sono cattive o temibili. Vedi Miti 11, 12 e 13.

Veniamo ora al suo ano.

Quando i cani si incontrano, l'ano è la prima cosa che vogliono annusarsi a vicenda. Non hanno idea che un ano potrebbe essere considerato disgustoso. Al contrario, per loro odora meravigliosamente. Un cane mostra liberamente e con innocenza agli altri tutte le parti del suo corpo, proprio come liberamente e con innocenza rutta o scoreggia nel nostro salotto. Questo vale per tutti gli animali non umani. Gli esseri umani sono gli unici animali che percepiscono sporche, disgustose o vergognose alcune parti del loro corpo, o per i quali girare le spalle o mostrare le natiche a qualcuno indica disprezzo. Il cane non ha idea che il suo posteriore o il suo ano potrebbero essere un insulto per noi.

A parte l'innocenza con cui il cane considera il suo corpo, un cane che gira le spalle a un altro sta usando molti segnali calmanti contemporaneamente. Voltando le spalle evita il contatto degli occhi. Invece di mostrare le sue armi, le tiene il più lontano possibile dall'altro, cane o umano che sia, addirittura puntandole nella direzione opposta. Mostrando la schiena si rende vulnerabile. L'altro può approcciarsi da dietro senza preoccupazioni. E' triste vedere disprezzo in questo comportamento, perché in realtà il cane sta mostrando sensibilità e rispetto per le ansie e i confini personali altrui.

Chi vi racconterà queste stupidaggini, generalmente proverà a convincervi che dovreste addestrare il vostro cane con l'uso della punizione. Chi crede a questo mito dentro di sé si sente molto piccolo e percepisce 'dominanza' in tutte le azioni dei cani. Se si addestra un cane con molte punizioni, comunque, si finisce con l'avere un cane molto spaventato. Il cane non ha idea del perché il suo compagno umano sia sempre così irritato e duro e, dal momento che i cani cercano sempre di evitare i conflitti, voltando le spalle cerca di comunicare all'essere umano che non è necessario arrabbiarsi, perché le sue intenzioni non sono temibili né cattive. Il cane spera di calmare il suo padrone, e spera di vederlo sorridere di nuovo. Più si punisce il cane, più lo si spaventa e più quello volterà le spalle, nella speranza di evitare questa rabbia. Il disprezzo non ha nulla a che fare con tutto ciò.

Fatto: Nessuno degli atteggiamenti di un cane esprime rapporti di potere. Non esistono atteggiamenti 'dominanti' e 'sottomessi', e certamente nemmeno di disprezzo. Se si smette di spaventare il cane, lui smetterà di girare le spalle.

Note

Rugaas, T, *Calming Signals*, Legacy By Mail, Inc., Carlsborg, WA, 1997.

Semyonova, A, 'The social organisation of the domestic dog; a longitudinal study of domestic canine behavior and the ontogeny of domestic canine social systems'. CarriageHouse Foundation, The Hague, The Netherlands, 2003. <www.nonlineardogs.com>

Mito 68: I cani possono assillarci con insistenza provando a farci fare quello che vogliono loro quando vogliono loro. Questo è un comportamento dominante.

Effettivamente a volte i cani fanno con insistenza delle cose che ci infastidiscono. Continuano a posare un legnetto davanti ai nostri piedi durante la passeggiata, anche se non abbiamo nessuna voglia di tirarglielo. Siamo seduti sul divano a guardare la TV e mangiare patatine. Il cane arriva, si siede di fronte a noi e comincia a fissare intensamente la mano ogni volta che si sposta dal sacchetto di patatine alla bocca. Appena ci vede rispondere al telefono va a prendere la palla e la deposita ai nostri piedi, assillandoci con i suoi inviti al gioco mentre vorremmo solo concentrarci sulla telefonata.

In queste situazioni sembra che il cane stia cercando di farci fare quello che vuole, nel momento in cui vuole. Gli esperti che pensano che i cani siano lupi sotto mentite spoglie, diranno a questo punto che il cane sta provando a dominarci. Anche se in modo sottile e non violento, il cane sta verificando chi comanda. La ragione per cui gli esperti credono che sia così, è che hanno scarsa comprensione delle tecniche di addestramento.

Perché la verità è che un comportamento persistente che sentiamo assillante è il risultato di una tecnica di addestramento molto specifica.

Si inizia con il premiare il cane ogni volta che esibisce un certo comportamento, che diventa sempre più frequente. Dopo un po' di volte si salta una ricompensa. Il cane non sa che lo stiamo facendo di proposito. Pensa che stiamo sbagliando, che non ci siamo accorti che ha esibito quel comportamento per ricevere una ricompensa. Pertanto ci riproverà, sperando che questa volta ci ricorderemo di premiarlo. Dopo un po' capirà che continuare a provare paga, perché ogni tanto otterrà il suo premio. A questo punto si può iniziare a saltare un numero più alto di ricompense. Lo premieremo solo ogni sette o otto tentativi, poi ogni quattordici o venti e così via. Quindi si renderà la ricompensa del tutto imprevedibile. Ricompenseremo il suo secondo tentativo, poi il sedicesimo, poi il terzo, poi il ventinovesimo e così via. Questa tecnica di premi imprevedibili, con intervalli a volte lunghi e volte brevi, insegna al cane che vale la pena sforzarsi di continuare a provare. Ci potrebbe volere del tempo perché la ricompensa si materializzi, e può essere imprevedibile quando accadrà, ma *accadrà*. Questa è una potente tecnica di addestramento, che produce comportamenti molto persistenti.

Fra gli esseri umani si chiama dipendenza dal gioco d'azzardo.

Ma torniamo alla vostra vita con il vostro cane. Dopo che il cane ha fatto diciotto tentativi, probabilmente gli avrete lanciato il bastoncino o dato una patatina o (forse anche inconsciamente) avrete dato un calcio alla palla. Probabilmente speravate di togliervelo di torno. In realtà, lasciandolo provare diciotto volte e poi premiandolo, avete inconsapevolmente applicato la tecnica dei premi imprevedibili, e avete creato un comportamento persistente. Di fatto avete inconsapevolmente insegnato al vostro cane a continuare a provare almeno diciotto volte e forse anche di più.

Non scoraggiatevi per questo, perché siete in buona compagnia. I migliori addestratori usano *consapevolmente* questa tecnica quando si allenano per le competizioni ufficiali, perché in gara non è permesso premiare il cane durante un esercizio. Con questa tecnica, durante l'allenamento, insegnano al cane a mantenere un dato comportamento anche per molto tempo senza ricevere una ricompensa. Il cane completerà il suo percorso di gara abituato al fatto che a volte dovrà eseguire venti comandi prima che arrivi una ricompensa. Una volta fuori dal campo di gara, l'addestratore gli dà il suo premio. Ciò mantiene nel cane la fiducia che persistere è vantaggioso. Se avete inavvertitamente addestrato il cane in questo modo (di tanto in tanto lanciandogli il bastoncino o dandogli una patatina), sta solo facendo ciò che gli avete insegnato. Non può sapere che adesso trovate irritante la sua insistenza.

Inoltre, in questo caso, il cane non è l'unico ad essere stato addestrato. Voi amate il vostro cane. A voi spesso piace fare quello che vi chiede: lanciargli il bastoncino o condividere le patatine con lui o lanciargli la palla. Il suo piacere è per voi una ricompensa potente. Ma non siete instancabili come lui, così dopo un po' ne avete abbastanza. Volete passeggiare senza dovervi chinare ogni tre passi, o guardare la TV senza essere osservati, o concentrarvi su una telefonata. Ma vi sentite a disagio perché non esaudite le richieste del vostro cane, che amate così tanto (altrimenti non lo avreste accontentato le prime volte). Sapete cosa vuole, e vi sentite un po' in colpa per averlo lasciato deluso. Ed ecco la battuta finale. E' il nostro senso di colpa che ci tormenta, e non il comportamento del cane.

Fatto: Il comportamento insistente è il risultato di un premio imprevedibile, una tecnica che potreste avere applicato inconsapevolmente. A noi dà fastidio a causa dei nostri sentimenti, e non perché il cane sta facendo giochi di potere.

COSA DEVO FARE, ORA CHE L'HO ADDESTRATO?

Se avete inavvertitamente addestrato il cane a persistere in un comportamento, ci sono due possibili soluzioni.

Una è quella di premiare ogni tentativo per un po' di tempo. Questo abituerà il cane ad avere di nuovo una ricompensa immediata. Dopo circa tre settimane, cessate del tutto di dare la ricompensa. Se si sceglie questa via, è molto importante ignorare completamente il cane quando esibisce il comportamento di cui si desidera disfarsi. Non guardarlo, non ridere, fingere soltanto di non vederlo. Se necessario, anche allontanarsi senza alcun contatto visivo. Soprattutto, non cedere al terzo o quarto o diciottesimo tentativo, perché si ritornerebbe alla tecnica di addestramento per la quale insistere paga. E' necessario tenere presente che il comportamento diventerà più intenso prima che inizi ad estinguersi. Il cane è sicuro che voi non avete notato che vi ha portato il bastoncino, che sta fissando le patatine, o che vi ha lasciato la palla fra i piedi. Pertanto potrebbe farlo con più enfasi. Potrebbe lasciar cadere il legnetto proprio di fronte a voi, anziché accanto, mentre camminate. Potrebbe fissarvi un po' più da vicino mentre mangiate le patatine, o depositarvi la palla in grembo anziché fra le caviglie. Non preoccupatevi. L'intensificazione di un comportamento immediatamente prima che cominci a morire è detta 'esplosione da estinzione'. Potrebbe essere irritante, ma è un buon segno: significa che il comportamento si prepara a scomparire. Se eravate tornati a premiare ogni tentativo e adesso continuate a non dare alcuna ricompensa, il comportamento si estinguerà.

La seconda strada possibile è iniziare immediatamente a ignorare il comportamento inavvertitamente insegnato, senza passare dalla fase di premiare ogni tentativo. La differenza principale è che ci vorrà più tempo per estinguere il comportamento.

Mito 69: Il mio cane scuote il pelo dopo che l'ho accarezzato. Questo è un comportamento dominante: sta simbolicamente dimostrando la sua indipendenza liberandosi del mio contatto.

In uno dei canili in cui ho lavorato imperversava fra il personale una violenta discussione proprio su questo mito. Poiché qualsiasi azione del cane deve essere necessariamente inserita in una delle due categorie di 'dominanza' o 'sottomissione', si era generato il problema di come classificare questo comportamento.

Sbalordita, decisi di dare una risposta non verbale. Avvicinatami alla testa di un cane considerato gregario, gli scompigliai il pelo. Immediatamente il cane non poté resistere alla tentazione di lisciarselo fino a restituirgli la forma originaria.

E il gioco è fatto. Ogni pelo è ancorato a un piccolo bulbo nella cute. I bulbi piliferi sono circondati da piccoli muscoli. Il pelo e i muscoli sono di solito orientati in una certa posizione. Quando accarezziamo un cane e gli scompigliamo il pelo, il cane si sente a disagio perché peli e muscoli perdono la posizione naturale. Il desiderio di risistemare il pelo nella posizione normale è irresistibile.

Tutto qua.

Fatto: Il vostro cane non sta simbolicamente scrollandosi di dosso il vostro contatto, è solo che con il pelo scompigliato si sente a disagio.

Fatto: Questo mito in particolare è un eccellente esempio di quali stranezze vengano fuori quando si crede nella teoria della gerarchia di dominanza. Secondo questa teoria dovremmo osservare il cane ogni istante affinché non ci 'domini'. Finiamo così per comportarci come maniaci paranoici, preoccupati per la minima cosa, guardandoci costantemente le spalle e vedendo il pericolo ovunque.

Fatto: La qual cosa è assolutamente stupida. La maggior parte di noi prende un cane perché vuole un amico, e se costruiamo la relazione sulla fiducia anziché sulla coercizione, un amico è esattamente ciò che otteniamo.

PICCOLO WOLFIE

A causa di una malattia, Sylvia aveva perso da poco il suo cagnolino, che le mancava moltissimo. Per consolarsi comprò allora un cucciolo di Pastore Tedesco. Era il suo primo cane di grossa taglia, così decise che sarebbe stato meglio frequentare con lui un corso di addestramento.

Alla scuola cinofila le fu detto che questo animaletto apparentemente innocente, del peso di sette chili e fondamentalmente niente di più che una pancia rotonda con quattro zampette, si sarebbe presto trasformato in un animale pericoloso. Dopo tutto, prendere un Pastore Tedesco è una faccenda seria, perché tutti sanno che i Pastori Tedeschi sono super dominanti. Se Sylvia non avesse immediatamente iniziato a opprimere il cucciolo, si sarebbe ritrovata in casa un tiranno che l'avrebbe comandata a bacchetta e un giorno, forse, l'avrebbe anche ucciso. Il cucciolo era una specie di cavallo di Troia, e Sylvia aveva inavvertitamente aperto le porte al Nemico. Gli istruttori cinofili le suggerirono di acquistare un collare a strangolo e di iniziare fin da subito a punire duramente il cucciolo, perché questo era l'unico modo per scongiurare questo terribile pericolo. Tornata a casa dalla prima lezione, Sylvia era così sconvolta che decise di volersene liberare. Aveva paura anche solo a tenerlo in casa. Telefonò alla società per la prevenzione delle crudeltà sugli animali, e loro la indirizzarono a me.

Grazie al cielo! In sostanza, la scuola stava facendo del suo meglio perché la profezia si avverasse. Infatti, se si prende un cucciolo e si comincia subito ad essere duri con lui, gli si insegnerà che gli facciamo del male e che non siamo affidabili. Si finisce con l'avere un cane che ci vuole tenere fuori dalla sua zona personale (perché siamo pericolosi), che difende il suo cibo e i suoi giocattoli da noi (perché siamo anti-sociali), che si preoccupa quando vengono ospiti in casa (perché non si sa mai cosa farà un essere umano) e così via. E poi gli istruttori possono dire: 'Te l'avevamo detto!'. Questa è follia. Torturare un animale e poi dargli la colpa perché reagisce alla nostra tortura è davvero perverso. Tuttavia, date le origini della teoria, non è poi così sorprendente.

Sylvia ed io decidemmo di lavorare con il piccolo Wolfie sulla base dell'educazione con premi e sulla costruzione della fiducia. Wolfie si rivelò una piccola creatura deliziosa, intelligente e cooperativa. E' cresciuto imparando che gli esseri umani sono fonte di cose deliziose, e che con noi è al sicuro. Da adulto Wolfie è diventato un cane affettuoso e fiducioso. Adora Sylvia, ed è felice di fare qualsiasi cosa lei gli chieda. Sta sempre a guardarla, non perché sia 'l'Alfa leader', ma perché ogni sua mossa potrebbe significare che qualcosa di fantastico sta per accadere.

Oltre all'addestramento con premi e la costruzione della fiducia, Wolfie ha fatto parte del mio gruppo di cani diversi giorni alla settimana da quando era piccolo. Loro gli hanno insegnato le regole di educazione canina, come usare il linguaggio del corpo, e come cercare compromessi. Nonostante i suoi cinquanta chili, Wolfie è perfettamente disposto ad aspettare che l'altro cane si senta sicuro e ad aiutarlo con ogni tipo di segnali rassicuranti. Se un altro cane ringhia, lui indietreggia allegramente, ben consapevole che quello ha solo bisogno di un po' più di spazio per stare tranquillo, anche se si tratta di un mini Yorkshire terrier.

Arrivare a questo lieto fine qualche volta è stato duro, in virtù del mito paranoico trattato in questo capitolo. Una volta piantato, il seme della paranoia a volte può rispuntare. A un certo punto sorse la questione del perché il cucciolo mordesse tutto — Wolfie si stava allenando ad assumere il controllo? (vedi Mito 6 sul perché in realtà i cuccioli mordono). Sylvia a un certo punto fu molto allarmata dal fatto che Wolfie voleva sempre giocare con la sua sveglia preferita — come se avesse scelto quel particolare oggetto perché sapeva che era l'unica cosa con cui Sylvia non voleva che giocasse (in realtà dall'orologio pendevano un sacco di cose attraenti e a volte faceva un suono interessantissimo). Un'altra volta la paranoia nacque quando Sylvia partecipò a un corso tenuto nel parco. Guardando il suo cucciolo che obbediva così bene, i proprietari degli altri cani la misero in guardia sul fatto che, come tutti loro, quando il cane fosse diventato adolescente, si sarebbe imbattuta in vari problemi. E Sylvia ritornava da me di nuovo un po' insicura. Per fortuna ha sempre accettato la mia spiegazione secondo la quale questi proprietari erano fondamentalmente divorati dall'invidia e speravano che anche lei finisse con l'avere le stesse difficoltà che avevano loro con i propri cani, addestrati con le punizioni.

Sylvia non ebbe mai questi problemi perché è stata disposta a credermi e non ha mai cercato dominanza nei comportamenti del suo giovane cane. Ma chi la convinse di più, naturalmente, fu Wolfie stesso. Non avendolo esposto alla vecchia profezia che si auto-avvera, Sylvia ha permesso alla sua vera e meravigliosa natura di emergere.

Mito 70: Se volete essere il leader del branco dovete sempre prendere l'iniziativa. Voi, e non il cane, dovete decidere cosa deve succedere e quando deve succedere. In altre parole, mai assecondare le richieste del cane.

Questo mito è un corollario del postulato secondo il quale i lupi e i cani hanno capi, e che solo il capo può prendere l'iniziativa. Nel Mito 51 abbiamo visto chiaramente che i lupi selvatici, e non soltanto gli animali riproduttori, vanno per la loro strada e iniziano le loro attività quando vogliono. Abbiamo anche visto che i cani non sono lupi, ma semi-spazzini solitari che non vivono in gruppi stabili. Va da sé che non possono avere capi.

Questo mito in particolare è legato al Mito 68. Ci sono momenti in cui la richiesta di un cane ci fa sentire come se il cane provasse a farci fare quello che vuole lui, quando vuole lui. Finiamo con il fare proiezioni e pensare che questo richiedere insistentemente sia 'dominanza'. Molti istruttori e terapisti del comportamento lo confermeranno (vedi Miti 95, 96 e 97). Questo perché gli è stato insegnato a vedere il cane come una sorta di macchina della dominanza.

Un cane non è una macchina della dominanza. Un cane è un essere vivente con propri sentimenti e desideri. Ha diritto a questi sentimenti e a questi desideri. Viene da voi con le sue richieste perché ha imparato che voi lo amate e cercherete di soddisfare le sue necessità. Voi siete la sua fonte di piacere nella vita.

Ma c'è di più. La realtà è che i nostri cani sono completamente alla nostra mercé. Non possono mangiare se non li nutriamo. Sono chiusi in casa e non possono uscire a cercare un diversivo quando si annoiano. Non possono nemmeno uscire a fare pipì, a meno che noi non gli apriamo la porta, perché loro non possono aprirsela da soli. Abbiamo anche la libertà di ucciderli, se ci viene il ghiribizzo di farlo. Un cane è completamente dipendente da noi in tutto. Non può soddisfare i suoi bisogni. Ha bisogno di noi per farlo. E' ingiusto cambiare le carte in tavola e considerare la sua dipendenza da noi, il suo cercare il piacere della nostra compagnia, il suo provare a dirci di cosa ha bisogno come espressione di 'dominanza'. In effetti, lo trovo un po' crudele.

Il vostro cane non ha altra scelta che chiedere a voi le cose di cui ha bisogno. Non sempre si deve dire 'sì', ma si deve riconoscere la sua dipendenza piuttosto che entrare in fantasie paranoiche e illogiche sui rapporti di potere.

D'altra parte, se avete accidentalmente applicato la tecnica dei premi imprevedibili (vedi Mito 68), il vostro cane potrebbe essere così fastidioso e così insistente da intralciare davvero la vostra vita. Così andate dallo psicologo canino che vi dice: 'Siate sempre gli unici a prendere l'iniziativa. Non acconsentite mai alle richieste del cane. Diventerete il leader del branco e così magicamente comprenderà che voi , e non lui, decidete cosa deve succedere e quando.'

Funziona. Dopo un po' il vostro cane smette di essere fastidioso. Il problema è che funziona non perché adesso siete voi il leader, né perché il vostro cane è diventato meno 'dominante'. Funziona perché avete smesso di premiare il comportamento che avevate premiato fino ad ora. E, se avete letto fin qui, sapete che il comportamento si estinguerà da solo se soltanto non verrà premiato per un periodo abbastanza lungo. Il cane alla fine impara che è inutile chiedervi qualsiasi cosa, perché non esaudirete le sue richieste in ogni caso. Si arrende. Trascorre la sua vita in un angolo, senza muoversi fin quando voi non dite o fate qualcosa. Voi pensate che adesso siete il leader del branco. In realtà, tutto quello che è successo è che il cane non vi vede più come una fonte di piacere.

La tecnica di ignorare le sue richieste può essere utile se avete inavvertitamente creato uno scocciatore permanente. Tuttavia è meglio essere selettivi su quali richieste ignorare. Ricordate sempre che il vostro cane è interamente alla vostra mercé e del tutto impotente senza di voi. Ricordate che è un essere vivente che ha diritto di desiderare qualcosa. Ignorate le richieste che vi sono diventate insopportabilmente fastidiose, ma siate compassionevoli e soddisfate le esigenze del vostro cane in altri momenti. Questo riporterà in equilibrio il vostro rapporto, felici entrambi, voi e il cane.

Fatto: 'Ignorare tutte le richieste' può essere una tecnica utile in certe circostanze, ma non ha nulla a che fare con la leadership. Siate saggi nell'applicare questa tecnica, perché se esagerate perderete qualcosa di grande valore nel rapporto con il vostro cane.

Mito 71: So di essere il leader del branco quando il mio cane mi guarda col fiato sospeso in ogni momento.

Poiché i cani non hanno niente di simile a un leader, ci possono essere due ragioni per le quali il vostro cane vi tiene d'occhio in ogni momento.

1) Qualcuno ha usato con lui metodi di educazione coercitivi. Ha usato un collare a strangolo o un collare a punte o una cavezza con cui strattonarlo. Gli ha lanciato lattine piene di monete o mazzi di chiavi, e urlando lo ha schiaffeggiato, preso a calci, picchiato, gli ha dato scosse elettriche e altre simili cose che alcuni chiamano 'tecniche di addestramento'. E' probabile che tutto ciò sia stato fatto in modo piuttosto maldestro (vedi Miti 95 e 96) così che il cane non sa come può evitare l'ennesima punizione. A volte è punito perché fa qualcosa, altre volte perché omette di fare qualcosa. Sia il fare che il non fare sono visti come espressione di 'dominanza', a seconda del capriccio umano del momento. Il cane ha imparato che gli uomini sono imprevedibili, sgradevoli e pericolosi. Il cane che ha subito questo tipo di 'addestramento' vive in un'ansia permanente. Non può semplicemente andarsene e scegliere di vivere con qualcun altro, perché se anche ci riuscisse, grazie al microchip, verrebbe subito riconsegnato al proprietario. Al cane che vive con un essere umano che lo punisce non resta che tenerlo d'occhio in ogni momento, perché qualche disastro, piccolo o grande che sia, potrebbe compiersi ogni secondo. Alcuni non vedono la paura negli occhi del cane. Altri la vedono, ma non se ne dispiacciono affatto, perché confondono la sua paura con 'sottomissione'. Prendono in giro se stessi ritenendo che questo signifchi essere il lupo Alfa.

2) Avete educato il vostro cane con ricompense e premi e senza punizioni. Il cane ha imparato, proprio come i miei, che quando voi siete in giro, cose meravigliose possono succedere in qualsiasi momento di qualsiasi giorno. In vostra presenza si sente sicuro. Sa che molti dei vostri movimenti non significano nulla, ma... non si può mai dire! Tiene ogni istante un occhio (o un orecchio) su di voi solo per essere sicuro di non perdere il segnale che qualcosa di favoloso sta per accadere. Vi adora, e non perché siete l'individuo Alfa. Ai suoi occhi avete esattamente quello che si dice carisma.

Fatto: Il cane numero uno guarda il suo padrone in un affanno di preoccupazione o paura. Il cane numero due lo tiene d'occhio con una sempre piacevole trepidazione. Entrambi sanno che l'essere umano è un essere umano e non un lupo e nessuno dei due ha idea di chi sia il capo.

Mito 72: Se mi assicuro di essere il leader del branco e lo domino, il mio cane non svilupperà nessun problema comportamentale.

Questa è una fantasia su cui molta gente ha imparato a contare. Ne abbiamo già trattato varie parti. Vedendola riassunta in una sola frase si rimane colpiti da questo modo di ragionare piuttosto strano.

Anche nelle interazioni fra esseri umani (e non con specie del tutto diverse) la definizione di 'problema di comportamento' è abbastanza soggettiva. Una persona potrebbe comportarsi in un modo in cui voi o io non potremmo mai, ma qualcun altro potrebbe pensare che sia perfettamente normale, se non addirittura carino o affascinante. Ognuno di noi ha la propria idea di cosa sia normale o cosa sia un problema. Come, dunque, si può pensare che un cane 'dominato' non svilupperà mai problemi comportamentali, considerato che i nostri criteri e desideri sono diversi e spesso in contrasto fra loro? Questo mito è innanzitutto un buon esempio di ragionamento privo di rigore. E' un pensiero magico.

Le cose peggiorano quando cerchiamo di applicare l'idea di 'problema di comportamento' alle interazioni fra due specie diverse. Ogni specie ha il suo proprio comportamento naturale, e molto probabilmente troverà alcuni aspetti del comportamento dell'altra specie sconcertanti o disgustosi. Dal punto di vista dei cani è davvero scorretto entrare nella loro zona personale senza permesso. E' inaudito voler togliere loro i giocattoli o, peggio ancora, il cibo. E' sconcertante volerli cacciare dal posto in cui riposano e fargli del male, e la nostra violenza è, ai loro occhi, del tutto folle. Per un cane è difficile adattare la sua andatura naturale alla nostra. Il cane non ha nessuna idea delle leggi fisiche, e non sa che il suo leggero tirare al guinzaglio arriva amplificato alla nostra spalla. A noi piace ammirare un paesaggio con gli occhi, ma un cane scopre il mondo attraverso il naso. Il cane sente di non aver visto qualcosa finché non gli ha dato una buona annusata. Così procede a zigzag sul marciapiede, saltando da un odore a un altro — altro problema di comportamento ai nostri occhi. Un cane ha vari desideri naturali che non sempre sono convenienti per noi, così li percepiamo come un problema.

Secondo questo mito basta affermare una sorta di status immaginario di 'leader' (cosa che agli occhi dei cani non esiste), perché in qualche modo si risolvano tutte queste differenze interspecifiche. Improvvisamente un cane capisce, come per magia, tutte le nostre regole molto personali e in continuo cambiamento. Improvvisamente diventa in grado di leggere i nostri pensieri e fare la cosa giusta con tutti e in ogni momento. Il cane diventerà una specie di macchina senza desideri propri, che farà automaticamente quel che vogliamo.

L'idea è bizzarra, per non dire altro.

Inoltre, esiste un problema di linguaggio. Spesso gli esseri umani non capiscono affatto il linguaggio del cane o lo fraintendono, riconducendo tutto a 'dominanza' o 'sottomissione'. In realtà il linguaggio del cane serve a scambiare informazioni sullo stato interiore di ciascuno, in modo tale che, nella ricerca di un equilibrio soddisfacente per entrambi, ogni cane possa tenere conto delle sensazioni dell'altro. Il loro linguaggio ha la funzione di generare sufficiente fiducia reciproca che li renda sicuri nelle interazioni.

Un cane che minaccia non sta 'dominando' né esercitando alcun tipo di potere su di voi. Sta invece esercitando potere sulla sua zona personale, cosa che le regole canine danno a tutti il diritto di fare. Una minaccia è niente più (e niente meno) che una dichiarazione di insicurezza e preoccupazione sulle intenzioni dell'altro, e una richiesta di mantenere le distanze. I segnali che ci hanno insegnato a chiamare di 'sottomissione' non esprimono affatto sottomissione. Il cane che usa questi segnali sta rassicurando l'altro. Gli sta dicendo che il suo stato interiore è tale che non cercherà un conflitto né farà nulla di temibile o di spiacevole, e che quindi non c'è motivo di preoccuparsi. I cani usano la loro lingua per rendersi prevedibili l'un l'altro. Esercitano una grande discrezione nelle loro interazioni, puntando sempre a un equilibrio soddisfacente per entrambi.

A noi viene invece insegnato che tutte le azioni dei cani riguardano il potere. E dal momento che ci viene insegnato a interpretare un segnale di minaccia come 'dominanza' non riusciamo a stabilire un'adeguata comunicazione e una sana interazione con loro. Non abbiamo una coda da abbassare, né orecchie da piegare indietro sul collo, ma potremmo, se soltanto fossimo disposti, emanare alcuni segnali calmanti che i cani capiscono: stare fermi piuttosto che avvicinarci, forse anche fare un passo indietro, distogliere lo sguardo, sbadigliare, leccare l'aria, girarci di lato, accovacciarci per farci più piccoli e meno intimidatori. Purtroppo spesso non siamo disposti a farlo. Anzi, il contrario. Troppi di noi entrano nella modalità 'Cosa? Ringhiare a *me*?' per diventare violenti, nella nostra eterna ignoranza, perché crediamo, nella nostra eterna e particolare proiezione *umana*, che violenza sia uguale a 'dominanza' e che la 'dominanza' sia tutto. I cani sono assolutamente sconcertati da tutto ciò, e hanno assolutamente ragione di temere quello che ci accingiamo a fare.

Le nostre regole sociali sono diverse e molto più complicate rispetto alle tre semplici regole che i cani seguono nelle loro interazioni sociali (vedi Mito 11). I nostri desideri sono molto più complessi. Spesso sono legati a processi di pensiero molto complicati, come la nostra comprensione del valore del denaro e dei principi dell'economia, le nostre norme sul rumore, le nostre idee sul sesso e sulla virtù e così via. Un cane non ha idea di quanto costi un divano nuovo, né che se ci dorme ogni giorno alla fine si sporca. Non ha idea del perché non vogliamo che il divano si sporchi o che lo faccia a pezzi quando è in preda al panico se lo lasciamo solo un paio d'ore. Il cane non ha idea che i vicini potrebbero chiamare la polizia perché sta abbaiando. Non sa che la nostra sessualità ci imbarazza, o che una donna potrebbe sentirsi pubblicamente molestata (o un uomo preoccupato che la gente pensi che è un omosessuale) se il cane ne afferra la gamba per una bella pompata. Strattonare selvaggiamente il collo del cane con un collare a strangolo, picchiarlo, sconvolgerlo, portargli via i suoi giochi e poi passare sempre per primi dalle porte e mangiare per primi, niente di tutto ciò renderà un cane più saggio.

Fatto: 'Problema di comportamento' è un concetto soggettivo. E' anche un concetto legato alla specie. La 'dominanza' non c'entra per niente, e sicuramente non è una cura. In realtà è probabile che sia esattamente il contrario. Quanto più cercherete di dominare il vostro cane, tanto più il suo problema di comportamento peggiorerà.

Mito 73: La causa di un problema di comportamento è sempre nel cane, mai nell'uomo.

Nel Mito 72 abbiamo visto che 'problema di comportamento' è un termine soggettivo. Ciò che è normale per una specie può essere anormale o completamente folle per un'altra specie. Guardando le cose da questo punto di vista potremmo dire che l'*origine* di un problema comportamentale è nel cane, cioè nel suo naturale comportamento tipico della specie, vale a dire che il problema è nel fatto che è un cane, in primo luogo. E' a causa del suo essere cane, dopo tutto, che egli crede (per esempio) che dovremmo rispettare la sua zona personale quando ce lo chiede. Noi non lo facciamo, perché le nostre regole sono diverse. Se questo lo spaventa e ci morde, bene, questo è davvero un problema.

Nello stesso tempo, la causa del problema non è nel cane. Dopo tutto siamo noi a volerci spingere nella sua zona personale senza aver prima costruito fiducia. Siamo noi ad avvicinarci senza dare segnali calmanti, e spesso con intenzioni che vanno ben oltre ciò che un cane può comprendere.

Abbiamo qui un'anticipazione del Mito 97 (terapisti del comportamento). Ai terapisti del comportamento è stato insegnato che la causa di un problema è sempre nel cane e che non dovrebbero mai dire alle persone che il problema è in loro. Così il comportamentista va a cuor leggero a cercare la causa nel cane, credendo sinceramente che questo sia il posto giusto dove cercare. Una volta trovata la causa nel cane, evidentemente non si rende conto di quello che fa successivamente. Vale a dire che il comportamentista sempre (ma proprio sempre) procede quindi ad aiutare l'uomo a cambiare il suo comportamento nei confronti del cane. Cambiato il comportamento dell'uomo, anche il comportamento del cane inizia a cambiare e il problema spesso si risolve. Se l'uomo non riesce a cambiare il suo comportamento, il problema non si risolve. Così, apparentemente, e indipendentemente da ciò che il terapeuta crede, in realtà il problema era nell'essere umano e niente affatto nel cane. E a quanto pare il terapeuta a qualche livello lo sa, dato che siamo noi quelli che aiuta a cambiare.

Ora saltiamo al Mito 96 (polizia - educatori cinofili). Non insegniamo niente al nostro cane, poi gli diamo la colpa di non sapere. Oppure non sappiamo come insegnargli (Miti 95 e 96) così decidiamo che è testardo o 'dominante' (Mito 62). Lo torturiamo (Mito 84) e chiamiamo questo 'addestramento', poi decidiamo che è un problema quando oppone resistenza. Se un cane non sa cosa vogliamo che faccia o se sente di doversi difendere da quello che potremmo fare, la causa del problema non è nel cane, ma nella nostra violenza e nella mancanza di conoscenze sui cani e su come gli animali in generale apprendono.

Qualche volta un cane può avere un problema di comportamento che non è causato direttamente dalle azioni del suo proprietario, ma dalla politica degli allevatori (vedi Miti 18, 38 e 39). Si tratta di comportamenti che l'evoluzione e la selezione naturale avevano indebolito o sradicato nel cane domestico, comportamenti che rendevano impossibile la convivenza con l'uomo. Il morso che uccide (nelle razze aggressive), l'ossessivo radunare le pecore (nel Border Collie), l'incapacità di non seguire un odore (nei Pointer e nei cani da traccia) sono qualità geneticamente ancorate in questi cani. Esisteranno indipendentemente da come ci comportiamo. Quando un cane selezionato per l'aggressione mortale attacca altri animali o esseri umani è un problema. Quando il vostro Border Collie cerca di radunare i bambini nel cortile della scuola, o quando il vostro Pointer o il vostro Beagle si perdono continuamente per seguire un odore, è un problema. Tuttavia la causa di questi comportamenti non è nel cane ma nelle scelte degli allevatori. Dopo tutto non è stato il cane a decidere che era una buona idea far rivivere ed enfatizzare comportamenti arcaici. La responsabilità è anche dei clienti di questi allevatori. Se avete uno di questi cani è perché avete dato uno sguardo agli standard di razza e avete scelto consapevolmente un cane con un certo comportamento artificialmente esagerato. E' abbastanza logico che un comportamento che ha reso impossibile al cane vivere vicino all'uomo 10.000 anni fa, gli renda impossibile vivere con noi oggi. Non è giusto puntare il dito contro il cane, dal momento che siamo noi ad aver avuto questa brillante idea.

Alla fine, la soluzione ai problemi di comportamento dei cani si trova sempre dentro di noi. Se vogliamo risolvere il problema, dobbiamo cambiare il nostro comportamento. Abbiamo bisogno di gettare alle ortiche tutte le sciocchezze sulla dominanza e cominciare a costruire un rapporto di fiducia con i nostri cani. Dobbiamo smetterla di fare affidamento sulle punizioni e maltrattare i nostri cani e dobbiamo invece imparare ad educarli con ricompense. Tocca a noi fermare la selezione di cani caratterizzati da comportamenti arcaici che rendono impossibile la convivenza con noi e smettere di acquistare cani dagli allevatori che si ostinano a farlo.

Sbarazzarsi della sciocca credenza di questo capitolo è di fondamentale importanza perché spesso porta alla morte dei cani innocenti. Quando un cane entra nella nostra casa all'età di otto settimane, l'ottanta per cento del suo cervello deve ancora svilupparsi. A meno che non sia stato allevato esplicitamente per essere aggressivo, alla nascita è già progettato per imparare a costruire rapporti sociali flessibili e pacifici con quasi tutti gli esseri viventi. La Natura lo ha progettato per partecipare a scambi sociali basati sulla fiducia e sulla discrezione. Se le cose vanno diversamente rispetto a quello previsto dalla Natura, e finiamo con l'avere un tipo di cane adulto diverso, non è colpa sua. Anche un cane adulto è malleabile, se non è stato selezionato per attuare comportamenti estremi. Molto spesso possiamo ancora correggere i nostri errori, se solo lo vogliamo.

Posizionare la causa di un comportamento nel cane spesso non è che una scusa per sbarazzarsi di lui o ucciderlo senza avere la coscienza sporca. E' vero che non tutti i cani possono essere recuperati. A volte a un cane è stato dato un tale corredo genetico, o è stato così maltrattato che è impossibile tenerlo fra noi. Cercare di rieducarlo può essere troppo pericoloso, o il suo comportamento può essere così eccessivo da esaurire anche l'essere umano più paziente o da rendere infelice il cane stesso. A volte (anche se non così spesso come fingiamo che sia) non c'è davvero altra scelta che uccidere un cane. In questi casi è importante farlo con la giusta tristezza e pienamente consapevoli che siamo noi ad aver fallito, perché in caso contrario questa tragedia continuerà a ripetersi.

Fatto: La causa dei problemi comportamentali di un cane si trova sempre, in fondo, negli esseri umani. La soluzione ai problemi di comportamento dei cani è quella di cambiare il nostro stesso comportamento, sia con il singolo cane che nel modo di allevare cani in generale.

Mito 74: Se il mio cane maschio ha problemi di comportamento, questi si risolveranno con la castrazione.

Se sia vero o no, dipende esattamente da qual è il problema.

1) Ringhia e pizzica tutti i membri della famiglia. Questo genere di aggressività è di solito il risultato di insicurezza o ansia. La castrazione non rimuove queste sensazioni. La soluzione a questo problema è di cambiare il comportamento umano e di iniziare a costruire un rapporto di fiducia con il cane, invece di cercare di dominarlo. Talvolta il cane minaccia anche chi non ha mai provato a dominarlo. Non ha importanza. La soluzione è la stessa: chi prova a dominare il cane deve cessare di farlo e iniziare a comportarsi in modo prevedibile e affidabile. (Ma tornate indietro e date uno sguardo al cagnetto viziato del Mito 31). E' molto probabile che il cane non sia più mosso dall'ansia, ma che abbia scoperto che pizzicare la gente funziona. Adesso pizzica a caso ogni volta che vuole ottenere qualcosa. Questo comportamento è il risultato dell'apprendimento. La castrazione non cancellerà ciò che il cane ha imparato.

In entrambi i casi la soluzione sta nel rieducare il cane, cioè seguire con lui una terapia comportamentale. A volte la castrazione può essere d'aiuto, ma solo perché rallenta il metabolismo e (per motivi che non sono ancora chiari) rende *alcuni* cani *un po'* meno propensi a mordere. La reattività generale del cane viene diminuita, ed egli reagirà meno velocemente, meno intensamente e meno persistentemente a molti stimoli. Ciò potrebbe renderlo meno 'permaloso'. Ma la castrazione da sola non può essere la soluzione di un problema causato dall'apprendimento, e può essere pericoloso affidarsi soltanto ad essa rinunciando alla terapia comportamentale.

2) Aggressività fra due maschi residenti nella stessa casa. Il sistema sociale del cane domestico si basa sulla disponibilità di tutti i suoi membri a cercare compromessi. In una situazione normale un cane apprende in giovane età ad essere reticente nell'uso dell'aggressione e a risolvere i conflitti in un altro modo. Il problema è che un cucciolo (o un giovane cane) impara queste cose solo se ha avuto tante opportunità di interagire con cani adulti senza interferenze umane. Molti cuccioli e giovani cani sono 'protetti' quando giocano con gli adulti. Alla fine non imparano mai come raggiungere i compromessi. Molte persone 'proteggono' il loro nuovo cucciolo dai tentativi del loro cane adulto di fargli da guida e insegnargli le regole canine. In questi casi il cucciolo può sviluppare tratti antisociali della personalità. E' assolutamente normale che il cane adulto opponga resistenza ai suoi comportamenti antisociali e continui a cercare di fare da genitore e di educare il cucciolo, che nel frattempo è diventato un adolescente. Il proprietario continua ad interferire 'tutelando' il cane più giovane, magari successivamente passando a 'proteggere' quello più anziano. I conflitti fra i cani continuano a presentarsi, diventando sempre più gravi con il passare del tempo.

Un'altra situazione comune in cui due maschi a volte hanno un'escalation di conflitti si verifica quando si prendono due fratelli dalla stessa cucciolata. I due cuccioli crescono insieme, spesso senza essere esposti dentro casa a un cane adulto che faccia loro da genitore, e senza essere abbastanza frequentemente esposti a cani adulti al di fuori della famiglia. 'Giocano insieme,' pensa il proprietario 'non hanno bisogno degli altri cani.'. Il che equivale più o meno a chiudere due teppisti adolescenti in uno scompartimento ferroviario sperando che si insegnino a vicenda le buone maniere.

In entrambe le situazioni di cui sopra, le lotte possono intensificarsi al punto da non essere più conflitti rituali, ed è importante adottare le giuste misure prima che i cani inizino a ferirsi realmente durante le loro zuffe. Come abbiamo visto, le regole canine richiedono che non si usi vera aggressione. Quindi una volta che un cane ha ferito l'altro, tutto il sistema inizia a crollare. Il cane ferito inizierà a vedere nell'altro (giustamente) un nemico mortale. Nello scontro successivo combatterà per la vita, ferendo l'altro. Si innesca una spirale di violenza che può giungere fino al punto in cui i segnali calmanti non funzionano più: quel cane vuole solo la vita dell'altro. A questo punto, girarsi sulla schiena e mostrare collo e ventre può sortire l'effetto di provocare un morso assassino in luogo della normale risposta di fermare tutti i comportamenti di minaccia. In questa situazione la cosa migliore da fare è trovare un'altra casa a uno dei due cani. Se si decide di cedere il più aggressivo fra i due, è saggio cercare una casa dove sia l'unico cane.

Ma se non si è ancora raggiunto questo punto, questo è un problema in cui la castrazione può aiutare. Si è scoperto che essa riduce l'aggressività fra maschi in circa la metà dei casi. I cani, adesso castrati, diventano meno reattivi e probabilmente hanno un odore meno maschile, ed entrambi i fattori contribuiscono a diminuire l'intensità delle loro reazioni. E proprio la riduzione dell'intensità delle reazioni aumenta la possibilità di riuscita di una terapia comportamentale. Con l'aiuto e la supervisione di uno specialista del comportamento (non si può farlo da soli!) si possono guidare i cani ad avere esperienze piacevoli l'uno con l'altro.

3) Ringhia e pizzica (o anche morde) sconosciuti per strada o in casa. Questo è un problema di ansia. L'esperienza ha dimostrato che la castrazione non ha un grande impatto su questo problema. La soluzione qui è la terapia comportamentale.

4) Comportamento aggressivo verso cani sconosciuti fuori di casa. Se questo problema è iniziato improvvisamente quando il vostro cane ha raggiunto l'adolescenza, e se il suo comportamento aggressivo è rivolto esclusivamente verso altri maschi, la castrazione potrebbe essere d'aiuto. Sembra che la castrazione riduca la reattività di un cane, compresa l'inclinazione a mordere velocemente. Inoltre la castrazione farà sentire il cane meno fortemente maschile agli altri, che saranno meno suscettibili per il suo comportamento. Così, oltre a giovare al suo equilibrio ormonale, la castrazione procurerà al vostro cane la possibilità di avere esperienze di apprendimento più piacevoli con gli altri cani.

Tuttavia, se il vostro cane ha già ferito seriamente uno o più cani, la castrazione non risolverà il problema. Se ha provocato più che un piccolo e superficiale foro nella pelle di un altro cane, significa che non ha imparato l'inibizione del morso. Già da adolescente è troppo tardi per impararla, perché troppo pericoloso per gli altri cani insegnargliela. L'unica soluzione è tenerlo sempre lontano da altri cani.

Se questo comportamento è diretto sia verso maschi che verso femmine, la castrazione non risolverà il problema. Il vostro cane potrebbe non essere adeguatamente socializzato. Un intervento chirurgico non può prendere il posto di esperienze di apprendimento. Il vostro cane potrebbe aver avuto una o più esperienze traumatiche con altri cani. La castrazione non rimuove la paura legittima che deriva da un trauma. In entrambi i casi potrebbe essere necessario l'intervento di un comportamentista. Se questo problema è il risultato della scelta di aver comprato un cane appartenente a una di quelle razze selezionate per il comportamento aggressivo, né la castrazione né la terapia comportamentale risolveranno il problema. I suoi geni, il suo cervello e il suo corpo rimarranno quello che sono. L'unica soluzione è quella di tenerlo del tutto lontano dagli altri cani.

Problemi in cui di solito la castrazione aiuta.

La castrazione risolve questi problemi nel 70 - 90% dei casi :

1) Un cane che compulsivamente marca con l'urina in casa.
2) Un cane che sparisce per andare a cercare femmine in calore.
3) Un cane che si impegna in un costante comportamento di monta sessuale (con la vostra gamba, con il cuscino del divano, con altri cani, con la gamba del tavolo - praticamente con tutto quello che riesce ad abbracciare).

Rimane poco chiaro quale sia il suo ruolo nella soluzione dei problemi che aiuta a risolvere. Abbiamo il sospetto che castrare il cane spesso dia al proprietario fiducia rinnovata e nuova speranza per intraprendere un nuovo percorso di educazione. A volte è stato chiamato sulla scena uno specialista del comportamento che, oltre a suggerire la castrazione, ha contemporaneamente insegnato all'umano del cane come educarlo con ricompense e come costruire fiducia (sia con gli esseri umani che con altri cani).

Fatto: Se c'è un problema, non contate solo sulla castrazione. Se la castrazione aiuterà dipende da qual è il problema. Nella maggior parte dei casi non è male spendere dei soldi per un terapista del comportamento, poiché l'apprendimento gioca un ruolo in quasi tutti i problemi comportamentali dei cani.

Note

Askew, HR, *Treatment of Behavior Problems in Dogs and Cats: A Guide for the Small AnimalVeterinarian,* Blackwell Science, London, 1996.

Borchelt, PL, Aggressive behavior of dogs kept as companion animals: Classifi cation and influence of sex, reproductive status, and breed, Appl *An Ethol* 10: 45–61, 1983.

Hopkins, SG, Schubert, TA, Hart, BL, Castration of adult male dogs: effects on roaming,aggression, urine spraying, and mounting, *JAVMA* 168:1108–1110, 1976.

Overall, KL, *Clinical Behavioral Medicine for Small Animals,* Mosby, Inc., Missouri, 1997.

Palmer, H, Appleby, D, ed, *The Behavioural Effects of Canine Castration: An Owner's Guide,* Pet Behaviour Centre, Defford, Worcestershire, 1993.

Peremans, K, *Functional brain imaging of the dog; single photon emission tomography as aresearch and clinical tool for the investigation of canine brain physiology and pathophysiology,*

Universiteit Gent, Faculty of Veterinary Medicine, Gent, 2002.
<http://lib.ugent.be/fulltxt/RUG01/000/471/809/RUG01-000471809_2010_0001_AC.pdf> accessed Dec 2013.

Van Den Berg, L, *Genetics of aggressive behaviour in Golden Retriever dogs,* Utrecht University,Utrecht, 2006. <http://dspace.library.uu.nl/handle/1874/8698> accessed 3 Dec 2013.

Parte 6

Miti su come i cani imparano

Mito 75: E' assolutamente giusto associare punizioni e ricompense nell'addestramento di un cane.

Quando si usa il termine 'punizione' solitamente si intende qualcosa di spiacevole o anche di fisicamente doloroso per il cane. Spesso si intendono azioni come strattonarlo con tutte le forze mediante un collare a strangolo o a punte, picchiarlo o schiaffeggiarlo, prenderlo a calci o gettargli addosso qualcosa. Questa presentazione attiva di uno stimolo spiacevole o doloroso è chiamata tecnicamente punizione 'positiva' o 'attiva'.

Anche gli scienziati per qualche tempo hanno ritenuto che questo tipo di punizione avrebbe permesso che un animale imparasse più velocemente. Una punizione attiva — nel caso più comune uno shock elettrico — avrebbe fatto sì che un animale evitasse certi comportamenti. Essi ritenevano che si sarebbe potuto diminuire il repertorio comportamentale di un animale fino a lasciare solo il comportamento desiderato che, a questo punto, sarebbe stato premiato. Potrebbe sembrare logico che decrementando altre scelte si potrebbe accelerare l'apprendimento, ma ora sappiamo che non è così. Un esperimento tipico ci dimostra invece che accade qualcos'altro. L'esperimento è il seguente:

Fase 1. Insegniamo a un topo in gabbia a premere una leva per ottenere del cibo. Una volta che ha imparato a farlo, gli forniamo una scossa elettrica ogni volta che preme la leva. Nello stesso tempo disattiviamo la leva in modo che non esca più cibo. Dopo le prime due scosse, il ratto risulta esitare prima di premere di nuovo la leva. Ogni volta che prende una nuova scossa esita ancor più a lungo prima di farlo di nuovo. Tuttavia, preme la leva una media di ventisei volte prima di rinunciare del tutto e provare qualcosa di diverso. A questo punto il topo inizia a diventare timoroso tanto da esitare sempre più nella ricerca di un nuovo comportamento che gli procuri il cibo. Scopre comunque che può ricevere del cibo tirando una catenella. E' ancora incerto — dopo tutto non si sa mai quando si riceverà una scossa da qualcosa che prima appariva innocuo. Ma alla fine sembra dimenticare la sua paura e va alla catena ogni volta che ha fame. Sembra che la punizione abbia funzionato, perché non preme più la leva, e tira sempre la catena. Ma non si possono trarre conclusioni fino a quando non si sarà passati alla fase due di questo esperimento.

Fase 2. Insegniamo a un altro topo in gabbia a premere una leva per ottenere del cibo. Una volta che ha imparato a farlo, disattiviamo la leva in modo che non fornisca più cibo, ma non aggiungiamo la scossa elettrica. Il ratto risulta premere la leva sempre più rapidamente e intensamente, fino a quando, dopo la stessa media di ventisei tentativi, decide che non funziona più e inizia a cercare alternative. Non esita ad esplorare l'ambiente e a vedere che cosa succede quando spinge o tira su qualcosa, così che scopre molto velocemente che per avere il cibo deve tirare una catenella. Procede immediatamente a farlo ogni volta che ha fame.

Conclusioni. Entrambi i gruppi di ratti hanno provato la leva una media di ventisei tentativi prima di arrendersi. Dal momento che i ratti non puniti non hanno esitato, hanno fatto i loro ventisei tentativi in un tempo minore dei ratti puniti. Hanno poi esplorato il loro ambiente più velocemente e più velocemente hanno scoperto il nuovo trucco per ottenere il cibo. Risulta quindi che il comportamento non si estingue a causa di una punizione, ma perché è stata rimossa la ricompensa. Risulta anche che la punizione rallenta il processo, provocando ansia e agitazione. Ora sappiamo che questo vale per i mammiferi in generale, cani ed esseri umani compresi. La punizione causa sofferenza e la sofferenza rallenta sempre l'apprendimento. Questo è noto dal 1938, e da allora è stato dimostrato molte volte. E' ora di iniziare ad utilizzare questa conoscenza.

Se volete che il vostro cane smetta di fare una cosa e inizi a farne un'altra, punirlo servirà solo a rallentare i suoi progressi. E' necessario rimuovere la ricompensa che premia il vecchio comportamento — non lasciare la bistecca per la cena sul ripiano della cucina, non dargli attenzione quando abbaia, andare via se è fastidioso. Nello stesso tempo, bisogna ricompensare il comportamento che piace. Aspettate che guardi il ripiano della cucina (o che abbai, o che infastidisca) ventisei volte prima di smettere, consapevoli che passerà al comportamento da premiare. O, se non c'è niente di nuovo da premiare, consapevoli che rinuncerà e se ne andrà a dormire nella sua cuccia.

Fatto: Meno si punisce il cane, più velocemente avrà luogo il cambiamento.

Note

Newman, G, *The Punishment Response*, J.B. Lippincott, Philadelphia, 1978.

Sidman, M, *Coercion and its Fallout,* Authors Cooperative, Inc, Publishers, Boston, 1989.

Skinner, BF, *The Behavior of Organisms: An Experimental Analysis*, Appleton-Century-CroftsInc, NY, 1938.

COSA CI DICE LA SCIENZA

La punizione attiva è stata ampiamente studiata nel corso del tempo. Per qualche ragione noi esseri umani — compresi gli scienziati — continuiamo a sperare che la punizione funzioni. Resta il fatto che la punizione non cambia il comportamento. Quello che succede è che il comportamento viene interrotto o temporaneamente soppresso, la qual cosa è completamente differente che ottenere che un animale compia permanentemente una scelta diversa. Ora passeremo in rassegna un certo numero di fatti provati sulla punizione.

Una delle scoperte più importanti è che per avere un impatto duraturo sul comportamento, la punizione deve essere traumatica. Se una punizione è abbastanza traumatica, può anche condurre alla soppressione di un comportamento necessario per la vita. Nota bene: *la punizione deve essere abbastanza traumatica*. Anche quegli scienziati che cercano di fare carriera sostenendo che la punizione funziona, ammettono questo fatto. Questo significa che se ci affidiamo alla punizione, dobbiamo provocare un trauma ogni volta che dobbiamo cambiare il comportamento di un animale umano o canino. Ora, alcune persone possono essere disposte a farlo, ma leggete ancora, perché non è così semplice.

Anche se la punizione è traumatica, deve essere applicata ogni singola volta in cui l'animale prova il comportamento. Se non riusciamo a punire un tentativo, e il comportamento finisce con l'ottenere la sua ricompensa, la punizione non funziona più. Il comportamento non muore per sempre, a meno che non si rimuova in modo permanente la ricompensa. Ma se si fa questo, non è necessario aggiungere la punizione. E, come abbiamo visto, la punizione può anche rallentare il processo.

C'è anche un'altra conclusione scientifica. Anche se una punizione è così traumatica da inibire un comportamento, non è questa a provocare il cambiamento del comportamento. La punizione genera paura. Se avete paura, e trovate un modo per diminuire la vostra paura (per esempio evitando la leva che vi ha provocato la scossa elettrica), questa riduzione della paura è una potente ricompensa.

Ma prima di dire: 'Beh, non mi dispiacerebbe traumatizzare il mio cane, e cambiare il suo comportamento con la riduzione della paura, purché il comportamento scompaia', ci sono altri fatti che dovete conoscere.

Prima di tutto, la punizione ha effetti collaterali. Porta all'ansia di esplorare e provare cose nuove. Dopo tutto, si impara che può accadere qualcosa di traumatico, e non si sa mai se una nuova scossa si nasconda dietro qualcosa di apparentemente inoffensivo. Il comportamento di esplorazione finisce con l'essere soppresso insieme al comportamento che si voleva estinguere. L'apprendimento diventa più lento. La punizione può condurre a un'ansia generalizzata. L'animale diventa guardingo e sospettoso nei confronti dell'ambiente (nevrosi paranoica nell'essere umano). Un animale può iniziare a sviluppare un comportamento stereotipato (fare una certa cosa compulsivamente tutto il giorno, come leccarsi una zampa o rincorrersi la coda). Negli esseri umani questo si chiama alterazione ossessivo-compulsiva della personalità. Il comportamento punito può semplicemente passare a un altro obiettivo invece di scomparire. Un animale punito può andare in regressione e iniziare a mostrare un comportamento infantile, o può iniziare a sviluppare disturbi fisici (a causa degli ormoni dello stress). La punizione può anche condurre a una completa depressione comportamentale — l'animale cessa qualsiasi comportamento, si ritira in un angolo da qualche parte dove può anche rimanere fino alla morte. Un animale può entrare in un panico improvviso e totale, o può sviluppare la sindrome da deficit di attenzione e iperattività (ADHD). Non esiste punizione senza effetti collaterali. Non possiamo prevedere quali effetti collaterali mostrerà un animale in particolare. Non lo scopriremo finché non lo avremo punito, e naturalmente sarà troppo tardi.

Il secondo punto è che la punizione funziona solo se si ha un prigioniero. Se così non fosse, l'animale semplicemente eviterebbe la situazione in cui si verifica la punizione. Infatti, la scoperta più importante che gli scienziati che amano le punizioni hanno fatto in ottant'anni è che con l'esercizio della punizione il comportamento di fuga può essere addestrato in modo estremamente rapido. Non è che l'animale impara a fare qualcosa di diverso, piuttosto impara a trovarsi da qualche altra parte — cioè dovunque scopra che non riceve una scossa. Questo è il cane che quando lo chiamate si avvicina, ma rimane appena fuori dalla vostra portata, allontanandosi se gli andate incontro.

Il terzo fatto che tutti devono sapere è che l'esercizio della punizione genera aggressività. Diamo un'occhiata a un altro famoso esperimento in laboratorio. I ratti sono colpiti con scosse elettriche in varie situazioni. Alcuni si trovano da soli in gabbia e non riescono a identificare nessuno come causa del loro dolore. Questi ratti attaccano e mordono gli oggetti che si trovano intorno. I ratti che non sono soli in gabbia attaccano immediatamente l'animale più vicino. Se l'altro animale è nella gabbia accanto, il ratto è disposto ad escogitare tutti i trucchi possibili per arrivare all'altro animale e aggredirlo. L'attacco è feroce e incontrollato, e avviene anche se l'altro animale è molto più grande. Tutti i mammiferi hanno questa reazione. Per tornare ai cani: un cane punito spesso può puntare alla causa del suo dolore, e se anche non potesse, voi siete l'animale più a portata di mano. Pensate a questo, prima di fargli del male.

Quando è chiaro chi è l'artefice della punizione e quando evitarlo o fuggire non è possibile, la punizione genera contro-controllo. Chi subisce la punizione prova a guadagnare qualche tipo di controllo su chi lo punisce. Negli esseri umani si può tradurre in un comportamento complesso (provocazione, manipolazione, menzogna, simulazione, resistenza passiva e così via). Nei cani, i cui processi mentali sono molto più limitati, contro-controllo generalmente significa che un giorno morderanno (o, se siete sfortunati, si lanceranno in un attacco completo). Per esempio, è noto che quando si usa un collare elettrico su un cane bisogna stare molto attenti che il cane non capisca chi preme il pulsante, perché può sferrare un attacco mortale. Molto di ciò che i disinformati chiamano 'aggressività da dominanza' è in realtà contro-controllo.

In poche parole: attenzione, perché la tortura ha sempre il suo prezzo.

A parte i vari pericoli, chi sostiene che la punizione funziona non coglie il reale meccanismo in azione. Evitare un comportamento punito, alla fine, non è dovuto alla punizione, ma alla ricompensa della riduzione della paura. Un animale cesserà di esibire un comportamento a causa della ricompensa che il non esibirlo produce. Da qualunque lato la si guardi, le ricompense sono l'unica cosa che esercitano un potere reale e prolungato sul comportamento.

La punizione riduce la qualità della vita di un animale e introduce il rischio che l'animale a un certo punto attacchi. Un animale punito non sviluppa un'avversione per il suo comportamento, ma per il suo aguzzino. La punizione non ha un potere reale sul comportamento. Finché la ricompensa per il comportamento continua ad essere disponibile, la soppressione è condizionata e temporanea. L'unico modo per fare scomparire un comportamento per sempre e per sbarazzarsi dell'impulso verso quel comportamento è di rimuovere la ricompensa una volta per tutte. Se si desidera un cambiamento rapido, omettere la punizione e al suo posto premiare attivamente un altro comportamento gradito.

ALTRE CONSIDERAZIONI SULLA PUNIZIONE

E' stato così esaustivamente dimostrato che la punizione è inefficace e nello stesso tempo provoca una grave riduzione della qualità della vita, che grandi scienziati come B.F. Skinner e Murray Sidman hanno totalmente abbandonato l'idea. Pertanto si pone la questione del perché alcuni scienziati siano così ansiosi di continuare gli esperimenti sulla punizione, nella speranza di dimostrare che funziona.

Alcuni di questi lo fanno, naturalmente, con il desiderio di costruire una carriera brillante, dimostrando che i Grandi Nomi avevano sbagliato, e diventando Grandi Nomi essi stessi. Un'altra ragione è che i fondi per la ricerca sono difficili da trovare, e più di uno scienziato è pronto a progettare qualsiasi tipo di esperimento purché gli procuri del denaro.

Personalmente credo che ci sia un terzo fattore in gioco. La punizione è inefficace se si vuole modificare un comportamento. Anche rendendola altamente traumatica, e creando una completa depressione comportamentale, la punizione rimane inefficiente. Esistono modi più semplici per ottenere la stesso risultato. Così io credo che il fascino della punizione risieda nel fatto che ci dà soddisfazione, che sia una sorta di vendetta, che cambi o no i comportamenti.

Gli scienziati sono esseri umani. Nella loro quotidianità fuori dal laboratorio vivono la loro vita, e qualche volta, proprio come tutti noi, sperimentano quanto sia gratificante ottenere una piccola o grande vendetta per i piccoli o grandi torti che ci vengono fatti. Dal momento che, proprio come tutti noi, sono anch'essi soggetti alle leggi del comportamento, credo che gli scienziati, a livello inconscio, siano sottomessi al desiderio di scoprire una giustificazione oggettiva a questa potente ricompensa. Come potrebbe qualcosa di così profondamente soddisfacente non avere qualche giustificazione universale e oggettiva? Il dubbio è dovuto alle nostre emozioni. In altre parole, i continui tentativi di dimostrare che la punizione funziona, sono in realtà un tentativo di trovare una giustificazione obiettiva per un fatto emotivo. Questo fatto emozionale (la vendetta ci dà soddisfazione) è una risposta specificamente umana. Gli altri animali non ce l'hanno. Quando formula la sua domanda di ricerca, lo scienziato proietta inconsciamente questa esperienza emozionale interna (solo umana) sul mondo esterno. Quindi, alla luce di tutto ciò, asserisco che lo stesso argomento della ricerca è una forma di antropomorfismo inconscio. E che gli scienziati cercano un modo per proiettare sul mondo esterno un profondo desiderio umano, a costo di molte sofferenze.

Mito 76: La punizione funziona se la si applica nello stesso istante in cui si verifica il comportamento, cioè prima che il comportamento venga ricompensato.

Questa affermazione è una conseguenza della mancata comprensione del meccanismo che sta alla base della soppressione di un comportamento. Se un comportamento non è mai stato premiato, e si punisce il cane nell'istante in cui lo attua, probabilmente il cane potrebbe decidere di non riprovarci. Ma questo non perché la punizione funziona, ed è necessario considerare quanto segue, prima di attenersi al consiglio di qualche addestratore non informato.

1) E' stato dimostrato che i cani non fanno una connessione fra il proprio comportamento e la punizione. Piuttosto tendono ad associare la punizione con qualcosa che semplicemente accade che sia vicino nel momento in cui la punizione ha luogo. Se si punisce il cane nell'istante in cui guarda il piano della cucina, può sembrare come se avesse imparato: 'Guardare il piano della cucina non è consentito'. In realtà ha imparato ad avere paura del piano della cucina, perché è successo qualcosa di brutto mentre era vicino. Potrebbe anche evitare di guardarlo in futuro, con l'effetto collaterale di non guardare per vedere se c'è una bistecca. E' possibile punirlo la prima volta che salta addosso agli ospiti, e potrebbe non farlo mai più. Ma non ha imparato che 'saltare non è permesso'; ha appena scoperto che qualcosa di spiacevole è accaduto quando sono arrivati gli ospiti. Potrebbe in futuro evitare gli ospiti, con l'effetto collaterale di non saltare più loro addosso. Ma, prima di pensare: 'Bene, ho risolto il problema, no?' leggete il seguito.

2) Innanzitutto non si può sapere esattamente cosa un animale assocerà con la punizione. In entrambi gli esempi precedenti, il cane potrebbe anche finire spaventato da un vaso appoggiato sul tavolo vicino.

3) La punizione ha molti effetti collaterali. Alcuni di essi sono prevedibili, come l'aggressività o il comportamento di evitamento e/o paura. Altri effetti collaterali non sono altrettanto prevedibili. Molte punizioni possono creare un cane affetto da sindrome da deficit di attenzione e iperattività, o rendere un cane completamente passivo e depresso. Non sappiamo in anticipo quel che il cane finirà per diventare.

4) Il comportamento di evitamento può avere conseguenze strane, non sempre immaginabili. Il cane potrebbe rifiutarsi del tutto di entrare in cucina. Poiché è lì che si trova il suo cibo, potrebbe associare il cibo con l'esperienza della paura. Alla fine potrebbe non essere più capace di mangiare, neanche in un'altra stanza. Potrebbe iniziare ad evitare gli ospiti, dato che adesso ha un po' paura di loro. Nessuno si accorge del comportamento di evitamento, così l'ospite si avvicina per salutarlo, e il cane lo morde (la vecchia storia 'Mi ha morso senza motivo'). Il cane potrebbe imparare che il campanello che suona significa ospiti in arrivo, così potrebbe iniziare ad essere estremamente stressato e ringhioso al solo suono del campanello. Potrebbe iniziare a mordere i passanti che cercano di accarezzarlo in mezzo alla strada, e magari anche quelli che semplicemente gli passano troppo

vicino. E così via. Il comportamento di evitamento è tutt'altro che desiderabile nel proprio cane.

5) Quando la gente cerca di punire un comportamento nello stesso istante in cui si verifica, generalmente è già troppo tardi. Il cane ha già preso un pezzo di bistecca, o l'ospite ha già accarezzato il cane che gli salta addosso. Quando un comportamento viene premiato *anche solo una volta*, la punizione diventa totalmente e assolutamente inutile. (Vedi Mito 75). La punizione servirà soltanto a rallentare l'apprendimento di ciò che vogliamo che il cane faccia.

6) Una volta che un comportamento ha prodotto una ricompensa anche solo una volta, tenderà a ripresentarsi. La punizione può interrompere o sopprimere temporaneamente il comportamento a causa dell'ansia da punizione. Eppure, dopo un po', l'ansia svanirà e il comportamento si ripresenterà. Questo si chiama recupero spontaneo. E' come se il cane improvvisamente si ricordasse: 'Oh, yeah! Ma qui una volta c'erano delle bistecche!' e ricomincia a guardare il ripiano della cucina. Come abbiamo visto nel Mito 75, alcuni addestratori affermano che questo non può accadere se la punizione è abbastanza severa (in altre parole, abbastanza traumatica), ma questa è una cattiva idea. Peggiore è la punizione, maggiore è la probabilità di effetti collaterali gravi. E peggiore è la punizione, maggiore è il danno al cane e alla sua qualità della vita. Inoltre, non funziona. Una punizione traumatica potrebbe sopprimere il comportamento un po' più a lungo, ma se la ricompensa resta al suo posto, il comportamento riaffiorerà. Quindi alla fine tanta fatica e tanti danni per niente, in ogni caso.

7) Le persone che puniscono il cane rischiano di entrare con lui in una spirale di violenza. La punizione può interrompere o sopprimere temporaneamente un comportamento come se in quel momento avesse apparentemente funzionato. Questa è una ricompensa potente per il proprietario. E naturalmente le leggi del comportamento impongono che il comportamento ricompensato finisca con l'essere ripetuto. Dal momento che è un dato di fatto che anche noi umani siamo soggetti alle leggi del comportamento, proprio come tutti gli altri animali, la possibilità di punire di nuovo il cane aumenta. Quando il comportamento riaffiora (recupero spontaneo) si rischia di pensare :' Ok, ha solo bisogno di una punizione più severa' (pensiero che denota un'esplosione da estinzione — vedi Mito 68, magari associata con un po' di aggressività da estinzione della ricompensa, vedi Mito 58, paragrafo 6). Questa seconda punizione sopprime di nuovo temporaneamente il comportamento, come se avesse funzionato. Il comportamento si ripresenta dopo un po', e viene punito ancor più duramente. Il comportamento viene di nuovo interrotto, così sembra che la punizione abbia funzionato di nuovo. Il problema è che la punizione *non* funziona per modificare il comportamento — altrimenti il comportamento non continuerebbe a tornare. Ma il proprietario non lo nota, perché le interruzioni sono molto gratificanti per lui. La punizione si inasprisce, e in molti casi conduce a veri e propri abusi criminali sui cani, a volte anche da parte di persone che normalmente non si sognerebbero mai di fare del male a una mosca. Poiché non siamo consapevoli

delle leggi del comportamento che agiscono su di noi, l'escalation del nostro comportamento spesso avviene inconsciamente, ma prima di scoprirlo — e totalmente inconsapevoli — stiamo seriamente danneggiando un animale.

La soluzione a questo problema è quella di guardare avanti, in primo luogo assicurandoci che un comportamento che sappiamo che non ci piacerà non venga mai premiato. Non lasciamo la bistecca sul piano della cucina, ma facciamola scongelare in un armadio. Insegniamo al nostro cane a sedersi in soggiorno per ricevere un bocconcino quando non c'è nessuno, e poi premiamolo per essersi seduto in soggiorno mentre gli ospiti entrano. Se ci salta addosso, voltiamogli le spalle, in modo che con questo comportamento non ottenga l'attenzione che desidera. Se, purtroppo, il comportamento è stato premiato anche solo una volta, bisogna rimuovere la ricompensa una volta per tutte. Il comportamento non ricompensato si estinguerà da solo, senza bisogno di ferire o traumatizzare il cane o avere effetti collaterali.

Fatto: La punizione attiva o severa ha così gravi effetti collaterali che è meglio abbandonarla del tutto. Eliminare la ricompensa è innocuo e molto più efficace.

Mito 77: Non dovrei mai punire il mio cane in nessun modo.

Per affrontare questo mito dobbiamo dare uno sguardo più approfondito su cosa si intende per punizione. Terremo anche conto dell'età del cane e della sua storia.

Quando si parla di 'punizione' normalmente si intende qualcosa di violento o doloroso per il cane. Strattoni dati con un collare a strangolo o a punte, lancio di lattine piene di monete o biglie sul muso o in testa, scosse elettriche, percosse, calci, spingergli il naso nei bisogni appena depositati sul pavimento, e varie altre cose che gli esseri umani sono stati capaci di inventare. Nel Mito 75 abbiamo visto che queste sono tutte forme di punizione positiva o attiva — offrono attivamente all'animale uno stimolo spiacevole o doloroso. Questo genere di punizioni interrompe per un momento un comportamento, ma non lo cambia, e ha gravi effetti collaterali. Diminuisce il benessere generale di un cane anche se non si mostrano effetti collaterali visibili. E' meglio che non usiate mai alcun tipo di punizione positiva con il vostro cane. Questo vale indipendentemente dall'età del cane, dalla sua storia e da quanto sia odioso il suo comportamento.

Esiste tuttavia una seconda forma di punizione: quella passiva o negativa. Invece di introdurre uno stimolo sgradevole, ne togliamo uno piacevole (come un giocattolo). Anche questo genere di punizione può avere brutti effetti collaterali. Se portate via gli oggetti al cane, violate le regole canine e dimostrate di non essere fidati. Il cane può iniziare a mostrare diffidenza quando vi avvicinate a lui. Alla fine potrebbe diventare possessivo in presenza di esseri umani. Tuttavia questa forma di punizione è utile se avete un cane che compulsivamente vi deposita giocattoli in grembo per invitarvi a giocare. Quando il cane fa questo, ha trasferito il possesso del giocattolo a voi. Ora potete alzarvi e mettere il giocattolo fuori dalla sua portata (non guardate il cane, né brontolate, semplicemente fate sparire il giocattolo). Se ritorna con un altro giocattolo e ve ne trasferisce di nuovo il possesso ripetete questa operazione. Dopo diversi tentativi il cane smetterà di depositarvi giocattoli sulle ginocchia.

Un altro tipo di punizione passiva è non dare a un cane la ricompensa che ha imparato ad aspettarsi. Questa tecnica è usata molto spesso nella terapia comportamentale. Un cane che tormenta tutto il giorno, spingendovi il naso sotto il braccio, mettendovi una zampa sulle ginocchia o abbaiando per richiamare l'attenzione, deve essere completamente ignorato affinché cambi comportamento. A volte questo può significare letteralmente andar via appena comincia col naso, con la zampa o ad abbaiare. Solitamente il cane mostrerà segni di perplessità o di frustrazione, e spesso in un primo momento il comportamento si intensificherà, ma alla fine, se sarete tenaci nell'ignorarlo, si estinguerà. Il rischio principale di questa tecnica è che, una volta iniziato, è fondamentale andare fino in fondo. Diversamente finirete con l'applicare la tecnica dei premi imprevedibili, e provocherete l'intensificazione del comportamento che non vi piace (vedi Mito 68).

Poi c'è la correzione verbale. Improvvisamente 'abbaiate' al cane: 'No, cane cattivo!'. Alzando all'improvviso la voce, lo spaventate e ciò interrompe il comportamento che stava attuando. Questo potrebbe essere considerato uno stimolo sgradevole, ma per me non è una punizione. Piuttosto lo vedo come un segnale sociale. Stiamo dando al cane informazioni sul nostro stato interiore, e lo stiamo facendo in un modo che i cani spesso usano fra di loro ('abbaio di protesta').

Se questo è dannoso per il vostro cane, dipende dalla sua storia e da ciò che fate dopo. Alzando la voce intendevamo interrompere un comportamento. Il cane ha ricevuto il segnale che quello che stava facendo non ci piace, ma non sa cosa ci piacerebbe che facesse. E' estremamente importante per il vostro cane sapere che il vostro 'abbaio' non sarà seguito da nessun tipo di violenza. Un cane adulto con una storia di maltrattamenti alle spalle, al solo vostro alzare la voce può andare direttamente in un tale stato di stress da non imparare più niente. Qualche cane potrebbe mettersi sulla difensiva e, aspettandosi di essere picchiato, potrebbe mostrarvi i denti (o peggio). D'altra parte, un cane adulto che non ha mai subito abusi sarà in grado di voltarsi e guardarvi per vedere quale altro segnale sociale darete. Questo è il momento di chiedergli qualche altro comportamento e premiarlo in qualche modo. Tuttavia, nella maggior parte dei casi, è meglio semplicemente distrarre un cane adulto se sta facendo qualcosa che non ci piace e cercare di deviare il suo interesse su qualcos'altro.

Con i cuccioli e i cani adolescenti urlare può essere molto utile (ancora una volta solo se il cane non sia già stato picchiato, schiaffeggiato, strattonato, scioccato o abbia avuto il naso strofinato nei suoi escrementi). Quando improvvisamente 'abbaiate' il cane giovane si spaventa. Interrompe quello che stava facendo, e voi potete lodarlo o ricompensarlo per questo (sono due cose diverse!). Oppure potete chiedergli di fare un'altra cosa e poi premiare il nuovo comportamento. Questo metodo imita il comportamento dei cani adulti quando educano un cane più giovane. Abbaiano (o ringhiano e abbaiano) per permettere al giovane cane di sapere che ha oltrepassato qualche limite sociale. Poiché all'abbaio non segue una punizione fisica, ma viene lodato o ricompensato un nuovo comportamento, il giovane cane scopre che può rendere il suo mondo molto più piacevole esercitando comportamenti socialmente educati. Impara il controllo dei suoi impulsi e a tenere d'occhio i confini degli altri. Nello stesso tempo impara che può avere il controllo su quello che gli succede intorno (e sulla sua stessa vita) modificando il proprio comportamento (a differenza del cane bastonato, che impara che deve tenervi d'occhio e che deve insegnarvi le buone maniere).

La punizione attiva ha molti effetti collaterali orribili. Fra di loro i cani non si puniscono in questo modo. Le zuffe tra cani normali sono tutta scena, un rituale in cui fanno attenzione a non ferirsi e a non provocare gravi danni. Tutto quel che fanno in realtà è scambiare informazioni sui rispettivi stati interiori. I cuccioli e gli adolescenti qualche volta sono sottoposti a quello che si potrebbe chiamare intimidazione che, tuttavia, non sfocia mai in vera violenza, e si ferma non appena il cane più giovane modera il suo comportamento. Va bene, e qualche volta è necessario, alzare la voce con il vostro cane, finché non sia associato a nessun tipo di violenza, fino a quando si premia un comportamento alternativo e non si abusa di questo capitolo come una licenza ad educare il cane solo urlando. In realtà è meglio tenere in serbo 'l'abbaio' per le situazioni di emergenza, quando è assolutamente necessario interrompere un comportamento, come per esempio quando il cane sta correndo verso una strada trafficata e bisogna assolutamente che faccia un'altra cosa (come fermarsi sui suoi passi).

Fatto: Alcune punizioni sono più dannose di altre. La punizione passiva può essere utile se usata con intelligenza e parsimonia. Ma non dimenticate che la punizione, anche solo alzare la voce, insegna al cane soltanto ciò che non vogliamo. L'unico modo per far sì che il cane sappia cosa vogliamo che faccia è di premiare il comportamento che ci piace.

Mito 78: Il mio cane sa cosa significa un dato comando perché lo ha già eseguito bene tre (o cinque o dieci) volte.

Quando un cane ha eseguito un comando con successo un paio di volte, la gente conclude che ora il cane sa cosa quel comando significhi. Questa è una proiezione umana.

La nostra specie impara in tempi relativamente brevi, siamo capaci di parlare e di pensare in astratto. Basta che una cosa ci venga detta una o due volte o che facciamo un paio di esercizi, per potere trarre la conclusione generale: 'Ho capito!'.

I cani imparano in un modo completamente diverso. I suoni per loro hanno un significato, ma non lo stesso che hanno per noi. Un cucciolo starà attento al nostro tono di voce. Sa che l'intonazione fornisce informazioni importanti. Tuttavia non ha un'area cerebrale dedicata al linguaggio, come noi. Non sa cosa siano le parole. Prima che un cane possa prestare attenzione alle nostre parole, deve prima capire che un determinato suono ha per noi un significato diverso da un altro. In realtà deve prima capire che i nostri suoni (piuttosto che il tono) hanno un significato. Anche quando ha capito questo, per lui è ancora difficile districarsi nelle strutture verbali e capire le parole.

Nonostante tutto può, con molta fatica, imparare a riconoscere un certo numero di parole. Supponiamo che abbia imparato che quando lo guardate dritto negli occhi e gli dite una parola, probabilmente desiderate qualcosa da lui. Non ha però idea di cosa vogliate che faccia. Se per educarlo utilizzate ricompense, non avrà paura di provare varie azioni — venire verso di voi, spingere il naso contro la vostra mano, darvi la zampa, abbaiare. In primo luogo proverà le azioni che avete premiato in passato. Poi ne proverà altre. Cercherà di indovinare. Sa che è un gioco e che se indovina ottiene un bocconcino. A un certo punto indovina e voi lo premiate. Questo è il momento in cui si rischia di pensare: 'Ok, ora conosce il nuovo comando'.

Non è così. Il cane non ha capito la parola che avete detto, perché per lui è nuova. Non la sente come un suono distinto e riconoscibile (i cani trovano questo molto difficile). Lo avete guardato, avete prodotto un suono, sapeva che volevate qualcosa e ha indovinato. Anche se ha sentito la nuova parola, un cane non è in grado di tracciare conclusioni generali sul suo significato solo perché ha indovinato una volta. Perché un cane tragga conclusioni generali sul significato di una parola sono necessari molti tentativi andati a buon fine. Tutto quello che sa è che stavolta ha indovinato. La volta successiva che gli darete il comando ricomincerà a dovere indovinare tutto da capo. E così la volta successiva e quella dopo ancora. Dopo molti successi può essere in grado di riconoscere costantemente che la parola che state usando si accoppia a qualcosa di specifico che dovrebbe fare. Inizia a fare la cosa giusta sempre al primo tentativo, nel soggiorno di casa.

Quando si usa la stessa parola da qualche altra parte, deve ricominciare a indovinare di nuovo. Questo perché i cani non possono essere sicuri immediatamente su quale sia il fattore rilevante. Il vostro cane potrebbe aver concluso che 'seduto' in soggiorno vuol dire che dovrebbe appoggiare il suo didietro sul tappeto. Oppure potrebbe aver concluso che dovrebbe mettere le natiche sul pavimento accanto al tavolino da caffè (dato che il tavolo è al centro della stanza, si trova sempre vicino ad esso, indipendentemente da dove si sieda). Ma ora si trova all'aperto e non vede un tappeto da nessuna parte (o nessun tavolino da caffè). Non sa se 'seduto' ora significa che dovrebbe appoggiare il sedere sull'*erba* o se dovrebbe cominciare a guardarsi in giro per cercare un tavolino da caffè. Per lui la parola non ha ancora un significato in sé, senza tutti gli altri dettagli familiari della situazione in cui ha imparato prima, in casa. Che la parola 'seduto' si applica soltanto alla posizione del suo didietro è ancora un collegamento troppo lontano per lui, perché non riesce a pensare in modo astratto. Così ricomincia a provare tutte le azioni che sono state premiate nel passato, tra cui, alla fine, mettere il sedere per terra. Dopo moltissimi tentativi riusciti, capisce che 'seduto' significa la stessa cosa in questo secondo posto. 'Ah Ah! Così significa anche giù sull'erba, o vicino alle altalene.' Ma per un cane questo non significa che funziona in questo modo anche in un terzo posto (per esempio sul cemento, con niente vicino). Lo scopre cercando di nuovo di indovinare anche in questo terzo posto. E così via. Dopo aver fatto pratica con lui in molti luoghi diversi, dopo letteralmente centinaia di tentativi riusciti, un cane può finalmente trarre la conclusione che 'seduto' significa la stessa cosa ovunque e in tutte le condizioni, che dovrebbe fare qualcosa di specifico con le sue natiche, indipendentemente da quali altre cose o stimoli ci siano intorno, dal tipo di superficie su cui si poggia, a da tutte le altre scelte comportamentali che a lui si aprono in questi luoghi diversi.

Se si conclude troppo in fretta che conosce già un comando e si inizia a punirlo per non aver obbedito, si rallenta il processo di apprendimento. Meno libero si sente di provare a indovinare, meno velocemente scoprirà che cosa vogliamo che faccia, e più tempo sarà necessario perché impari ciò che il comando significa.

Fatto: Gli animali imparano in modo diverso dall'uomo. I cani traggono conclusioni astratte solo dopo centinaia, a volte migliaia di tentativi di successo.

Mito 79: Se strattono il mio cane con il collare a strangolo, l'anello mobile gli pizzica la pelle proprio dietro l'orecchio. Questo imita il morso correttivo della madre con i cuccioli.

Anche questo mito rientra fra i molti dogmi delle scuole di addestramento e, come la maggior parte dei dogmi, non si basa sui fatti. E' molto probabile che qualcuno (non sapremo mai chi) lo abbia inventato per convincere gli allievi diffidenti a mettersi in riga. Allievi che partecipano a un corso di addestramento per la prima volta e che sono contrari all'idea di causare dolore ai propri cani. Se l'istruttore li taccia di eccessivo sentimentalismo e li convince che sta solo chiedendo di fare al cane quello che la madre fa con i cuccioli, beh, è difficile opporsi. Ridicolizzata davanti a tutti per la propria esitazione, la maggior parte delle persone si troverà in imbarazzo. In realtà l'istruttore si comporta da bullo e la storia è una falsità.

La maggior parte di noi ha visto un cane adulto disciplinare un cucciolo. Il tutto avviene con la velocità del fulmine e può sembrare spaventoso. Accade così in fretta che è impossibile vedere cosa succede realmente, a meno che non lo si registri. Il video mostra che il cane adulto scopre i denti proprio accanto al collo del cucciolo, passando da un lato all'altro della testa in modo che il cucciolo li veda balenare vicinissimi ma senza neanche sfiorarlo. A volte l'adulto piomberà con i denti sul cucciolo, ma senza chiudere le mascelle. A volte lo pizzicherà, ma anche in questo caso afferrando un po' di pelle sulla groppa, e non dietro l'orecchio.

Nessuna madre, e in realtà nessun cane adulto, usa i denti per ferire un cucciolo. Nessun cane pizzica la pelle dietro l'orecchio. Se un cane vuole spostare un cucciolo, lo solleva prendendolo dall'addome, e qualche volta si può vedere un cucciolo penzoloni con la coscia in bocca alla madre. I cani non prendono i cuccioli dalla pelle sul retro della testa o del collo.

A proposito, i cani non sono cauti a usare i loro denti soltanto coi cuccioli. Se si guardano giocare o litigare dei cani, qualche volta li si vedrà afferrare e tirare (sempre con attenzione, anche in una zuffa) la pelle morbida del collo e delle spalle, mai la pelle aderente dietro la testa.

Questa idea è un'altra invenzione umana, pericolosa per giunta. Qualsiasi effetto produca il collare a strangolo non è dovuto all'anello mobile, ma all'intera catena che improvvisamente si stringe intorno alla gola del cane. Un improvviso strattone sul collare a strangolo assesta un colpo sulla faringe e/o sulla laringe del cane. Questi organi formano insieme un delicato sistema che controlla sia la vocalizzazione che la deglutizione. Moltissimi cani sui quali è stato usato il collare a strangolo finiscono con l'essere affetti da tosse cronica, se non da una grave dispnea. Ne ho visti alcuni che avevano difficoltà a deglutire il cibo. Tutto ciò provocato dal danneggiamento della faringe o della laringe. Ma i danni provocati dal collare a strangolo non si limitano a questi. Quando la catena si stringe improvvisamente, tutto il collo subisce un colpo. Questo può causare danni alla *medulla oblongata* (bulbo dell'encefalo), una parte del cervello che si estende nelle vertebre più alte sul retro del cranio. Il cane rischia diversi gradi di paralisi.

Fatto: Il morso correttivo della 'madre' proprio dietro l'orecchio è una finzione. Un collare a strangolo non è collegato in alcun modo con ciò che una madre fa a i cuccioli. L'addestratore che dice una cosa del genere sta solo cercando di giustificare le sue cattive tecniche di addestramento. Una scuola in cui si usano ancora catene a strangolo è rimasta all'età della pietra dell'addestramento cinofilo. Appena un istruttore vi dice di comprare un collare a strangolo è il momento di cambiare scuola.

Mito 80: Un collare a strangolo insegnerà al mio cane a non tirare al guinzaglio.

La principale informazione contenuta in questa affermazione è che l'addestratore che l'ha espressa non capisce in che modo imparano i cani. Vi capiterà di sentire questo mito anche in qualche negozio di animali, dove il personale è interessato soprattutto al trasferimento di denaro dalla vostra tasca al suo registratore di cassa.

L'idea di base è che ogni volta che il cane tira al guinzaglio, la catena lo soffoca. Questo provoca dolore. Gli animali cercano di evitare il dolore. Così, secondo la teoria, il cane smetterà di tirare per far cessare il soffocamento.

L'esperienza mostra che non funziona così. Trascinandosi dietro l'uomo, il cane continua ad andare avanti ansimando, rantolando, tossendo, ma senza rallentare neanche un po'. Questo perché:

1) Il cane non associa la punizione con il proprio comportamento (vedi Mito 76).
2) Il cane ha quattro zampe e la sua andatura naturale è più veloce della nostra (vedi Mito 51).
3) E' pieno di gioia di vivere e ansioso di esplorare tutti gli odori e i colori che questo mondo offre (vedi Mito 51 soprattutto in riferimento agli adolescenti).
4) Si abitua al soffocamento e pensa che sia il prezzo da pagare per una passeggiata.

La cosa strana è che vedo persone che da anni passeggiano con il loro cane con un collare a strangolo, ma il cane sta ancora tirando. Se chiedo perché il cane abbia una catena a strangolo, mi spiegano che è per insegnargli a non tirare. Quando rispondo: 'Ma la sta ancora trascinando per la strada, no?' sembrano sorprese. 'Ah, ora che me lo fa notare, non ha smesso di tirare neanche un po'!'. E' come se quest'idea agisse da barriera e impedisse alla realtà di giungere alla nostra percezione.

Qualche volta il cane con una catena intorno al collo è un cane anziano. Interrogato, il proprietario dice che il cane ha finalmente smesso di tirare al guinzaglio all'età di circa otto anni. E' convinto che, dopo tutti questi anni, finalmente il collare abbia funzionato. Tralasciamo per un momento il fatto che tutti i cani invecchiando tendono a tirare di meno, e supponiamo per ipotesi che sia stato merito del collare a strangolo. Anche se così fosse (cosa che non è) una tecnica che impiega otto anni per raggiungere lo scopo non è esattamente ciò che potremmo definire 'efficace'.

Nel frattempo, tutto questo soffocamento danneggia il cane. Le carotidi si comprimono, ostruendosi. Al cervello arriva sempre meno ossigeno. Aumenta la pressione del sangue nel cranio con conseguenti danni permanenti ai nervi ottici. Il soffocamento può danneggiare i delicati organi della gola e la *medulla oblongata*. Questa è roba seria.

Fatto: Non fatevi ingannare. Da che mondo è mondo, un collare a strangolo non ha mai impedito a nessun cane di tirare al guinzaglio. Appena un addestratore inizia a sciorinare questo mito, è il momento di cercarne un altro.

Mito 81: Il collare a punte insegnerà al mio cane a non tirare al guinzaglio.

Il collare a punte, noto anche come collare a pizzico, è un particolare tipo di catena a strozzo. E' costituito da grandi maglie con spuntoni smussati o appuntiti che escono da ogni maglia all'interno della catena, rivolte verso la pelle del cane. Quando il collare si stringe, questi spuntoni afferrano pieghe della pelle e la pizzicano. Che siano smussati o taglienti, lo scopo è quello di provocare dolore, e le punte spesso pizzicano la pelle fino a farla sanguinare. Il collare a punte è un altro strumento raccomandato da quegli istruttori che non capiscono in che modo imparano i cani (vedi Mito 96) e dai negozi di accessori per animali, che vogliono i vostri soldi in qualunque maniera possano ottenerli.

C'è un amaro vantaggio nel collare a punte: non soffoca il cane. Le punte che si infilano e feriscono la pelle non arrivano ad abbracciare il collo in modo da interrompere la circolazione, e lasciano spazio sufficiente per il passaggio del sangue al cervello. Di contro, questi collari possono causare gravi ferite. Possono perforare la trachea o la laringe, e danneggiare tendini e muscoli del collo. Qualche volta capita di vedere un cane con una collana di croste infette intorno al collo.

Un collare a punte provoca un forte dolore. Alcuni cani imparano a conviverci (dopo tutto non hanno idea da dove stia arrivando) mentre continuano a tirare al guinzaglio. Altri imparano a muoversi con molta attenzione per evitare il dolore, finché non succede qualcosa che glielo fa dimenticare per un istante. Un odore interessante, un gatto o un altro cane e si lanciano improvvisamente in avanti con tutto il loro peso, ricevendo una terribile e inaspettata scossa al collo.

Cosa impara un cane da tutto questo? Che passeggiare è spiacevole e pericoloso. Diventa incerto e pieno di ansia. Il dolore improvviso potrebbe suscitare aggressività. Il cane potrebbe, in un riflesso istintivo, dirigere questa aggressività contro di voi. Il dolore è così forte che il cane lancia un urlo (e il proprietario pensa: 'Così impari a tirare!'), si siede per un momento dolorante e stupito ('Guarda, funziona!') e poi si gira a mordere la persona che tiene il guinzaglio ('Oh mio dio, non era previsto che mordessi *me*!'). O potrebbe mordere la persona che gli sta più vicino. Tutti finiscono per pensare che si tratti di un cane aggressivo, mentre in realtà avventarsi contro qualcuno o qualcosa è una reazione a un dolore improvviso perfettamente naturale per un animale.

Quello che un cane non impara è non tirare al guinzaglio. Nel momento in cui provate a mettergli un altro tipo di collare, inizierà immediatamente a trascinarvi di nuovo, o verso il gatto o verso un altro cane, che a questo punto vorrà davvero uccidere (vedi Mito 82). Un collare a punte non insegna a un cane a passeggiare tranquillamente al guinzaglio. Lo ferisce e lo spaventa. Inoltre rischia di causare lo sviluppo di seri problemi di aggressività, non perché il cane *sia* aggressivo, ma perché l'aggressività è una normale risposta al dolore in tutti gli animali.

Fatto: Ci sono molti buoni modi per insegnare al vostro cane a camminare al guinzaglio. Se tira o procede a balzi, ciò che dovete fare è contattare una buona scuola di addestramento (dove ci si allena con la tecnica dei premi). Se non avete bisogno di tutte le altre lezioni (il vostro cane fa già un buon 'seduto', 'terra' e 'resta', potete organizzare un paio di lezioni private destinate a risolvere questo specifico problema.

In alternativa, potete acquistare il libro di Turid Rugaas, *My Dog Pulls. What Do I Do?*, Dogwise Publishing, 2005. ISBN 978-1-929-4223-8.

Mito 82: Il collare a punte insegnerà al mio cane a non scattare contro altri cani, gatti, persone o qualsiasi altra cosa durante le nostre passeggiate.

E così, fate indossare al vostro cane il collare a punte e partite per una passeggiata. A un certo punto il vostro cane vede un gatto o un altro cane e scatta contro di loro. Quando arriva all'estremità del guinzaglio, il collare a punte gli assesta un forte e improvviso scossone di dolore. Il cane urla. Si siede. Si guarda intorno con stupore. Voi pensate 'Funziona!' e proseguite la vostra passeggiata. All'isolato successivo il vostro cane vede un altro cane o un altro gatto, e si scaglia con furia ancora maggiore di prima. Raggiunta la fine del guinzaglio riceve un'altra dolorosa scossa. Grida e si siede di nuovo con uno sguardo sorpreso. Voi pensate 'Ah ah, ha funzionato di nuovo!'. Il terzo affondo è ancora più furioso. Il cane sembra isterico, abbaia, ringhia e salta all'estremità del guinzaglio, ma questa volta non sembra provare dolore. Così rincarate la dose, dando voi stessi uno strattone. Il cane grida, si siede e si guarda intorno, questa volta con lo sguardo del panico. Voi pensate 'Ah! Funziona se si aumenta il dolore.'

    Ma il vostro cane continua ad affondare, così voi continuate a dare strattoni. Il cane comincia ad avere una reazione isterica alla vista di un gatto o di un altro cane a una distanza sempre maggiore. Un giorno (di solito non ce ne vogliono molti) il vostro cane isterico si gira improvvisamente e vi morde la mano o il braccio. Inizia ad attaccare altri cani anche quando non è al guinzaglio. A questo punto siete sicuri che ucciderà il primo gatto che gli capiterà fra le zampe, e probabilmente avete ragione. Ora pensate 'Che cane orribile, devo avere scelto il cucciolo sbagliato'.

    Non avete scelto il cucciolo sbagliato. Il vostro cane non è nato aggressivo. Chi usa il collare a punte rende i cani aggressivi indipendentemente da come la Natura o i loro geni li avrebbero fatti diventare. Funziona così:

1) Un cane non associa la scossa di dolore con il proprio comportamento. Associa il dolore con qualcosa che capita sia presente nell'ambiente mentre il dolore si manifesta (vedi Mito 76). Nei casi citati sopra, il cane associa il dolore con la vista del gatto o del cane contro i quali si avventa. Il suo scattare con sempre maggiore forza in realtà è il tentativo di cacciare via l'altro animale prima che sopraggiunga il dolore, nella speranza di evitarlo.

2) Un dolore improvviso può suscitare aggressività, provocando a volte aggressioni molto serie. Questa è una risposta generale degli animali al dolore. Il cane non vi ha morso il braccio perché sa che siete stati voi a procurargli dolore, ma perché, come qualsiasi altro animale, ha scelto l'essere più vicino per eseguire questa risposta istintiva al dolore. In questo caso, è capitato che foste proprio voi.

3) Il vostro cane imparerà presto a vedere un gatto o un altro cane come un segnale che prevede un sussulto di dolore (proprio come il campanello che suona o la luce che si accende due secondi prima che il topo da laboratorio riceva una scossa). Questa previsione suscita aggressività nel vostro cane. Dal momento che non è in

grado di fare il collegamento con il collare a punte, avrà la stessa aspettativa anche quando non è legato al guinzaglio e vede il segnale. Questa previsione a questo punto sarà sufficiente a suscitare la risposta dell'aggressività. Poiché l'aggressività causata dal dolore è un riflesso, il vostro cane attaccherà così velocemente che probabilmente non avrà neanche la possibilità di imparare che gli altri cani non predicono dolore quando non è al guinzaglio. Piuttosto, è probabile che attribuisca la mancanza di dolore al fatto che ha attaccato in tempo.

4) Se vi arrabbiate con lui e lo punite per i suoi attacchi, gli darete la conferma del fatto che gli altri cani sono un segnale che qualcosa di orribile sta per accadere. Se non è il dolore al collo, è la vostra ira. Un giorno o l'altro il vostro cane potrebbe finire con uccidere un altro cane.

Fatto: Un collare a punte non impedisce al vostro cane di attaccare altre creature quando è al guinzaglio. Il collare a punte renderà gli affondi sempre più aggressivi, e finirete con l'avere un cane veramente pericoloso per gli altri esseri viventi.

FUNZIONA SEMPRE COSI'?

Alcune persone che hanno letto questo libro prima della pubblicazione erano un po' scettiche sul fatto che le cose vadano sempre in questo modo. Sempre è una parola grossa. Un cane finirà sempre con l'attaccare? No. Il grado di aggressività indotta dal dolore dipenderà dal singolo cane e dalla singola situazione, ma qualche tipo di aggressività alla fine ne risulterà quasi sempre.

  Il racconto di questo mito non è teoria. E' quello che ho visto accadere troppe volte, nell'esatta progressione descritta, e per me non ci sono dubbi su ciò che il collare a punte provoca ai cani. I casi in cui i cani non hanno sviluppato problemi di aggressività non dimostrano che mi sbaglio. In quei casi o il padrone aveva abbandonato in tempo questo strumento, perché si era reso conto di quello che il collare stava facendo al cane; o il cane non tirava e non affondava abbastanza da generare dolore grave; o il proprietario era riuscito a spaventare il cane a tal punto da non osare più esprimere alcun comportamento, tanto meno avventurarsi (questa si chiama impotenza appresa).

  Ho avuto in terapia cani che avevano subito questo tipo di addestramento, i quali avevano davvero cercato di uccidere altri cani quando erano stati lasciati liberi al parco. Ho visto molti cani lanciarsi e mordere (o anche attaccare) la persona che li stava conducendo con un collare a punte. Come sottolineato prima, non dopo il primo o il secondo strattone, ma fra il quinto e il trentesimo sussulto di dolore. Ho visto cani che attaccavano quando il proprietario andava a prendere il guinzaglio (i cani non avevano capito che era il collare a punte, ma avevano semplicemente imparato a odiare tanto le passeggiate da attaccare per evitarle).

  Quindi sì, il collare a punte — se usato abbastanza a lungo, e non è necessario tanto tempo - creerà quasi sempre problemi di aggressività nel cane. Quasi sempre significa che ci saranno delle eccezioni, ma per quale motivo rischiare, soprattutto considerato il fatto che esistono molti altri modi non dannosi per risolvere il problema del tirare o di scattare al guinzaglio?

Mito 83: Non devo usare leccornie per addestrare il mio cane. Il mio tono soddisfatto e una pacca dovrebbero bastare.

Questo mito è strettamente legato all'idea secondo la quale si suppone di essere il leader del cane, il quale è così ansioso di compiacere il suo capo che ogni segno di approvazione funzionerà come una forte ricompensa. A questo punto sappiamo che i cani non vivono in gerarchie, che non hanno capi e che certamente non hanno il 'desiderio di compiacere' (vedi Miti 7, 10, 11 e 48). Non esiste nessun animale che vive solo per compiacere un altro animale, nemmeno un leader. Un animale vive per la qualità della propria vita. Anche un essere umano mentalmente sano, fra l'altro, si comporta così. Quindi, perché la voce soddisfatta o una pacca dovrebbero essere una ricompensa per il cane? Ci sono due possibilità:

1) Lo stiamo addestrando con la punizione. Facciamo quel che l'istruttore ci dice di fare, non chiedendo al cane di sedersi, ma ordinandoglielo. Quando pronunciamo un comando usiamo una voce ferma e imperiosa. Ora il cane ha abbastanza esperienza per sapere che dopo questo tono molto probabilmente daremo uno strattone al collare a strangolo o a punte. Il nostro tono è diventato il segnale dell'imminenza di qualcosa di doloroso. Il cane non può andarsene, perché lo teniamo al guinzaglio. Prova un comportamento, ne prova un altro, e alla fine, dopo una serie di torture, scopre che se si siede il dolore non sopraggiunge. Diciamo in tono soddisfatto: 'Bravo cane!' e magari gli accarezziamo il petto. Il cane impara che il nostro tono soddisfatto è un segnale che per il momento è fuori pericolo. Il nostro tono compiaciuto gli dà la ricompensa della riduzione dell'ansia.

2) Stiamo provando ad addestrarlo senza punizione. Speriamo che il nostro tono felice sarà sufficiente a motivarlo. Stiamo ancora sperando che l'animale faccia qualcosa per noi solo per amore. Poiché il nostro rapporto è buono e il cane gode della nostra compagnia, la nostra voce e il nostro contatto sono davvero piacevoli per lui. Il problema è che non sono così piacevoli da renderlo disposto a lavorare sodo. La nostra voce compiaciuta e le nostre carezze non saranno in grado di competere con altre più forti ricompense come i cani che giocano a dieci metri, o il pane che qualcuno ha gettato fra i cespugli per gli uccelli.

L'addestramento fatto solo con la voce o con le carezze progredirà sempre più lentamente di quello fatto con il cibo. Esistono buone ragioni per questo.
    Se il cane ha imparato che un comando è, di fatto, una minaccia, il tono di voce piacevole perde la facoltà di eliminare del tutto la paura. Il cane sa che un'altra minaccia è in arrivo. Apprende che l'addestramento significa dolore. Anche se alla fine capisce che un certo tono di voce indica che dovrebbe fare qualcosa, per ogni nuovo comando deve di nuovo provare a indovinare esattamente quello che gli è richiesto, provando dolore molte volte prima del tentativo riuscito. Percepisce l'addestramento come qualcosa di pericoloso e, poiché il suo cervello non è dotato dell'area del linguaggio, sente l'intero processo come qualcosa di difficile e imprevedibile. Appena assumete il tono da

addestramento, il cane si sente in difficoltà ed entra in ansia. Ed è una legge naturale che il disagio e l'ansia rallentano i processi di apprendimento. L'ansia diminuisce la capacità di un animale di assorbire ed elaborare informazioni dall'ambiente (cioè da voi). Oltretutto, punendo i tentativi sbagliati, di fatto si punisce il cane perché cerca di far bene! Quindi, per quanto un cane possa desiderare di eseguire bene un comando, ha imparato che provarci è pericoloso. Il cane potrebbe diventare del tutto restio a muoversi e fissarvi con l'occhio d'aquila che il vostro istruttore vuole vedere, ma non illudetevi che sia perché vi ama o perché siete il leader. E' solo estremamente preoccupato per quello che farete dopo. E c'è anche questo: appena lo libererete, la vostra voce perderà anche il suo valore di minaccia. Il vostro cane può (e lo farà) evitare la punizione restando fuori dalla vostra portata. Vi salirà la pressione e vi arrabbierete sempre più, convinti che il vostro cane vi stia prendendo in giro. Naturalmente potreste insegnargli che fuggire produrrà una punizione ancora peggiore, ma l'addestramento resterà una tortura per il cane e una faccenda frustrante per entrambi.

Anche per quelli che allenano senza punizioni, la voce resta un premio relativamente debole per i nostri cani. Non dimenticate che per loro l'addestramento è un lavoro duro. Le cose che noi vogliamo non si adattano al modo in cui loro sperimentano naturalmente il mondo. Non sono orientati verbalmente, quindi per loro è difficile imparare le parole. Per farlo, un cane deve concentrarsi, capire quello che vogliamo e alla fine collegare una parola all'azione. Anche se il vostro cane vi ama molto (vedi Mito 43), questo non significa che sarà disposto a superare tutta la frustrazione che queste attività comportano per lui solo per vedere il vostro sguardo soddisfatto. 'Bravo cane!' o una carezza, non aumentano notevolmente la qualità della sua vita, nonostante il suo amore per voi. Un pezzo di cibo insolitamente delizioso ha molto più potere. Il cibo fa presa sul più forte organo sensoriale del cane (l'olfatto) e si aggancia bene nella evoluzione del cane come uno spazzino naturale che trascorre le sue giornate alla ricerca di piccole ghiottonerie fra i mucchi dei rifiuti umani.

L'esperienza dimostra che una ricompensa in cibo è più efficace nel motivare un cane e catturare la sua attenzione durante la lezione, piuttosto che la voce suadente e una carezza. Questo è specialmente vero nella fase in cui un cane deve imparare qualcosa di nuovo. Il cibo può motivare il cane a superare la sua frustrazione e a continuare a cercare di scoprire quello che vogliamo (senza provare paura!). Molti cani imparano a risolvere problemi per il proprio piacere, perché hanno imparato che la soluzione di un problema procura qualcosa che, alla fine, ha un significato *per loro*.

Fatto: Nelle competizioni vince chi si allena con premi in cibo. Il cane è rilassato, impara velocemente e lavora con grande piacere. Il proprietario ha uno strumento efficace anche se il cane è lontano, e che può competere con tutte le altre cose interessanti che succedono intorno. Il suo cane non solo vince, ma si diverte.

IL CIBO NON E' TUTTO

Alcuni cani non sono così interessati ai premi in cibo, e preferirebbero che gli lanciaste una palla o che gli deste qualche giocattolo che a loro piace molto o qualcos'altro con cui si divertono. Anche quei cani che normalmente sono interessati ai bocconcini, non lo saranno in tutte le situazioni. Potrebbero avere bisogno di qualcosa che li distragga più attivamente o gli permetta di muoversi un po' — una palla o una breve sessione di gioco. Il punto di questo capitolo è che non c'è solo il cibo. Il punto è che dovete trovare le ricompense che piacciono al vostro cane, per le quali debba lavorare sodo e a lungo, e che la semplice approvazione non sarà uno di queste (a meno che prima non abbiate fatto in modo che il vostro cane vi tema).

Mito 84: Se punite un cane a sufficienza, questo gli insegnerà che siete il leader Alfa e che il suo rango è inferiore. Una volta che ha capito questo, obbedirà a tutti i comandi e vi permetterà di fargli tutto quello che volete senza opporre resistenza. Diventerà il cane perfetto.

Troppi addestratori hanno completa fiducia in questo mito, dalla scuola locale a molte unità cinofile della polizia. Tuttavia, questo mito si basa su un certo numero di fraintendimenti. Tutto è iniziato ai primi del XIX secolo con l'ascesa dei *robber baron* (imprenditori e banchieri arricchitisi mediante la concorrenza sleale, N.d.T), i quali propagarono l'idea che chi è forte sta in cima e ha il diritto naturale a guidare. Poi venne il nazismo, che fantasticava su un regno animale organizzato con la violenza in rigide gerarchie, con le stesse regole che i nazisti speravano di imporre a tutti noi. A quei tempi anche la gente credeva che gli animali e i bambini avrebbero imparato meglio con la punizione. Era diffuso il presupposto per cui gli animali e i bambini sono in grado di leggere i nostri pensieri, sanno quello che vogliamo e se si rifiutano di farlo è solo per ribellione. La fase finale si è avuta con la nascita della società dei consumi. Un'enorme macchina della pubblicità ci educa alla gratificazione istantanea. Successo significa guadagnare una posizione in cui è possibile dare ordini agli altri, e avere necessità e fantasie soddisfatte *immediatamente* e preferibilmente senza troppa fatica. Se ' Io valgo' (e chi vorrebbe credere il contrario?) ho il diritto di essere soddisfatto e, se non lo fossi, avrei il diritto di essere frustrato e arrabbiato.

Se avete letto fin qui, adesso sapete che i cani non vivono in una gerarchia di dominanza (vedi Mito 10 e 11), e quindi forse non possono comprendere cosa sia il 'rango', per quanto li si possa bastonare, prendere a calci, o procurare loro scosse elettriche.

Inoltre i cani non possono leggere nella nostra mente, e raramente sanno perché li stiamo punendo. Ma se anche un cane lo capisse, non scoprirà, semplicemente guardandoci, cos'altro vogliamo che faccia. L'unico modo in cui un cane può imparare cosa vogliamo da lui è dargli un segnale a lui comprensibile — una ricompensa — quando ha indovinato la cosa giusta. Anche se ieri sera ha indovinato tre volte, o se fa la cosa giusta anche altrove, questo non significa ancora che sappia cosa vogliamo oggi, o in un posto nuovo (vedi Mito 78). Picchiarlo, portargli via le cose, passare sempre davanti a lui attraverso le porte, niente di tutto ciò conferirà poteri telepatici al nostro cane.

Molte delle cose che vogliamo fare ai cani li spaventano o procurano loro dolore (spazzolargli il pelo, guardare un'unghia strappata, asciugarli con l'asciugacapelli). Evitare il dolore è una risposta comportamentale naturale in tutte le specie (eccettuate alcune persone e tutte le razze di cani da combattimento). E' anche una risposta comportamentale sana. E' improbabile che la punizione insegnerà a un cane a permettere che lo si spaventi o gli si faccia male senza opporre resistenza. Potrebbe invece apprendere che deve mordere, dal momento che continuiamo a spaventarlo o a fargli sentire dolore, e che noi stessi diventiamo violenti quando cerca di dirci che lo stiamo spaventando o gli stiamo facendo male.

Per quanto riguarda la mentalità consumistica, il nostro Mito 84 è la stessa utopia per cui basta trovare il deodorante giusto per diventare di colpo amministratore delegato.

Fatto: Sarebbe bello se la vita fosse così facile, ma non lo è. L'unico modo per realizzare tali desideri è mettersi al lavoro.

UN CASO REALE

Se non funziona nient'altro, dovrei girare il cane sulla schiena e strangolarlo fin quando la lingua non gli diventi blu. Questo gli insegnerà che sono il Capo, e diventerà un cane obbediente.

Un giorno ricevetti la telefonata di una signora molto turbata che la sera prima aveva avuto una crisi con il suo Border Collie. Il cane aveva morso il figlio il martedì, e la sera successiva aveva attaccato il marito, quando questi aveva provato a lasciarlo solo in giardino. L'attacco fu così terribile che l'uomo si dovette letteralmente rifugiare in casa. Dopo qualche discussione, il marito tornò fuori e mise la museruola al cane, che a quel punto andò su tutte le furie, costringendolo di nuovo a fuggire in casa. Di tanto in tanto tutta la famiglia dava un'occhiata alla finestra per vedere cosa il cane stesse facendo. Quando il cane vide le loro facce, si scagliò contro la finestra in quella che sembrava una rabbia folle. A quel punto chiamarono l'ambulanza veterinaria, che portò il cane da un veterinario. Questi gli iniettò una dose di tranquillante e lo tenne per la notte. Il giorno dopo, quando andarono a prenderlo, il veterinario consigliò loro di praticare al cane l'eutanasia, poiché aveva evidentemente qualche difetto congenito.

La signora (che chiamerò Jenny), che era effettivamente la padrona del cane, lo amava e non aveva mai avuto nessun problema con lui. Jenny era restia a farlo uccidere, così chiamò la società per la prevenzione delle crudeltà verso gli animali, che la indirizzò a me. Di seguito la storia per come l'ho appresa e le osservazioni che ho fatto per ottenere la storia che nessuno stava raccontando.

Questa famiglia aveva già avuto due cani, entrambi di taglia molto piccola. Jenny aveva ritenuto di potere crescere due cani così piccoli, pertanto non aveva partecipato a nessun corso di addestramento con loro. Entrambi si erano rivelati dolci, accondiscendenti, malleabili e fiduciosi. Durante la vita di questi cani i figli di Jenny erano piccoli e non erano stati coinvolti nella loro crescita e nella loro educazione, sebbene avessero con loro un rapporto tenero e affettuoso. Quando questi due cani morirono, la famiglia decise di prendere un Border Collie. Poiché era un cane di taglia più grande, Jenny decise che sarebbe stata una buona idea frequentare con lui un corso di addestramento. E dal momento che suo figlio aveva ormai tredici anni, pensò che fosse abbastanza grande per essere coinvolto nell'educazione del cane.

Alla scuola cinofila, Jenny (e suo figlio) sentirono per la prima volta parlare della gerarchia di dominanza. Quando il cane non obbediva a un comando, significava che stava contestando il suo basso rango e la cosa giusta da fare era, per esempio, dargli uno strattone con il collare a strangolo o lanciargli un mazzo di chiavi in testa. Questo gli avrebbe insegnato chi era il capo. La natura gentile di Jenny non le permetteva di fare queste cose al cane, così le lasciò agli uomini di casa. Il padre era molto occupato nella sua ditta di costruzioni, e non ebbe molto tempo da dedicare al cane; ma al ragazzo di tredici anni non fu necessario ripetere due volte che avrebbe dovuto instaurare un rapporto di potere con il cane, o che gli sarebbe stato permesso di fare il prepotente con lui quando ne avesse avuto voglia. Entrò con entusiasmo nel ruolo di punitore del cane in famiglia.

Le cose sembrarono andar bene per circa diciotto mesi. Il cane era riservato ed esitante nel contatto con il ragazzo, ma tutti i membri della famiglia lo interpretavano come il risultato dell'alto rango conquistato. Un giorno il cane si trovava per conto suo al piano di sopra, quando il figlio iniziò a scendere le scale. Bloccato in un passaggio stretto e con l'unica via di fuga difficoltosa (per un cane è difficile girarsi su una scala), il cane ringhiò al ragazzo che gli si avvicinava. Era la prima volta che il cane ringhiava a qualcuno, così in famiglia restarono sgomenti. Decisero di chiamare l'addestratore. Questi disse loro che il cane aveva raggiunto l'età in cui cominciava a contestare la persona che vedeva come leader Alfa, e che stava cercando di diventarlo egli stesso. Disse loro di prendere il collare a strozzo e di farlo indossare al cane anche in casa. Ogni volta che avesse fatto qualcosa che a loro non piaceva, avrebbero dovuto dare un poderoso scossone al collare. Questo, ancora una volta, avrebbe insegnato al cane a stare al suo posto, e risolto tutti i problemi.

Il figlio seguì questo consiglio con entusiasmo, ma i problemi non furono risolti. In realtà, i comportamenti di minaccia del cane verso il ragazzo peggiorarono. Cominciava a ringhiare ogni volta che il ragazzo gli si avvicinava. La famiglia decise di chiamare l'allevatore presso il quale avevano comprato il cane. L'allevatore (una donna), gli disse che non erano stati abbastanza severi. Gli suggerì di prendere il cane e girarlo sulla schiena ogni volta che ringhiava, di strangolarlo e di non lasciarlo andare fin quando la lingua non gli fosse diventata blu. Questo gli avrebbe insegnato il suo rango. E una volta che il cane avesse conosciuto il suo rango tutti i problemi si sarebbero risolti.

Jenny e il marito pensarono che questo fosse un consiglio veramente strano ma, come la maggior parte della gente, consideravano gli addestratori e gli allevatori degli esperti. E di nuovo, dal momento che spesso non era presente, il padre strangolò solo occasionalmente il cane. Fu il figlio a prendersi la responsabilità di strangolarlo regolarmente. La cosa andò avanti per circa tre anni e mezzo. Durante questo tempo, il cane iniziò a sviluppare altri 'strani' comportamenti. Cominciò ad avere paura e a ringhiare agli uomini che venivano in casa. Stava bene tutta la sera, poi all'improvviso, al ritorno del figlio, cominciava ad aggirarsi furtivo in salotto ringhiando e mostrando i denti. Mentre tutti erano riuniti a guardare la televisione, il cane iniziò ad avvicinarsi al ragazzo. Gli si sedeva davanti, lo fissava e gli ringhiava. Quando tutta la famiglia era in partenza per una vacanza in camper, il cane veniva caricato per ultimo, stretto in un piccolo spazio fra bagagli e provviste. Ogni volta che il figlio si spostava nella parte posteriore per prendere un panino o una rivista, il cane iniziava ad avere attacchi di panico, si ritirava in un angolo ringhiando e facendo scattare in aria i denti. Tutti sarebbero dovuti uscire dal furgone e avrebbero dovuto aspettare che il cane si calmasse prima di riprendere il viaggio. Il cane entrava nel panico anche se durante il tragitto il padre alzava il tono della voce con uno dei figli. La famiglia era stata disposta a convivere con questo comportamento, fino a quando non si era scatenata la crisi in conseguenza della quale fui chiamata.

Quando chiesi dettagli su entrambi gli attacchi, la storia si rivelò diversa da quella che Jenny mi aveva raccontato al telefono. Il figlio disse che era seduto alla scrivania nella sua stanza, con la porta chiusa e il cane seduto dietro di lui in uno spazio più stretto fra due sezioni più ampie dell'ambiente. Alzatosi per uscire dalla stanza, dovette passare accanto al cane che, improvvisamente, gli si scagliò contro e gli diede un morso senza nessuna provocazione, per poi infilarsi sotto il letto. Il ragazzo mi fece vedere come aveva camminato vicino al cane per passare, di lato, con le mani tenute in alto, vicino alle orecchie. Ma con questa versione dei fatti c'era un problema, ed erano le ferite. I lividi e i piccoli fori erano sui polpastrelli e sugli avambracci solo sopra i polsi. Questo suggerisce che in realtà il ragazzo avesse le mani protese verso il cane quando questi gli si era scagliato contro. Non solo, ma le ferite rivelavano che il ragazzo aveva le mani tese verso il muso o il collo del cane. Era chiaro che il cane aveva morso le due parti del corpo più vicine ai suoi denti, sinistra, destra, in una mossa fulminea, quanto basta per aprirsi un varco per un nascondiglio sicuro.

Anche il racconto telefonico del successivo attacco al padre si rivelò essere incompleto. Come quelle del figlio, anche le ferite del padre erano su una delle mani, una sul polpastrello del pollice e una appena sopra il polso. Quando ho chiesto maggiori dettagli, si è scoperto che quella sera in giardino il padre aveva strangolato il cane fino a quando non gli era diventata blu. Appena lasciato andare, il cane si era scagliato e aveva morso, e poi era fuggito. Mentre il padre si dirigeva verso casa, il cane era tornato e aveva morso le code della sua giacca. Qualche minuto dopo il cane si era lasciato mettere la museruola. Soltanto quando la museruola fu sul suo muso diventò 'una furia'.

Nessuna delle donne in casa aveva mai avuto un problema con il cane.

Analisi. Questa famiglia non aveva mai avuto problemi con i cani fino a quando non è stato raccontato loro il mito della gerarchia di dominanza. Ciò ha portato gli uomini di casa a trattare questo terzo cane in modo differente da come erano stati trattati i due precedenti. Il figlio adolescente in particolare lo ha punito con entusiasmo e lo ha regolarmente strangolato, a mio parere, molto più spesso di quanto abbia ammesso con i suoi genitori. Nessuno in famiglia fu in grado di fare un collegamento fra il proprio comportamento e le risposte del cane. Questo è illustrato dalla loro perplessità sul fatto che il cane avesse morso il padre. Se non avessi posto domande dettagliate, non avrebbero mai pensato di menzionare il fatto che il padre stava strangolando il cane quando gli si è scagliato contro.

Diagnosi. Il comportamento di minaccia iniziale era stato causato da ansia. Aggiungere ulteriori punizioni e dolore ha incrementato questa ansia. Mordere è stato il risultato dell'avere ripetutamente messo il cane in pericolo di vita (gli strangolamenti). Nonostante ciò, il cane stava ancora cercando disperatamente di salvaguardare le relazioni. I suoi morsi sono rimasti bene inibiti, e non ha mai morso più del necessario per aprirsi una possibilità di fuga (cosa che poi faceva). Il suo avvicinarsi e ringhiare al figlio mentre la famiglia guardava la televisione non era un comportamento 'dominante' né squilibrato. Erano ripetuti tentativi di ricevere dal ragazzo una risposta normale (cioè, il cane stava sollecitando segnali di non minaccia a qualcuno che sentiva come pericoloso e imprevedibile, ma con il quale non aveva scelta se non quella di condividere uno spazio). (Vedi Miti 12 e 13). La sua reazione alla museruola era una reazione perfettamente normale per un cane che non ne aveva mai visto una prima e che non era mai stato addestrato a non farsi prendere da panico nel momento in cui la indossava. Il problema non era nel cane, che aveva persino accettato di essere strangolato per cinque anni prima finalmente di mordere qualcuno. Tutto il problema qui stava nel pensiero magico che la parola 'dominanza' implica (vedi Miti 72 e 84) e nella presenza di un bullismo adolescenziale che in famiglia si rifiutarono di vedere o non furono capaci di criticare.

Terapia. La famiglia doveva interrompere tutte le punizioni. Tutti loro dovevano studiare il mio opuscolo sul linguaggio del corpo del cane, così da essere in grado di sapere quando il cane si sentiva in ansia e come comportarsi in questo caso. Dovevano cominciare ad addestrare il cane con premi. Questo contro condizionamento serviva da un lato a costruire una nuova associazione positiva con gli uomini di casa, e dall'altro a creare prevedibilità per il cane, insegnandogli un certo numero di risposte con le quali avrebbe saputo di essere al sicuro e che non avrebbero mai portato allo strangolamento. Nel caso in cui fossero venuti ospiti in casa, la cosa migliore sarebbe stata quella di evitare il problema. Suggerii a questa famiglia di abituare il cane a trascorrere mezzora da solo in una stanza ogni giorno, e quindi chiuderlo in questa stanza con qualche giocattolo commestibile mezz'ora prima che arrivassero gli ospiti. Questo avrebbe risparmiato al cane una situazione stressante, e avrebbe assicurato che gli ospiti non commettessero errori che potessero fargli rivivere la paura. Consigliai anche di non portare mai più il cane in vacanza con loro.

Risultati. La terapia ha funzionato. In effetti, data la storia del cane, ha funzionato straordinariamente in fretta. Il cane continua ad attraversare periodi in cui mostra nervosismo nei confronti del figlio, ma sospetto che ciò sia dovuto al fatto che il ragazzo non resiste quanto meno dal provocarlo, quando la madre non è presente. Ma anche se mi sbagliassi, questo non accade perché il cane è 'dominante'. A volte una persona ha ferito così profondamente un cane, e tanto spesso, che una vera fiducia non può essere ripristinata.

Mito 85: E' meglio picchiare un cane con il giornale, piuttosto che con la mano.

Nonostante il fatto che sempre più persone usino moderne tecniche di addestramento basate sulla conoscenza del metodo di apprendimento degli animali, c'è ancora un sacco di gente che crede che con i cani bisogna utilizzare punizioni fisiche. Apparentemente in realtà molti di loro si rendono conto che la punizione fisica suscita angoscia, dal momento che riconoscono che un cane picchiato con la mano avrà timore delle mani. Questo è vero. Quando vede una mano piombare improvvisamente su di lui, questo cane si aspetta di ricevere un colpo. Potrebbe anche accettarlo dal suo padrone, dal momento che è completamente alla sua mercé e non ha scelta, ma potrebbe non accettarlo da uno sconosciuto. Questo è il cane che pizzica la mano tesa di un passante che cerca di accarezzarlo.

E' anche vero che un colpo di giornale è molto meno violento di altri metodi che la gente ha ideato per educare i cani, anche se può essere molto doloroso se dato sul naso. Ma anche presumendo che non lo si colpirà sul naso e che si sta usando una violenza simbolica più che reale, il cane impara ancora ad aspettarsi un colpo. Il fatto che si finisca con l'avere un cane che ha paura dei giornali piuttosto che della mano, non fa di questo un modo migliore per educare un cane.

Un cane impara sempre, da tutte le esperienze che vive. Tuttavia non sempre impara quello che pensiamo noi. Mentre proviamo a insegnargli i comandi, per esempio, non impara solo le parole che usiamo. Impara anche se provare a indovinare cosa vogliamo è sicuro o no, se l'addestramento è divertente o angosciante o se può fidarsi di noi o deve averne paura. Se l'addestramento provoca dolore, non è in grado di capire che è dovuto al collare a strangolo (non sa che la causa è la catena in quanto tale), anche se ho conosciuto cani per i quali la vista del proprietario che prende il guinzaglio segnala che è in arrivo una brutta esperienza. Se ha ricevuto mazzi di chiavi sul muso, inizierà a rabbrividire o a guardarvi con ansia ogni volta che sente il tintinnio delle chiavi (anche se non sa cosa sia una chiave). Vedi anche: Miti 16, 25, 28, 56, 58 (paragrafo 5), 61, 68, 82, 86, 45, 46 e la casella di testo alla fine di questo capitolo, sulle cose che i cani imparano e che non ci accorgiamo di insegnare loro.

Si può evitare che il cane finisca con l'avere paura delle mani colpendolo con un giornale, ma gli si sta ancora insegnando ad aspettarsi di essere colpito. Questo può avere effetti sorprendenti. Un giorno arriva a casa vostra un ospite. Il vostro cane gli dà il benvenuto e poi si sdraia da qualche parte sul pavimento del soggiorno, contento di avere visite. Quando anche l'ospite è sistemato, andate in cucina per preparare il caffè o prendere qualcosa da bere. In attesa che voi torniate in soggiorno, il vostro ospite vede il giornale appoggiato sul divano e lo prende per dare un'occhiata ai titoli. Il cane, che finora si è sempre rallegrato della presenza degli ospiti, pensa che improvvisamente questo abbia intenzione di colpirlo. Per lui è sconcertante, dato che non sta dando fastidio a nessuno. Così salta su e, con un breve ringhio, afferra il braccio dell'ospite per un secondo. Lo lascia subito andare, ma rimane in piedi di fronte al lui, in attesa di vedere le sue reazioni. Il vostro ospite grida: 'Ah! Mi ha morso di punto in bianco!' e voi vi precipitate dalla cucina per vedere cosa sta succedendo. Siete sorpresi e imbarazzati. In questo momento non vi viene in mente che di solito picchiate il cane con il giornale. Non vi rendete conto che non c'è niente di più che un po' di saliva sulla manica del vostro ospite. Concordate con l'ospite che il cane ha morso di punto in bianco. Iniziate a temere che il vostro cane non sia affidabile o, peggio ancora, che sia 'dominante-territoriale'.

Correte ora il rischio o di diffidare inutilmente del vostro cane, o di entrare con lui in una spirale di violenza.

Anche se utilizzate un giornale al posto delle mani per picchiare il cane, gli state ancora insegnando che la violenza fa parte del vostro rapporto. Se non lo colpite forte sul muso, potreste pensare di aderire alle regole dei cani, usando solo violenza simbolica, ma quando il cane risponde con violenza altrettanto simbolica vi sconvolgete e vi allarmate. E' meglio crescere un cane in modo tale che sappia che neanche la violenza simbolica fa parte delle interazioni fra le due specie.

Fatto: E' meglio non picchiare affatto il cane, nemmeno con un giornale.

Sentitevi liberi di generalizzare questa lezione. Nel periodo in cui lavoravo al canile, arrivò un cane con la cui proprietaria mi era capitato di lavorare qualche mese prima. Questa donna aveva modi gentili con il cane, ma il suo fidanzato, quando si sentiva frustrato con il cane, era solito portarlo fuori per un 'addestramento punitivo'. Camminava avanti e dietro fuori di casa, dando strattoni al collare a strangolo, indipendentemente da quello che il cane aveva o non aveva fatto. Come al solito, l'idea era di dimostrare al cane chi comanda, nella presunzione che il cane poi sarebbe stato magicamente in grado di intuire e soddisfare tutti i desideri e i capricci umani. Quando il cane fu portato al canile, lo prese in carico dal proprietario una persona di sesso femminile. Il cane rimase lì. Quando un addetto di sesso maschile prese il guinzaglio per portarlo nella sua gabbia, il cane si irrigidì e fu preso dal panico. La donna ebbe abbastanza presenza di spirito da afferrare subito il guinzaglio, dicendo: 'A quanto pare gli piaccio di più io'. E il cane si calmò di nuovo. Tutti rimasero sconcertati fin quando non raccontai loro la storia del cane.

Qualcosa del genere doveva essere accaduto al Dobermann che diversi mesi prima aveva attaccato un uomo del personale, appena aveva preso il guinzaglio dalle mani del proprietario. Ho visto cani fuggire o congelarsi pronti alla lotta nel momento in cui mi accingevo a prendere un bastone o una scarpa. Quindi non è solo la violenza con il giornale. Ci sono molte cose che un cane può imparare a riconoscere come un segnale che sta per accadere qualcosa di terribile.

Mito 86: Se il cane si nasconde sotto il divano, lo si può attirare con una voce dolce e un premio. Quando si avvicina lo si afferra e lo si punisce per quello che ha fatto. Questo gli insegnerà a non cercare di sottrarsi alla giusta punizione.

Questo mito può sembrare strano a molti lettori, ma mi ci imbatto così spesso che deve essere affrontato.

Altri miti sono alla radice di questo. Il primo è che un cane sa quando è stato cattivo (vedi Mito 47). Il secondo è che il cane rimane fuori dalla portata per schernire il suo padrone (vedi Mito 83). Il terzo è che il cane impara dalle punizioni (Miti 75, 76, 77 e 85). In realtà, mantenere o incrementare la distanza è un segnale calmante. Quando un cane decide di nascondersi, è perché ha imparato che i suoi segnali calmanti non funzionano per calmare la rabbia del padrone, pertanto l'unica cosa che può fare è fuggire (o combattere, per cui bisognerebbe essere contenti che abbia scelto di nascondersi). Nascondersi sotto il divano rivela che un cane è stato pesantemente punito in passato, e che ha paura del suo proprietario.

Il cane sotto il divano, dunque, non sta deridendo nessuno. Sta lì, con il cuore che batte all'impazzata, in preda al terrore assoluto. Ha imparato che, una volta che il suo proprietario è arrabbiato, non c'è modo di fermarlo né di ristabilire la pace. Dato che non vuole combattere né mordere, e che non può far nulla per disinnescare la situazione, il cane si augura che standosene fuori dalla vista per un po', la rabbia sconcertante del suo padrone svanirà da sola, o che per questa volta verrà picchiato qualcun altro.

Ingannare un cane così spaventato è crudele. Sente che la voce del padrone si è calmata, vede il bocconcino che gli viene offerto. Esita, ma la sua paura sta scemando, e riaffiora po' di speranza. Alla fine decide di fidarsi. Scivola docilmente da sotto il divano, e il risultato che ottiene è essere picchiato.

Il suo padrone pensa: 'Ecco, così impari a nasconderti!', tuttavia questa non solo è crudeltà, ma anche miopia. Il proprietario è veramente sorpreso di vedere che questo trucco funziona un paio di volte e poi mai più. Ma per noi era prevedibile, dato che sappiamo che i cani imparano sempre, in ogni momento.

Oltre a creare un cane che se ne sta sotto il divano per ore, si genera un secondo problema: si insegna al cane che non ci si può fidare degli esseri umani. Il cane impara che una voce suadente e un bocconcino possono essere il segnale che sta arrivando una bastonata. Inizierà a ritirarsi ogni volta che qualcuno gli parla gentilmente. Potrebbe iniziare a mostrare i denti a chiunque gli offra una leccornia. Potrebbe bloccarsi quando un passante nel parco gli dice che è un bel cane e tenta di accarezzarlo. La sua tensione può crescere fino al punto da scattare.

Questo cane adesso ha paura degli esseri umani. Quando arrivano ospiti in casa, potrebbe sentire il bisogno di testarli, prima di sentirsi al sicuro nella stessa stanza con loro. Vuole essere certo che nessuno lo toccherà. Si avvicina all'ospite, mostrando la sua insicurezza con il linguaggio del corpo. Spera di essere ignorato, mentre controlla per poi ritirarsi di nuovo. Molti cani sono così diffidenti che si sdraiano ai piedi dell'ospite, pensando di tenerlo fermo fin quando non se ne andrà.

L'ospite non sa come leggere i segnali del cane, così cerca di accarezzarlo, parlandogli con una voce dolce e guardandolo negli occhi. Il cane diventa sempre più teso. Potrebbe ringhiare, o pizzicare la mano tesa ad accarezzarlo. Successivamente, arriva il presunto 'esperto di cani' e dichiara che il cane mostra un comportamento patologico, sia con l'avvicinarsi che con il ringhiare (vedi anche: Mito 97). E il cane viene condannato a morte.

Adescare un cane per punirlo non riguarda in nessun modo l'insegnamento, ma la vendetta. I cani non comprendono la vendetta, e non imparano niente di buono da essa. Tutto ciò che insegna al cane è di non fidarsi letteralmente mai degli esseri umani. Può sentirsi sicuro solo se lo ignoriamo completamente e totalmente.

Fatto: I cani imparano sempre. L'unica cosa che un cane impara da questo mito è che siamo particolarmente pericolosi quando ci sforziamo di apparire amichevoli.

Mito 87: Si può insegnare a nuotare a un cane gettandolo nell'acqua alta. I cani non annegano perché sanno nuotare istintivamente.

E' meglio non provare. Fare una cosa del genere con una creatura che è completamente in nostro potere, non è solo crudele, ma anche pericoloso. Un cane adulto che non ha mai nuotato non farà automaticamente i movimenti giusti per tenersi a galla. Se si getta un cane in acqua in questo modo, viene preso dal panico totale. L'ho visto accadere più di una volta. Il cane cerca di tenere la testa fuori dall'acqua provando a toccare il fondo con le zampe posteriori, e la spina dorsale finisce col puntare verso il basso. Sbatterà selvaggiamente le zampe anteriori sulla superficie dell'acqua, come se cercasse di scalare l'aria. Se non lo si aiuta, un cane in questa situazione annegherà.

Nuotare per un cane è un comportamento appreso. Il momento migliore per imparare, come tante altre cose, è da cucciolo. Un cucciolo ha in proporzione più grasso e meno muscoli, così galleggia più facilmente di un cane adulto. Fin quando non ha compiuto circa dodici settimane non è incline ad avere paura delle cose nuove. Se gli teniamo le mani sotto la pancia e lo mettiamo dolcemente in acqua, muoverà le zampe come se camminasse. Poi rimuoviamo piano il nostro sostegno, e il cucciolo scoprirà che non soltanto si mantiene a galla, ma può anche spostarsi nell'acqua muovendo le zampe. A quest'età, la conoscenza resterà ancorata nel suo cervello in crescita come una parte normale del 'funzionamento dell'universo'. Questi sono i cani che saltano con entusiasmo in acqua dovunque si trovino, e poi procedono a fenderne la superficie con l'efficienza di una barca ben progettata.

Anche a un cane giovane si può insegnare a nuotare senza paura durante le sue prime esperienze in acqua. I cani giovani non hanno ancora il completo controllo dei propri impulsi. Potete portarlo in una spiaggia o in un lago dove il fondale degrada dolcemente. Prima esercitatevi a nuotare insieme a lui nell'acqua poco profonda, così si abitua a stare fermo in acqua. Quando lo fa senza esitazioni, fatelo abituare a correre, saltare e a schizzare l'acqua, quindi iniziate a muoverbi lentamente verso acque più profonde, giocando per tutto il tempo. Alla fine superate il punto in cui può ancora poggiare le zampe sul fondo e seguirvi. Il cane esiterà, ma non cedete alla tentazione di forzarlo: potreste fargli venire paura dell'acqua per il resto della sua vita, e danneggiare la sua fiducia in voi. Basta che continuiate a giocare con la palla dove vi trovate, senza preoccuparvi di lui. La maggior parte dei cani giovani, alla fine, non saranno capaci di resistere all'impulso di partecipare a qualcosa di divertente. E' rilassato, e farà qualche passo. Scoprirà che la sua testa è ancora fuori dall'acqua, anche se non tocca più. Dopo un po' inizierà a nuotare con grande confidenza.

I cani adulti hanno più difficoltà a imparare a nuotare. Non galleggiano con la stessa facilità di un cucciolo, e sono meno impulsivi. Hanno anche imparato ad evitare tutto ciò che li fa stare in apprensione. Se non riuscite a far fare al vostro cane adulto l'ultimo passo verso l'acqua alta, potete provare ad aiutarlo. Come per il cucciolo, prima lasciate che galleggi sostenendolo con le mani sotto la pancia, fin quando non si sente sicuro. Mentre lo sostenete, probabilmente muoverà le zampe come per camminare. Quando è abbastanza rilassato, togliete prima una mano e poi, con attenzione, l'altra, e lasciate che scopra che sta nuotando. Camminate davanti a lui tornando indietro verso l'acqua bassa, dicendogli continuamente quanto sia bravo. Scoprirà che può nuotare verso l'acqua bassa, dove può toccare di nuovo il fondo con le zampe. Siate felici con lui e dimostrateglielo. Ripetendolo varie volte, ci sono buone possibilità che il vostro cane avrà il coraggio di seguirvi verso l'acqua più profonda di sua spontanea volontà. Più pazientemente si esegue questa operazione, meno il cane sentirà ansia mentre lo aiutate, e maggiori probabilità di successo avrete.

Ma non sempre possiamo insegnare a un cane a nuotare. Io stessa ho due cani che hanno deciso, una volta per tutte, che non nuoteranno. Entreranno nell'acqua fino al petto, ma non faranno l'ultimo passo necessario per prendere la palla che sta galleggiando a un centimetro dalla loro portata. Sulla spiaggia, entrano entrambi nel panico quando tolgo la mano da sotto la loro pancia. Sarebbe molto divertente (per tutti noi) se potessero nuotare, ma non ho intenzione di forzarli. La loro fiducia nel loro benessere e in me sono troppo importanti; sono interamente in mio potere, e io non credo negli abusi di potere.

Fatto: Nuotare non è istintivo per un cane, e se lo gettate nell'acqua profonda potrebbe anche annegare.

PARTE 7

*Cose che vanno e cose che vengono:
Mangiare, bere, pipì e popò*

Mito 88: Si dovrebbe dare al cane la razione giornaliera in un singolo abbondante pasto una volta al giorno. Questo è positivo perché imita il ritmo digiuno-pasto del lupo.

Questo mito è pericoloso.

Il vostro cane non è un lupo. Non è neanche un cacciatore. Il suo stomaco è fatto per trasformare le piccole quantità di cibo che trova durante le sue passeggiate mattutine e serali, quando va frugando nella spazzatura, per trascorrere poi in ozio il resto della giornata. Lo stomaco del cane non è come quello di un lupo. Non è progettato per digerire enormi quantità di cibo in una volta sola, né per rimanere stabile se il cane corre e salta quando è pieno.

Se il vostro cane si sfrena con lo stomaco pieno e pesante, può essere soggetto alla torsione gastrica. Questo può succedere anche se il cane mangia molto in un'unica sessione. Lo stomaco può riempirsi fino a ruotare sul suo asse all'interno dell'addome. In ogni caso, questa rotazione crea una torsione all'entrata (esofago) e all'uscita (intestino tenue) dello stomaco, sigillandolo. E' un po' come quando pieghiamo il tubo da giardino per non fare più uscire l'acqua. La pressione dell'acqua si accumula nel tubo. Se lo stomaco del cane gira sul suo asse, i gas di fermentazione non possono più uscire. La pressione nello stomaco inizierà ad aumentare. Lo stomaco comincerà ad espandersi e a spingere sugli altri organi dell'addome, danneggiandoli. L'espansione dello stomaco può premere contro le grandi arterie dell'addome, mandando il cane in stato di shock. Nel frattempo, gli acidi presenti nello stomaco non possono sfuggire, e cominciano a eroderne le pareti, sciogliendo lo stomaco stesso. Se non ci si accorge di cosa sta accadendo, e non si porta il cane dal veterinario alla velocità del fulmine, il cane morirà di una morte dolorosa e straziante.

I sintomi della torsione dello stomaco (nota anche come torsione gastrica o torsione gastrica organoassiale) sono i seguenti. Poco dopo aver mangiato il cane diventa irrequieto. Può restare fermo, come se si sentisse a disagio. Oppure può andare avanti e indietro tossendo, sbavando copiosamente, e potrebbe cercare (senza successo) di vomitare. Se lo vedete fare questo, toccate la pancia appena dietro le costole. Se inizia a gonfiarsi, portatelo subito dal veterinario. Telefonate al veterinario prima di partire, in modo che venga preparata la sala operatoria. La torsione gastrica è sempre un pericolo per la vita, un'emergenza grave.

Non fatevi ingannare dal fatto che un lupo usi il suo stomaco come un cestino della spesa, correndo alla tana con lo stomaco rimpinzato a rigurgitare per i cuccioli. I cani non devono portare il cibo ai loro cuccioli e non percorrono grandi distanze con lo stomaco pieno. La ricerca mostra che i cani domestici randagi trascorrono l'ottanta per cento del loro tempo nel dolce far niente, prendendo il sole o dormendo. Rovistano nelle discariche durante la giornata. Fanno la maggior parte dei loro spostamenti nelle ore di crepuscolo, poco prima dell'alba o subito dopo il tramonto, quando le loro pance sono abbastanza vuote. Quando un cane ha appena mangiato un pasto abbondante il suo stomaco, ancorato approssimativamente, ha più massa e peso del solito. Se si mette a saltare con altri cani, inseguire palline o altre attività simili, la massa del suo stomaco rimbalza nella cavità addominale. Se fa una torsione di 180 gradi o più, vi trovate in piena emergenza.

Fatto: Prevenire è meglio che curare. Una torsione gastrica può danneggiare così tanto le viscere di un cane, che nessun veterinario potrebbe riuscire a salvargli la vita, neanche se ci siete andati in fretta. Dividete la razione giornaliera del vostro cane in pasti più piccoli nel corso della giornata. Per la maggior parte dei cani due sono sufficienti. Se il vostro cane è particolarmente attivo, o se in passato ha avuto una torsione dello stomaco, dividere il cibo nel corso di quattro o più pasti diminuisce notevolmente la possibilità di un incidente. Non date da mangiare al vostro cane subito dopo giochi sfrenati, ma fatelo riposare almeno mezzora. Dopo mangiato, fatelo riposare un'ora o due prima di portarlo a fare qualcosa di più di una tranquilla passeggiata al guinzaglio. La cosa migliore è portarlo al parco a stomaco vuoto, e dargli da mangiare mezzora dopo il ritorno. Avrete un cane felice di tornare a casa dopo le sue corse (wow, l'ora di cena!) e che sarà felice di schiacciare un pisolino dopo mangiato, prendendosi cura del suo stomaco come Natura vuole.

Nota speciale sui cuccioli. I cuccioli sono ancora più vulnerabili degli adulti. I loro piccoli stomaci non sono in grado di gestire grandi quantità di cibo. Un cucciolo dovrebbe essere alimentato con cinque o sei piccoli pasti durante il corso della giornata e, proprio come i cani adulti, non può sfrenarsi o giocare fino a un'ora dopo mangiato. A partire da circa quattro mesi di età si può iniziare a dargli quattro pasti al giorno, e diminuire fino a due o tre quando diventa adulto.

Mito 89: Dovrei tenere il mio cane a digiuno un giorno alla settimana. Questo imita il ritmo digiuno-pasto del lupo e fa bene alla flora intestinale e al suo metabolismo.

Il cane non è un lupo e nemmeno un cacciatore. Si ciba degli avanzi umani e non ha idea dei modelli alimentari irregolari dei cacciatori. Il cane passa le sue giornate rovistando tranquillamente nelle discariche, o trotta seguendo la sua naturale curiosità fra i cestini porta rifiuti dei vicoli. Quando ha mangiato abbastanza, se ne va a prendere il sole da qualche parte. Può sempre fare uno spuntino più tardi, e sa che troverà del cibo anche domani.

La ricerca mostra che il cane non passa attraverso il ciclo digiuno- pasto. Ha sempre a disposizione un flusso continuo di cibo. In alcune aree geografi che il cibo è sempre sufficiente. In altre i cani soffrono la fame. Ma anche là dove i randagi conoscono la fame, non si tratta di un alternarsi di pasto/digiuno, ma di denutrizione cronica. E' ancora disponibile un flusso costante di avanzi, ma non è sufficiente. I pasti sono distribuiti nel corso di tutto il giorno, ogni giorno. Proprio come lo stomaco del cane non è fatto per digerire enormi quantità di cibo in una volta sola, non è adatto al digiuno periodico.

Non renderete il vostro cane più felice facendolo digiunare una volta alla settimana. I suoi intestini, la sua flora e il suo metabolismo non ne beneficiano in nessun modo. Peggio ancora, potreste generare un paio di problemi che diversamente non si sarebbero presentati.

Il giorno dopo il digiuno, il vostro cane potrebbe essere incline a ingozzarsi, se ne ha la possibilità. Per esempio, potrebbe tentare di strappare il sacco di croccantini mentre voi siete fuori, cosa che non avrebbe fatto altrimenti. Il digiuno può, in altre parole, aumentare il rischio di torsione gastrica (vedi Mito 88).

Un secondo problema è che il vostro cane potrebbe diventare insicuro in merito al cibo. Potrebbe sviluppare problemi di aggressività sulla ciotola, o su ciò che trova di commestibile per strada e che volete portargli via.

Fatto: Per un cane non è normale stare a digiuno per un giorno intero. Trattare il vostro cane come un lupo può sembrare romantico, ma è fuori dalla realtà del cane e, possibilmente, pericoloso.

Note

Beck, AM, The ecology of 'feral' and free-roving dogs in Baltimore, Ch 26 in Fox MW (ed) *The Wild Canids*, Van Nostrand Reinhold Co, MY, 1975.

Beck, AM, *The Ecology of Stray Dogs: A Study of Free-ranging Urban Animals*, York Press, Baltimore, 1973.

Boitani, L, Francisci, F, Ciucci, P, and Andreoli, G, Population biology and ecology of feraldogs in central Italy, in Serpell, J, ed. *The domestic dog; its evolution behavior and interactionswith people*, Cambridge University Press, Cambridge, 1995, 217-244.

MacDonald, DW, and Carr, GM, Variation in dog society: between resource dispersionand social flux, in Serpell, J, ed. *The domestic dog: its evolution behavior and interactions with people*, Cambridge University Press, Cambridge, 1995, 199-216.

Mito 90: Per un cane la carne cruda è meglio di quella cotta.

Questa è un'idea prevalsa negli anni precedenti la Seconda Guerra Mondiale, prima che l'industria del cibo per animali domestici diventasse un grande business. In quelle zone in cui la gente preparava in casa il pasto dei cani, cruda o cotta (per alcuni) era una domanda chiave. La maggior parte della gente al giorno d'oggi non ci pensa più. Qualcuno crede ancora di dover dare al cane della carne cruda di tanto in tanto, perché pensa che il cane domestico sia un cacciatore. Altri credono che dare carne cruda al cane lo renderà aggressivo, poiché gli dà il 'gusto del sangue' (vedi Miti 31 e 32).

Il cane domestico non è un cacciatore. Dopo tutto, è diventato domestico in primo luogo abbandonando la caccia per rovistare fra i nostri rifiuti. La specie è vissuta sui nostri avanzi, compresa la carne cotta, per migliaia di anni. Molti cani neanche mangiano la carne cruda, a meno che non li si affami prima.

Questa è una buona cosa. La carne cruda può veicolare vari batteri e parassiti che possono danneggiare o uccidere un cane. Può fare ai cani tanto male quanto fa a noi, e a volte è ancora più dannosa per loro. Il maiale è un esempio calzante. La carne di maiale a volte è infettata da un virus che causa la malattia di Aujeszky. Questo virus è innocuo per l'uomo. Non sempre i maiali muoiono di questa malattia. I maiali possono anche essere infettati senza mostrare alcun sintomo, così occasionalmente un maiale malato sarà portato al macello senza che nessuno lo sappia. E' importante sapere che il virus di Aujeszky è sempre mortale per un cane. Basta che un cane mangi un boccone di carne infetta, o che semplicemente la lecchi, per essere condannato a morte. Nessun veterinario potrà aiutarlo. La morte insorgerà entro settantadue ore. E non è una bella morte. Uno dei sintomi può essere prurito su tutto il corpo, così intenso da condurre il cane alla disperazione prima di morire. E' meglio non nutrire il cane con carne di maiale, ma se proprio è necessario, non lasciarlo annusare o leccare prima di cucinarla, e assicurarsi che sia ben cotta. Esistono evidenze per cui il virus può trasmettersi per via aerea, infettando un cane che annusa troppo da vicino un pezzo di carne di maiale infetta cruda.

Non va bene che un cane mangi troppe proteine. L'evoluzione ha predisposto il cane a una dieta varia, e non a una composta prevalentemente di carne. Il cane ha bisogno di carboidrati, vitamine e minerali vari che con una dieta basata solo sulla carne non assumerà in quantità sufficiente. Assumere troppo di una cosa e non abbastanza di un altra, a lungo termine può accorciare la vita del cane — se non muore prima di un parassita o della malattia di Aujeszky. Troppe proteine, infine, possono causare problemi renali. Troppe proteine possono portare a un livello inutilmente elevato di urea nel sangue. I reni finiscono troppo esposti a questo sottoprodotto delle proteine, generando danni nel tempo. Questo è uno dei motivi per cui i cani anziani e i cani che soffrono di problemi renali spesso sono sottoposti a diete povere di proteine.

Fatto: Mangiare carne cruda può far male al vostro cane. Può causare una morte fulminante o una morte lenta nel tempo. La cosa migliore è nutrire il vostro cane con cibo per cani di buona qualità. Questo è accuratamente composto in modo da contenere tutto ciò di cui un cane ha bisogno, nelle giuste proporzioni e senza il rischio che il cane si ammali.

Mito 91: Non è necessario comprare cibo per cani. Il cane può vivere perfettamente bene mangiando i nostri avanzi.

Il mito qui sta nel 'perfettamente bene'. E' un dato di fatto che l'antenato del cane è diventato un cane perché ha imparato a sopravvivere mangiando i nostri avanzi, in luogo di viaggiare e cacciare tutto il giorno. E' vero che un cane domestico può sopravvivere mangiando il nostro cibo avanzato, e che questo sarebbe meglio di una dieta esclusivamente a base di carne, come capita in certi paesi del mondo.

Il problema è che il cane necessita di un equilibrio di sostanze nutritive diverso rispetto all'uomo. Ha bisogno di un po' più di proteine, un po' più di grasso e di meno carboidrati di noi. Il cane ha bisogno di vitamine diverse. Per esempio, i suoi intestini producono da sé la vitamina C, quindi non ha bisogno di mangiare la frutta. Alcune delle cose che mangiamo noi sono velenose per i cani. Cioccolato, cipolle, aglio, uva (compresa l'uvetta) e pasta di pane cruda possono, anche in piccole quantità, uccidere un cane.

Inoltre, sopravvivere non è la stessa cosa che vivere in maniera ottimale. I cani che vivono liberi nelle discariche, i cani Inuit (che mangiano solo carne e pesce) e i cani da difesa del gregge nei paesi in via di sviluppo hanno un'aspettativa di vita piuttosto breve. Se un cucciolo riesce a superare i primi due anni di vita, può aspettarsi di vivere per circa altri quattro anni. Ciò è dovuto in parte all'enorme quantità di parassiti che infestano questi cani, ma in parte alla nutrizione.

La nostra specie illustra emblematicamente il tipo di impatto che può avere la nutrizione sulla durata della vita. La nostra aspettativa di vita è aumentata drasticamente nel XX secolo, ma non grazie al progresso della medicina, come si potrebbe pensare. L'innalzamento della nostra vita media fu dovuto principalmente alla costruzione di sistemi fognari e, ancor di più, alla migliore qualità della nostra alimentazione. Lo stesso vale per il cane domestico. Con una giusta dieta, può aspettarsi di vivere il doppio dei suoi parenti randagi.

L'industria del cibo per cani ha studiato a lungo e a fondo la questione di ciò di cui un cane ha bisogno, investendo enormi quantità di denaro, e affidando la propria reputazione alla qualità dei prodotti. La cosa migliore per nutrire il vostro cane è utilizzare cibo per cani di buona qualità, un tipo di quelli che riportano sull'etichetta 'alimento completo'. Così facendo, non è necessario aggiungere extra come vitamine, integratori o altro. Anzi, questi integratori possono anche essere dannosi, poiché una dose eccessiva di vitamine o di calcio può danneggiare gli organi o lo scheletro del vostro cane.

Fin quando il vostro cane mangia alimenti commerciali completi dal punto di vista nutrizionale, non può fargli male dargli occasionalmente avanzi della nostra cucina. Dopo tutto, un po' di varietà migliora la qualità della vita. L'importante è escludere quegli alimenti per lui velenosi (cioccolato, aglio, cipolle, uva, uva passa, pasta di pane) e non dargli così tanti avanzi da farlo ingrassare. Il peso in eccesso è davvero nocivo per un cane. Il sovrappeso mette a dura prova il suo scheletro e i suoi organi, esattamente come accade a noi. Ma il cane ha in più uno svantaggio: è molto bravo a trattenere il calore, non altrettanto a disfarsene.

Ogni chilo in più ha un effetto enormemente svantaggioso sulla sua capacità di perdere a sufficienza il calore che si accumula quando usa il suo corpo, molto di più che un chilo per un essere umano.

Fatto: Un cane può vivere dei nostri avanzi, ma non vivrà 'perfettamente bene', non quanto potrebbe se fosse nutrito con un buono e completo cibo per cani industriale.

Mito 92: Si dovrebbe integrare il suo cibo con calcio e vitamine, soprattutto se è ancora cucciolo.

Nel Mito 91 abbiamo già visto che la cosa migliore per nutrire un cane è far uso di cibo industriale di buona qualità etichettato come 'nutrizionalmente completo' e fare attenzione che il cane non aumenti troppo di peso. In realtà è meglio non aggiungere supplementi a un cibo industriale completo, dal momento che le vitamine, se assunte in eccesso, possono essere tossiche, sia per noi che per i cani. E' possibile che il negoziante vi dica il contrario, ma non dimenticate che questa persona sta difendendo i suoi interessi economici: gli affari sono affari, tutto qua. Inoltre, il proprietario del negozio riceve informazioni dalle aziende produttrici, che devono vendere anche loro. Perché limitarsi a vendere prodotti alimentari, se si può vendere pure qualcos'altro? Quindi in un negozio non aspettatevi di ricevere consigli obiettivi, esperti o necessariamente orientati principalmente al beneficio del vostro cane.

Per un cucciolo, aggiungere integratori al suo cibo completo per cani non soltanto è inutile ma può anche causare danni permanenti. Un cucciolo cresce a un ritmo veloce. Troppo calcio o troppa vitamina D possono provocare la crescita distorta delle ossa o delle articolazioni. Il cane può anche rimanere storpiato a vita, dal momento che lo scheletro non può essere cambiato una volta che si è formato.

La regola base è: nessun integratore senza l'approvazione del veterinario. Se il vostro cane mangia gli avanzi, o se preparate in casa il suo cibo, è possibile consultare il veterinario, che vi venderà i giusti integratori, se ritiene che siano necessari. L'unica eccezione a questa regola riguarda i cani più anziani, che stanno sviluppando o che hanno già l'artrite. Un tipico sintomo dell'artrite precoce è la rigidità del cane nel camminare. Per questi cani è sicuro e terapeutico aggiungere glucosammina al loro alimento completo per cani. La glucosammina spesso funziona a meraviglia per l'artrite, sia con i cani che con gli esseri umani.

E' possibile acquistare cibo per cani con l'aggiunta di glucosammina, ma generalmente è molto caro rispetto alla quantità di principio attivo aggiunto. E' un po' come lo zucchero sui fiocchi di cereali pre-zuccherati, che si scopre essere lo zucchero più caro (al chilo) che si potrà mai comprare. Dal momento che la glucosammina non danneggerà il vostro cane neanche con un lieve sovradosaggio è più sicuro comprarla in farmacia o su internet. Naturalmente è possibile acquistarla anche dal vostro veterinario.

Fatto: Eccetto la glucosammina, è meglio non aggiungere nessun integratore al cibo completo industriale che date al vostro cane, a meno che il veterinario non vi abbia detto il contrario.

ALLARMI E SCANDALI ALIMENTARI

Recentemente si sono verificati una serie di allarmi e scandali su cosa le aziende produttrici mettono nel cibo per cani (e negli alimenti umani). Per questo alcune persone sono restie a nutrire i propri cani con cibo industriale. Non c'è nulla di sbagliato nel preparare in casa il cibo per il proprio cane, se lo si fa con conoscenza e attenzione e consultando il veterinario, ma questo significa comunque essere molto cauti nel dare al cane carne non cotta.

Mito 93: E' giusto limitare un cane nel bere, così non bisogna portarlo fuori molto spesso.

Limitare la quantità di acqua da bere per un cane è dannoso e pericoloso. L'acqua ha varie importanti funzioni nel corpo di un animale. E' necessaria per quasi tutte le reazioni chimiche che avvengono nel nostro corpo, così come in quello dei cani. L'acqua è anche il principale mezzo di trasporto all'interno del nostro corpo. Costituisce la maggior parte del nostro sangue (e di quello dei cani), dei nostri fluidi linfatici (e di quelli dei cani), portando ciò che è utile dove è necessario, e ciò che è da eliminare nei posti giusti per essere eliminato. I reni rimuovono costantemente rifiuti e tossine dal sangue, e per farlo *hanno bisogno di acqua*. Se nel sangue non c'è abbastanza acqua, i reni non possono rimuovere rifiuti e veleni perché le necessarie reazioni chimiche non possono aver luogo. I prodotti di scarto rientrano in circolo, passando attraverso tutti gli organi, danneggiandoli ogni volta, per giungere di nuovo nei reni. Se non c'è ancora acqua a sufficienza, i reni non sono più in grado di produrre le reazioni chimiche necessarie per sbarazzarsi delle tossine, che vengono di nuovo inviate nel loro viaggio attraverso il corpo.

Questo pericolo aumenta se il cane sta prendendo medicine. I farmaci, per definizione, sono sostanze estranee al corpo, e possono danneggiarlo se non vengono eliminate entro il tempo destinato. Se il vostro cane sta prendendo delle medicine e ha più sete del solito, questo va interpretato come un segnale del corpo che richiede più acqua. Può essere una seccatura portarlo fuori più spesso, ma sarebbe pericoloso limitare la sua assunzione di acqua solo per evitarci la fatica. Non solo i normali rifiuti del corpo, ma anche la sostanza estranea finisce con l'attraversare tutti gli organi del cane più e più volte. Così, se il cane è in cura, è importante farlo bere quanto vuole, a meno che il veterinario non dica espressamente il contrario.

Se non è in cura, bere molto può essere un segno che il vostro cane è malato. Il diabete è una di quelle malattie che fanno sì che un cane inizi improvvisamente a bere molto, e quindi che abbia bisogno di fare molta pipì. A noi sembra che il cane debba fare tanta pipì *perché* ha bevuto tanto, ma in realtà accade il contrario. I reni hanno bisogno di acqua per legare ogni molecola di zucchero e potersene sbarazzare. Ovviamente hanno bisogno di una maggiore quantità di acqua per affrontare il più elevato tasso di zucchero nel sangue di un cane diabetico. Così il cane beve di più e fa più pipì, ma è la malattia, e non il bere, che induce il suo corpo ad avere più bisogno di acqua. Limitare l'assunzione di acqua, ancora una volta, fa sì che i prodotti di scarto rimangano nel corpo troppo a lungo. Invece di intervenire sulla causa (la malattia) interviene solo sul sintomo (urinare molto) e nel frattempo danneggia il vostro cane.

Oltre a trasportare prodotti alimentari e rifiuti, la parte di acqua del nostro sangue (e di quello dei cani) gioca anche un ruolo cruciale nella regolazione della temperatura corporea. Quando fa freddo l'acqua contenuta nel sangue di un mammifero porta calore dall'addome alle estremità, riducendo il rischio di congelamento. Quando fa caldo il corpo scarica il calore in eccesso mediante l'evaporazione dell'acqua. Noi lo facciamo sudando, i cani ansimando. Privando dell'acqua un cane, la regolazione della temperatura corporea può interrompersi, e possono verificarsi tutti i processi di cui sopra, con conseguenti danni a tutti gli organi.

C'è poi l'aspetto della sofferenza. Immaginate di avere una gran sete, ma di non potere bere fin quando non lo decida qualcuno che vuole risparmiare sulla carta igienica.

I cani sono del tutto in nostro potere. Non è giusto abusare solo per risparmiarci una fatica. E allora, quanto dovrebbe bere normalmente un cane? Questo dipende da quanto è attivo e dalla temperatura ambientale. Più attivo è e più caldo fa, e più un cane avrà bisogno di acqua. Dipende anche da ciò che mangia. Un cane che mangia cibo secco avrà più bisogno di acqua di un altro che mangia cibo in scatola (che contiene l'80% di acqua). L'unica cosa che dovete fare è assicurarvi che la ciotola dell'acqua sia sempre piena, e lasciare fare a lui.

Fatto: I cani di solito bevono esattamente quanto gli serve per rimanere sani. Se il vostro cane improvvisamente inizia a bere molto di più, significa che il suo corpo ha più bisogno di acqua. Forse fa caldo, o forse siete passati dal cibo umido al cibo secco, ma può anche essere che ci sia qualcosa che non va. Toglierli l'acqua non risolverà il problema, anzi potrebbe fargli male o anche accorciare la sua vita.

Mito 94: Dato che è in grado di trattenersi dal fare i bisogni per 10 (o 12 o 24) ore, va bene farlo uscire solo ogni 10 (o 12 o 24) ore.

Prima di pensare di limitare l'acqua da bere per estendere ancora di più questo lasso di tempo, per favore leggete il Mito 93. Detto questo, e presumendo che stiamo parlando di un cane che può bere quando vuole, passiamo a trattare questo mito.

Se necessario, i cani possono trattenersi per un periodo di tempo molto lungo. I cani che vivono con noi nelle nostre case devono trattenere (e lo fanno) l'urina da otto a dieci ore a notte, a seconda del ritmo di vita dei padroni. Questo non è un problema perché quando noi mammiferi dormiamo i nostri corpi entrano in una modalità di funzionamento più lenta. Non mangiamo, quindi il corpo non deve elaborare le sostanze ingerite. I nostri muscoli producono meno prodotti di scarto, perché sono praticamente inattivi. Il processo di smaltimento delle tossine rallenta. Perdiamo meno fluido per evaporazione, quindi non ci viene sete e non beviamo. Nel complesso, di solito non è un grosso problema aspettare la mattina per svuotare la vescica.

Di giorno è un'altra storia. Un animale mangia, cammina, corre, gioca. L'attività fa venire sete, così l'animale beve. Sia la digestione che l'attività muscolare producono rifiuti. Tutti questi devono essere rimossi dal sangue, ed è necessaria più acqua per farlo. Il trasporto dei rifiuti e il riempimento della vescica avvengono più velocemente che durante la notte. Se la vescica non può essere svuotata, si alza il livello di urea nel sangue. Se questo dura troppo a lungo, si verificano i danni descritti nel Mito 93.

Ma, a parte i danni fisici, c'è anche la questione del benessere del cane. Sappiamo tutti come ci si sente ad avere disperatamente bisogno di fare la pipì, e non poterla fare. Se lo facciamo aspettare troppo a lungo, un cane prova lo stesso disagio. Non dimenticate che i cani sono alla nostra mercé. Non possono aprirsi la porta da soli, e anche se potessero, sarebbe pericoloso per loro stare in strada senza di noi. E' ingrato approfittare della loro buona volontà e del loro desiderio di trattenersi il più a lungo possibile per noi. Un conto è non poterli aiutare a causa di un'emergenza, ma farlo solo per pigrizia è scortese, e i cani non se lo meritano.

Fatto: Un cane tratterrà la pipì per un tempo molto lungo, se glielo si chiede, ma questo non significa che non soffra.

PARTE 8

Un po' di miti su chi sa cosa

Mito 95: Gli addestratori cinofili sanno di cosa parlano.

Non tutti gli addestratori cinofili hanno avuto una reale formazione sul comportamento animale. Molti iniziano col portare il loro primo cane a una scuola o a un club per scoprire come educarlo. Vanno molto d'accordo con gli insegnanti e fanno come gli viene detto senza porsi tante domande sulle tecniche che stanno imparando. Le apprendono molto velocemente e con entusiasmo. Dal momento che sono allievi bravi e obbedienti, alla fine viene proposto loro di diventare addestratori. Queste persone hanno imparato tutto ciò che sanno al club: la loro intera conoscenza sui cani consiste nella storia del club. E questa è di solito una storia sui ranghi, sulla dominanza e sui collari a strangolo. A volte è una storia su come dare una ricompensa al momento giusto e ottenere un alto rango con trucchi psicologici. La storia del club è una sorta di Sacra Rivelazione. Nessuno sa da dove proviene. Tutti sanno che è stata tramandata per anni e anni, che tutti ci credono, e che quindi deve essere vera. E poiché il loro stesso cane si siede quando glielo chiedono, questi addestratori sono assolutamente sicuri di sapere tutto sui cani e su come gli animali, e i cani in particolare, apprendono.

Questi club spesso sono cricche chiuse. Spesso scoraggiano i loro allievi dall'approfondire le proprie conoscenze al di fuori della propria cerchia. Per avere qualche speranza di essere ammessi nei ranghi degli addestratori non bisogna mai contraddire gli istruttori. Non bisogna mai fare domande difficili o mettere in discussione quello che dicono. Le persone che fanno domande spesso sono screditate e intimidite. Se insistono vengono cacciate dal club. La Sacra Rivelazione non è mai corretta, rivista o aggiornata.

Anche alcuni dei cosiddetti addestratori positivi lo fanno. E' solo che all'inizio gli è capitato di unirsi a una scuola diversa da quella del collare a strangolo. Gli addestratori positivi basano i loro allenamenti soprattutto sulle ricompense, utilizzano bocconcini, clicker e altre tecniche amichevoli. La cosa carina è che queste persone fanno sostanzialmente la cosa giusta, ma non hanno idea del perché i loro trucchi funzionino (vedi anche: Mito 70). E' una fortuna se la scuola che avete scelto sulle Pagine Gialle usa il cosiddetto metodo positivo. Molti di questi addestratori continueranno a parlarvi della stessa invenzione dei club dei collari a strozzo, di ranghi e dominanza, ma non è immediatamente di cruciale importanza. Il vostro cane sarà educato in accordo con un sistema scientificamente valido — ricompensare i comportamenti desiderati, dando al cane molto spazio per fare errori senza essere punito, mentre cerca la cosa giusta da fare. Finché le cose vanno in questo modo, il vostro cane può essere addestrato lì senza venire danneggiato.

Tuttavia, in alcune di queste scuole, il 'positivo' scompare non appena il cane fa qualcosa di inaspettato, o l'addestratore comincia a sentirsi frustrato. Se questi istruttori non capiscono perché i loro metodi di solito funzionano, non capiscono nemmeno perché qualche volta i loro metodi non funzionano. Questo è il momento in cui iniziano a tirare fuori la storia sui ranghi e sulla personalità dominante dei cani. Questo è il punto in cui alcuni addestratori positivi potrebbero decidere che è venuto il momento della punizione. Non vi dicono di usare un collare a strangolo; invece vi fanno tirare la testa del cane verso l'alto con una specie di cavezza per forzare il cane a sedersi. Non sanno che questo è molto più pericoloso per la colonna vertebrale e per il cervello del vostro cane degli strattoni sul collare a strangolo — è solo un modo per prendere in giro se stessi che non stanno ricorrendo alla punizione. Qualche volta vi diranno di lanciare al cane una lattina piena di monete o di biglie, o il portachiavi, sempre fingendo che questa non sia una vera punizione perché non è dolorosa. Dimenticano che vi state assumendo il rischio di ferire il cane se sbagliate mira e lo colpite, per esempio, in un occhio. O che anche se non lo ferite accidentalmente, svilupperà una risposta di paura per quel rumore. A volte vi diranno di usare il tubo dell'acqua del giardino per puntare un getto d'acqua sul muso del cane quando fa qualcosa che non vi piace. Esistono un sacco di punizioni che gli addestratori 'positivi' possono usare quando il gioco si fa duro, prendendo in giro se stessi e inconsapevoli del fatto che anche queste punizioni possono avere gravi effetti collaterali, come tutte le punizioni.

Pertanto il problema principale con gli addestratori di cani è che sono troppo spesso il prodotto di piccoli circoli ristretti i cui membri si rassicurano continuamente gli uni con gli altri di sapere già tutto sui cani — tutto è contenuto nel Sacro Dogma del club. Nella loro auto-soddisfazione e nel loro orgoglio, non permetteranno a nessuno di contraddirli. Questo è il risultato di vari aspetti della psicologia umana che esulano dallo scopo di questo libro. (Quando una persona si convince, per qualsiasi motivo, di sapere già tutto quello che c'è da sapere, si ferma nella ricerca di nuove conoscenze, senza sapere che questo atteggiamento segna sempre l'inizio della vera ignoranza).

Non tutti gli addestratori rifiutano di aggiornarsi continuamente. Molti cercano realmente di migliorare la loro comprensione dei cani. Ma si imbattono in un altro ostacolo, e cioè il fatto che le nuove conoscenze sono spesso frammentate, diffuse attraverso riviste scientifiche specializzate, molte delle quali inaccessibili al grande pubblico, grazie ai canoni di abbonamento estremamente elevati. C'è anche il problema di giudicare il valore di un lavoro scientifico. Dopo tutto, molti scienziati sono, proprio come i profani, bloccati ai vecchi miti diffusi da Lorenz (vedi Mito 10).

Ecco perché questo libro è così importante.

Molti addestratori non hanno idea di cosa stiano parlando, indipendentemente da quanto fermamente credano in quello che fanno. Hanno imparato un dogma, che trasmettono ai loro allievi. A volte un dogma è accidentalmente meno dannoso di altri per i nostri cani, ma anche in questo caso, alcuni addestratori non sanno nemmeno perché.

Fatto: Diffidate di ogni addestratore che vi spinge a ricorrere alla punizione fisica di qualsiasi tipo con il vostro cane, o di uno che vuole che facciate affidamento sul fargli delle cose spiacevoli. Un buon test su un addestratore consiste nel verificare se è in grado di insegnare un nuovo gioco al cane senza usare il guinzaglio. Perché un buon educatore non solo non ha bisogno di un collare a strangolo, ma non ha bisogno neanche del guinzaglio. Se un cane è sciolto e libero in un campo, un buon addestratore è in grado di ottenere e mantenere la sua attenzione e sa come sedurlo a prendere parte volontariamente a una attività. Se state lavorando con un addestratore che non può fare questo, se il vostro addestratore rimane disarmato quando si elimina il guinzaglio, allora è tempo di cercarne uno nuovo.

Fatto: Un altro segno che è ora di cercare un nuovo addestratore, è se il vostro non è disposto a rispondere a tutte le domande che gli ponete senza farvi sentire sminuiti, intimiditi, stupidi o ridicoli. Avete diritto di porre domande e di capire che cosa si sta facendo con il vostro cane. Avete il diritto di esprimere dubbi e di ottenere risposte serie. Non esistono domande stupide, e non dovreste sentirvi come se esistessero.

IL PUNTO DI VISTA DI ASKEW

Se c'è una grande differenza fra un veterinario accademicamente qualificato di oggi, uno psicologo o un biologo professionista, e un educatore cinofilo non qualificato che si pubblicizza come 'terapeuta del comportamento degli animali domestici', 'psicologo canino' o 'comportamentista del cane', è la seguente: mentre i professionisti accademicamente qualificati sanno che la vera competenza può essere ottenuta solo dalla combinazione di un'estesa esperienza di consulenza con una completa conoscenza della letteratura scientifica interdisciplinare, gli educatori cinofili sono convinti di avere imparato tutto quello che è necessario sapere su come risolvere i problemi comportamentali del cane nelle loro scuole di obbedienza. (*Treatment of Behavior Problems in Dogs and Cats*: p.59).

UN'ECCEZIONE AL TEST DEL CANE SENZA GUINZAGLIO

Se il vostro cane ha problemi di aggressività, è perfettamente legittimo da parte dell'addestratore, chiedervi di tenere il cane al guinzaglio per qualche tempo, fino a quando non siano stati completati un certo numero di esercizi di costruzione della fiducia. Comunque il guinzaglio è semplicemente una misura di sicurezza per le persone coinvolte. Il guinzaglio è tenuto molle in ogni momento, tranne quando il cane lo tende balzando in avanti o tirando nel tentativo di scagliarsi. Il guinzaglio non viene utilizzato per strattonare il cane, ferirlo, forzarlo a seguire qualcuno o a cooperare, né in nessun altro modo come uno strumento importante nello stesso addestramento. Il cane dovrebbe essere inconsapevole (per quanto è possibile) di essere al guinzaglio. In fin dei conti, l'intero scopo dell'educazione è ottenere che un cane consideri gli esseri umani una fonte di piacevolezze, e che abbia voglia e si senta sicuro di collaborare.

Note

Askew, HR, *Treatment of Behavior Problems in Dogs and Cats: A Guide for the Small AnimalVeterinarian,* Blackwell Science, London, 1996.

Esperienza personale con decine di addestratori e scuole, forum, gruppi di discussione, tuttaesperienza di supporto alle osservazioni di Askew (e mie personali) sugli istruttori e sui dogmi.

Hild, R, *Cults in Dog Training*,
http://www.tsurodogtraining.com/_articles/cults_training.html> accessed Dec 2013.

Mito 96: Gli istruttori specializzati nell'addestramento dei cani della polizia e dei cani da guardia sanno cosa fanno. In particolare, gli addestratori dei cani poliziotto sono dei veri esperti.

Potrebbe sembrare ovvio credere in questo mito. Dopo tutto, queste persone (che sono per lo più uomini) lavorano tutto il giorno, ogni giorno con i cani. Possono ordinare ai loro cani di attaccare, e qualche volta possono anche fermare l'attacco. Svolgono un lavoro difficile: catturare criminali, sedare rivolte e attività varie di guardia e sorveglianza, e i loro cani lo fanno con loro. Quando abbiamo un problema con un cane, spesso chiediamo consiglio a un poliziotto dell'unità cinofila. Si suppone che questi uomini siano in grado di giudicare sia il carattere che il comportamento dei cani. Tutti sembrano concordare che costoro debbano essere dei veri esperti.

Ma c'è un'altra storia dietro questo mito. I cani della polizia sono spesso addestrati in un primo tempo in qualche scuola amatoriale (vedi Mito 95) e successivamente acquistati dalle forze di polizia, dopo aver superato un esame. Queste particolari scuole amatoriali sono ancora più chiuse rispetto a quelle degli addestratori medi. L'addestramento avviene in campi rurali o in sale chiuse, e gli spettatori in genere non sono benvenuti. Spesso è difficile per un estraneo scoprire cosa avviene veramente durante l'addestramento di questi cani. Ciò pone la domanda del perché di tanta segretezza, se questa gente è così orgogliosa della propria competenza sui cani.

La risposta è deprimente. Nel 2000 il Hondenbescherming (l'Associazione per la Protezione del Cane) nei Paesi Bassi ha commissionato una ricerca sugli effetti dell'uso dei collari elettrici sui cani. Lo studio, condotto presso l'Università di Utrecht, ha messo in luce un altro risultato inaspettato: è divenuto chiaro che la maggior parte degli addestratori dei cani poliziotto aveva una conoscenza veramente limitata sulla modalità di apprendimento dei cani. Peggio ancora, si è scoperto che non padroneggiavano neanche le loro tecniche di addestramento. Queste consistono principalmente di punizioni con alcune 'ricompense' verbali qua e là. (Vedi Mito 83 sul valore che un 'Bravo!' ha per il cane). C'è moltissima violenza fisica sui cani, a volte anche brutale, molta della quale viene somministrata in maniera così incompetente che il cane non può imparare niente, né capire dove ha sbagliato. Sembra che questi addestratori sappiano che le loro pratiche non subiranno scrutinio, perché agli scienziati fu permesso registrare le sessioni di allenamento soltanto dopo aver firmato un accordo che le registrazioni non sarebbero mai state mostrate a nessuno, in nessuna circostanza.

Tuttavia ci è stato consentito di citare alcune delle conclusioni scritte alle quali questo studio è giunto:

1) Gli addestratori e i conduttori spesso usano un unico comando con differenti significati in momenti diversi. A volte il comando 'qui' significa che il cane dovrebbe andare dal conduttore, altre volte significa che il cane dovrebbe raggiungere l'altro lato del campo a una certa distanza dal conduttore. Se il cane va dal suo conduttore in questo caso, viene punito. Ma se non va dal suo conduttore la

volta successiva, quando il comando è usato con una diversa intenzione, viene punito di nuovo. Questo rende assolutamente impossibile per un cane capire cosa si suppone significhi il comando 'qui'. 'Piede' qualche volta significa che il cane dovrebbe sedersi accanto alla gamba del suo conduttore e aspettare un altro comando senza muoversi, anche se il conduttore si allontana. La volta successiva in cui il conduttore dice 'piede', intende che il cane dovrebbe muoversi con lui. Anche in questo caso, si tratta di un compito difficile per un cane capire cosa significa 'piede', dal momento che significa sia 'seguimi', che 'resta qui'. L'ignoranza di questi istruttori rende impossibile al cane evitare la (talvolta brutale) punizione che un errore comporta.

2) I comandi, le ricompense e le punizioni sono intempestivi. Sono dati o troppo presto o troppo tardi, oppure in circostanze ogni volta diverse, in modo tale che rimane poco chiaro al cane cosa è stato premiato e cosa punito. A volte viene fornita una scossa elettrica così velocemente che il cane la riceve anche se ha eseguito il comando.

3) Uno dei conduttori che ha preso parte allo studio ha detto ai ricercatori che al suo cane non è mai stata data una scossa elettrica durante l'allenamento. Quando il comportamento del cane ha dimostrato che non era vero, il conduttore è scoppiato a ridere e ha detto:' Bene, sì, ma se ne è dimenticato del tutto', non rendendosi minimamente conto che il comportamento del cane aveva mostrato che non aveva dimenticato, e che attendeva ancora una scossa dopo un comando. In altre parole, si è scoperto che i conduttori non sono neanche in grado di osservare accuratamente il comportamento dei loro stessi cani, o di capire che cosa significhi.

Questo studio ha dimostrato che la maggior parte degli istruttori della polizia o dei cani da guardia usano tecniche superate. Ha dimostrato che sono incompetenti anche nell'uso delle proprie tecniche. Ma c'è di più.

Molti di questi club sprecano il periodo della socializzazione del cane. Ai conduttori viene detto di permettere ai loro cuccioli di 'crescere e svilupparsi'. Questo può sembrare strano, dal momento che i cuccioli cresceranno e si svilupperanno anche se si tentasse di fermarli, fino a che non ci viene spiegato cosa significa questa istruzione. Significa che non si deve insegnare niente al cucciolo, compresi il controllo degli impulsi e i confini sociali. Questo è il periodo in cui avviene l'ottanta per cento della crescita del cervello del cane, un periodo in cui possiamo insegnare al cucciolo la maggior parte dei comandi di base di cui ha bisogno (anche per il lavoro di polizia) con metodi gentili. Se si utilizza bene questo periodo, ci si ritrova con un cane addestrato con gentilezza, e che tuttavia ha i comandi così saldamente fissati nel cervello che lo renderà un alleato affidabile anche durante una sommossa. Questo periodo è consapevolmente gettato al vento. Viene meno la possibilità di risparmiare al cane pestaggi futuri, scosse elettriche e altre varie antiquate tecniche di addestramento.

Quando il cane raggiunge l'età di sei mesi, decidono che è ora di insegnargli qualcosa. Il cane viene dotato di un collare a punte che, messo sotto pressione, pizzica e buca la pelle spesso fino a farla sanguinare. Gli uomini (e qualche donna ogni tanto) stanno allineati in fila con i cani al loro fianco, orgogliosamente pronti ad iniziare la prima lezione. Impostano la voce dura e dicono:'Piede!', una parola che il cane non ha mai sentito prima. Nello stesso istante cominciano a camminare in linea retta attraverso il campo. I giovani cani non hanno idea di quello che dovrebbero fare, neanche che gli si stia chiedendo qualcosa. Così finiscono con l'essere trascinati attraverso il campo con il collare a punte, ricevendo strattoni e urla per tutto il tragitto. Sono sottoposti a un dolore estremo, senza alcuna idea di come evitarlo o fermarlo. Si vedono strisciare attraverso il campo urlando dal dolore, sconcertati e talmente spaventati da perdere il controllo della propria vescica. Non importa se il cane è sdraiato sulla schiena e si sta facendo la pipì addosso, non obbedire al comando è ancora ribellione che deve essere spezzata – 'dominanza'. Continuare a trascinarlo, dunque, così imparerà qual è il suo rango e magicamente saprà cosa fare (vedi Miti 72 e 84). In molte di queste scuole, quando sbagliano o provano a opporre resistenza alle torture che gli vengono inflitte, i cani sono sollevati in aria e tenuti sospesi per il collo dal collare a punte, presumibilmente per insegnare loro chi è il leader Alfa (il termine comune per indicare questo è 'fare l'elicottero'). Il loro naturale riflesso di rispondere mordendo è erroneamente attribuito (di nuovo) alla dominanza, dato che i conduttori dimenticano che non hanno insegnato al cane nessun altro modo per far cessare il dolore, e non riescono a vedere che il cane è terrorizzato e disperato. Qualche volta i cani vengono letteralmente appesi agli alberi e in questa posizione picchiati, presumibilmente per dare loro una lezione su qualcosa che hanno fatto mezzora prima. E l'elenco degli strani comportamenti umani continua...

Non c'è da meravigliarsi che queste scuole mantengano tanta segretezza sulle loro sessioni di allenamento. Basta un'occhiata per capire che non hanno idea di quello che stanno facendo. Questo ci conduce a formulare due domande: perché queste scuole sono così riluttanti ad imparare tecniche di addestramento più moderne, scientificamente fondate, e perché le forze di polizia continuano a comprare cani da queste scuole, ben sapendo che, in base alle leggi che regolano gli abusi sugli animali, molte di queste tecniche di addestramento sono veri e propri crimini?

C'è ancora un altro problema, che ci riguarda direttamente. Molti dei cani utilizzati per attività di polizia e guardia provengono da allevamenti in cui vengono appositamente selezionati per questo specifico lavoro cani dal temperamento nervoso e con una bassa soglia del morso, nel tentativo di produrre cani che morderanno più velocemente della maggior parte degli altri. Questi cani vengono poi sottoposti alle pratiche di formazione menzionate sopra in presenza di altri cani. Abbiamo già visto (Mito 76, secondo paragrafo) che i cani non associano una punizione con il loro comportamento, ma con qualcosa che è presente nell'ambiente in cui si verifica la punizione, e infatti nei campi di addestramento si presentano enormi problemi di aggressioni. Frequentemente i cani ingaggiano combattimenti che, senza l'intervento dei conduttori, finirebbero con la morte di uno dei due. Ai cani viene anche insegnato ad attaccare un assistente dell'istruttore, che interpreta il criminale durante le sessioni di allenamento. La catena di comportamento è insegnata in modo incompetente da istruttori che non hanno mai sentito parlare di Premack o Pryor. (Premack e Pryor sono state figure essenziali nello sviluppo di metodi di addestramento scientifici. Qualunque addestratore competente conosce e comprende il loro lavoro). Poi, dal momento che ai cani viene insegnato prima a mordere velocemente e forte (o altrimenti verranno colpiti da una scossa elettrica) e solo dopo il comando di lasciare, è molto difficile convincerli a fermare l'attacco. Questa incapacità di mollare la presa è il problema principale, e la ragione principale della fornitura di scosse elettriche durante l'allenamento. Ovviamente questo produce cani difficili da controllare anche durante il lavoro reale sulle strade.

Il poliziotto si abitua ad interagire con questo tipo di cane. Comincia a credere che questo comportamento sia normale in un cane, e si muove in un mondo dove tutti ci credono. Poiché ai membri delle unità cinofile vengono spesso chieste consulenze, si pone il problema della distorsione. Come lo studio di Utrecht ha dimostrato, in un raro sguardo in questo mondo, questi conduttori non sono affatto competenti nella lettura del linguaggio del corpo dei loro cani. Gli uomini sono abituati a vedere i cani mostrare paura, ma non la riconoscono come tale. Viene insegnato loro che l'aggressione sfrenata è semplicemente una parte del modo di essere del cane. Queste sono le persone che ci dicono che è un 'normale' comportamento canino attaccare un bambino o un altro cane con l'intenzione di ucciderlo: 'I cani si comportano da cani'. In realtà è assolutamente dubbio che questi uomini (e qualche occasionale donna) possano accuratamente giudicare il temperamento dei cani che vivono fra noi, possano dirci se un cane sta mostrando un comportamento normale, o giudicare se un cane è troppo aggressivo per essere mantenuto in vita.

Alla fine, come già troppi educatori, anche l'istruttore della polizia e dei cani da guardia sa già tutto, dunque non si provi a dirgli qualcosa. Non sa che da qualche parte esiste un cane di servizio che vive con il suo conduttore sin dall'infanzia, quando la sua giovane vita è solita insegnargli in un modo più gentile e più comprensibile molto di ciò che gli sarà necessario conoscere. Non sa che ci sono luoghi in cui i cani di servizio vivono nella casa del conduttore con la moglie e i figli, senza nessun problema. Il cane non morde a meno che non gli venga detto di farlo, e lascia quando gli viene chiesto.

Naturalmente, alcuni corpi militari (l'esercito, l'aviazione) vogliono cani aggressivi, mine vaganti che attaccheranno ferocemente senza fermarsi. Cani che sono troppo pericolosi per vivere con gli esseri umani o interagire con chiunque, se non con il loro conduttore. Cani che hanno imparato a vedere gli altri cani e gli esseri umani come segnali di eventi che minacciano la vita, e che si lanceranno in quella aggressione furiosa alla quale fa ricorso l'animale che lotta per difendere la sua vita. Il problema è che, dopo aver prodotto artificialmente cani come questi, procedono poi a dichiarare che questo comportamento è nella natura del cane, e che loro sono gli unici Veri Addestratori perché interagiscono con questi cani pericolosi.

Fatto: Gli addestratori dei cani della polizia e da guardia sono tutt'altro che veri esperti. In realtà, potrebbero benissimo essere più ignoranti di un educatore medio.

Ma questo era solo uno studio

E' vero che lo studio citato è stato fatto in un singolo paese. Tuttavia, l'addestramento cinofilo è uno scenario internazionale, in cui le organizzazioni di tutto il mondo condividono e usano le stesse tecniche, si incontrano in congressi internazionali e così via. E' possibile consultare molti libri sul cosiddetto addestramento di cani di polizia o da guardia, e trovare molte delle stesse tecniche. Bacheche su internet dimostrano anche che le credenze e le pratiche citate in questo mito sono diffuse fra unità cinofile e addestratori di cani da guardia in tutto il mondo. E i servizi militari in molti paesi usano le stesse tecniche per creare cani selvaggiamente aggressivi. Questo non vuol dire che tutti gli istruttori cinofili della polizia o dei corpi militari, o tutti i conduttori usino questi sistemi. Ci sono delle eccezioni. Ma le eccezioni non sono la regola, e nella maggior parte dei casi queste persone hanno bisogno di una maggiore educazione di base sugli animali, sui cani e sulle leggi che regolano il comportamento.

I miti nel mito

C'è un altro mito racchiuso in quello di cui tratta questo capitolo: che le persone che hanno i cani più aggressivi debbano essere i maggiori esperti del comportamento dei cani. 'Accidenti, se puoi vivere con un cane del genere, se puoi gestirlo e tenerlo sotto controllo, devi per forza sapere quello che fai'. Questo mito è una delle ragioni per le quali i proprietari di pit bull e delle altre razze aggressive pensano di essere i più grandi esperti di cani. E' una delle ragioni per cui questi cani sono così popolari — per dimostrare a tutto il mondo di essere gli unici Veri Esperti: 'Vivo con cinque pit bull, quindi non provare a dirmi niente sui cani'.

L'idea di fondo qui — un secondo mito racchiuso in quello del capitolo — è che l'aggressività è il nucleo, la caratteristica rappresentativa del cane domestico, che in quanto cacciatore, è interessato per lo più tutto il giorno alla dominanza, quando non a uccidere qualcuno o qualcosa. Così, capisci veramente i cani solo se vivi con un cane aggressivo e gli hai (finora) impedito di attaccarti o di ucciderti. O se il cane cerca sempre di attaccare altri cani, e tu (finora) gli hai impedito di ucciderne uno. Presumibilmente ne sai più tu sui cani di tutti noi, con i nostri cani rammolliti che non sono costantemente in procinto di esplodere.

Se avete letto fin qui, adesso sapete che queste convinzioni tradiscono una grande ignoranza su ciò che è in realtà il cane domestico.

Vera esperienza

Vera esperienza significa (fra le altre cose) comprendere e riconoscere cosa è normale, cosa non lo è, e in che modo l'anormale è stato causato. Le persone che affermano che i cani sono naturalmente aggressivi, che negano che il loro cane aggressivo sia anormale, che non capiscono perché i loro cani siano così aggressivi, che negano il ruolo dell'uomo nel condurre a questo risultato (con la selezione o con l'addestramento) — bene, queste persone sono tutt'altro che esperte del cane domestico o di come addestrarlo.

Note

Askew, HR, *Treatment of Behavior Problems in Dogs and Cats: A Guide for the Small AnimalVeterinarian*, Blackwell Science, London, 1996.

Borchelt, PL, Voith, VL, Punishment, in Voith, VL, Borchelt, PL, eds, *Readings in CompanionAnimal Behavior*, Veterinary Learning systems Co. Inc., Trenton, NJ, 1996: 72-80.

Brinkhorst, LJ, brief aan De Bond tot Bescherming van Honden, 30 November 2000.

Coppinger, R, Coppinger, L, *Dogs: a startling new understanding of canine origin behavior andevolution,* Scribner, New York, 2001.

Overall, KL, *Clinical Behavioral Medicine for Small Animals,* Mosby Inc., Missouri, 1997.

Powell, D, Francis, MJ, Francis, J, Schneiderman N, Shock-induced aggression as a function of prior experience with avoidance fighting or unavoidable shock, *JEAB* 18: 323-332, 1972.

Reid, PJ, Borchelt, PL, Learning, in Voith, VL, Borchelt, PL, eds, *Readings in Companion Animal Behavior,* Veterinary Learning systems Co. Inc. Trenton, NJ, 1996: 62–71.

Sanders, C, Understanding Dogs: Caretakers' attributions of mindedness in canine-human relationships, *Journal of Contemporary Ethnography,* 22 2: 205-226, 1993.

Scott, JP, Fuller, JL, *Genetics and the Social Behavior of the Dog,* University of Chicago Press, Chicago IL, 1974 (published in 1965 as *Dog Behavior: The Genetic Basis*).

Schilder, MBH, and Van der Borg, JAM, Training met behulp van stroombanden: een schokkende ervaring voor de hond? Hoofdafdeling Geneeskunde van Gezelschapsdieren, Universiteit Utrecht, 2000.

Semyonova, A, 'The social organisation of the domestic dog; a longitudinal study of domestic canine behavior and the ontogeny of domestic canine social systems'. Carriage House Foundation, The Hague, The Netherlands, 2003. <www.nonlineardogs.com>

Sidman, M, *Coercion and its Fallout,* Authors Cooperative Inc Publishers, Boston, 1989.
Skinner, BF, *The Behavior of Organisms: An Experimental Analysis,* Appleton-Century-Crofts Inc, NY, 1938.

Skinner, BF, *Contingencies of Reinforcement,* Prentice-Hall inc Englewood Cliffs, NJ, 1969.

Veerman, CP, brief aan de Tweede Kamer 4 mei 2005.

Mito 97: Il mio terapista comportamentale sa di che cosa parla, perché ha risolto il problema del mio cane.

Un valido comportamentista di solito ha ricevuto una vera e propria educazione sugli animali. Ne saprà di più sul comportamento degli animali e su come gli animali imparano rispetto all'educatore cinofilo o all'addestratore di cani della polizia. Saprà tutto sul condizionamento operante (la tecnica di premiare il comportamento desiderato e di ottenere l'estinzione di un comportamento non voluto) e sarà in grado di aiutarvi con competenza. Questo è il motivo per cui è stato capace di risolvere il problema del vostro cane. Fin qui tutto bene.

Tuttavia, la maggior parte dei comportamentisti sono ancora istruiti da un gruppo relativamente esiguo di docenti universitari e/o laureati, e hanno imparato teorie obsolete sui cani. Una volta ottenuti i loro diplomi o certificati, entrano in un mondo in cui, di nuovo, ciascuno sostiene di conoscere tutto quello che c'è da sapere. (Per questo non fanno che elencare i loro titoli, per essere sicuri che tutti lo abbiano capito). Nel Mito 95 abbiamo visto le conseguenze di questa convinzione. Questa è la ragione per la quale molti di questi terapeuti formatisi all'università o comunque dotati di un certificato, continueranno a dirvi che il cane è una sorta di lupo, compresi tutti i miti e le invenzioni implicite in questa storia. A questi terapeuti è stata data una raccolta diversa di Sacri Dogmi, alcuni basati sui fatti, altri sull'invenzione. E' ancora troppo spesso presente il vecchio tabù sul mettere in discussione una qualsiasi di queste credenze.

Armato del suo certificato di laurea, il comportamentista vi informa sulla leadership. Avete un cane domestico, ma comincia a parlare di lupi. Vi propina la storia dei ranghi (il lupo di rango più alto ignora quello di rango più basso, pertanto è sempre quest'ultimo ad avvicinarsi a quello di rango più elevato). Vi dice che dovete mangiare prima del vostro cane (anche solamente un cracker in piedi davanti al ripiano della cucina, perché il cane deve vedere che mangiate prima di lui). Dovete sempre passare per primi attraverso le porte e camminare in testa a tutte le processioni. Dovete sempre stare seduti più in alto del vostro cane. Vi dirà di fare sedere o sdraiare il vostro cane in cambio di un premio, perché queste sono posture di 'sottomissione'. Vi dirà che assumere spesso queste posizioni farà sì che il vostro cane inizi a percepire se stesso come colui con il 'rango' più basso nel 'branco'. Il successo della terapia è attribuito al cambiamento della posizione del cane nella scala gerarchica.

All'inizio di questo libro abbiamo visto che niente di tutto questo ha a che fare con il cane domestico. La terapia può funzionare, ma non a causa di lupi e di ranghi. Se la terapia funziona, è per i seguenti motivi:

1) Con l'ignorare completamente il cane si smette di premiare involontariamente il comportamento non desiderato, sia che si tratti di attenzione positiva che negativa. Quando si ignora il cane si smette anche di punirlo, evitando in questa maniera tutti gli effetti collaterali delle punizioni. In altre parole, si smette di fare con il cane errori da principianti, ed entrambi, uomo e cane, hanno la possibilità di ritrovarsi, così da iniziare un nuovo cammino.

2) L'istruzione di non avvicinarsi mai al cane assicura che non ci approcceremo a lui quando si sente insicuro delle nostre intenzioni. In questo modo mostriamo al cane di obbedire alla regola canina del rispetto della zona personale. Questo ci rende meno minacciosi per il cane, che può iniziare a rilassarsi. La diminuzione dello stress è un bene per i processi di apprendimento. Dopo un po' il cane può iniziare ad essere disponibile a imparare ad avere un rapporto diverso e migliore con chi gli sta intorno.

3) Dunque, avete smesso di avvicinarvi al cane quando si sente in ansia, avete smesso di premiare il comportamento indesiderato e di essere una fonte di punizione. Nello stesso tempo avete iniziato a premiare frequentemente il comportamento di sedersi o di sdraiarsi. Il cane comincia a realizzare che avete cose interessanti da offrire. Comincia a imparare che provare a eseguire un comando è divertente e sicuro. Il comportamento che si sta ignorando comincia a estinguersi, mentre quello che si sta premiando diventa più frequente. State semplicemente assistendo al compiersi delle leggi del comportamento. Queste leggi funzionano in ogni creatura dotata di encefalo. Le storie complicate sui ranghi e sullo status non hanno niente a che fare.

4) Il cane non si accorge che mangiate sempre prima di lui, e anche se se ne accorgesse non gli darebbe nessuna importanza. Potrebbe ritenere un po' strano che improvvisamente avete iniziato a mangiare cracker secchi, dal momento che di solito mettete qualcosa di appetitoso nel vostro panino, ma a parte questo, semplicemente si abitua ad aspettare un po' prima di mangiare. Potrebbe avere imparato che il fatto che mangiate qualcosa è un segnale che presto mangerà anche lui.

5) Passando per primi attraverso le porte fate in modo che il vostro cane non venga investito da un'automobile di passaggio, che non si trovi improvvisamente faccia a faccia con un pit bull in vena di attaccare e che non faccia inavvertitamente inciampare l'anziano vicino di ritorno con la spesa.

6) Ora state seduti sempre più in alto del cane, il che significa che i suo denti non sono più vicini alla vostra faccia. Questa è una saggia misura da prendere finché c'è ancora un problema con il vostro cane.

7) Chiedendogli spesso di sedersi o di sdraiarsi in cambio di un bocconcino, gli state insegnando che esistono due azioni sempre sicure e ricompensate. A parte le leggi del comportamento che operano in questo caso, questa è una buona cosa da imparare per un cane con problemi di aggressività. Il cane può rilassarsi. Adesso esistono per lui due comandi che segnalano che non è in pericolo e che ha la possibilità di ricevere un premio. Adesso ha un'alternativa al comportamento fastidioso o difensivo. Se vuole attenzione si può sedere, ricevendo la stessa ricompensa che era solito ottenere esibendo un comportamento molesto. Se si sente in ansia, può sedersi piuttosto che mostrare i denti o mordere, dato che sedersi è sempre sicuro e che sa che, se vi avvicinate mentre sta seduto, è sempre per dargli una ricompensa. Ha un modo nuovo per disinnescare una situazione che lo spaventa.

L'unica cosa utile della storia sui 'ranghi' è che vi rende più sicuri di voi stessi. Aiuta a credere nel fatto che è possibile risolvere un problema con il cane senza ricorrere a scontri e a violenza fisica. Ritrovate la speranza e vi sentite più sicuri con lui. Questo riduce il vostro stress abbastanza da poter passare voi stessi attraverso un processo di apprendimento. Mentre imparate, le storie sui 'ranghi' vi trattengono dal fare errori puramente tecnici, e nello stesso tempo fate un certo numero di cose assennate con il vostro cane. Queste storie fanno sì che adottiate delle misure di sicurezza ragionevoli per voi e per il cane.

Fatto: I comportamentisti bene istruiti fanno spesso le cose giuste, ma questo non sempre significa che capiscano il perché. In una terapia questo non ha importanza. Finché un terapeuta non comincia a parlare di punire il vostro cane, potete avere fiducia nel processo. Le leggi del comportamento funzionano che le si conoscano o no, e anche se la gente attribuisce il fatto che funzionano a cause magiche.

Vedi anche: casella di testo nel Mito 41 su come trovare un buon terapeuta.

Mito 98: Il mio veterinario può dirmi tutto sul comportamento del cane; dopo tutto ha una formazione universitaria basata interamente sugli animali.

Il vostro veterinario (che oggi è probabile sia una donna) è un laureato. Così come è un laureato il fisico dietro l'angolo. A causa del campo che ha scelto, il vostro veterinario non ne sa più di un laureato in fisica di comportamento animale. Le sue conoscenze riguardano soprattutto il corpo degli animali. Certo, a differenza del fisico, il veterinario passa le sue giornate con gli animali e probabilmente impara qualche cosa sul loro comportamento. Come minimo, osserva ogni giorno animali sofferenti e spaventati, molti dei quali cani. Avrà trovato un modo per trattare con questi animali, così da poterli esaminare e curare, nonostante la loro paura. Tuttavia ciò non lo rende un esperto di comportamento canino. Dopo tutto, la maggior parte di noi riesce a cucinare i pasti ogni giorno, senza per questo essere esperti di chimica o di scienza della nutrizione.

Quando frequenta una scuola di medicina veterinaria, uno studente ha fra i quattro e i sei anni di tempo per perfezionare le sue conoscenze sul funzionamento fisico di un gran numero di animali. Quando esercita la professione, deve essere in grado di visitare un serpente, un uccello, una tartaruga, un gatto, un cane, un cavallo, una mucca, e anche la vostra tarantola, e deve essere in grado di fare una diagnosi e di curare tutti questi animali. All'università deve lavorare sodo per acquisire tutte le conoscenze sugli organi e sulle malattie delle varie specie di animali che gli esseri umani tengono nelle fattorie o nelle case. Partiamo dal presupposto che i laureati siano persone capaci di curare qualsiasi animale. Tuttavia non possiamo supporre che lo studente di medicina veterinaria abbia il tempo o la voglia, in quei pochi anni, di immergersi anche nello studio del comportamento di tutti questi animali. Anche se fosse interessato, non avrebbe il tempo di fare di più che assistere a qualche occasionale conferenza sul comportamento, pertanto la sua conoscenza sarà un po' superficiale e frammentaria. Dipende dalla realtà e dalle circostanze, non è affatto colpa sua, né una sua mancanza.

Dopo laureato, il vostro veterinario si sentirà in dovere di stare al passo con i nuovi sviluppi nella sua area di competenza. Deve farlo nel tempo libero che gli rimane dopo i regolari orari di visita in ambulatorio, le operazioni programmate, le visite a domicilio in caso di emergenza, i turni di notte e del fine settimana. Deve tenersi aggiornato sulle ultime scoperte sulle malattie e sui parassiti degli uccelli e sulle relative cure, sugli sviluppi della riduzione del dolore nei gatti, sulle infezioni da funghi nelle tartarughe, sulle nuove malattie del cane che si manifestano nella sua zona (con i loro sintomi e terapie specifiche), sui nuovi strumenti diagnostici disponibili e così via. Il veterinario semplicemente non ha tempo, anche dopo la laurea, per acquisire un'approfondita conoscenza sul comportamento degli animali, figuriamoci di uno in particolare (il cane domestico).

Quello che il vostro veterinario conosce sul comportamento dei cani, con qualche eccezione, sono le informazioni che raccoglie per interesse personale – ciò che legge se gli rimane un po' di tempo, o quello che impara al club cinofilo che frequenta con il suo cane (vedi Mito 95).

La maggior parte dei giovani veterinari che hanno studiato di recente, comprendono che lo studio del comportamento animale è un settore separato e altamente specializzato della conoscenza. Al giorno d'oggi, se avete un problema con il vostro cane, la maggior parte dei veterinari vi indicherà un terapista del comportamento, così come vi indicherebbe un ortopedico o un oncologo specialista, se il vostro cane avesse una zampa rotta o il cancro. I veterinari che non lo fanno sono spesso quelli anziani, che si sono formati quando tutte queste specializzazioni non esistevano ancora, e quando una laurea conferiva una sorta di semi-divinità (e quindi onniscienza), indipendentemente dalla disciplina in cui era stata ottenuta. Talvolta i medici possono ancora avere un senso di orgoglio personale fuori luogo ed essere riluttanti ad ammettere che c'è qualcosa che non conoscono o di riconoscere specializzazioni diverse dalla propria.

Oltre alla questione di ciò che un veterinario potrebbe o no sapere, c'è un altro problema insito nel consultare i veterinari sui problemi di comportamento. La terapia comportamentale richiede non soltanto la conoscenza dei cani, ma anche della psicologia umana. E' un processo che richiede molto tempo. A volte può richiedere ore di domande e di osservazione, prima che la causa del problema diventi chiara. E una volta che è stata individuata la causa, è importante che il proprietario del cane riceva orientamento e supporto a sufficienza, sia che si tratti di un problema di paura che di aggressività. E' praticamente impossibile che un veterinario possa dare la lunga e concentrata attenzione necessaria per eseguire una terapia sicura ed efficace. Ci sono solo ventiquattro ore in un giorno.

Fatto: I veterinari non sono esperti di comportamento animale. Il comportamento non è il loro campo, e se sono saggi lo riconosceranno.

Note

Aiello, S, (ed) *The Merck Veterinary Manual Eighth Edition,* Merck & Co, Whitehouse Station,NJ, 1998.

Askew, HR, *Treatment of Behavior Problems in Dogs and Cats: A Guide for the Small Animal Veterinarian,* Blackwell Science, London, 1996.

Beaver, BV, *The Veterinarian's Encyclopedia of Animal Behavior,* Iowa State University Press, Ames, 1995.

Herek, GM, The instrumentality of attitudes: Toward a neofunctional theory, *Journal of Social Issues,* 42: 99-114, 1986.

Hills, AM, The motivational bases of attitudes toward animals, *Animals & Society,* Volume 1 Number 2, 1993.

Katz, D, The functional approach to the study of attitudes, *Public Opinion Quarterly,* 24: 163-204, 1960.

Overall, KL, *Clinical Behavioral Medicine for Small Animals,* Mosby Inc, Missouri, 1997.

Reisner, IR, Erb, HN, Houpt KA risk factors for behavior-related euthanasia among dominant-aggressive dogs: 110 cases (1989-1992). *JAVMA* 205(6):855-863, 1994.

Sanders, CR, Biting the hand that heals you: Encounters with problematic patients in ageneral veterinary practice, *Society & animals,* Volume 2, Number 1, 1994.

Comunicazioni personali con vari giovani veterinari laureatisi recentemente; esperienza personale con vari veterinari 1974-2009; esperienza con vari clienti che hanno ricevuto da veterinari consigli sbagliati — e qualche volta pericolosi.

Mito 99: Gli scienziati sanno di cosa parlano perché studiano gli animali in modo oggettivo.

Abbiamo visto che molti degli scienziati che fanno dichiarazioni sui cani non li hanno mai studiati adeguatamente. Molti di loro hanno semplicemente adottato il racconto sui cani di un nazista vincitore di un Premio Nobel, ignorando il fatto che la specializzazione di costui erano gli uccelli. Alcuni hanno semplicemente seguito l'idea secondo la quale una volta studiati i lupi non è necessario studiare separatamente i cani. Gli scienziati che hanno studiato i cani lo hanno fatto o in circostanze altamente innaturali (il laboratorio), oppure osservandoli solo per brevi intervalli. Ma fanno ugualmente dichiarazioni assolute e, come ora abbiamo visto, errate sul cane domestico, pretendendo di sapere tutto di lui.

A noi tutti è stato insegnato a credere che la scienza è in grado di proteggere se stessa da simili errori. Quindi sorge la domanda del perché sia stata così goffa per quanto riguarda i cani, avendo prodotto su di loro più fantasie che fatti. Un certo numero di fattori concorrono a determinare questa situazione.

Intorno alla scienza è stata costruita una finzione gigantesca e quasi religiosa. Questa finzione afferma che la scienza è in grado di rivoltare se stessa da tutti i lati, dentro e fuori, alla ricerca della Verità. Guardiamo gli scienziati con soggezione, come se fossero una specie a parte, una razza di superuomini. Il fatto è che gli scienziati sono comuni esseri umani, proprio come noi. E, proprio come noi, gli scienziati hanno un ego. Come tutti quelli che lavorano, sono soggetti a pressione perché producano. Pubblicare frequentemente veloci articoli spesso aiuta la carriera di uno scienziato più di quanto farebbero pubblicazioni meno frequenti (ma forse più valide). Come noi, gli scienziati vogliono essere in grado di pagare il mutuo, di mandare i bambini nelle scuole private e di acquistare un'automobile nuova il prossimo anno. I finanziamenti per la ricerca e i posti di lavoro nelle università sono scarsi, e vi è una forte concorrenza. La generazione più anziana è sempre all'erta che le idee di alcuni giovani colleghi emergenti non rovescino le vecchie teorie, sulle quali sono state costruite le loro carriere. Non è poi così difficile impedire a qualche giovane presuntuoso di accedere a un posto di insegnante, od ostacolare le pubblicazioni di un collega più giovane ma, se anche questi tentativi dovessero fallire, si può sempre manipolare l'indice di citazione (vedi riquadro di testo).

Come risultato di tutto ciò, la scienza stessa è organizzata in una gerarchia strettamente strutturata (e imposta) — gli scienziati passano la loro vita muovendosi dentro una gerarchia di dominanza, di cui non è mai concesso di dimenticarsi, sempre attenti a non pestare i piedi a quelli di rango più elevato. Per esempio, a un congresso scientifico un addetto ai lavori può vedere con un colpo d'occhio chi sono i leader Alfa semplicemente osservando la disposizione dei posti a sedere. Quelli che occupano i posti più avanti sono i più alti di rango. E' possibile porre domande difficili a chi siede dietro di te, ma non a quelli seduti davanti. E' possibile interrompere chi sta dietro per correggere un errore, ma mai quelli davanti. Se si disobbedisce a queste regole si corre il rischio di distruggere ogni possibilità di ottenere buone posizioni di insegnamento o di ricerca, e di essere citato abbastanza per contare, e quindi di poter mai costruire una carriera scientifica.

In poche parole, la scienza è sì, in parte, un'onesta ricerca per una conoscenza fondata, ma è anche in parte una complicata danza rituale relativa a ranghi e status, e al diavolo la verità. E naturalmente il giovane scienziato deve, come tutti gli animali giovani, sopravvivere nell'ambiente in cui vive. Quindi, non è così facile contraddire un Premio Nobel (almeno non mentre è ancora vivo). E quando si vive e ci si muove tutti i giorni in un mondo organizzato secondo il principio di una rigida gerarchia di dominanza e di ranghi sempre difesi, non è facile capire quando si sta proiettando tutto questo sugli altri (in particolare quando gli altri non possono parlare per correggere).

L'INDICE DI CITAZIONE

Il fatto che sia la carriera accademica che il prestigio scientifico siano così dipendenti dalle pubblicazioni, ha portato a sfornare molti lavori banali, irrilevanti o addirittura falsi. Sotto la pressione del 'pubblica o muori' alcuni scienziati si sono spinti fino a falsificare i dati. Altri hanno pubblicato articoli su ricerche che non sono mai state fatte. Alla fine il problema delle pubblicazioni di bassa qualità ha raggiunto proporzioni tali che la pubblicazione è stata abbandonata come criterio unico per stimare il valore di un ricercatore. Privatamente, al circolo, alcuni degli scienziati più brillanti riconoscono apertamente che ci sono più possibilità di trovare lavori di qualità nelle pubblicazioni scientifiche su internet dove chiunque, che sia brillante o no può scrivere e pubblicare ciò che vuole. Poiché sia gli amministratori delle università che il pubblico in generale hanno iniziato a fiutare questo problema, doveva essere trovata una soluzione, un modo per valutare più efficacemente la qualità del lavoro di un ricercatore. Si è arrivati all'indice di citazione. Questo è pubblicato da organizzazioni che tengono traccia di quanto il lavoro pubblicato da uno scienziato è citato dagli altri scienziati nelle loro note o bibliografie. Il presupposto è che gli scienziati tendano a utilizzare lavori di alta qualità come fonti per i propri. Questo si giustifica con il fatto che si è scoperto che dal 1965 i vincitori di Premi Nobel sono stati citati circa quaranta volte più spesso dei loro colleghi (sebbene questi avessero pubblicato circa cinque volte tanto).

Ma naturalmente l'acqua cerca sempre il livello più basso, e gli scienziati sono fatti, come noi, per il sessanta per cento di acqua. Una volta istituito l'indice di citazione come base per ottenere lavoro e prestigio, le persone hanno immediatamente iniziato a manipolarlo. Tutto quello che si deve fare è citare gli amici e ignorare i concorrenti, quando possibile. Di nuovo, le cose hanno preso una piega tale che nessuno prende veramente sul serio gli indici di citazione. Alcuni scienziati li tengono apertamente e pubblicamente in ridicolo, mentre altri (indovinate chi) li difendono avidamente. Tutti raccomandano, in ogni caso, di non usarli come unica misura del valore di un ricercatore scientifico.

C'è poi un secondo problema con l'oggettività della scienza: la maggior parte degli scienziati sono maschi. Sappiamo tutti (ed è stato dimostrato più volte) che, nel trattare con i membri di un gruppo, gli uomini tendono a utilizzare strategie competitive mentre le donne tendono a usare strategie cooperative. Quando guardiamo il mondo intorno a noi, nel tentativo di comprenderlo e di spiegarlo, tutti facciamo riferimento alla nostra esperienza interiore e alla nostra motivazione. Non può essere diversamente, questo è vero per tutti gli esseri umani. La nostra personale esperienza del mondo influenza le cose che troviamo abbastanza importanti da studiare, le domande che ci poniamo, le cose che riteniamo rilevanti (e che prendiamo in considerazione) e come interpretiamo i risultati dei nostri studi. A causa di ciò, è inevitabile che la quasi del tutto esclusiva presenza di uomini nel panorama scientifico abbia portato ad alcune distorsioni nel modo di studiare e interpretare il mondo. Questo potrebbe non essere così importante quando guardiamo il mondo inanimato, ma quando si tratta di interpretare il comportamento di creature viventi si tratta di una grave mancanza. La proiezione di una psicologia prettamente maschile e competitiva sulla realtà ci ha dato molte teorie sbagliate sul mondo. La teoria per la quale animali non umani costruiscono continuamente gerarchie competitive non è l'unica. La teoria di Freud sul complesso di Edipo proviene dallo stesso luogo.

Una recente ricerca pubblicata da *Scientific American* ha dimostrato che gli uomini si impegnano nella scienza in un modo diverso dalle donne. Gli uomini sono più preoccupati di costruire la propria carriera e tendono a concentrarsi su molte pubblicazioni veloci. Le donne sono maggiormente interessate a una ricerca più approfondita, anche se questo rallenta di molto la media delle pubblicazioni. In altre parole, le donne tendono a fare migliore scienza degli uomini, ma per le regole del gioco questo rallenta le loro carriere. Questo non significa che tutti gli uomini siano scienziati meno brillanti. Significa che non sempre i migliori scienziati finiscono all'apice della gerarchia, con il maggior prestigio.

Quando parliamo di scienza che studia il comportamento animale, c'è un terzo fattore che ostacola l'oggettività. Ora sappiamo che la scienza attrae spesso persone che hanno vari disturbi legati all'autismo, in particolare la sindrome di Asperger. Questa si scoprì essere la spiegazione, nel 2006, di una piccola epidemia di disturbi autistici tra bambini in età scolare nella città olandese di Eindhoven. Una società mondiale di elettronica aveva stabilito in quella città un grande centro di ricerca che, come si è scoperto, aveva attirato un'insolita concentrazione di genitori (gli scienziati impiegati nella società) che soffrivano di disturbi ereditari legati all'autismo. Uno dei sintomi tipici di questi disturbi è la difficoltà nelle competenze sociali e comunicative. Le persone colpite hanno spesso difficoltà a concepire gli altri come esseri viventi con il loro mondo interiore di conoscenze, sentimenti, credenze e intenzioni diversi dai propri: mancano della capacità di empatia. Tendono ad avere difficoltà con la reciprocità sociale ed emozionale. Le persone con questi disordini sono particolarmente incapaci di leggere il linguaggio non verbale e i segnali sociali. Per questo motivo spesso hanno problemi a rispondere in modo appropriato nei contesti sociali o a comunicare il loro mondo interiore. Non è ancora stata fatta nessuna indagine su larga scala per conoscere esattamente quanti scienziati soffrono di disturbi legati all'autismo, né se sono concentrati in particolari ambiti di studio. Fino a quando non sarà stata data una risposta a queste domande, probabilmente è una buona idea essere cauti nel credere alle dichiarazioni che gli scienziati fanno sul comportamento degli animali. Innanzitutto è necessario sapere quanti degli osservatori designati a questo compito sono in grado di comprendere il comportamento di un altro.

Quando si parla di animali si intendono creature non verbali, il cui unico mezzo per esprimersi è il linguaggio del corpo. Fra gli esseri umani, circa il settanta per cento delle informazioni contenute in una conversazione vengono veicolate in modo non verbale, attraverso l'espressione del viso, il tono della voce, le posture e le posizioni del corpo. Fra gli animali il cento per cento delle informazioni è trasmesso in questo modo. Ora, naturalmente non tutti gli scienziati hanno problemi di autismo, ma rimane il problema che la maggior parte di loro sono uomini. Gli uomini in generale (e questo è stato scientificamente provato) sono tristemente famosi per essere dei pessimi lettori di ciò che chiamiamo linguaggio del corpo; e comunque sono meno bravi delle donne. Dunque è ancora una volta discutibile riporre la nostra fiducia in quelli che sono, evidentemente, i nostri osservatori meno capaci, quando vogliamo comprendere il comportamento degli animali.

Se consideriamo quanto esposto sopra, si potrebbe spiegare perché così tanti scienziati, dopo circa 350 anni, abbracciano ancora la visione cartesiana dell'animale inteso come una macchina, una sorta di automa senza sentimenti, senza alcun tipo di pensieri, completamente differente e separato dagli esseri umani. Negli ambienti scientifici è ancora un tabù contraddire questa idea. La parola 'antropomorfico' appare immediatamente come un rimprovero e come prova che come scienziato non vali niente e sei alquanto maldestro. (Antropomorfismo significa assegnare qualità umane a soggetti non umani). Questo succede ancora spesso, anche quando si tratta di qualcosa di evidente, come il fatto che gli altri mammiferi sentono dolore. L'accusa di antropomorfismo è di solito accoppiata a risate di scherno.

A causa di tutto ciò, la scienza si muove molto lentamente nel correggere i difetti che ho indicato. Ora sappiamo in che cosa le nostre anatomie e i nostri cervelli sono simili a quelli di altri animali (e in che cosa non lo sono), comprese le funzioni delle strutture e dei processi cerebrali e delle parti del corpo. Oggi sappiamo di essere geneticamente diversi da un coniglio solo di circa il quindici per cento, il che significa che un grande numero di nostri geni eseguono gli stessi programmi che eseguono in altri animali. Nonostante ciò, gli scienziati si stupiscono ancora quando, per esempio, una creatura semplice come un corvo è in grado di fare progetti, di usare strumenti e di portare a termine lavori complicati (una cosa che qualsiasi agricoltore avrebbe già detto loro 300 anni fa, se si fossero presi la briga di interpellarlo e se non avessero riso di disprezzo per lui). E, dopo aver visto il corvo fare progetti, usare strumenti e svolgere compiti complessi, continuano ancora a insistere sul fatto che lo stesso corvo non è in grado di sentire, per esempio, il dolore come noi. In poche parole, la scienza ora deve negare molti fatti noti per aver adottato 350 anni fa un punto di vista errato, che ora è molto difficile da abbandonare senza perdere la faccia. Ma naturalmente potrebbe essere meno nefasto. Ci potrebbe essere una sorta di esercizio di innocenza. Potrebbe essere che gli scienziati siano realmente incapaci di adattarsi ai cambiamenti, preferendo continuare i loro movimenti ripetitivi, secondo i loro schemi stabiliti, perché sono semi-autistici e non possono comprendere il significato di tutto questo, o il motivo per cui dovrebbe essere importante. La risata di scherno potrebbe essere niente di più che una reazione di difesa, di panico autistico quando si confrontano con una parte dell'universo che non sono nemmeno in grado di percepire, figuriamoci di comprendere. Anche questo è possibile.

Un'altra ragione per la quale la scienza si muove così lentamente è l'ossessione per la misura e la quantificazione. Potresti *pensare* di vedere una cosa, ma in realtà non esiste finché non l'hai misurata. Questo rientra nel modello autistico, ma è anche (per essere equi) una specie di onesta speranza che misurare e quantificare garantirà obiettività (anche se in modo magico). Non sarebbe tanto male se gli scienziati dicessero di non *capire* qualcosa finché non l'abbiano misurata. Ma, ahimè, non è così, e questo costituisce una fonte di enormi problemi con la scienza. Molti aspetti della realtà vengono negati come esistenti semplicemente perché non si possono (ancora) misurare. Lo shock della scoperta di quanti pochi geni abbiamo, e la conclusione che non siamo così diversi dagli altri animali come pensavamo, è solo un esempio. Un altro problema è che la fissazione con la quantificazione porta la scienza a focalizzarsi sulle cose che può misurare invece di concentrarsi su quelle forse più rilevanti. Una domanda alla quale non si può rispondere con dati quantitativi e un programma statistico, in un articolo di non più di sette pagine (compresi diagrammi e tavole) viene messa da parte — non si può pubblicare in ogni caso, quindi, perché interessarsene? Anche gli scienziati hanno iniziato a lamentare che questo atteggiamento ha portato a una stagnazione nella formazione della teoria in favore della misurazione di ogni tipo di irrilevante inezia.

Un ultimo problema è che, se si vogliono misurare aspetti degli esseri viventi, si devono creare circostanze e situazioni altamente artificiali. Ciò significa che le misurazioni non riflettono il mondo reale e, di conseguenza, sono spesso irrilevanti se non banali. Questo ha portato qualche volta a risultati sorprendenti, a misurare cose che si sono rivelate inesistenti, cose che erano il risultato temporaneo di circostanze artificiali, che hanno cessato di esistere appena quelle circostanze artificiali sono state rimosse. La gerarchia di dominanza all'interno di un branco di lupi ne è un esempio. I cuccioli che combattono per un osso in laboratorio, un altro.

Fatto: Gli scienziati hanno dimenticato che una delle cose che dovrebbero osservare (se vogliono rivendicare obiettività) è il loro stesso comportamento. Hanno dimenticato di fare attenzione a come la loro stessa psicologia determina non solo ciò che vedono, ma anche quali domande pongono. Con troppa inconsapevolezza hanno proiettato, come qualsiasi altro animale, il proprio mondo interiore sul mondo esterno e hanno creduto che questa fosse l'unica vera realtà.

Fatto: Ci sono enormi problemi irrisolti in campo scientifico. Interessi umani, pregiudizi e limitazioni giocano un ruolo più grande di quanto noi riconosciamo, nonostante alcuni onesti tentativi di risolverli. Faremmo tutti bene a mantenere una sana dose di scetticismo quando ascoltiamo ciò che gli scienziati ci dicono sui cani. Non dobbiamo (e non possiamo) presumere di saperne di più, ma possiamo — giusto per essere sicuri — astenerci dal lasciare che ci dicano di fare qualsiasi cosa sospettiamo possa essere crudele.

> **'PROIEZIONI' ANIMALI**
>
> La maggior parte degli animali non ha le grandi aree del cervello che danno a noi la capacità cognitiva di astrazione. La maggior parte non sembra avere un senso astratto di sé o dell'altro, né la capacità di pensare in astratto su se stessi o su se stessi contrapposti a un altro. Gli animali agiscono all'interno della loro percezione del mondo, e non sono in grado di osservarsi dall'esterno. Non possono pensare: 'Forse l'altro vive in un mondo percettivo diverso'.
>
> Come risultato, molti animali interpretano il comportamento di un altro animale in base al proprio mondo interiore. Quando i cani mostrano i denti stanno dicendo che vogliono mantenere le distanze, e che, se necessario, sono disposti a usare le loro armi per raggiungere questo scopo. Quando gli scimpanzé scoprono i denti esprimono paura. A meno che un animale non abbia una lunga esperienza di apprendimento su cosa significa quando noi mostriamo i nostri denti, l'animale risponde come se il nostro sorriso significasse la stessa cosa che significa per quelli della sua specie. Quando un essere umano sorride a un cane, molti cani interpretano questo sorriso come un segno di ostilità. Quando sorridiamo a uno scimpanzé, questo può pensare che abbiamo paura. Gli animali reagiscono al nostro approccio in base alle regole che governano i loro comportamenti con i propri simili.
>
> Gli scienziati umani maschi sono solo un altro tipo di animale. Guardano un animale e pensano: 'Quando io mi comporto così, significa che ho questo o quel motivo, pertanto anche l'animale deve avere lo stesso motivo'. E ne deducono che gli animali rispondono alle nostre stesse regole, proprio come qualsiasi altro animale non-cognitivo avrebbe risposto secondo le regole della sua specie. Il fatto che gli scienziati siano così pronti ad accusare gli altri di antropomorfismo illustra come le loro proiezioni siano inconsce.

Note

Burgoon, JK, Buller, DB, Woodall, WG, *Nonverbal communication: The unspoken dialogue*, McGraw-Hill Companies Inc, NY, 1966.

Carson, G, *Men Beasts and Gods: A History of Cruelty and Kindness to Animals*, Charles Scribner, NY 1972.

Chomsky, N, Language, Politics, and Composition, an interview of Chomsky by Gary A. Olson and Lester Faigley, *Journal of Advanced Composition*, Vol. 11, No. 1, 1991.
<http://www.chomsky.info/interviews/1991----.htm> accessed Dec 2013.

Cohen, E, Law folklore and animal lore, *Past and Present* 110: 6-37, 1986.

Dahles, H, Game killing and killing games: An anthropologist looking at hunting in modern society, *Society & Animals*, Vol.1 No. 2, 1993.

Darnton, R, *The Great Cat Massacre and Other Episodes in French Cultural History*, Vintage NY, 1985.

Dawkins, MS, *Animal Suffering: The Science of Animal Welfare*, Methuen, NY, 1981.

Dawkins, MS, *Through our eyes only? The search for animal consciousness* OUP, 1995.

De Boo, M, Onbereikbare toga; in het Wageningse landbouwereldje kwamen geleerdevrouwen niet aan de bak, *NRC Handelsblad*, 31 mei en 1 juni 2003, Wetenschap en Onderwijs, p.41.

Descartes, R, *Treatise of man* (1629), translated by Thomas Steel Hall, Harvard University Press, Cambridge MA, 1972.

Descartes, R, Animals are machines, in Armstrong, SJ, and Botzler, RG, eds. *Environmental ethics: Divergence and Convergence*, McGraw-Hill, NY, pp 281-285, 1993.

Erwin, J, Deni, R, Strangers in a strange land: Abnormal behavior or abnormal environments? in Erwin, J, Maple, T, Mitchell, G, (eds): *Captivity and Behavior*, Van Nostrand Reinhold Co, NY, 1979, pp 1-28.

Engell, J, *The Creative Imagination: Enlightenment to Romanticism*, Harvard University Press, Cambridge MA, 1981.

Finkelstein, JJ, The ox that gored, *Transactions of the American Philosophical Society*, 71 pt 2,1981.

Firestone, S, *De dialectiek van de sekse: Het argument voor de feministische revolutie*,UitgeverijBert Bakker, Amsterdam, 1979.

Fox, MW, (ed) *Abnormal Behavior in Animals*, WB Saunders & Co, Philadelphia, 1968.

Friedman, DF, 'Does altruism produce efficient outcomes? Marshall vs.Kaldor 1987, pub2002. <http://www.daviddfriedman.com/Academic/Marshal_Pareto/Marshal_Pareto.html> accessed Dec 2013.

Goodloe, LP, Issues in description and measurement of temperament in companion dogs,in Voith, VL, Borchelt, PL, eds *Readings in Companion Animal Behavior*,Veterinary Learningsystems Co. Inc., Trenton NJ, 1996: 32–39.

Greer, G, *De vrouw als eunuch*, Meulenhoff, Amsterdam, 1972. (Original title: *The Female Eunuch*.)

Greer, G, *Het lot van de vrouw: De politiek van de menselijke vruchtbaarheid*, Meulenhoff,Amsterdam, 1984. (Original title: *Sex and Destiny. The Politics of Human Fertility*.)

Guerrero, LK, DeVito, JA, Hecht, ML, (eds), *The nonverbal communication reader: Classic and contemporary readings*, Waveland, Prospect Heights IL, 1999.

Hajer, M, Vliegen door verzwavelde rook; de universiteiten moeten zelf hun maatschappelijke onderzoek bepalen, *NRC Handelsblad*, 16 en 17 februari 2002, Wetenschap enOnderwijs p.39.

Hart, BL, Hart, LA, Selecting pet dogs on the basis of cluster analysis of breed behavioral profiles and gender, *JAVMA* 186[11]: 1181–1185, 1985.

Hart, BL, Hart, LA, Selecting the best companion animal: breed and gender specific behavioral profi les, in *The pet connection: Its Influence on Our Health and Quality of Life*,Anerson, RK, Hart, BL, Hart, LA, (eds) University of Minnesota Press, Minneapolis, 1984, pp180–193.

Hart, BL, Miller, MF, Behavioral profiles of dog breeds: A quantitative approach, *JAVMA* 186[11]: 1175–1180, 1985.

Herek, GM, The instrumentality of attitudes: Toward a neofunctional theory, *Journal of Social Issues*, 42: 99–114, 1986.

Hills, AM, The motivational bases of attitudes toward animals, *Animals & Society*, Volume 1 No. 2, 1993.

Holton, G, Different perceptions: Women approach research with care but their low publication rate crimps their careers, *Sc Am* April 1998.

Icke, V S-baan, *NRC Handelsblad*, 7 rn 8 juni 2003, Wetenschap en Onderwijs, p. 36.

Ivy, DK, Backlund, P, *Exploring genderspeak*, MeGraw-Hill Companies Inc., NY, 1994.

Katz, D, The functional approach to the study of attitudes, *Public Opinion, Quarterly* 24:163–204, 1960.

Koelewijn, J, De Koning, P, De inktwerking van autisme in families; spaghetti met tomatensaus, *NRC Handelsblad*, 7 en 8 juni 2003, p.24.

Koenen, L, De ontmaskering van Nim Chimpsky; profiel van een gedreven wetenschapper, *M: het maandblad van NRC Handelsblad*, maart 2003 pp 24–32.

Kollontaj, A, *De positie van de vrouw in de ontwikkeling van de maatschappij: Veertien lezingen aan de Sverdlov universiteit*, Het Wereldvenster Bussum, 1982.

Kuhn, TS, *The Structure of Scientifi c Revolutions*, University of Chicago Press, Chicago IL, 1962.

Lattal, KA, A century of effect: Legacies of EL Thorndike's *Animal Intelligence*, Monograph, *JEAB* 70: 325–336, 1998.

Lucas, C, Quantifying complexity theory <http://www.calresco.org/lucas/quantify.htm>accessed Dec 2013.

Maturana, HR, The organisation of the living: A theory of the living organisation, *International Journal of Man- Machine Studies*, Vol 7 1975, pp 313–332.

Maturana, HR, Biology of language: the epistemology of reality, in Miller, GA, andLenneberg, E, (eds.) *Psychology and Biology of Language and Thought: Essays in Honor of EricLenneberg*, Academic Press, NY, 1978, pp 27–63.
< http://ada.evergreen.edu/~arunc/texts/cybernetics/maturana/BofLanguage.pdf > accessed Dec 2013.

Maturana, HR, and Varela, V, Autopoiesis and cognition: The realisation of the living, in *Boston Studies in the Philosophy of Science*, Cohen, RS, and Wartofsky, MW, (eds.) Vol. 42 Dordrecht: D.Reidel Publishing Co., 1980.

Meijer van Putten B Verzwijgen maakt beter; fibromyalgie verdwijnt als niemand erover reptNRC Handelsblad 7 en 8 juni 2003 Onderwijs en Wetenschap p37.

Mesterton-Gibbons, M, On the evolution of pure winner and loser effects: a game-theoreticmodel, *Bulletin of Mathematical Biology*,61 1151–1186, (1999).

Midgley, M, 'Gene-juggling', *Philosphy* Vol 54, No. 210, Oct 1979.

Mulvaney, Becky Michele, 'Gender differences in communication: An interculturalexperience'.
<http://feminism.eserver.org/gender/cyberspace/gender-differences.txt>acessed Dec 2013.

Newman, G, *The Punishment Response*, J.B. Lippincott, Philadelphia, 1978.

Nibert, DA, Animal rights and human social issues, *Society & Animals*, Volume 2 No. 2, 1994.

Nicholson, J, *Mannen en vrouwen: Hoe verschillend zijn ze?* Het Spectrum, Amsterdam, 1984.

Phillips, MT, Savages, drunks and lab animals: The researcher's perception of pain, *Society & Animals*, Volume 1 No. 1, 1993.

Phillips, MT, Sechzer, JA, *Animal Research and Ethical Conflict*, Springer-Verlag, MY 1989.
Regan, R, Singer, P, (eds) *Animal Rights and Human Obligations*, Prentice-Hall, Englewood Cliffs, NJ, 1976.

Ritvo, H, *The Animal Estate: The English and Other Creatures in the Victorian Age*, Harvard University Press, Cambridge, MA, 1987.

Rollin, B, Animals in experimentation: Utilitarian objects pets or moral objects, *Anthrozoos* 3: 88–90, 1989.
Royce, JR, A factorial study of emotionality in the dog, *Psychol Monogr Gen Appl* 69: 22 (Whole No. 407), 1955.

Rubin, L, *Vrouwen mannen en intimiteit*, Uitgeverij Maarten Mutinga, Amsterdam, 1985.

Sanders, C, Understanding Dogs: Caretakers' attributions of mindedness in canine-human relationships, *Journal of Contemporary Ethnography*, 22 2: 205–226, 1993.

Sanders, CR, Biting the hand that heals you: Encounters with problematic patients in a general veterinary practice, *Society & animals*, Volume 2 Number 1, 1994.

Sax B, What is a 'Jewish dog?' Konrad Lorenz and the cult of wildness *Society & Animals*, Volume 5 Number 1, 1997.

Shaw, GB, *The Adventures of the Black Girl in her Search for God*, R. & R. Clark, Limited, Edinburgh, 1932.
Shapiro, D, Understanding dogs through kinesthetic empathy social construction and history *Anthrozoos* 3: 184–195, 1990.

Skinner, BF, *The Behavior of Organisms: An Experimental Analysis*, Appleton-Century-Crofts Inc, NY, 1938.
Skinner, BF, *Science and Human Behavior*, The Free Press (a division of Macmillan Publishing Co.) NY, 1953.

Skinner, BF, *Contingencies of Reinforcement*, Prentice-Hall Inc, Englewood Cliffs, NJ,1969.

Skinner, BF, *About Behaviorism*, Alfred A. Knopf Inc, NY, 1974.

Smit, C, *Dierproeven: honderd jaar discussie*, La Riviere & Voorhoeve Kampen, NL 1989.

Smith, WJ, *The Behavior of Communicating*, Harvard University Press Cambridge, MA, 1977.

Sonnert, G, Advocating women: why should women be encouraged to pursue science? The arguments keep changing, *Sc Am*, April 1998.

Sonnert, G, Where's the difference? Are women treated differently or are they simply different? *Sc Am*, April 1998.

Strumwasser, F, The relation between neuroscience and human behavioral science, *JEAB* 61: 307–318, 1994.

Thomas, K, *Man and the natural world: A history of modern sensibility*, Pantheon Books, NY, 1983.

Van Delft, D, Heel de schepping op een schoolbord, *M: het maandblad van NRCHandelsblad* januari 2003, pp 40–49.

Van Delft, D, 'Wij Nederlanders hakken terug', *NRC Handelsblad*, 6 en 7 augustus 2005, Wetenschap en Onderwijs, p.17.

Van Hooff, JARAM, Wensing, JAB, Dominance and its behavioural measures in a captive wolf pack, in *Man and Wolf*, Frank, H, ed, Dr W Junk Publishers, Dordrecht, 1987 pp 219–252.

Varela, FJ, *Principles of Biological Autonomy*, Elsevier, (North Holland), NY, 1979.

Varela, FJ, Autonomy and autopoiesis, in Roth Gerhard and Schwegler (eds.) *Self-organising Systems: An Interdisciplinary Approach*, Campus Verlag Frankfurt/NY, 1981 pp 14–23.

Varela, FJ, Thompson, E, and Rosch, E, *The Embodied Mind: Cognitive Science and Human Experience*, MIT Press, Cambridge MA, 1991.

Visser, H, Publieke opinie als chaos; Van Ginneken over snelle meningsverschuivingen, *NRC Handelsblad*, 11 en 12 mei 2002, Wetenschap en Onderwijs, p 37.

Voltaire, F, A reply to Descartes, in Regan, T, Singer, P, (eds.) pp 67–68, reprint from Voltaire, F, *Philosophical Dictionary* 'Animals'.

Worster, D, *Nature's Economy: A History of Ecological Ideas*, Cambridge University Press, NY, 1995.

Mito 100: L'autore di questo libro ne sa sicuramente di più di chiunque altro.

La verità è che non si dovrebbe mai smettere di leggere e di pensare criticamente, neanche dopo aver letto questo libro! Qui ho semplicemente citato fatti in quanto tali, un certo numero dei quali a qualcuno provocheranno disagio se non irritazione — per esempio che Konrad Lorenz fu un nazista convinto e volontario, e non uno di quelli che aderirono al nazismo solo per salvarsi la vita. Che si rifiutò di ripudiare le sue idee fino alla fine, e che quelle idee hanno influenzato il modo in cui vide e descrisse il mondo degli animali. E' un dato di fatto che l'idea di una gerarchia lineare fra i cani domestici non è supportata da prove o dati, e che l'intera idea è stata abbandonata anche in relazione ai lupi che non vivono in cattività. E' vero che la punizione ha gravi effetti collaterali, e che a lungo termine danneggia il benessere di un animale, senza migliorare il comportamento. E' importante per voi e per il vostro cane, e in realtà per tutti i cani, che ciascuno venga a conoscenza di questi fatti.

D'altra parte, ora che sappiamo che i cani non vivono in una gerarchia di dominanza, è ancora in corso fra gli studiosi la discussione su cosa facciano realmente. Come strutturano i loro gruppi, dal momento che non lo fanno attraverso la dominanza? Questa discussione non era ancora iniziata fino a poco tempo dopo la morte di Lorenz (1989) e molti della vecchia guardia resistono ancora dal prendervi parte. Dopo quattordici anni di osservazioni sui cani, mi sembra ovvio che il modo migliore per capire e descrivere i loro sistemi sociali e il loro comportamento è considerarli come un complesso sistema auto-organizzato. Questo modello non guarda il cane come un essere statico, che esiste su un unico livello. Lo guarda come un essere complesso, in continuo apprendimento, come un essere che cambia man mano che la sua vita progredisce. Il sistema sociale in cui vive, e che egli stesso costruisce continuamente durante la sua vita, è un sistema complesso con dinamiche complesse. Utilizzando solo poche semplici regole, questo sistema è in grado di trovare equilibri praticabili su molti livelli contemporaneamente, dal mondo interiore del singolo cane, fino a qualsiasi (fugace) panorama sociale che si genera in un dato momento. Quando ricerca questo equilibrio su molti livelli, il sistema canino è in grado non soltanto di affrontare i fattori in gioco nel presente, ma anche di prendere in considerazione eventi accaduti nel passato.

Dopo quattordici anni di osservazioni e verifiche, è chiaro che la teoria del sistema auto-organizzato (teoria SOS) descrive in modo più aderente alla realtà l'organizzazione sociale dei cani rispetto alla teoria della gerarchia di dominanza. Invece di incollare etichette su un cane ('dominante' o 'sottomesso') prendiamo in considerazione il suo continuo sviluppo e il suo apprendimento nell'arco della sua vita. Non diciamo 'è questo o quello', ma ci chiediamo come sia arrivato a questo particolare comportamento, in questo particolare momento, in queste particolari circostanze. Il comportamento è visto come una complessa interazione delle molte variabili e dei molti fattori che intervengono mentre l'animale cerca l'equilibrio sia interno che esterno. La teoria SOS riconosce il ruolo che gioca l'apprendimento. Tuttavia, nonostante il fatto che adesso guardiamo la società del cane come un sistema complesso piuttosto che come una semplice gerarchia, la spiegazione di ciò che succede è molto più semplice, elegante e chiara.

Ma non è solo teoria. Le intuizioni fornite dalla teoria del sistema auto-organizzato ci offrono modi migliori di lavorare con i cani che chiamiamo 'difficili'. Questo nuovo modo di vedere il comportamento del cane è interdisciplinare. Invece di guardarlo solo da un punto di vista, inseriamo contemporaneamente nella nostra equazione genetica, fisiologia e neurologia, legate in un coerente insieme con i fattori in mutamento come il metabolismo, l'apprendimento e l'ambiente in cui il cane è momentaneamente immerso. Quando combiniamo tutti questi punti di vista insieme, siamo molto più in grado di comprendere il comportamento come un insieme complesso ma coerente. Vediamo che sia il rapporto di causalità verso l'alto (molecole > cellule >organi> cane > comportamento verso l'ambiente) sia il rapporto di causalità verso il basso (ambiente > cane > organi > cellule > molecole) sono attivi e interagiscono.

La teoria del sistema auto-organizzato ci permette anche di vedere il cane come un essere senziente. In altre parole, corregge la tendenza autistica che la scienza ha avuto fino ad oggi. Questo non significa che consideriamo il cane un essere umano a quattro zampe. Riconosciamo più di quanto abbia fatto la scienza precedente che il sistema del cane ha regole, dinamiche e limiti propri. Riconosciamo che la qualità della vita è una delle cose che motivano il cane, e che questa qualità della vita è determinata per lui da cose diverse dalle nostre, e dipende da fattori diversi.

Il fatto che adesso riconosciamo tutto questo ci porta un passo più vicino alla realtà e, essendo più vicini, siamo in una posizione migliore per iniziare a capirla. Ci rendiamo conto che non è possibile comprendere il comportamento solo guardando le parti del sistema, e che non si tratta di dare etichette. Piuttosto, si tratta di capire le dinamiche che si intrecciano. In che modo si uniscono i geni, le cellule e gli organi, il passato e il presente e l'ambiente in cui il cane si trova in questo momento, per generare il comportamento che sta mostrando?

Non posso dirvi esattamente quali geni abbia il vostro cane, né quale sia la sua storia. Solo voi sapete se è stanco o affamato in un dato momento. Questo significa che non ne so più di voi. Il mio desiderio è quello di darvi gli strumenti necessari per arrivare a una reale comprensione del vostro cane. Ora che avete letto questo libro, la vostra conoscenza non sarà più basata su miti, fantasie e sciocchezze, ma sulla reale conoscenza dei cani.

Fatto: Voglio che tutti guardino i loro cani con occhi nuovi e inizino a mettere in pratica ciò che hanno imparato da questo libro. Quando lo guarderete come un sistema vivente in continuo sviluppo e cambiamento e, in luogo di affibbiare etichette che non aiutano, cercherete di comprendere le dinamiche presenti e passate che influenzano il suo comportamento, il vostro cane vi sembrerà diverso. Vi sembrerà diverso quando capirete i suoi limiti, la sua incertezza, la sua ricerca di un equilibrio pacifico e prevedibile. Comprenderete meglio il suo comportamento, quando realizzerete che non nasce solo da lui, ma da uno scambio reciproco con il mondo esterno, e con voi.

Scoprirete cosa succede abbandonando tutte le vecchie idee sul potere e sulla punizione, dimenticando di essere il cosiddetto leader Alfa, e iniziando a lavorare in *collaborazione* con il vostro cane nella ricerca di questo equilibrio prevedibile e pacifico. Vedrete come migliorerà il vostro rapporto, appena inizierete ad obbedire alle tre semplici regole che governano il suo sistema (vedi p. 56) invece di applicare le regole del nostro sistema come vi è stato detto finora. Lo comprenderete molto meglio e, in questo modo, sarete in grado di giudicare da voi stessi se quanto ho detto in questo libro è vero.

Epilogo: un'ultima vanità: l'uomo è il migliore amico del cane.

Ora che avete letto questo libro ne sapete di più.

Noi proiettiamo tutti i tipi di qualità umane sul cane, mentre nello stesso tempo neghiamo il suo dolore e le sue sensazioni. Abbiamo creato un racconto nazista su di lui, e lo abbiamo utilizzato come pretesto per sostenere che non ha desideri propri. Se mostra di averli (non può farne a meno, è un essere vivente) usiamo questo racconto come scusa per punirlo crudelmente, *senza provare alcun senso di colpa per la nostra crudeltà*.

Il cane ci dà l'opportunità di tirare fuori tutte le nostre frustrazioni e il nostro desiderio di potere su un essere che è completamente alla nostra mercé e non può opporre resistenza. Catene a strozzo, collari a punte, scosse elettriche, calci, percosse. Fin troppi proprietari di cani usano questi mezzi e per questo sentono di essere Veri Uomini. Dopo tutto, soltanto un vero uomo può essere un individuo Alfa, giusto?

Noi consideriamo il nostro cane un lupo, ma quello che in realtà facciamo è trarre slealmente vantaggio dalle sue qualità specificamente canine, come il suo desiderio di cercare il compromesso nelle relazioni, la sua reticenza nell'uso della violenza, il suo desiderio di preservare il rapporto con noi, anche se glielo rendiamo difficile; dalla sua volontà di subire una quantità impressionante di maltrattamenti e violenze da parte nostra prima di decidersi, alla fine, di opporre resistenza e difendersi. Esiste qualcuno che *veramente* crede che si possa mettere una catena a strozzo o un collare a punte a un lupo, o strattonargli la testa verso l'alto con la cavezza per indurlo a sedersi, o cercare di infilarlo con prepotenza nella vasca da bagno, e sopravvivere a questi tentativi? E' patetico.

Noi lo avveleniamo, gli spariamo a morte. Lo lasciamo chiuso in solitaria prigionia nei nostri salotti mentre lavoriamo tutto il giorno, e poi andiamo a bere un drink. Lo incateniamo, gli insegniamo con le punizioni a guidare i ciechi fino a quando non osa fare più nient'altro, anzi, fino a quando non è così abbattuto da non avere più desideri propri. Noi pasticciamo con i suoi geni fino a rovinare la sua natura di cane. Fino a quando può a malapena camminare, a malapena respirare, o finché perde la sua capacità di cercare il compromesso e combatte fino alla morte senza neanche sapere perché. Abbiamo creato cani che non potrebbero nemmeno nascere senza parto cesareo. Noi lo soffochiamo, lo feriamo, rispondiamo alla sua cordialità con tentativi goffi e fuori luogo di 'dominarlo'. Egli non comprende perché mostriamo continuamente comportamenti di minaccia, ma fa del suo meglio per accogliere e preservare comunque la relazione con noi. E se non lo fa, se alla fine oppone resistenza a nuove percosse o a un ulteriore abuso, allora noi, con disinvoltura, lo uccidiamo. 'Il problema era nel cane', diciamo alzando le spalle per poi andare a comprarne un altro.

In realtà sospettiamo che le persone che provano a dominare i cani siano puerili, cieche e meschine. Puerili perché vogliono un rapporto a senso unico, un rapporto da cui prendere tutto e non dare nulla, un rapporto in cui non devono scendere a compromessi o prendere in considerazione i desideri dell'altro, ma soltanto i propri, e in cui possono lasciarsi andare a pensieri magici: tutto normale in un bambino di tre anni. Cieche perché non vedono la sproporzione fisica, non si rendono conto che, se volesse, il cane potrebbe ferire un uomo (il cane non sa che pagherebbe con la vita, *non* è questo che lo trattiene dal rispondere all'attacco) ma che il cane proprio non *vuole* essere costretto a farci del male. Persone incapaci di vedere quanto sia tollerante il cane, che tipo di creatura sia in realtà. Meschine perché vogliono basare i rapporti sul potere, ma si azzardano a farlo solo con una creatura che è totalmente alla loro mercé, che non ha via d'uscita, un posto in cui nascondersi, altro luogo dove andare.

<u>Speranza</u>: Fortunatamente non tutti sono così. Io spero che questo libro ci aiuterà a comportarci verso i nostri cani come buoni amici, senza per questo vergognarci. Proveremo affettuosamente a comprendere e a tenere in considerazione le sue necessità e i suoi desideri, cercando compromessi con lui e ripagando la sua cordialità con la stessa moneta. Noi, soprattutto, non lo puniremo, ma piuttosto *lo aiuteremo* quando non capisce che cosa vogliamo.

PASSA PAROLA

INDICE ANALITICO

Abbaiare 41, 42, 116, 128-129, 202, 219, 230, 237, 240, 247
Addestratori 167, 189, 191, 193, 211, 243, 244, 252, **279-281, 282-286**
Adolescenti (cani) 64, 122, 172, 195, 200, 202, 203, 222, 223, 238
Adolescenti (umani) 136, 137, 255
Aggressività da estinzione della ricompensa 155, 156, 182, 185-186, 188
Alfa leader 44, 46, 174, 183, 193, 196, 214, 217, 252, 294, 304, 306
Alimentazione **94-96**, 118-119, **265-266, 267, 268-269, 270-271, 272-273**
Amore **153-154**, 163-164, 204
Antropomorfismo 45, 54, 149-151, 155, 187, 189, 297, 299
Apprendimento 29-31, 43, 58, 74, 83, 92, 94, 98-99, 156, 181, 183, 186, 193, 194, 224, 229, 241
Arroganza 179-180, 190
Assillare **211-212**
Attacchi contro altri animali **24-28**, 122-123
Attacchi contro altri cani **111-113**, 130-134, 136-138, 203, 247-248
Attacchi contro esseri umani 23, 111-113, 117, 130-134, **136-138**, 140, 204-205, 247-248, 253-255
Avanzi, nutrire con **270-271**, 272
Bere **273-274**, 275
Border Collies 17, 26, 78, 98, 131-133, 220, 221, 253
Branco 13, 16, 20, **33-35**, 36-37, 38
Bulldog americano 122, 203
Bullismo 96, 102, 164, 255
Cacciatore (cane inteso come) **22-23**, 24-28, 78, 107, 265
Cani da combattimento 122, 141, 252
Cani da guardia 112, **128-129**, 282-286
Cani di campagna 42-43, 76
Cani di città 25, 34, 39

Cani di razza 42, **78-79**, 141, 202
Cani pericolosi 25, 42, **111-113**, 122-123, **130-135**, 136-138, 140-142
Cani poliziotto 26, 112, **282-286**
Cani randagi 33, 34, 39, 41, 94, 177, 189, 265, 270
Cani selvatici 13-15
Capo branco: mangiare per primo **176**; camminare davanti **171-173**, 174-175
Carne cruda 115, **118-119, 268-269**
Castrazione (come rimedio) 222-223
Cedere 29, 179-180, 181-182
Collari a punte 206, 217, 229, 237, **245-246, 247-248**, 249, 283, 284
Collari a strangolo 191, 192, 193, 206, 217, **242-243**, 244, 249, 258
Comandi **102-104**, 181, 187, **193-196**, 212, **240-241**, 252, 257, 283, 289
Competizione 60, **69-70, 71-73, 74-75**
Compromesso 55-59, 60, 67, 68, 70, 72, 74-75, 94-97, 102, 113, 123
Condivisione 94-97
Conformazione comportamentale 130, 136, 141
Conformazione fisica 130-134, 140-142
Controllo degli impulsi 102-104, 112, 113, 123, 132, 195, 238
Cuccioli: denti: 29-31
Cuccioli: educazione 85-86, **90-91**, 102-104
Cuccioli: scelta **78-79, 83-84, 100-101**
Cuccioli: socializzazione **85-86**, 87-88, 89
Defecare 90-91, 159-160
Digiuno 265-266, 267
Disobbedienza 162, 193-196
Dispettoso, comportamento 167-168
Distruttivo, comportamento 165-166
Dominanza **44-48**, 49, 55, 59, **60-62**, 71, 93, 98, 99, 134, 213, 215, 218, 219, 295

Ereditario, comportamento 16-17, 24, 25, 98-99, 111-113, 122-123, 130-134
Fiducia, costruzione della 40, 58, 62, 65-66, 102, 117, 121, 144, 188, 207, 213, 218, 220, 221, 222
Gelosia 155-157
Genetica **16-17**, 29, 33, 36, 43, 98, 112, 113, 130, 131, 132, 138, 142, 220
Gerarchia **44-48**, 55, 57, 58, 64, 71, 72, 157, 183, 193, 197, 294
Giocattoli: attrattiva **185-186**
Giocattoli: possesso 74-75, 95-97, **187-188**
Giocattoli: rinuncia 185-186, 187-188
Inibizione del morso **29-31**, 66, 67, **102-104**, 123, 223
Insicurezza 40, 41, 53, 60, 61, 65, 87, 103, 127, 156, 219, 222, 259
Integratori alimentari 272
Masticazione compulsiva 187
Mendicare a tavola 181-182
Meticci 78-79
Minaccioso, comportamento 64-68, 143-144, 202-205
Monta sessuale 199-20, 224
Montare 202-205
Mordere 25, 27, 29-31, 65, 113, **115-117**, 118, **120-121**, **122-123**, 143, 192, 222, 223, 245, 252, 289
Nazista, ideologia **44-48**, 71, 109, 294, 303
Noia 76, 92, 150, 165, 166, 183, 187-188
Nuotare 261-262
Obbedienza 279-281
Picchiare i cani 257-258
Pinzare 26, 30, 56, 58, 260
Pit bull 26, 27, 28, 41, 78, 79, 111-113, 122, **130-134**, **140-142**, 203
Possessività 75, 183, 237
Preda 23, 34, 118, 167, 176, 177, 179-180, **181-182**, **185-186**
Predatore (cane inteso come) **24-28**, 107
Proiezioni **44-48**, 56, 57, 62, 72, **149-151**, 183, 215, 299
Punizioni 27, 28, 99, 100, 113, 115-117, 143-145, 158, 165, 194, 195, 209, 217, 221, **229-233**, **234-236**, **237-239**, 244, 249, 250, 252, 259, 279, 280, 282-285
Qualità della vita 72, 232, 235, 270, 304
Ranghi 44, 46, 64-68, 145, 157, 189, 197, 208, 252
Rapporti di potere
Razze da combattimento **111-113**, 122, **130-134**, **140-142**, 203
Regole dei cani 56-57, 64-68
Ricompense 41, 91, 99, 115, 118, 127, 131, 180, 183, 188, 194, **211-212**, 217, 221, 224, **229-233**, **234-236**, 240, **249-250**, 252, 279, 282, 283
Ringhiare 27, 30, 52, 53-55, 60, 64, 95, 120, **126-127**, **143-145**, 155, 177, 181, 190, **191-192**, 204, 222, 234, 238, 260
Risorse 55, 67, **69-70**, **71-72**, 95, 102, 186
Ritualità 40, 56, 65, 67, 107, 223, 238
Scattare al guinzaglio 247-248
Scienza 19, **44-48**, 109, 149, 150, 230, **294-299**
Scodinzolare 124-125
Scontri 31, 64-68, 97, 107-109, 111-113, 122-123
Segnali calmanti 53, 61, 64, 115, 125, 143, 198, 209, 219, 259
Segnali di minaccia 53, 60, 143, 204
Segnali sociali **60-62**
Socializzazione 29-32, 74-75, **85-86**, 87-88, 89, 102-104
Sollevarsi sulle zampe posteriori **197-198**, 202-205
SOS sistema auto-organizzato **49-59**
Sottomissione 29, 56, **60-62**, **98-99**, 209
Spazzino (cane come) **22-23**, 28
Sporcare i tappeti 159-160
Staffordshire terrier 111-113, 122, **130-134**, **140-142**, 203
Staffordshire terrier americano 111, 122, **130-134**, **140-142**
Stato interiore 50-55, 60-62, 64, 66, 74, 124, 126, 143, 186, 218

Subdolo, comportamento 158, 167-168
Terapisti del comportamento 89, 144, 220, 224, **288-290**
Territorialità **38-43**
Testardaggine 167-168, 193, 220
Tirare al guinzaglio **171-173**, 242-243, 244
Uccidere 23, **24-28**, 36, 67, 107, 112, 122, 245, 247

Urinare 159-160, 273-274, 275
Vendicarsi 156, 159-160, 167-168
Veterinari 87-88, 89, 272, **291-292**
Visitatori 36, 38-41, 86, 128-129, 234-236, 257, 259
Zona personale 39, 41, 54, 56, 64, 75, 94-97, 118, 143-144, 177, 185-186, 191-192, 218

www.ingramcontent.com/pod-product-compliance
Lightning Source LLC
Chambersburg PA
CBHW071000160426
43193CB00012B/1849